"厦门大学南强丛书"（第六辑）编委会

主任委员： 朱崇实

副主任委员： 李建发　韩家淮

委　　员：（以姓氏笔画为序）

万惠霖　朱崇实　孙世刚　李建发　宋文艳
陈支平　陈武元　陈振明　周　宁　周涵韬
洪永淼　蒋东明　韩家淮　谢素原　谭绍滨

厦门大学南强丛书
【第六辑】

明清河海盗的生成及其治理研究

王日根　曹斌◎著

厦门大学出版社　国家一级出版社
XIAMEN UNIVERSITY PRESS　全国百佳图书出版单位

图书在版编目(CIP)数据

明清河海盗的生成及其治理研究/王日根,曹斌著.—厦门:厦门大学出版社,2016.4
(厦门大学南强丛书. 第6辑)
ISBN 978-7-5615-6019-8

Ⅰ.①明… Ⅱ.①王… ②曹… Ⅲ.①海盗—研究—中国—明清时代 Ⅳ.①D691.98

中国版本图书馆 CIP 数据核字(2016)第 083387 号

出 版 人	蒋东明
责任编辑	薛鹏志
装帧设计	李夏凌
责任印制	朱 楷

出版发行 厦门大学出版社
社　　址 厦门市软件园二期望海路 39 号
邮政编码 361008
总 编 办 0592-2182177　0592-2181253(传真)
营销中心 0592-2184458　0592-2181365
网　　址 http://www.xmupress.com
邮　　箱 xmupress@126.com
印　　刷 厦门集大印刷厂

开本　720mm×1000mm　1/16
印张　18
插页　4
字数　300 千字
印数　1~2 000 册
版次　2016 年 4 月第 1 版
印次　2016 年 4 月第 1 次印刷
定价　69.00 元

本书如有印装质量问题请直接寄承印厂调换

厦门大学出版社
微信二维码

厦门大学出版社
微博二维码

作者简介

王日根，1964年生，现任厦门大学人文学院副院长，教授、专门史（中国经济史）、海洋史学博士生导师。主要研究领域为中国社会经济史、海洋史。著有《中国会馆史》《明清海疆政策与中国社会发展》《明清民间社会的秩序》《乡土之链：明清会馆与社会变迁》《民营教育的历史观照》《福建商帮》《海润华夏：中国经济发展的海洋文化动力》等，主编《中国会馆志资料集成》，在《历史研究》《社会学研究》等刊发表论文数十篇。主持和参与了多项国家及省部级课题，多次获省市优秀科研成果奖与优秀教学成果奖。

曹斌，1979年生，历史学博士，现任福建省地方志编纂委员会副处长。主要致力于福建省地方志的管理工作。

总　序

厦　门　大　学　校　长
"厦门大学南强丛书"编委会主任

　　厦门大学是由著名爱国华侨领袖陈嘉庚先生于1921年创办的,有着厚重的文化底蕴和光荣的传统,是中国近代教育史上第一所由华侨出资创办的高等学府。陈嘉庚先生所处的年代,是中国社会最贫穷、最落后、饱受外侮和欺凌的年代。陈嘉庚先生非常想改变这种状况,他明确提出:中国要变化,关键要提高国人素质,要提高国人素质,关键是要办好教育。基于教育救国的理念,陈嘉庚先生毅然个人倾资创办厦门大学,并明确提出要把厦大建成"南方之强"。陈嘉庚先生以此作为厦大的奋斗目标,蕴涵着他对厦门大学的殷切期望,代表着一代又一代厦门大学师生的志向。

　　1991年,在厦门大学建校70周年之际,厦门大学出版社出版了首辑"厦门大学南强丛书",共15部优秀的学术专著,影响极佳,广受赞誉,为70周年校庆献上了一份厚礼。此后,逢五逢十校庆,"厦门大学南强丛书"又相继出版数辑,使得"厦门大学南强丛书"成为厦大的一个学术品牌。值此建校95周年之际,我们再次遴选一批优秀著作出版,这正是全校师生的愿望。入选这批"厦门大学南强丛书"的著作多为本校优势学科、特色学科的前沿研究成果。作者中有院士、资深教授,有全国重点学科的学术带头人,有新近在学界崭露头角的新秀,他们都在各自的学术领域中受到瞩目。这批学术著作的出版,为厦门大学95周年校庆增添了浓郁的学术风采。

　　至此,"厦门大学南强丛书"已出版了六辑。可以说,每一辑都从一个侧面反映了厦大学人奋斗的足迹和努力的成果,丛书的每一部著作都是厦大发展与进步的一个见证,都是厦大人探索未知、追求真理、为民谋利、为国争光精神的一种体现。我想这样的一种精神一定会一辑又一辑地传承下去。

　　大学出版社对大学的教学科研可以起到很重要的推动作用,可以促进它所在大学的整体学术水平的提升。在95年前,厦门大学就把"研究高深学术,养成专门人才,阐扬世界文化"作为自己的三大任务。厦门大学出版社作为厦门大学的有机组成部分,它的目标与大学的发展目标是相一致的。学校一直把出版社作为教学科研的一个重要的支撑条件,在努力提高它的学术出版水平和影响力的过程中,真正使出版社成为厦门大学的一个窗口。"厦门大学南强丛书"的出版汇聚了著作者及厦门大学出版社全体同仁的心血与汗水,为实现厦门大学"两个百年"的奋斗目标做出了一份特有的贡献,我要借此机会表示我由衷的感谢。我不仅期望"厦门大学南强丛书"在国内学术界产生反响,而且更希望其影响被及海外,在世界各地都能看到它的身影。这是我,也是全校师生的共同心愿。

2016年3月

目 录

第一章 绪 论 … 1
第一节 研究缘起 … 1
第二节 学术史回顾 … 3
第三节 史料、概念与构架 … 13

第二章 从商人经商类书看商人与盗贼的博弈 … 19
第一节 明清商书中对经商者行舟途中避盗情形的规诫 … 20
一、对沿途的盗贼活动情况加以标识 … 21
二、慎雇船户 … 22
三、慎择泊船地点和时间 … 24
四、慎露财 … 24
五、慎选经商旅行的伙伴 … 25

第二节 明清其他文献对经商者行舟途中遇盗情形的记载 … 26
一、堵塞河道,趁机哄抢 … 26
二、闷香迷客,老鸦讹商 … 29
三、假扮客商,乔装行劫 … 32
四、横截津路,杀人越货 … 34
五、兵为盗党,商客失怙 … 36
六、商客的自救 … 38

第三节 影响明清商人内河行舟安全诸因素分析 … 42
一、商人经商对舟船的依赖 … 42
二、商品经济发展刺激了针对商客的劫盗案件频发 … 43
三、水域地形的复杂容易潜匿奸盗 … 45

四、灾荒与季节性因素的影响 ⋯⋯⋯⋯⋯⋯⋯⋯⋯⋯⋯⋯⋯⋯⋯⋯ 47
　　五、兵汛防守中的渎职 ⋯⋯⋯⋯⋯⋯⋯⋯⋯⋯⋯⋯⋯⋯⋯⋯⋯⋯ 49
　　六、其他因素 ⋯⋯⋯⋯⋯⋯⋯⋯⋯⋯⋯⋯⋯⋯⋯⋯⋯⋯⋯⋯⋯ 51

第三章　江湖固是盗所倚：江湖盗贼与明清社会 ⋯⋯⋯⋯⋯⋯⋯⋯ 54
第一节　游离于社会控制的边缘：江湖盗贼的来源与构成 ⋯⋯⋯⋯ 54
　　一、以水为生活场域的渔船户 ⋯⋯⋯⋯⋯⋯⋯⋯⋯⋯⋯⋯⋯⋯⋯ 55
　　二、江河沿岸的居民 ⋯⋯⋯⋯⋯⋯⋯⋯⋯⋯⋯⋯⋯⋯⋯⋯⋯⋯ 58
　　三、沿河地区的捕役和汛兵 ⋯⋯⋯⋯⋯⋯⋯⋯⋯⋯⋯⋯⋯⋯⋯⋯ 63
　　四、窝主：官府眼中的幕后主使 ⋯⋯⋯⋯⋯⋯⋯⋯⋯⋯⋯⋯⋯⋯ 67
第二节　社会强势阶层的弱势遭际：明清官绅的另一面相 ⋯⋯⋯⋯ 72
　　一、身为官员的江湖遭际 ⋯⋯⋯⋯⋯⋯⋯⋯⋯⋯⋯⋯⋯⋯⋯⋯⋯ 72
　　二、身为士绅的江湖遭际 ⋯⋯⋯⋯⋯⋯⋯⋯⋯⋯⋯⋯⋯⋯⋯⋯⋯ 74
　　三、举贡生员的江湖遭际 ⋯⋯⋯⋯⋯⋯⋯⋯⋯⋯⋯⋯⋯⋯⋯⋯⋯ 76
第三节　江湖盗贼：在历史与文学叙事中的角色扮演 ⋯⋯⋯⋯⋯⋯ 79
　　一、明代以前史籍中所载的江湖盗贼 ⋯⋯⋯⋯⋯⋯⋯⋯⋯⋯⋯⋯ 79
　　二、江湖盗贼活动入于小说创作的事例举隅 ⋯⋯⋯⋯⋯⋯⋯⋯⋯ 83
　　三、侠盗敬清官：江湖盗贼与清官形象塑造 ⋯⋯⋯⋯⋯⋯⋯⋯⋯ 86
　　四、盗亦有道 ⋯⋯⋯⋯⋯⋯⋯⋯⋯⋯⋯⋯⋯⋯⋯⋯⋯⋯⋯⋯⋯ 89

第四章　晚明至清前期太湖流域的盗贼与地域社会 ⋯⋯⋯⋯⋯⋯⋯⋯ 95
第一节　江南地方官员和士绅对太湖水乡多盗的认识 ⋯⋯⋯⋯⋯⋯ 96
　　一、明清士绅记录太湖多盗 ⋯⋯⋯⋯⋯⋯⋯⋯⋯⋯⋯⋯⋯⋯⋯⋯ 96
　　二、吴庄的辩白 ⋯⋯⋯⋯⋯⋯⋯⋯⋯⋯⋯⋯⋯⋯⋯⋯⋯⋯⋯⋯ 100
第二节　舟船劫掠：明清太湖盗贼及其活动特点 ⋯⋯⋯⋯⋯⋯⋯⋯ 102
　　一、太湖及其周边水域的一般性盗贼活动 ⋯⋯⋯⋯⋯⋯⋯⋯⋯⋯ 102
　　二、晚明至清初太湖盗贼组织规模的扩大 ⋯⋯⋯⋯⋯⋯⋯⋯⋯⋯ 108
　　三、明清太湖地区盗贼活动的特点 ⋯⋯⋯⋯⋯⋯⋯⋯⋯⋯⋯⋯⋯ 114
第三节　太湖盗贼活动与晚明至清前期的地方社会 ⋯⋯⋯⋯⋯⋯⋯ 115
　　一、水路行舟商民因盗劫而失财甚至殒命 ⋯⋯⋯⋯⋯⋯⋯⋯⋯⋯ 115
　　二、遭受太湖盗贼肆意焚掠下的环太湖镇市居民 ⋯⋯⋯⋯⋯⋯⋯ 119

三、太湖盗贼与地方豪强大族……………………………… 122
　　四、太湖盗贼与明遗民的抗清活动………………………… 124
　第四节　征剿与控制:明清官府对太湖盗贼活动的应对……… 127
　　一、军事征剿:明清官府治理水乡盗贼的非常规手段……… 127
　　二、制度建设:明清官府治理水乡盗贼的常规手段………… 131

第五章　从《盟水斋存牍》看明末广东沿海的盗匪 …………… 146
　第一节　海洋环境与广东沿海盗匪的猖獗…………………… 146
　　一、沿海盗匪的类型………………………………………… 147
　　二、盗寇猖獗的社会隐患…………………………………… 149
　第二节　海洋管理空疏与广东沿海盗匪的炽盛……………… 151
　　一、与官府勾结以牟利……………………………………… 151
　　二、官吏参与走私牟利……………………………………… 152
　　三、势单力薄之小商经不住敲诈而转为盗贼……………… 154
　　四、吃黑风气之形成………………………………………… 155
　第三节　颜俊彦作为地方推官的作为与效果………………… 157
　　一、颜俊彦的治理作为……………………………………… 157
　　二、颜俊彦的治理效果……………………………………… 159

第六章　明代中后期福建沿海的乡兵与渔兵 ……………………… 162
　第一节　明代中后期福建沿海的乡兵………………………… 163
　　一、招募之乡兵……………………………………………… 163
　　二、团保之乡兵……………………………………………… 167
　第二节　晚明福建沿海的渔兵………………………………… 170
　　一、渔兵的编组与管理……………………………………… 173
　　二、渔兵的后勤保障………………………………………… 174
　　三、渔兵的职能与地位……………………………………… 175
　第三节　明代月港"二十四将"叛乱与海澄设县……………… 177
　　一、海澄地区行政治理的长期不到位……………………… 177
　　二、月港"二十四将"叛乱与平叛过程……………………… 180
　　三、海澄设县及设县意图…………………………………… 185

第七章　政怠业废：明清江湖盗贼治理的困境 …… 194
第一节　雍正五年洞庭湖劫米案 …… 194
一、劫米案时有发生 …… 194
二、官府的弭盗措施 …… 197
第二节　政怠必致业废（一） …… 199
一、有治法而无治人 …… 199
二、摇摆在宽严之间的弭盗法令 …… 202
第三节　政怠必致业废（二） …… 205
一、应对突发性盗案的高效严密与日常防御的疏漏百出 …… 205
二、地方治效与否取决于官吏的个人能力和品质 …… 207
三、弭盗举措经常是兴一政则生一弊 …… 209
四、在弭盗上的地域协调、文武协作难题 …… 210

第八章　清嘉庆年间海盗的投首 …… 214
第一节　海盗投首的基本状况 …… 216
一、为盗投首成为沿海居民的一种谋生方式 …… 216
二、官军与盗匪的博弈 …… 219
第二节　多元的投首动因 …… 227
一、盗首被剿灭 …… 229
二、避免牵连亲族 …… 231
三、剿抚政策的影响 …… 232
四、海盗职业的高风险性 …… 233
五、海盗身份的双重性 …… 234
第三节　政府处理海盗投首的方式 …… 235
一、从时间上看，早宽迟严 …… 236
二、从规模上看，大宽小严 …… 237
三、从官方态度上看，上宽下严 …… 239

第九章　结　论 …… 242
一、本书研究所得出的几点认识 …… 242

二、未来研究努力的方向 …………………………………………… 244

附　录　明代海防建设与倭寇、海贼的炽盛 ……………………… 246
参考文献 …………………………………………………………………… 262
后　记 ……………………………………………………………………… 277

第一章 绪　　论

第一节　研究缘起

　　人类对自然的认识,经历了逐步提高的过程,在走向外部世界的过程中,人们总是在开拓中总结经验,力求实现提升。江河湖海组成的庞大水域曾阻断了旱地经营者的行旅,但习于水上活动的人们则纵横四海而放浪形骸。不过,即使是技术水平不断提高,意外还是时有发生。这其中包含天灾,也不乏人祸,客观的记载往往能成为后来者的教科书。明代隆庆四年(1570年),徽州休宁商人黄汴积二十七年心血写就的《一统路程图记》一书,这是一部为商人提供交通指南的专书。据黄氏所言,该书的写成会使游走四方的商人们"俾一展册,而道路之远近,山川之险夷及风波盗贼之有无,靡不洞其纤悉,九州地域在指掌间矣"①。明清时代有许多像黄汴一样的商人,一生不辞辛苦,风餐露宿,从事着货通天下的长途贩运贸易。他们在获取利润的同时,却又时时承受着不期而至的天灾人祸及其所带来的人财两失之虞。风高浪险,车倾船覆,是为天灾;盗贼横路,暴客劫杀,是为人祸。故而黄汴在书中对路途中的凶险隐患一一指出,尤其是对水路船行之处的盗贼活动做了说明。

　　中国河流湖泊众多。在古代,乘船出行是人们外出旅行的重要交通方式,它使大宗货物的运输变得快捷,为商人们节省运费脚程,又能免去车载马走的颠簸与困顿。随着明中期以后国内商品经济的活跃,内河运输也更

---

① [明]黄汴:《一统路程图记》序,载杨正泰:《明代驿站考》附录,上海:上海古籍出版社,1994年,第135页。

加繁忙起来,千樯并发、万舸争流的景象时时可见。同时,针对过往商艘的盗贼劫掠活动也日渐猖獗,他们出没于水路交通要道,或有预谋,或突起歹意地抢夺财物,劫杀商客。

实际上,身受盗贼劫掠活动之害的并非只有商人这一类群体,士子赴省、赴京考试,旅资被劫,独泣江干;士大夫游览山水,突遇盗贼,雅兴顿无;官员卸任回乡,宦囊遭洗,魂游水府;普通百姓驾船赶集,结果船焚货失,家财荡尽。这类材料在明清官方文书、小说野史中多有记载。盗贼在江河湖泊的活动给旅人出行带来了威胁,也引起了明清政府的重视,不断采取措施加强对水运河道的治安管理。

明清时期是商品经济获得较快发展的时期,全国范围内物资流通频繁,水陆商路广为开辟,并延伸到国内的每一个角落,地域性商帮相继崛起。明清时期也是各种社会矛盾凸显的时期,商品经济活跃使逐利的观念冲击着陈旧思想对人们头脑的禁锢,人口的逐渐膨胀也使人们的生计变得更难维持,民风浇漓、今不如昔的慨叹屡屡由士大夫的口中吐出。从鼠窃狗偷、昼抢夜劫到大股流民活动,民众越轨行为的频发也增加了官府维护地方秩序、进行有效管理的压力。明清时期同时又是社会控制空前强化的时期,以赋役编查为主要职能的里甲组织逐渐被以稽查匪类、消弭盗贼为主要职能的保甲组织所替代,宗族等基层组织也被更多地赋予了约束族众、缉查奸究的职责。从陆地到水面,从村庄到渔舟,从会社到会馆,从固定空间到流动社会,官府整合了包括士绅、宗族在内的各种社会力量,对社会空间的每一片地方都力图加以控制。而弭盗则是从皇帝到一般民人共同关注的话题,虽然他们思考和谈论这一话题的出发点并不相同。皇帝关注盗贼,是因为盗贼活动破坏了社会秩序,对王朝的统治构成潜在威胁;官员关注盗贼,固然有保证自己治理地方治安静谧的良好动机,但更重要的是慑于考成的严厉处分,替自己的官位仕途着想;士绅和普通百姓关注盗贼,则是因为他们是盗贼劫掠活动的直接受害者,处于财产遭劫、身罹不测的忧虑当中。

明清内陆江河湖泊盗贼的活动及其对地方社会和其他社会阶层日常活动的影响即是一幅生动的社会史图景,为我们认识明清社会不同群体间活动的相互影响提供了比较好的素材。水域空间的特殊性又使与此相关的地方社会控制呈现出多样化的特点,对此问题的考察将有助于对明清地方社会秩序的维持和管理有更深入的认识。即使在现代社会,长江流域的舟劫案件也是频频发生,水域空间的管制仍是地方政府面临的重要问题。因此,本书的研究对当今社会问题的认识和应对有所裨益。

第二节　学术史回顾

有关明清基层社会秩序的管理与控制的研究一直是学界关注的热点,研究者已从诸多层面对此问题进行了有益的探讨。本课题的研究即得益于前辈学人的相关研究,并希望能将此方面问题的研讨进一步推向深入。兹就本课题写作所涉研究范围内的学术史作一梳理。

在以弭盗为主要目标的明清地方社会秩序维护体系中,既有保甲、营汛等官方力量的存在,又有宗族、乡社等非官方势力的参与,而保甲又在其中占有较为显著的位置。有关保甲制度的论述,大多都会涉及它的弭盗功能。华立《清代保甲制度简论》一文认为,清代人口流动的频繁使统治者对基层的控制变得困难,而保甲以其具有强化封建治安的固有职能受到清王朝的青睐。在清代,保甲与八旗、绿营、府州县官吏及所属捕快民壮人等共同构成了官方治安防护体系。其中,保甲在地方治安中的主要功能是对乡里人户实行出入稽查和"犯罪"告发。① 李治安等则对保甲的严酷进行了抨击,他们指出,保甲制度所规定的连坐办法,"貌似一种自治性的防盗惩恶机制,实质上是一种践踏人权的野蛮专制行径……(株连邻里)纯粹是官府捕盗平乱无能的情况下,套在基层百姓头上的连环锁链"。② 冉绵惠认为,保甲制度在明代中后期兴起的主要目的是安定地方秩序,担负以民治民的任务。即使到了清代,里甲为保甲所替代,弭盗仍是保甲的主要职责。③ 孙海泉的研究则说明,在由明代里甲到清代保甲的演变过程中,保

---

① 华立:《清代保甲制度简论》,载中国人民大学清史研究所编:《清史研究集》(第6辑),北京:光明日报出版社,1988年。
② 李治安、杜家骥:《中国古代官僚政治——古代行政管理及官僚病剖析》,北京:书目文献出版社,1993年,第117页。
③ 冉绵惠:《民国时期保甲制度研究》,成都:四川大学出版社,2005年,第48~56页。

甲已"从单纯的以维护封建社会治安为主要责任的组织,转变为执行各种公务,统治乡里,承应官府的行政组织"。① 李映发把保甲归入民间组织之列,他认为,清代保甲是以户口为编审对象,以维护社会治安为目的的民间基层的行政组织。② 其他有关保甲及其弭盗职能的论述还有:唐文基《明代赋役制度史》③、赵秀玲《中国乡里制度》④、黄志繁《乡约与保甲:以明代赣南为中心的分析》⑤、卞利《论明中叶至清前期乡里基层组织的变迁》⑥、潮龙起《从清代保甲的社会控制看会党的滋长动因》⑦,等等。这些研究的共同点在于都承认保甲具有消弭盗贼、维护治安的职能,但是对于弭盗是否是保甲制度的主要职能的判断上存在分歧,同时对于保甲的实践功效的评价也不甚一致。保甲之外,宗族建设也是官府建立和维护地方秩序的重要内容。左云鹏在较早的一篇研究宗族的论文中就指出:"明清时期祠堂族长族权与政权相结合,成为统治者稳定地方秩序、钳制人民的有力工具。"⑧ 李文治也认为,宗族的宗祠、族谱、族约、族规,都起着防止族众违反封建伦理、触犯封建法纪的作用。⑨ 陈柯云则更进一步指出宗族具有控制族众作用的秘密,在于"宗族统治,比较单纯封建政权的统治更细密、更有

---

① 孙海泉:《论清代从里甲到保甲的演变》,《中国史研究》1994年第2期;持相同观点的还有王晓琳、吴吉远《清代保甲制度探论》,《社会科学辑刊》2000年第3期。
② 李映发:《清代州县下社会基层组织考察》,《四川大学学报》1997年第2期。
③ 唐文基:《明代服役制度史》,北京:中国社会科学出版社,1991年。他认为,王守仁设立保甲"防奸缉盗是主要的","里甲和保甲的区别就在于,前者以征赋派役为主,后者以察捕奸宄为主",见该书第341~343页。
④ 赵秀玲:《中国乡里制度》,北京:社会科学文献出版社,1998年。
⑤ 黄志繁:《乡约与保甲:以明代赣南为中心的分析》,《中国社会经济史研究》2002年第2期。
⑥ 卞利:《论明中叶至清前期乡里基层组织的变迁》,《天津师范大学学报》2003年第1期。
⑦ 潮龙起:《从清代保甲的社会控制看会党的滋长动因》,《云南社会科学》2006年第3期。
⑧ 左云鹏:《祠堂族长族权的形成及其作用试说》,《历史研究》1964年第5~6期,第108页。
⑨ 李文治:《明代宗族制的体现形式及其基层政权作用》,《中国经济史研究》1988年第1期,第71页。

效,而且乡人在思想感情上更易于接受"。① 徐晓望从宗族与官府之间的关系入论,认为族权既可以对官府形成支持,其职能之一即为通过族规和族内武装控制族众,逐捕盗贼,维护本族地区的治安。但族权的膨胀又会破坏封建法治,如窝盗举兵,武力对抗官府;逞强械斗,捣乱治安。② 另外,潮龙起③、张金俊④也分别从会党、江南乡村控制等角度讨论了宗族在维护地方社会治安中的作用。

保甲、宗族等是明清地方治安防护体系的常态控制模式,这种制度设计主要着眼于预防可能出现的破坏地方秩序的盗贼的活动或盗案的发生。但是,一旦有盗案发生,则把州县官审讯、营汛官兵、衙门捕役追捕等官方的活动推向了前台。如何应对盗贼与盗案这类非常态的事变,应对措施及其实际效果如何,以往研究者或从区域史的视角,或以个别案例为角度,分别作了探讨。唐立宗通过对明代闽粤赣湘交界这一向来被称为"盗薮"的地区的研究,指出在闽粤赣湘交界从盗区向政区的演变过程中,处处可见地方豪强与中央政府之间的冲突和博弈。政府通过设立南赣巡抚来加强对该地区的管理,但官方力量却始终无法实现对该地区的完全控制。⑤ 黄志繁则研究了12—18世纪赣南的地域社会,认为生态变化(如贩卖私盐、人口流入、盆地与山地的开发等)是赣南社会动乱发生的根本原因。为了在生态变迁引起的生存压力中谋得更多的利益,以土豪势力为代表的地方社会与中央王朝不断发生矛盾与冲突。他据此对动乱的性质重新加以考量,认为地方动乱只是文献记载给人造成的理解上的错觉,应把动乱看作

---

① 陈柯云:《明清徽州宗族对乡村统治的加强》,《中国史研究》1995年第3期,第54页。
② 徐晓望:《试论明清时期官府和宗族的相互关系》,《厦门大学学报》1985年第3期,第110～117页。
③ 潮龙起:《从清代宗族的社会控制看会党的发展动因》,《江苏社会科学》2006年第3期。
④ 张金俊:《清代江南宗族在乡村社会控制中的作用》,《安徽师范大学学报》2006年第5期。
⑤ 唐立宗:《在"盗区"与"政区"之间:明代闽粤赣湘交界的秩序变动与地方行政演化》,台北:"国立"台湾大学出版委员会,2002年,第493页。

是区域社会的一种建构过程。① 同样是从区域社会环境变迁的角度入论,冯贤亮对明清江南社会的地方控制作了较为全面和系统的研究。他认为,由于地理环境的差异,江南地区存在着种种不同的控制薄弱地带;又由于自然与社会环境的变动,明清时期江南地区也面临着不同的社会问题及由之而来的应对模式的变化。通过对州县行政、灾荒应变、水利防护、盗贼消弭、社会互助、民间信仰等具体控制内容的考察,作者指出,正是由于江南并存着种种不同的防护和控制系统,再加上中央、地方、民间三个层面随时间、空间的变化不断对此系统进行适时的调整,才维持了江南社会几百年的持续发展。该书虽然是一部区域研究的著作,却对区域社会的不同控制层面与控制实态做了系统而又全面的考察,因而具有了整体史的视野。该书提出区域防护体系的控制薄弱地带、常态与变动环境下的社会控制、多层次的控制系统等问题也给后来研究者以启发。② 另外,杨国安也研究了两湖地区的乡村控制,对里甲、保甲、乡约、团练、宗族等乡村控制的基层组织进行了深入的分析。③ 人口增加是明清社会变迁的重要内容,人口管理也是社会控制和管理的重要方面。吴建华考察了江南人口变化与社会管理之间的关系,他认为明清江南有两种人口管理模式,一种是非政府性人口社会管理,一种是政府性人口社会管理。非政府性人口管理(主要指血缘、地缘、业缘、神缘组织)"都对自己门下的人群所形成的特殊社会圈进行有效的管辖,以便确保其运行秩序的稳定,从而起到政府管理的补充"。④

对于海洋区域的社会管理,既往的研究相对较少,因为视角的原因,海洋区域往往被忽视,但近些年有了一些新的研究,如谢湜的研究显示,太仓在元初海上漕运时代成为重镇。明初因镇设卫,卫所兼理卫事及周遭民政。明中叶,太仓卫出现军强民弱、兵丁入寇贩盐等弊端,在赋役改革艰难、沿海防卫吃紧的情势下,太仓由卫建州,相关州县也免除欠粮,缓解了

---

① 黄志繁:《"贼""民"之间:12—18世纪赣南地域社会》,北京:三联书店,2006年,第260~267页。

② 冯贤亮:《明清江南地区的环境变动与社会控制》,上海:上海人民出版社,2002年,第462~463页。

③ 杨国安:《明清两湖地区基层组织与乡村社会研究》,武汉:武汉大学出版社,2004年,第200~321页。

④ 吴建华:《明清江南人口社会史研究》,北京:群言出版社,2005年,第436~466页。

困境。此后由于州卫并存共治,军民杂居,利益抵触,军政关系仍趋紧张,又因太仓州、昆山县税则龃龉,昆山县以州大县小、州不利县为理由,在正德、嘉靖海氛不平的形势下兴起"废州"案。在州、卫、县的利益博弈以及官员对决的过程中,朝廷的态度由暧昧渐趋明朗,最终存州复道。在从卫所到州县的转变中,既体现了特定的地域特质,又反映了明代国家在地方行政体制上的转变态势。① 从宋元到明清,王朝海疆经略的转变对东南中国海域社会产生了深刻的影响。长期活跃于浙闽海域的闽粤之人,在官方厉行海禁之时成为无籍之徒。明代中后期,浙南海域的闽粤势力愈加壮大,在清初迁界之后,早已在明初弃守的海岛与沿海一并被列入展复范围。面对土地及人居的既有权力格局。地方政府在海岛招垦中逐渐采取了宽松的户籍认定政策,民间也通过谱系建构等文化手段,与官方的户籍和认垦政策相适应,闽粤移民的入垦权得到承认,温台垦户亦通过缔约合股的方式入岛开垦,结成各种社会组织,在长期的交融互动中,海岛社区形成了差异参差的风俗与方言景观。籍贯和身份作为同一历史过程中的现象或策略、记忆或传统,通过互相建构呈现为文化空间差异的表象,而海岛社会日常生活的文化界限,却随着聚落发展和人群交往而趋于淡化。② 在海洋区域逐渐被纳入王朝政治体系的过程中,经历过军事设置、行政设置、废弃、重新纳入等复杂的过程,地方社会各支力量往往亦多有不同的应对。

针对岛屿区域的开发,近年来也多有相关讨论的文章,如对崇明岛的研究,近期有好几篇论文。王日根、徐枫的论文指出,元明以来,处于长江口外的崇明地区的开发渐渐受到本地居民、政府管理部门的重视。由于此前这里长期属于农业文明的忽略区域,人口也较为稀少,但到元明之际,海运、捕捞乃至沙地开发吸引了人们的目光。于是最能显示当地特色社会矛盾的"争沙"现象之表现状况及其处理结果就变成了衡量乡民在当地社会中所处地位、官府对当地社会管理有效程度的重要指标。由于沙地享有较轻的赋税负担,乡民们多趋之若鹜,乡民的家族势力大小、与官府关系亲密程度高低是"争沙"成败的重要决定因素。对于这一危及地方社会秩序的

---

① 谢湜:《明代太仓州的设置》,《历史研究》2012 年第 3 期。
② 谢湜:《14—18 世纪浙南的海疆经略、海岛社会与闽粤移民——以乐清湾为中心》,《学术研究》2015 年第 1 期。

矛盾,官府也曾积极寻求解决之道,但因为对海洋特殊环境的漠视,所定政策措施往往并不切实,收效固然不大。① 吴滔的论文指出:自南宋时期崇明天赐盐场成立起,官方的兴趣就不全放在其盐业生产的控制上,表现出了极大的宽松度和随意性,之后该场几经兴废,虽与崇明沙洲发育不稳定不无关系,但也是为了在两淮和两浙盐区之间制造一个缉拿私盐的"缓冲地带"。入清以后,官方曾针对缉盐做过诸多数目字管理的尝试,但终不免功亏一篑,过于宽松的氛围往往成为严格制度的致命"黑洞"。②

明清时期特别是清代,也出现了不同名目的盗贼。它们往往在一定区域内活动,并引起了从中央到地方各级官府的重视,早在明代万历朝,即有瞿九思《万历武功录》这样一部为盗贼立传的书问世。该书共记述盗贼列传43事,分为矿盗、盐盗、强盗巨寇、山贼、水贼(包括江、湖、海、运河)诸种,传后附有瞿氏简评③。民国时期,针对盗匪横行的时局,何西亚编写《中国盗匪问题之研究》一书,是书从盗匪之定义、起源、种类、历史观、组织与规律、生活状况等方面对盗匪做了概要叙述。论述虽较为简略,并且多侧重于民国盗匪,但是对与盗贼有关之问题均有涉及,是后来研究此类问题者所必参考的著作。该书认为劫盗可分为马水陆三种,"水即闽、粤、浙江沿海之海盗",并没有对活跃于内河地区的江河湖盗予以关注。④ 当代学者常建华对出现于清代地方的"啯噜"进行研究。他考察了啯噜的社会成分、活动特点、组织状况,指出"啯噜"出现于雍正年间,是对四川光棍的称呼。治理啯噜是清政府维持社会秩序的重要活动,"从清朝实践过程来看,乾隆前期清朝的政策是重惩和给予出路相结合,乾隆后期以降则专事重惩"。"在地方政府无力镇压啯噜的情况下,清朝又利用民间团练自卫查缉。"但是,一直到清朝灭亡,啯噜问题都没有得到解决。他认为主要原因在于游民问题的存在。但是清政府对于另一支活跃于山东、河南、直隶一带的老瓜贼的治理确实非常有效的,他因而评价道:"从清朝治理老瓜贼的

---

① 王日根、徐枫:《"争沙"案所见明代崇明地方社会秩序》,《苏州大学学报》2011年第3期。
② 吴滔:《海外之变体:明清时期崇明盐场兴废与区域发展》,《学术研究》2012年第5期。
③ 瞿九思:《足本万历武功录》,台北:艺文印书馆,1980年。
④ 何西亚编:《中国盗匪问题之研究》,上海:泰东图书局,1925年,第14页。

实践中,我们看到了康雍乾三帝对社会问题的重视,看到了清朝地方官和基层社会治安系统维持社会正常秩序的有效性"。① 其他相关研究还有:刘平《清末民初的太湖匪民》,②柏桦《论清代律例规定的官民治安防范体系》③,廖斌、蒋铁初《清代州县刑事案件受理的制度与实践——以巴县司法档案为对象的考察》④,太田出《清代绿营的管辖区域与区域社会——以江南三角洲为中心》⑤,等等。何文平对清末广东盗匪问题进行了研究,认为清末广东盗匪问题已不是治安意义上的问题,而是统治危机的体现,双规并行的基层社会控制机制在清末也已经失去了它们的作用,即使采用军事性的清乡手段,也无法改变乡村匪化的趋势。⑥ 无论是区域视野下的盗匪研究,还是对盗贼个案的考察,都以官府或地方社会对盗匪问题的反应以及应对实效的角度来进行论述,并试图以此来揭示传统社会保持稳定和发生变迁的内在动因。

相对于以上有关盗贼与社会秩序控制的研究成果而言,江河湖泊的盗贼活动以及明清官府与地方社会的应对的研究则较少受到重视,偶被提及也往往是在对明清商书进行研究的时候。陈学文较早地对明清商书进行了系统的研究,发表了一系列的论文。他在论文中多次引用有关水路社会治安的材料,并对此问题做了评述:"明中叶经济是发展了,社会的一般贫富分化,商品流通频繁,一些急欲获取财物的人,不择手段,铤而走险,杀人越货,绑架人质。还有歹徒结成黑帮,危害社会极大,对商旅构成了很大威

---

① 常建华:《关于啯噜的研究》,载常建华:《清代的国家与社会研究》,北京:人民出版社,2006年,第189~238页。
② 刘平:《清末民初的太湖匪民》,《近代史研究》1992年第1期。
③ 柏桦:《论清代律例规定的官民治安防范体系》,《贵州社会科学》2008年第10期。
④ 廖斌、蒋铁初:《清代州县刑事案件受理的制度与实践——以巴县司法档案为对象的考察》,《西南民族大学学报》2008年第5期。
⑤ [日]太田出:《清代绿营的管辖区域与区域社会——以江南三角洲为中心》,《清史研究》1997年第2期。
⑥ 何文平:《清末广东的盗匪问题与政府清乡——从社会治理看清朝统治的末势》,《中山大学学报》2008年第1期。

胁,为社会经济的发展设置了障碍,明政府无力也无法控制局面。"①漕运水手是活跃在运河区域的一股不安分势力,它们往往参与抢劫过往船只,危害交通运输。陈峰《清代漕运水手的结帮活动及其对社会的危害》一文认为,漕运水手结帮最初具有互助性质,但自清中叶以后,受到日益浓厚的流氓作风的影响,帮会活动的破坏性凸显,给运河两岸广大地区带来了相当严重的危害。② 日本学者松浦章则利用明清档案中所录的大量河舟劫案的材料,对江南民众在日常生活中是如何利用水路进行舟运活动的问题进行考察。③ 对于水域社会与水面空间的管理,涉及官府、商旅、地方社会等相关利益者。邓亦兵通过对清前期民商的研究,认为清代各地政府设置导航标志、救生船、巡船、卡房等设施,并派兵执械护送,以防范海洋和内河湖泊盗贼的劫掠,保护商人利益,保证商人旅途安全,反映了官府与商人之间的和洽关系的一面。④ 冯贤亮也以明末嘉善县为例,对水乡社会的控制方式进行研究。⑤ 除了官府的保护,商人们有时也自组织起来,以防备盗贼劫掠。⑥ 同时,王振忠通过对流传于世的徽商拳谱的研究指出,明代中期以后,随着商品经济的发展,为了保证商业贸易正常运转,商人通过习武或雇佣武师来保护自己,他认为,长江中下游一带的盗贼总体上更倾向于诡计巧取,而不是暴力豪夺。⑦ 王日根、曹斌的研究显示,明清时期商书编写进入鼎盛期,有关运河航运方面的商业活动指导著作数量众多,内容包

---

① 陈学文:《明代一部商贾之教程、行旅之指南——陶成庆〈新刻京本华夷风物商程一览〉评述》,《中国社会经济史研究》1996年第1期,第92页。其他论文还有:《明清徽学发展新趋势的一个例证——评黄汴与〈一统路程图记〉》,《黄山高等专科学校学报》2001年第2期;《明清时期商业文化的代表作〈商贾便览〉》,《杭州师范学院学报》1996年第2期;《明清时期江南的商品流通与水运业的发展——从日用类书中商业书有关记载来研究明清江南的商品经济》,《浙江学刊》1995年第1期。
② 陈峰:《清代漕运水手的结帮活动及其对社会的危害》,《社会科学战线》1996年第2期,第140页。
③ 松浦章:《清代江南内河的水运》,《清史研究》2001年第1期。
④ 邓亦兵:《清代前期的民商》,《中国经济史研究》1997年第4期。
⑤ 冯贤亮:《明末清初江南的地方防护》,《云南社会科学》2001年第3期。
⑥ 王振忠:《新安江上的徽商武装巡船》,《寻根》2003年第2期。
⑦ 王振忠:《商路上的武艺——徽商与少林功夫》,载王振忠:《千山夕阳——王振忠论明清社会与文化》,桂林:广西师范大学出版社,2009年,第186页。

括:对经商者行舟途中避盗情形的规诫,如对沿途的盗贼活动情况加以标识、慎雇船户、慎择泊船地点和时间、慎露财、慎选经商旅行的伙伴等;告诫经商者防范盗匪的侵扰,如阻塞河道、乘机哄抢、闷香迷客、老鸦讹商、假扮客商、乔装劫财、横截津路、杀人越货,兵为盗党,商客失恃,以及商客自救的办法等。因为商人在运河中的主要交通工具是船只,穿梭不息的船只就成为盗匪们觊觎的对象,加上官兵渎职、河水泛滥、灾异频发,商客遭遇侵害的可能性就更大。商书文献一定程度上成为构建明清运河航路秩序重要的指导性书籍。① 清代洞庭湖等水域频繁出现河盗猖獗现象,清政府亦多有治理河盗的制度,但治理效果有时显著,有时则不仅无效而且有害,显示制度受到人为因素的影响较大,制度本身往往亦多互相冲突之处,均抑制了治理效果。实际表现为应对突发性盗案的高效严密与日常防御的疏漏百出;地方治效与否取决于官吏的个人能力和品质;弭盗举措经常是兴一政则生一弊;在弭盗上存在地域协调、文武协作难题等。②

有关海盗方面的研究,刘平有系列研究成果,如《清中叶广东海盗问题探索》③、《乾嘉时期广东海盗与西山政权的关系》④、《关于嘉庆年间广东海盗的几个问题》⑤、《论嘉庆年间广东海盗的联合与演变》⑥等,对广东海盗做了深入细致的研究。陈春声有《明清之际潮州的海盗与私人海上贸易》⑦的论文,林延青有《嘉庆朝借西方国家之力镇压广东"海盗"》⑧的论文,曾小全有《清代嘉庆时期的海盗与广东沿海社会》⑨的论文,关文发有

---

① 王日根、曹斌:《明清商书文献中的运河航路秩序》,《中原文化研究》2014年第6期。
② 王日根、曹斌:《由雍正洞庭抢米案看官府河盗治理的制度困境》,《井冈山大学学报》2014年第1期。
③ 刘平:《清中叶广东海盗问题探索》,《清史研究》1998年第1期。
④ 刘平:《乾嘉时期广东海盗与西山政权的关系》,《江海学刊》1997年第6期。
⑤ 刘平:《关于嘉庆年间广东海盗的几个问题》,《学术研究》1997年第9期。
⑥ 刘平:《论嘉庆年间广东海盗的联合与演变》,《江苏教育学院学报》1997年第3期。
⑦ 陈春声:《明清之际潮州的海盗与私人海上贸易》,《文史知识》1997年第9期。
⑧ 林延青:《嘉庆朝借西方国家之力镇压广东"海盗"》,《南开学报》1989年第6期。
⑨ 曾小全:《清代嘉庆时期的海盗与广东沿海社会》,《史林》2004年第4期。

《清代中叶蔡牵海上武装集团性质辨析》①的论文,季士家有《近八十年来清代海盗史研究状况述评》②的论文,张雅娟有《近十五年来清代乾嘉年间海盗问题的研究》③的述评文章,刘佐泉有《清代嘉庆年间"雷州海盗"初探》④的论文,何靖有《乾嘉时期粤洋西路海盗猖獗的原因浅谈》⑤的论文。台湾的黄典权、张中训、苏同炳、李若文、陈钰祥、陈信雄等也有丰硕的海盗研究成果。澳门大学安乐博有《浮沤著水:中华帝国晚期南方的海盗与水手世界》⑥专著问世。王日根的研究显示,自嘉庆初年开始,大批海盗纷纷投首于清政府,然而其投首原因很多时候并非是通常所认为的实力穷蹙时的被迫选择,而是由盗首被剿灭或家属被拿获等外在因素以及海盗的自身特点、职业特性所导致。对于海盗的投首,清政府通常表现出接纳和欢迎,但依据其投首时间早晚、投首规模大小,其处理方式存在一定程度的差异。有时,中央政府和地方剿捕官员的处理意见亦有所不同。⑦

综上而言,以往学界在传统社会(此处主要指明清时代)的社会秩序和管理方面已经做了许多有益的研究,对与盗贼活动有关的官府和地方社会应对方面也进行了广泛和深入的探讨。但是,翻检旧论,窃以为仍存在如下不足。

(一)从地理空间的角度而言,以往有关地方社会控制与管理的研究往往侧重于村落、城市乃至某特定区域,研究的重点也主要是编保甲、敦宗族、修乡约、建社仓义田等官府行为与地方社会参与。这些研究着眼于固定空间(主要指陆地人口聚落)的常态控制,从不同角度审视国家与社会之间的关系,阐释传统社会发展的内在机制与动力。但是,地理空间并非铁板一块,保甲等控制手段也不是万能丹药。陆地与水面是两种不同质的地

---

① 关文发:《清代中叶蔡牵海上武装集团性质辨析》,《中国史研究》1994年第1期。
② 季士家:《近八十年来清代海盗史研究状况述评》,《学海》1994年第5期。
③ 张雅娟:《近十五年来清代乾嘉年间海盗问题的研究》,《中国史研究动态》2012年第2期。
④ 刘佐泉:《清代嘉庆年间"雷州海盗"初探》,《湛江师范学院学报》1999年第6期。
⑤ 何靖:《乾嘉时期粤洋西路海盗猖獗的原因浅谈》,《传承》2008年第11期。
⑥ [美]安乐博:《浮沤著水:中华帝国晚期南方的海盗与水手世界》,美国加州大学伯克利分校东亚研究所,2008年。
⑦ 王日根:《清嘉庆时期海盗投首问题初探》,《社会科学》2013年第10期。

域空间,水的流动性使它不能完全用控制陆地的那套办法来进行管理,而内河水域与陆地的纵横交错又必须把二者作为一体的两面进行整体的思考。除了海盗史的研究之外,以往研究很少对内河水域的社会秩序与管理问题做专门的考察。

(二)从管理学的角度而言,社会管理就是对人的管理,对人的活动的管理。作为社会秩序的破坏者,盗贼是传统社会管理的重点对象,消弭盗贼是传统社会管理的主要目标。以往研究对山盗、矿盗、响马盗等,从政治、社会、经济政策等角度多有探讨,但对于活跃于内河水域的盗贼活动情况较少涉及,对于由此引发的社会秩序维持者(官府)、破坏者(盗贼)及其他相关利益群体(受害者)之间的互动与博弈更是较少研究。河湖盗贼有自己的活动特点,他们行踪飘忽,动如鬼魅,隐于江湖之上,栖身苇荡丛中,点篙驾舟,倏忽间即往来十数里,穿行于数县地域。凭依舟船出行的商人、士大夫、一般老百姓,是劫掠活动的受害者。官府也为盗贼的这种流动性极强的劫掠方式大伤脑筋。因此,在内河的场域内对上述参与其中的群体博弈加以考察,或将深化对明清地方社会控制与管理的认识。

(三)加强对包括江河湖海盗贼的研究可以改变过去"重陆轻海"、"重陆轻水"的偏颇,更加全面地把握中国历史的发展演变,为中国建设海洋强国提供社会管理方面的相关借鉴。

第三节　史料、概念与构架

一、史料来源

本书使用的资料,主要来自以下几个方面:

1.地方志。主要参照阅读了广东、湖南、湖北、安徽、江苏、浙江、四川等七省沿江临水州县的方志。该部分材料记录了江湖盗贼活动对地方社会的影响,以及地方士人百姓对它们的认识和反应。

2.《四库全书》、《续修四库全书》、《四库未收书辑刊》、《四库禁毁书辑刊》。有关内河水域秩序的资料主要集中在集部和史部中,官员奏疏、朝廷和地方有关内河水域管理的典制、士大夫文集等资料为我们认识发生在明清时期内河水域的犯罪事件提供了比较全面的视野。

3. 张伟仁主编《明清档案》与"中央研究院"《明清史料》。《明清档案》中收录了数量颇多的有关内河行舟遭劫的官员奏疏,时间主要集中在顺治与雍正两朝,康熙朝极少。但方志与四库的材料可补康熙朝材料缺少之不足。

4. 明清其他相关单独出版的著作。如瞿九思《万历武功录》分别讲运河、长江、太湖等盗贼;明末范景文《南枢志》论长江防御;雍正年间奏折中之长江防御;曾国藩等论长江防御;清金宜理所撰《太湖备考》等。另外,明清笔记、小说中有部分材料,但多涉鬼怪、因果等思想,用时慎重。

5. 当代学者论文及专著中所涉而又难以见到的材料,如有关盐业史、运河史等研究。受限于研究的条件未备,不能亲见,往往加以转引,并注明引文来源。

二、相关概念与研究范围厘定

(一)盗贼

在中国传统时代,向来把一般劫掠与农民起义统称为盗贼、盗匪等,如清初万斯同所撰《明史》中有"盗贼传"两卷,而明末农民起义军首领李自成、张献忠即列在其中。民国何西亚给盗匪下的定义是:"凡他人所有之财物,不取得所有者之同意,而强行劫夺之或窃攘之,其情形之较大者为盗,较小者为贼。"[①]这是从经济意义上对盗贼的定义,颇与现代法律上的盗贼概念相符合。当代学者徐勇认为,把盗匪与农民起义混为一谈,既反映了统治者的阶级偏见,也说明了二者在性质上都是对社会秩序的反叛,是"非法"的活动。他指出了盗匪与农民起义的区别:其一,"盗匪活动的经济性较突出,主要是饥寒交迫,只好以偷盗抢掠的方式满足其基本生存需要,甚或以这种手段聚敛财富",而农民起义则更有政治性的一面。其二,"盗匪活动的地域性较突出,规模较小。大多是一乡一地的农民为生计所迫上山为匪或占地为王,凭借强力或地利,在一定地域范围内以打家劫舍、拦路抢掠为生",而农民起义的矛头则不仅指向豪绅,更指向官府。同时,二者之

---

① 何西亚编:《中国盗匪问题之研究》,上海:泰东图书局,1925年,第2页。

间又具有紧密的联系,在一定情势下可以相互转化。① 徐勇不但从经济,也从社会学的意义上比较客观地对盗贼作了界定。陈宝良则认为:"所谓的'盗',在中国历史上,是作为绿林豪客出现的,同样是广义上的流氓,他们的啸聚山林,拦路抢劫,本来就是对政治黑暗、民无生理的社会的反抗。"他在《中国流氓史》一书中,将土匪②分为"政治性土匪"和"社会性土匪"两种,实际上仍是徐勇所称的盗匪与农民起义的分别。他将流氓的概念外延、把起义与劫掠同归属于土匪之类的提法仍值得商榷。③ 通过对以上学者关于盗贼定义的简单讨论,可见要将盗贼与农民起义之间做泾渭分明的划分的困难。本课题的研究即是从社会治安维护和地方秩序控制的角度来考察盗贼活动,因而本书并不准备论述大股流民活动或农民起事,而主要是探讨利用暴力手段抢夺他人财物的盗贼犯罪活动,他们既触犯了明清的法律,同时在今天看来也难见其有进步性的一面。但是,处在王朝秩序混乱的时候,这些以得财为主要目的的盗夺活动却会因为形势的变化而卷入各类政治性反叛事件中去,对此类问题之分析也是本课题内容之一。

(二)研究的空间与时间范围

中国内陆江河湖泊众多,港汊密布,每一个地方水面空间的秩序又受自然环境与当地民风的影响,盗贼的构成及活动方式多有不同,要对内陆水面空间的盗贼活动及相关问题的治理做全面的论述既非必要也属不可能。但就大处而言,仍可选取几个典型性的区域作为本书展开讨论的主要范围:一是运河,这里既是国家漕运要道,又是商运和客运的繁忙地带;一是长江,相对于运河而言,长江虽然是江南连接内陆腹地经济区的重要交通动脉,商客运发达,但是对于政府来说,长江的战略控制意义则更重要;一是湖泊,如太湖、洞庭湖、鄱阳湖等,烟波浩渺,渔舟云集,沿岸市镇林立,人们利用舟船出行的频率较高,与之相应的水面犯罪也较多;一是广东、浙江等内陆河流,这里系山海交汇地带,既有占山为王的势力的存在,又可能受到来自海盗活动的侵扰。至于时间范围,本书所指的明清时期,主要是

---

① 徐勇:《非均衡的中国政治:城市与乡村比较》,北京:中国广播电视出版社,1992年,第120~121页。

② 陈宝良认为土匪与强盗实则为同义语,是"一个或一群卷入纯粹地方性或小规模骚乱的人"。见陈宝良:《中国流氓史》,上海:上海人民出版社,2008年,第23页。

③ 陈宝良:《中国流氓史》,上海:上海人民出版社,2008年,第426页。

1570—1860年的近300年时间,即从1570年黄汴完成《一统路程图记》这部记载有河湖盗贼活动情况的著作开始,到1860年清政府成立长江水师整合长江流域的控制力量为止。

三、框架设计

明代中叶以后,社会经济呈现出日渐繁荣的局面,商品经济带动沿河、沿江、沿海等区域的经济发展和城镇的兴盛。伴随着经济繁荣而产生的是河海盗贼也滋生起来,他们或出于生意折本而被迫为盗,或遭遇官场的排挤而被迫为盗,或依仗自己的权势庇护盗贼的成长,或受到某些舆论的蛊惑而流落到盗贼行列。明清盗贼的成分是复杂的,盗贼随着自己的规模伸缩,或对政治构成直接的威胁,或只是谋求通过接受招安而获得政治地位与社会地位的升格。

明清时期,内河航运在整个经济和社会生活中发挥着日益重要的作用。在河流经过的地区,乘坐舟船是人们首选的出行方式。同时,随着商品经济的日渐活跃和长途贩运贸易的发展,商人的流动也更加频繁,而针对过往商船的盗贼劫抢事件不断发生,内河商路的秩序因而受到影响,泛舟内河的行旅的人身财产安全受到威胁,官府对内河水域及其沿岸地区的管控力也受到挑战。

沿海地区的人们在航海技术的催动下,或走向更深的海域,经商、捕捞或养殖,经商的人们从近海走向远海,贸易规模和贸易船只逐渐变大,贸易量也呈现出逐渐加大的趋向。海域的宽广既为合法经营者以广阔的空间,同时也为为非作歹者提供了活动的舞台,有时他们配备良好的船只,组成巨大的武装化集团,形成对良民的威胁,由此获得巨额财富,乃至有的男子将操控海上的权柄交给自己的妻子,有的则形成家族性、乡族性的庞大海盗集团,与官府的剿匪部队构成长期的对峙,在政府力量无法压服这些势力的时候,政策往往转为消极保守,或是严厉海禁,或是加强军事性防御的建设。

我们力图从社会史和制度史的角度,对明清江河湖海水域空间中官、民与盗三股力量之间的相互博弈关系加以考察,力求揭示以官府为主导的社会控制模式在对特殊社会空间进行管理时的实际效用及存在的问题。

第一章,介绍选题的缘起,进行学术史的回顾,厘定相关的概念和研究范围,并简单介绍了资料来源和研究框架。

第二章,对明清时期江河湖海盗贼活动的背景加以叙述,主要侧重于论述受盗贼劫掠影响最大的商人群体。明代中期以后,无论是指导商人外出经商的专门书籍,还是浩如烟海的明清文献典籍,都对商人在内河行舟途中遭遇盗贼劫掠的现象给予关注。内河劫案发生的频率也受到各区域经济发展情形、有无灾荒、防守汛兵是否勤于职守等因素的制约。

第三章,重点论述了活跃在江河湖海水域的江湖盗贼的人员构成情况,并从士大夫出行时遭遇盗贼的情形及其反应和明清知识者在文学作品中对江河湖海盗贼形象的塑造两个方面进行分析,认为江河湖海盗贼的活动对明清社会生活和文化领域都有着重要的影响。

第四章,以明末至清前期的太湖地区为个案,采用区域社会分析的视角,考察了太湖盗贼对环太湖地区社会治乱的影响。为了消弭盗贼,当地官员不遗余力地推行包括编保甲、建水栅、设巡检等在内的各项措施,在太湖地区重建了官方控制的权威。

第五章,以明末广东沿海的盗贼活动为例,分析盗贼构成及政府对其采取的镇压措施,用海洋思维去观察,我们能看到海上活动区域富有流动性,浙江的海盗可以走向福建,福建的海盗可以走向广东,由于地方治安的考虑,福建在广东的海商也被定义为海盗,遭遇官军的围剿。

第六章,分析明末福建在治理海盗方面推行的乡兵与渔兵之制,倭乱期间,东南沿海的乡兵大体有为两类,一类是官方招募之乡兵,其性质为官方武装;另外一类为民间团保之乡兵,其性质是基层民间武装。招募之乡兵在明代中后期沿海兵制改革过程中发挥了重要的作用,东南沿海的土兵和抚标很大程度是由包括乡兵在内的民兵转化而来;而团保之乡兵的兴起则正式开启了明代后期基层社会军事化的过程,对明代地方社会的发展产生了深远的影响。同时,笔者认为并非所有参与军事行动的渔民都是渔兵,明代真正意义上的渔兵指的是晚明时期,东南沿海出现的一支以渔民为主体,以保甲制为组织基础,以船伍、哨队为编组方式,主要用于所属澳分及附近海域防守,负有遇警征调职责的海上乡兵。

第七章,以雍正年间的洞庭湖劫案为例,对明清时期官府在加强对内河水域等流动空间的控制而收效甚微的原因进行分析,指出官方推行的措施一方面严重依赖于在任官员的贤能与否和衙吏汛兵的是否渎职,另一方面又对地方各级施政者缺乏有效的监管,从而导致政怠业废,大大降低了各项措施的实际效用。

第八章,嘉庆年间的海盗特别猖獗,以闽粤沿海区域为盛,经常出现广东镇压严时流入福建,福建镇压严时流向广东的情况,这些在文献中被称为"盗"的人员往往身份并不单一,有的就是商人,只是因为沿海军政要员为了完成戍守边疆的任务定义其为海盗,有的甚至是政策逼迫的结果,他们多怀有接受招安的意愿,朝廷在接受投首方面的政策一被实施,海盗转化为良民的事例便层出不穷。

第九章,对本书的观点进行总结,指出在以后研究中需要努力的方向。

由于河盗是既往研究中相对较少的部分,因而本书在河盗研究方面更多着力,有关海盗的部分因为既往研究较多,本书在涉及海盗方面则侧重自己在台访学期间搜集到的资料展开研究。我们试图打通河海界限,用水域的概念对二者加以统筹,揭示河海盗的相互关联性,政府治理的效率等。本项成果也可作为传统社会治理的一个子项目成果,期待对现实社会治理有所借鉴。

第二章　从商人经商类书①看商人与盗贼的博弈

明代中期以后，随着商品经济的日渐活跃，内河航运业也呈现出了前所未有的繁盛局面。无论是短途的镇市赶集，还是长距离的大宗货物贩运，舟船都成为商业与社会发展不可或缺的重要交通运输工具。官方的漕运姑置不论，这时，民间的客货运输也在不断地发展。明清的商人们乘坐舟船在内河航道上日行夜宿，饮风啜露，进行着货物的南北转输、东西互易。为了追逐什一之利，水路行舟的经商者不但面临着风波覆舟的危险，而且还时时遭受以杀人劫货为业的盗贼的侵扰。

经商途中商人们所遭遇的种种盗贼劫骗的危险，在明清时代出版的商书中也多有记述。明清时代的商业书籍，是伴随着明代中期以后商贸业的大发展，经商人数增多，人们对经商知识的广泛需求而出现的。陈学文在对明清商书进行整理和研究的基础上，按商书的内容将它们分为五种类型，从中可见商书在记载经商知识方面的面面俱到。② 商业类书中所包含的有关明清社会生活的丰富内容，也吸引着学界的关注。学者们从交通史、商品流通、商业史、知识与文化传承等角度，以明清商书为基础分别展

---

① 据当代学者陈学文的研究，明清时期的商书较为重要的有 20 余种。而其中同书异名、相互抄袭的现象也多有存在。本文的撰写主要依据明清商业书籍中《天下水陆路程》、《天下路程图引》、《士商类要》、《新编杜骗新书》等几部出版较早和较重要的商书。

② 这五种类型分别是：(1)标准商书；(2)水陆行程书；(3)集商业经营和水陆路程于一体的商书；(4)商业道德与伦理书；(5)防骗类书。见陈学文：《明清时期商业书及商人书之研究》，台北：洪叶文化事业有限公司，1997 年，第 14～17 页。

开论述,取得了丰硕的成果。① 但是对于商书中屡屡提及的有关经商者在旅途中所遭遇的种种盗贼劫骗偷抢等社会现象,因为记载相对较少的缘故,没有引起学界的注意,至今仍少有专论。本章拟以明清商书中关于江河湖泊盗贼活动的零星记载为背景,参照明清文献,试对明清商人经商途中所经历的盗贼侵扰的情形做一论述。

第一节 明清商书中对经商者行舟途中避盗情形的规诫

有关商人经商行舟途中遭遇盗贼劫骗的记述,虽然在商书中只占到很小的部分,但却是商人经商知识储备中很重要的一部分。因为商人一旦身逢其厄,往往失财乃至于殒命。② 所以如何避免行途中发生与盗贼邂逅的危险,成为经商者必备的一项知识。归纳起来看,明清出版的商书主要从以下几个方面对经商者提出规诫。

---

① 陈学文是较早开展明清商书研究者,成果也比较突出,除了上引著作之外,他还有相关论文多篇:《明清时期江南的商品流通与水运业的发展——从日用类书中商业书中有关记载来研究明清艰难的商品经济》,《浙江学刊》1995 年第 1 期;《明清时期商业文化的代表作〈商贾便览〉》,《杭州师范学院学报》1996 年第 3 期;《明代一部商贾之教程、行旅之指南——陶承庆〈新刻京本华夷风物商程一览〉评述》,《中国社会经济史研究》1996 年第 1 期。其他如杨正泰利用商书对明代的驿站和交通线路的研究,见《明代驿站考》,上海:上海古籍出版社,1994 年;张海英对明清江南商路和商品流通的研究,见张海英:《明清江南商品流通与市场体系》,华东师范大学出版社,2002 年;吴量恺等:《中国经济通史》(明代卷),长沙:湖南人民出版社,2002 年。《中国经济通史》也把商贾书的涌现作为明代商品经济发展和社会结构异变的一个重要方面加以论述。又王振忠:《商路上的武艺——徽商与少林功夫》,载王振忠:《千山夕阳——王振忠论明清社会与文化》,桂林:广西师范大学出版社,2009 年,第 169 页。有关商贾书的研究成果,可参阅陈学文:《明清时期商业书及商人书之研究》,台北:洪叶文化事业有限公司,1997 年,该书附录二"商书研究论著目录",系对 1996 年以前学界对相关问题研究成果的汇集,其中日本学者的研究成果尤可关注。

② 《喻世明言》中就讲述了一个商人陈商,乘船路经湖北枣阳时,遭遇一群强盗的打劫,随从被杀,"陈商眼快,走向船艄舵上伏着,幸免残生"。由于钱财被劫,身无分文,再加上受到情感的打击,陈商最终在贫病交加中客死异乡。见冯梦龙:《喻世明言》卷一,《蒋兴哥重会珍珠衫》,长沙:岳麓书社,1989 年,第 17 页。

一、对沿途的盗贼活动情况加以标识

路途中是否有盗贼活动,是商人们出行时必须要首先了解清楚的。若经行路段劫案多发,盗贼活动猖獗,经商者的舟船往往会绕道而行。若经行路段治安良好,则经商者自然可以放心经过,从而节省了旅行的时间和费用。因此商书中对于路途中有无盗贼活动的情况记录颇多,如《天下水陆路程》云:"仪真闸通上江运舡,五坝过客货,须邻大江,昼夜无盗。"①这是一条从南京出发,经漕河通往北京的驿路,又"嘉善由三白荡至苏州,无牵路,亦无贼,且近,可行"②。《士商类要》在介绍从苏州至芜湖的水路时,特别指出经由东坝至芜湖,路途既近便,又可以避开长江盗贼截杀的凶险,"如避长江而走芜湖者,此路近便无盗,但冬月水干,盘剥多费事耳"③。而有些地方的盗贼则凶狠异常,如江西省境内的鄱阳湖,历来被称为盗薮,商书中在介绍经湖口县至广东的一条水路时写道:"自湖口至于康郎山,盗贼不时而有,江中强盗得财便休,惟此湖贼凶贪无厌,杀人常事。北入吴城,南入赵家围,风、盗渐可省。"④又如自四川经湖南前往无锡的水路,"往城陵矶之下,风、盗宜防。自湖广至仪真,强盗出没不时,有夹洲处,贼尤甚。夏港口有斜沙入江心,未过沙而转尖者,浅其沙上,货无粗细,一例而掳"⑤。江南地区,私盐充斥,私盐贩卖者横行,他们贩私盐之外,也时时对过往商客进行掳掠,所以商书中对盐徒的活动也屡有记述,如在扬州府以北的邵伯湖一带,即是盐徒活跃的地区。"邵伯以北,湖荡多,人家少,西高

---

① [明]黄汴著,杨正泰校注:《天下水陆路程》卷五,太原:山西人民出版社,1992年,第146页。
② [明]黄汴著,杨正泰校注:《天下水陆路程》卷七,太原:山西人民出版社,1992年,第210页。
③ [明]程春宇:《士商类要》,载杨正泰:《明代驿站考》附录,卷一,上海:上海古籍出版社,1994年,第255页。
④ [明]黄汴著,杨正泰校注:《天下水陆路程》卷七,太原:山西人民出版社,1992年,第216页。
⑤ [明]黄汴著,杨正泰校注:《天下水陆路程》卷七,太原:山西人民出版社,1992年,第190页。

而东阜,水大之年,最怕西北风,巨浪能倒塘岸。舡不能过。贼有盐徒,晚不可行。"①"小安丰至朦胧五十里,盐徒卖私盐为由,实为强盗,谨慎。"②对于以上所载路途多盗的地方,商书提醒经商者在经过该地时要倍加小心谨慎。

夜航船是明清江南地区流行的客货运输模式,但是若路途多盗,也会影响夜航船的运营。"苏州以北,有日船而夜不行。苏州以南,昼夜船行不息。至湖州日夜船,苏州、灭渡桥、平望并有。嘉兴至平湖日夜船,在东栅口。嘉兴至松江船,昼去而夜不行。此路多盗。"③我们看到,在出版时间较早的路程图引类商书中,往往对沿路行船中有无盗贼的情况加以标识。但是稍后的多数商书中则要么省去这部分内容,要么一笔带过,叙述极为简略。究其原因,并非是盗贼劫掠活动减少,对商人经商的威胁减小的缘故,而是盗贼劫掠往往事出突然,并且与一时一地的治安好坏和社会状况有很大的关系,商书作者根据自己的亲身经历或者道听途说得来的零星记载很难对实际的情况做出普遍性的反映。将它们记录下来,并不能够给商人在旅行途中规避危险提供全面的参考,所以在稍后出版的商书中有关某地有无盗贼活动的记录就逐渐消失。

二、慎雇船户

船户又称为舟子、舵公,他们一般以驾船为生,受雇于来往商客,赚些微薄的赁资。因为收入较低,生活艰苦,往往发生船户谋害商客的事件,所以明清商书里也提醒经商者外出经商时要慎雇船户。《士商类要》有"船脚总论"一节,专论雇佣船只时的各种注意事项,开篇即讲到了慎雇船户的重要性:"且以雇船一事,必须投牙计处,询彼虚实,切忌贪小私雇,此乃为客之第一要务也,虽本地刁钻之人,尚难逃其术,何况异乡孤客哉。如新下水,新修捻,件物家伙不齐整,或齐整家伙,与船大小不相对,乃借来之物。及邋遢旧船,失于油洗,人事猥衰,必是少债船也。其看船之法,须是估梁

---

① [明]黄汴著,杨正泰校注:《天下水陆路程》卷五,第147页。
② [明]黄汴著,杨正泰校注:《天下水陆路程》卷五,第152页。
③ [明]黄汴著,杨正泰校注:《天下水陆路程》卷七,太原:山西人民出版社,1992年,第233页。

头,算仓口,看灰缝干湿,观家伙齐整,方可成交。谚云:'雇船如小买',诚哉斯言也。"商书作者似乎对于船户的印象普遍较差,认为船户十有六七都是奸恶之徒:"虽然船脚之奸,甚于劫盗,间有二三良善者,客人亦不可加之于刻薄也……"①明末刊刻行世的《杜骗新书》中就有一篇"买铜物被梢谋死"的文章,讲述南京商人罗四维往福建贩布而被艄公谋害的事情,编纂者在文后点评曰:"按:溪河本险危之地,舵公多蠢暴之人。若带实□在身,须深藏严防。或带铜器铅锡等物,镇重类□须明与说之,开与见之,以免其垂涎,方保安全……"②《士商类要》亦云:"船家乃暗贼,往来介意提防。"③当然,商书中也有评价船户良善的,如《天下水陆路程》云:"(浙江)衢州船户良善。"④又《天下路程图引》记载:"杭州至镇江路七站,水皆干,古称平江,盖自有来矣。船户和柔,官塘河岸拽牵可穿鞋袜。"⑤然而,对船户有良好评价的毕竟不多,更多的是提醒经商者要对船户保持戒心,诸如"(扬州以北)舡户不良,宜防"⑥,"(黄河亳州段)舡户谋客,可防。虽有船伴,亦须谨慎"⑦,"由淮安南、北二河而去者,有船户谋客、黄河水走之防"⑧,等等。虽然在商人眼中,船户不良者居多,但是商人出行,又必须要雇用船只,对船户的依赖性很大,所以商书作者又建议商人一方面对船户加以防范,另一方面又要体恤船户,不能在船钱上任意刻薄:"客人亦不可加之于刻薄也,

---

① [明]程春宇:《士商类要》,载杨正泰:《明代驿站考》附录,卷二,上海:上海古籍出版社,1994年,第294页。

② [明]张应俞:《杜骗新书》卷二,第155~156页,载《古本小说集成》(第340册),上海:上海古籍出版社,1992年。

③ [明]程春宇:《士商类要》,载杨正泰:《明代驿站考》附录,卷二,上海:上海古籍出版社,1994年,第301页。

④ [明]黄汴著,杨正泰校注:《天下水陆路程》卷七,太原:山西人民出版社,1992年,第203页。

⑤ [明]憺漪子著,杨正泰校注:《天下路程图引》卷一,第375页。

⑥ [明]黄汴著,杨正泰校注:《天下水陆路程》卷五,太原:山西人民出版社,1992年,第147页。

⑦ [明]黄汴著,杨正泰校注:《天下水陆路程》卷五,太原:山西人民出版社,1992年,第149页。

⑧ [明]黄汴著,杨正泰校注:《天下水陆路程》卷五,太原:山西人民出版社,1992年,第157页。

脚夫一担在身,百骸俱动,船户以外财而包内财,用人工而使盘费,一船干系,岂小小哉。"①

三、慎择泊船地点和时间

关于泊船地点和时间的选择,商书大体上在三个方面提请经商者注意:一是不能泊靠荒郊野地,二是夜晚泊船应当谨慎,三是凶荒年份应当防盗贼。即如《士商类要》的作者所说:"凡行船,宜早湾泊口岸,切不可图快夜行。"②如从浙江湖口至江西玉山县的一条水路,黄汴记曰:"自瑞虹至玉山,水缓、滩少、山秀,日无风、盗之患,夜泊须要船伴,船户良善。"③《天下路程图引》云:"(杭州至镇江路七站)人烟稠密,是处可泊,帷滥溪小路,由塘栖至平望,人家少而水荡多,荒年勿往,早晚勿行。……平望、八尺、五龙桥、虎丘山脚数处,凶年多盗,宜防。"④所谓"荒年"、"凶年",是指地方州县因为水旱灾害、庄稼歉收等缘故而发生饥荒的年份。这时,受饥寒所迫,更多的人铤而走险,拦路截抢,所以商书作者提醒经商者尤其要在凶荒年份注意防盗。

四、慎露财

明末出版的商书《杜骗新书》中有一篇故事,名字叫作"炫耀衣装启盗心",讲的是徽州商人游天生前往福建经商,"船至建阳县,天生起岸往拜乡亲,将衣箱打开,取出衣服鲜丽,所带用物俱美",天生的行李被艄公窥见,顿时起心生歹意,在晚上趁借供奉酒食的机会毒杀了游天生。商书编撰者因而总结道:"按:游天生之招祸,良由衣服华丽,致使贼梢垂涎。大凡孤客搭船,切须提防贼梢谋害。昼宜略睡,夜方易醒;煮菜暖酒,尤防放毒。服

---

① [明]程春宇:《士商类要》,载杨正泰:《明代驿站考》附录,卷二,上海:上海古籍出版社,1994年,第294页。
② [明]程春宇:《士商类要》,载杨正泰:《明代驿站考》附录,卷二,上海:上海古籍出版社,1994年,第295页。
③ [明]黄汴著,杨正泰校注:《天下水陆路程》卷七,太原:山西人民出版社,1992年,第224页。
④ [明]憺漪子著,杨正泰校注:《天下路程图引》卷一,第375页;又[明]程春宇:《士商类要》,卷一,第252页,所记与此处全同。

宜朴素,勿太炫耀。故老子曰：'良贾深藏若虚',孔子曰：'以约失之者,鲜。'此诚养德之言,抑亦远祸之道也。"①用浅显易懂的讲故事的方式揭示经商的道理,末尾再用古代圣贤的言语做出总结,商书撰者提醒经商者要慎露财的良苦用心于此昭然可见。其他商书中也有类似的记载,如《商贾一览醒迷》云:"逢人不令露帛。乘船登岸,宿店野行,所配财帛,切宜谨密收藏。应用盘缠,少留在外。若不仔细,露帛被人瞧见,致起歹心,丧命倾财,殆由于此。"②《士商类要》云:"若搭人载小船,不可出头露面,尤恐船夫相识,认是买货客人。"③在这则材料中,商书撰者甚至要求经商者要尽量地掩盖住自己的商人身份,以免使人生歹意,谋钱财。

五、慎选经商旅行的伙伴

明清时代,商人外出经商,最忌孤身一人,遇事时既缺乏照应,又往往容易被歹人觊觎。但是,选择经商和一起旅行的伙伴又需要慎之又慎,不然就会轻则受骗,重则失财殒命。正如《士商类要》所说:"凡出外要择的伴,庶几有辅。若路逢非熟识之人,同舟同宿,未必他心似我,一切贵细之物,务宜谨慎防护,夜恐盗而昼恐拐也。"④《杜骗新书》中有一则故事"成锭假银换真银",即是讲同船客人借同乡的名义,故意套近乎,用假银骗取了客商银钱的事情。而经商者在路途中因为结交和搭载陌生人而被劫的事例在明清文献中更是经常见到。

明中后期以来出版的商书中对经商者在内河行船途中回避盗贼劫骗的种种规诫已如上述,从中可以看到,随着商品流通的发展和外出经商活动的频繁,商人经商所遭遇的人为因素的凶险也日益复杂,而商书的编撰对这方面的问题也适时地做了总结,给经商者提供了很好的出行参考。但是,用文字记录下来的商书内容,部分得自于作者的亲身经历,部分得自口

---

① [明]张应俞:《杜骗新书》卷二,载《古本小说集成》(第340册),上海:上海古籍出版社,1992年,第102～105页。
② [明]李晋德:《商贾一览醒迷》,太原:山西人民出版社,1992年,第281～282页。
③ [明]程春宇:《士商类要》,载杨正泰:《明代驿站考》附录,卷二,上海:上海古籍出版社,1994年,第292页。
④ [明]程春宇:《士商类要》,载杨正泰:《明代驿站考》附录,卷二,上海:上海古籍出版社,1994年,第298页。

耳相传的经商故事,虽然对明清时代商人出行所遇到的一些问题进行了记述,却因为受到时间与地域的限制,未免流于僵化,失之片面和简略。实际上,明清时代商人在内河行舟遭遇骗、盗、劫等凶险是一幅生动的社会活动图景,明清文献中对此方面的情形也多有记载,它们是对明清商书中所述内容更为具体的描绘。

第二节 明清其他文献对经商者行舟途中遇盗情形的记载

商人外出经商,在资金汇兑业务很不发达的明清时代,往往必须随身携带数目不菲的银钱货物,孤身在江湖上行走,因而容易成为图谋不轨者觊觎的对象。[①] 对于这些觊觎者而言,为了获得商人的财物,他们处心积虑,采用各种办法进行攫取和劫夺。他们要么堵塞河道,趁机哄抢;要么巧设骗局,引商入瓮;要么假扮客商,相机劫财,甚或直接横截津路,杀人越货,其他诸如鼠窃狗偷、设谋讹诈等手段,不一而足。以下将对明清时代商人经商行舟途中所遇到的骗、窃、讹诈、盗劫等各种情形分别论述。

一、堵塞河道,趁机哄抢

在商舶穿梭来往的河道,沿岸居民选择在窄浅的地段将砖石抛于河中,使船只经行时搁浅,居户则趁机向商人讹诈财物,或者上船哄抢财货。

---

① 如沈起潜《八坼行》一诗,讲述了一个从外地来的商人,停靠在吴江县八坼湖边,半夜被盗贼残忍地杀害的事情。全诗曰:"吴江有塘名八坼,往来行李如络绎。水路平通吴会船,陆程近接金昌驿。有客云自平川来,一舟满载多货财。到此停桡日已暮,苦无仆从相追陪。原知慢藏终海盗,低声私向营兵告。今夜无忘击柝严,诘朝定有多金报。几度叮咛始下船,坦怀无患高枕眠。南柯一梦不复醒,那知此梦常游仙。贼舟猛于虎,抽刀刲肺腑。血肉六截分,金银满囊取。营兵怒号,白刃急操。追及十里,贼无可逃。虽报仇人获,重泉命难续。恨血千年江上红,游魂半夜船头哭。我亦孤客栖头舱,一叶漂泊芦中央。寻思此事不成寐,篷窗独坐徒彷徨。吁嗟!远游道,何如在家好。行路而今难更难,孤舟孤客摧心肝。"见[清]张应昌:《国朝诗铎》卷一〇,载《续修四库全书》(第1627册),上海:上海古籍出版社,2001年,第542页。

如道光《江阴县志》转述了明代中期江阴县的情况："黄志有云,沿江居民遇客船滞阁则啸其党剽掠之,并其船剖分之。月城居民深夜运土塞河,客过则舟胶,乃倩以分剥,因攫夺其货物。"①到了清代道光年间,这种阻船哄抢的情况在江阴渐少："黄志所载沿江、月城两地胶舟剽夺情事数百年来风移俗变,有异曩时,窃贼自设立自新所豢养后,两年来绝少逾贯报案。"②这种利用阻塞水道以便趁势抢劫的行为,在地方志的编纂者看来,是因为该地教化未行、人心贪利所致,故而将这种行为发生的原因归结于地方风俗之未淳。江阴在道光年间通过设立自新所,移风易俗,使阻塞水道以利于抢劫财物的情形变得"绝少"。

同样是在嘉道年间,江西赣州也出现了通过阻塞水道以趁机截抢过往船只的情况。据官至福建按察使的桂超万记载,道光初年,赣州有匪人用石头填河,拦劫过路商船,知府汪云任诛杀了匪人,郡人赖以安宁。③赣州沿河的劫抢货船者也是当地的居民,但是,在地方官眼中,他们又是会党成员。因此,在对待采用同样手段劫掠财货的劫盗者,江阴和赣州的地方官员对其性质产生了不同的认识,因而采取了迥然有别的应对措施。江阴的地方官员认为它属于地方上的一种特殊风俗民情,可以采用设立自新所等教化民众的方式来移风易俗,而赣州的地方官员则直接对劫掠者进行剿

---

① [清]陈廷恩修,李兆洛等纂:《江阴县志》卷九,《风俗》,道光二十年(1840年)刊本,第839~840页。按:黄志是指明弘历年间黄傅修,正德十四年(1519年)刊本《江阴县志》,北京图书馆藏。
② [清]陈廷恩修,李兆洛等纂:《江阴县志》卷九,《风俗》,道光二十年(1840年)刊本,第839~840页。
③ 桂超万《河中石》诗云:"赣河填流,盗泉盗居,河侧驱石作贼,石踞河底触舟破,一呼唾手得奇货。贤太守,鞭石走,研石骨,碎石首。石言会中客,累累多于石。太守奋怒迅如雷,只手誓挽狂澜回。阶石投签,砥石厉剑,嘉石发竖,肺石血溅,石兄石友尽诛谴。河涛澄,河水宴,顽石点头,顽民革面。"该诗引自《养浩斋诗稿》卷五,见顾廷龙:《续修四库全书·集部·别集类》(第1510册),上海:上海古籍出版社,1995年,第27页。

灭。这固然是与赣州①的劫掠者同时又是当地会匪的现实情况有关，但是我们也应当看到，清代法律在相关问题上的含糊表述也是造成这种情况的重要原因。据光绪年间编定的《大清律例增修通纂集成》中有关"白昼抢夺"的表述云："凡白昼抢夺人财物者（原注：不计赃），杖一百，徒三年。计赃重者加窃盗罪二等（原注：罪止杖一百，流三千里）。伤人者，斩（原注：监候）。为从者各减一等，并于右小臂膊上刺'抢夺'二字。若因失火及行船遭风著浅而乘时抢夺人财物及拆毁船只者，罪亦如之。"②此处只规定了对行船遭风搁浅后乘机抢夺的惩处，这是自然原因（失风）导致的行船搁浅，而人为的填塞水道、故意拦劫行船的行为，与之相比，无疑性质更为严重。但是清律中并没有做出相应的规定，这使地方官在应对此类劫案时增加了按自己的意志量刑的权重。

如上所述，若没有特殊的因素（如会匪）影响，地方官员更愿意把这种截抢方式看作是属于地方风俗的范畴，更倾向于用教化而不是剿捕的方式加以解决。如咸同年间的湖北归州，在流经该州的长江航道上有一处水路，紧邻锁住山。锁住山险峻峭拔，山下水道上大小船只来往如梭，时时有歹人借助险要的地势，从山顶推落岩石，打损行舟，以谋取财物。因而官员联合地方绅士一方面下令封山，一方面对地方民人进行教育，使他们摒弃为非作歹的心思："此山例应禁私垦，原为矜恤生命计也。如有开锄，查出重究。绅、保合行清理，则地方行人少巨石崩击之弊矣。且滩案叠出，商旅之所隐憾，即长官之所痛恶也。如果就近公正绅耆申谕保甲船户居民勿得借地险坏船图财暗害，则行人且深感激，是所望化凶恶为善良，天必佑之

---

① 在江西鄱阳湖一带，当地居民也会乘机抢劫因失风而搁浅的船只，而地方官员则置若罔闻。清代诗人商盘《江右纪风不种田溯鄱湖者，险在秋冬，扬澜左里之民，利在溺焉》云："扬澜左里不种田，一生好抢失水船。彭蠡风涛天下恶，湖中坏船多水涵。独有扬澜左里民，正喜风涛日日作。岂无救生之役防汛兵？分财掠货同横行。亦有周溪、渚溪两巡检，呼应不灵扑不敢。呜呼！利灾乐祸神所诃，太守不禁理则那。卖刀买犊犹可教，左里、扬澜本非盗。见[清]张应昌：《国朝诗铎》卷一〇，载《续修四库全书》（第1627册），上海：上海古籍出版社，2001年，第536页。

② [清]陶骏等：《大清律例增修通纂集成》卷二四，光绪二十六年（1900年）刊本，第5页。

矣,岂待人之报施哉。"①借助绅士的力量来教化民众,是明清的地方官们治理地方时经常采用的手段。他们期望通过教化来改易地方风俗中不好的方面,力图为商旅行舟提供安全通畅的水道,为地方创造安定静谧的社会秩序。

二、闷香迷客,老鸦讹商

经商者水路行舟时遭逢的凶险,有时是在懵懂不觉中就落入劫盗者的瓮毂之中,任人摆布却又无可奈何。如闷香迷客,即是如此。闷香是一种熏人能使之昏迷的香,与蒙汗药②一样为江湖劫盗所经常使用。清末小说《七剑十三侠》中有段描述闷香的文字:"那些小和尚头陀却闻着此香个个骨软筋酥,比蒙汗药还要加倍的利害。……这香俗名闷香,又叫鸡鸣香,其实江湖上叫作夺命香,能夺去人的魂魄,你道利害不利害?"③这种比蒙汗药还要厉害的闷香,在清代以前未见有被用来做劫盗的记载,较早谈到闷香能够致人昏迷的是成书于清代康熙中叶的《坚瓠集》。该书记云:"五行各有利用,而水更能辟邪,如人出行,舟行及旅店中夜卧,贮清水一盂,则闷香无效。"④同时代的蒲松龄在《聊斋志异》中记述了广东船户用闷香杀人的情形:"朱公徽荫巡抚粤东时,往来商旅多告无头冤状,千里行人,死不见尸,数客同游,全无音信,积案累累,莫可究诘。初告,有司尚欲发牒行缉,迨投状既多置不问。公莅任,历稽旧案,状中称死者不下百余,其千里无主,更不知凡几。公骇异恻怛,筹思废寝。遍访僚属,迄少方略。"后来他去城隍庙祈祷,得到启示,将目标锁定在该省的老龙船户,"盖省之东北曰小

---

① [清]李炘辑,沈云骏补纂:《归州志》卷三,载沈云骏:《禁开山坏船记》,台北:成文出版社,1976年,第167~168页。
② 韩世琦《抚吴疏草》云:"臣看得吕魁吾惯造蒙汗之药,恣行杀劫之凶。于顺治十二年十月内,瞷徽商吴子宜等五人寫船回籍,饶有资囊,遂同盗伙汪本仲、方廷印借附同舟,阴图俟便,于开舟次日诈备祭品享神,邀聚宜等散胙,将药物于暗投食物之中,宜等五人同时昏仆。而魁吾等当将五命尽掷波心,与船户吴贵等分赃各散。"见[清]韩世琦:《抚吴疏草》卷一六,载《四库未收书辑刊》(第6册),北京:北京出版社,2008年,第278页。
③ [清]桃花馆主人:《七剑十三侠》卷二,录自《古本小说集成》(第81辑),上海:上海古籍出版社,1990年,第97页。
④ [清]褚人穫:《坚瓠集》(第3册),广集卷四,《水能辟邪》,杭州:浙江人民出版社,1986年。

岭,曰蓝关,源自老龙津,以达南海,每由此入粤。公遣武弁密授机谋,捉龙津驾舟者,次第擒获五十余名,皆不械而服。盖此等贼以舟渡为名,赚客登舟,或投蒙药,或烧闷香,致客沉迷不醒,而后剖腹纳石,以沉水底,冤惨极矣"①。利用闷香迷药掠杀商旅,有案可稽的即达百余人之多。由此可见,搭船行经该地的商人又有多少魂游水底!而同一时期广东肇庆府也有以闷香杀戮商旅者,雍正《八旗通志》云:"张至隆,汉军镶红旗人,康熙三十二年任肇庆府知府……肇庆新桥而上人烟寥落,山路多歧。舟人以胡蔓毒药为香,燃之客迷,遂窃其资,名曰闷香船。至隆捕得,悉投大江中,其患始息。民立祠祀焉。"②据现有资料来看,利用闷香迷杀商旅在康熙前中期就已经出现,多被船户使用,并且主要盛行于广东一带。其后,虽然闷香也被民间女巫用来作为迷惑乡民的工具③,但是主要的还是被劫盗所利用来谋夺商客的财物。雍正年间户部右侍郎景日昣在奏折中称:"又闻南方水程之上有一种船贼,驾艇揽载,诱致行旅。或孤单,或三五伴,一入其舱,总隶冥录。暗投蒙汗药于茶饭中,入咽辄晕,遂勒项毙之,而掷之于深渊,名曰闷香船。"④可见闷香船不仅在雍正年间仍很活跃,而且其作案手段异常残忍,身罹其祸的商旅往往难以幸免。

  明代后期,商旅行舟中又会遇到另外一种讹诈性的勒索,即扬州水老鸦。"水老鸦者,扬州舟猾也。舟人多托故与客哄,其一即跳入水中,久不出。其一与索命,行旅亦爽然自失,不得不多与金帛求息。然跳水者伏行水中已在二三十里外登岸矣。"⑤商客在毫无防范的情况下落入船户的圈套中,这是水老鸦和闷香船两种危害商旅方式的共同之处。不同的地方在

---

① [清]蒲松龄撰,张友鹤辑校:《聊斋志异》卷一二,《老龙船户》,上海:上海古籍出版社,1962年,第1610~1611页。按:朱宏祚,字徽荫,康熙二十六年(1687年)任广东巡抚,三十一年(1692年)迁闽浙总督,任职广东巡抚凡六年。
② [清]鄂尔泰等:(雍正)《八旗通志》卷二三五,《循吏传四》,长春:东北师范大学出版社,1985年。
③ [清]蓝鼎元:《鹿洲公案》,《偶纪上》,北京:群众出版社,1985年,第36页。
④ 中国第一历史档案馆:《雍正朝汉文朱批奏折汇编》(第33册),南京:江苏古籍出版社,1991年,第112~113页。
⑤ [清]姚旅:《露书》卷九,《风篇中》,载顾廷龙:《续修四库全书·子部》(第1132册),上海:上海古籍出版社,1995年,第661页。

于。闷香船是明抢,水老鸦是暗胁;闷香船是劫杀,水老鸦则是讹诈。水老鸦利用了出门在外的商客害怕摊上官司的心理,设局诱骗客商。而客商为了息事宁人,也不去深究事实真相,只能拿钱消灾。这种变相地掠夺客商的手法似乎来自于《水浒传》中张顺、张横兄弟。《水浒传》第三十七回讲述宋江夜渡浔阳江,遇到了船户张横打劫,幸而混江龙李俊及时出现,方才使宋江解厄于危困之中。互相认识之后,张横向宋江讲起了自己充作艄公拦劫行人的缘由:

> 我有个兄弟,却又了得,浑身雪练也似一身白肉,泅得四五十里水面,水底下伏得七日七夜,水里行一似一根白条,更兼一身好武艺,因此人起他一个名,唤做浪里白条张顺。当初我弟兄两个只在扬子江边做一件依本分的道路。"宋江道:"愿闻则个。"张横道:"我弟兄两个,但赌输了时,我便先驾一只船,渡在江边静处做私渡。有那一等客人,贪省贯百钱的,又要快,便来下我船。等船里都坐满了,却教兄弟张顺也扮作单身客人,背着一个大包,也来趁船。我把船摇到半江里,歇了橹,抛了钉,插一把板刀,却讨船钱。本合五百足钱一个,我便定要他三贯。却先问弟兄讨起,教他假意不肯还我,我便把他来起手。一手揪住他头,一手提定腰胯,扑通地撺下江里。排头儿定要三贯。一个个都惊呆了,把出来不迭。都敛得足了,却送他到僻静处上岸。我那兄弟自从水底下走过对岸,等没了人,却与兄弟分钱去赌。那时我两个只靠这件道路过日。①

这与姚旅记载的水老鸦的作案手法是很相似的。依张横看来,半渡诈财是一件"依本分的道路",并不是什么违法的勾当。而实际上,在宋代以来的法律条文中,对舟子半渡敲诈行客的行为都制定有详细的惩罚措施。② 但是,明清时期舟子半渡敲诈商客的情况仍不鲜见,如明末钱塘江

---

① [明]施耐庵:《水浒传》第三十七回,北京:人民文学出版社,1975年,第505~506页。

② 曹家齐:《宋代交通管理制度研究》,开封:河南大学出版社,2002年,第86~87页。

的舟子,"最横,每至波涛险处,则谓一舟性命死生尽在吾手,辄索财物"①。多数商客在舟子的威迫下不得不屈服,然而也有不甘心受讹诈而奋起抵抗者:

> 左宗鲁,字培元,兆兴集人。……中康熙戊子科武举,壬辰科进士。授四川夔州府梁万营守备。……又船户有素号八杆船者,习于凶恶,适孤客姓萧乘舟不受诈骗,遂群殴,推入水中,幸冲至江岸未死。鲁查江适相值。拯问其由,将船户极刑重惩,恶风渐息。②

从材料看来,半渡诈客乃至杀人在长江上游是经常发生的,而像萧姓客人这样幸免于难的却是少之又少。

三、假扮客商,乔装行劫

客商携带重资渡江涉湖,一路上选牙行,雇船户,择行伴,慎泊舟,对于久历江湖风波的商人而言,每一件事情都是认真考虑并且谨慎小心着去做的。官府也对于盗贼截杀商旅的案件比较重视,在沿江湖泊地带严防汛,设巡船,颁保甲,督缉捕,虽然不能完全遏制住盗贼截杀商旅案件的发生,但是对于他们的活动还是起到了威慑和限制的作用。

为了避开官府的追剿,同时也是为了欺骗商客,使他们疏于防范,劫盗者也狡计百出,往往将自身乔装为商客,以便于趁机行劫。如顾炎武记云:"(太湖)定跨港、乌溪港、兰后港,以上三港,在县东南五十里,迤逦相连,并入太湖,以达杭、嘉、湖三府之境。盐徒劫寇,往往作商贩行色,乘间入耗地方。及有强民,以盘诘为名,截害往来商舶,并由此路。"③又明后期的江西湖口一带,"湖口江防一带,不独沙民、洲民,即今盐徒矿盗往往托于商舟贾舶,乘便四劫"④。成书于天启年间的《南京都察院志》记载江防"巡约十八

---

① [明]王应魁:《柳南随笔》卷一,载《清代笔记小说大观》(第3册),上海:上海古籍出版社,2007年,第2256页。
② [清]周玑纂:《杞县志》卷一六,《人物志四》,乾隆五十三年(1788年)刻本,台北:成文出版社,1976年,第1048页。
③ [清]顾炎武撰,谭其骧等点校:《肇域志》卷九,上海:上海古籍出版社,2004年,第327页。
④ [明]陈子龙:《明经世文编》卷二四六,胡松:《为请设江防守备以重上流疏》,北京:中华书局,1962年,第2579页。

则",其中一条也谈到了明后期长江劫盗的特点:

> 一、救孤商。长江上下飞舸如织,其中有等流棍,设计害人,三五成群,顾觅船只,在人烟辏集之处湾泊。以一二人妆为客商,或扮为差,使先登船内。三四人为驾船水手,招呼本船便带人货。夥内又将一二人投落饭店安歇,窥有行商财帛,哄诱其人一同附搭。人货上船,开行江上。先以善言蛊惑,或赌钱,或赛牌,遂将药酒迷昏绑缚,黑夜丢弃孤洲,甚之抛投下水,以灭其迹。或有得财数多,弃原船而逃陆者。"①

从该段材料可以看出,劫商团伙的内部已经有了相当严密的分工,装扮成客商或者公差,意在解除搭船商人的戒心。且有专门揽客者,到客店去拉拢客商,将其哄骗上船,然后趁机劫财。这种冒充客商的作案手法使官府也常常感到难于缉捕,康熙年间两江总督于成龙称沿长江一带的情况是:"乃访闻迩来巨盗每多妆扮客商,将器械藏匿舟中,湾泊滨江无人之处,窥伺客船,肆行劫夺,以致官兵不及觉察……"②

在道光年间的江西赣州,也有一类地方流氓,通过冒充水手或脚夫来行劫商客的:

> 更有一种游手凶徒,俗名烂仔,又谓之流打浪。遇事生风,执持刀械,每因微隙,纠党掳掠畜产,拆毁房屋,捉人勒赎。或拦路打抢,或临河行劫,冒充水手担夫,伺客重赀,暗行贼害。或遇客船遭风搁浅,假救护为名,抢夺货物。赣河下游一带往往有之。"③

明代商书的作者曾谆谆告诫商人在行商时要慎雇船户脚夫,《杜骗新

---

① [明]施沛:《南京都察院志》卷九,《职掌二》,载《四库全书存目丛书补编》(第73册),济南:齐鲁书社,2001年,第242页。
② [清]于成龙:《于清端公政书》卷七,载《文渊阁四库全书·集部·别集类》(第257册),台北:商务印书馆,1986年,第752页。
③ [清]陶澍:《陶文毅公全集》卷二五,《奏疏》,载顾廷龙:《续修四库全书》(第1502册),上海:上海古籍出版社,2001年,第221~222页。谨按:此处记赣州流氓打劫遭风搁浅客船,与前引道光年间赣州会匪堵塞河道进行抢劫稍有不同,只是前引桂超万认为抢劫者系会匪,而陶澍却认为是"此则匪而不会,其情罪无殊于会匪"。

书》中甚至录有两则关于脚夫使诈劫走商人货物的实例①。说明劫匪冒充脚夫水手(有时是脚夫水手本身即惯做劫盗)抢掠商人的情况较为多见。

除了冒充客商、水手或者脚夫,劫盗者也假扮渔船,趁夜劫掠过往商旅。如位于江海交汇地方的孟河一带,即有这样的情形:"孟河地方,江海交汇,素为盗薮。至于瓜州、京口等处,夏秋潮水泛滥,二三壮丁魃驾小艇,诈扮渔船,傍晚泊于岸边,偶有趁船孤客,探有货货,赚入大江,不知所终。"②内地江河湖泊中类似的情形所在多有。官府也注意到了这种盗贼劫掠的方式,并制定相应的措施来加以解决。"江洋贼船多与商船混行,伺至夜静,遂遭劫掠。迩来禁革多桨渔船及商船不许夜行,节经申饬,可谓得其要领。"③通过禁违制渔船及商船夜行,以杜绝船只混杂造成的巡缉不便,看来是取得了一定的效果。

四、横截津路,杀人越货

商旅搭乘舟船出行,遭遇堵塞水道的地方居民,或者是以闷香迷人、半渡诈财的船户,甚或是冒充商人、水手、舟子的劫匪,虽然危险重重,但仍会有失财而保命的机会。并且经商者若在经商途中倍加小心,上述这些危险都是可以避免的。然而,若路遇那些明火执仗、公然行劫而又人数众多的劫匪,商人们不但财物尽失,而且性命也难保全,往往是名登鬼录,魂游水府。鄱阳湖位于江西境内,是客商南北往来的重要通道,湖中不但盗贼活动猖獗,而且极其残忍。"湖有三山、四山,屹立波涛中,为盗出没薮。他盗

---

① [明]张应俞:《杜骗新书》卷二,载《古本小说集成》(第 340 册),上海:上海古籍出版社,1992 年,第 163~171 页。
② [明]张继孟:《励精图治,条陈江防八要疏》,见高汝栻:《皇明续纪三朝法传全录》卷一三,载《四库禁毁书丛刊补编》(第 11 册),北京:北京出版社,2005 年,第 150 页。
③ [明]施沛:《南京都察院志》卷一三,《职掌六》,载《四库全书存目丛书补编》(第 73 册),济南:齐鲁书社,2001 年,第 396 页。

志在取财,湖中盗则必杀人,谓不杀人则有失主,赃易败。而李再豪者,所杀尤多。"① 这是清代康熙初年的情况,与商书中所记大致相同。

太湖及其支脉水域的盗贼也是异常凶恶,如明末盗贼"劫太湖贾客,皆白昼阴伏渔舟中,客舟至,则撒网以包。其波荡入波涛中,不知几十百人"②。又如康熙二年所捕获的太湖盗袁二,"于顺治十二年正月二十一日风雨黄昏,遇有布商张奎等满载前来。二等两舟夹劫,且将奎子张建砍堕河中,客侣惧威惊窜,任其席卷饱飏"③。人数多、声势大是此类劫盗者共同的特点,盗贼一出现便亮出刀斧,入舱即四处乱砍,目的在于未劫之前首先从气势上夺去商客的魂魄,使他们乖乖就范;既劫之后又能从容撤去,而此时商客则往往惊魂未定,无暇叫喊报官。如徐霞客游历至衡阳,循江而船行。时当深夜,泊舟江岸,遇到了盗贼打劫,"群盗喊杀入舟,火炬刀剑交丛而下"④。徐霞客与同行伙伴及徽客五人都匆匆躲避,或跳进水中,或遁入岸上,等听到一声口哨,火把渐暗,知道是盗贼撤离时发出的信号后,他们方才敢重新回到船舱。又明代赵维寰记载自己的亲身经历道:

> 暴客劫掠之横,余尝闻之,然未亲见也。乙丑冬,计偕北上,与郭丹葵、陆巨平同舟。既渡黄河,入新河,自以为险且过。一日舟行,望台儿庄可二三里,而舟子以日暮水急,辄舣舟宿,时有四五货舟同泊。才一更许,盗忽列炬持斧,独上余舟,三人从梦中惊醒,急从舱后遁而炬旋入舱矣。但闻邻舟大噪,须臾,舟子报曰:"贼已去"。乃徐入舟

---

① [清]曾王孙:《清风堂文集》卷二三,《杂记》,载《四库未收书辑刊》(第5辑第29册),北京:北京出版社,2000年,第296页,北京出版社2000;按,前引商书《天下路程图引》卷七亦云:"自湖口至于康郎山,盗贼不时而有,江中强盗得财便休,惟此湖贼凶贪无厌,杀人常事。"记述略有不同。毛奇龄在《西河集》中也记录了饶州籍商人彭万年与同伴邹三、黄寿分乘三艘船只结伴经商,途经鄱阳湖时万年因避风而与两人失散。后得知邹三与黄寿均已被盗杀死。见毛奇龄:《西河集》卷七九,《湖中二客传》,载《文渊阁四库全书·集部·别集类》(第1320册),第728页。

② [明]熊明遇:《文直行书诗文》卷一七,载王钟翰:《四库禁毁书丛刊》(第4辑第106册),北京:北京出版社,1998年,第595页。

③ [清]韩世琦:《抚吴疏草》卷二〇,《袁二等招由疏》,载《四库未收书辑刊》(第8辑第6册),北京:北京出版社,2000年。

④ [明]徐弘祖著,褚绍唐、吴应寿整理:《徐霞客游记》卷二下,《楚游日记》,上海:上海古籍出版社,1982年,第201页。

舱,取灯照之,诸行李俱无恙也。于船头得拆柄斧一、拆柄枪一。及天明勘之,血迹从船头起,直至闸上,想暗中与邻船战败去耳。当始至时,用巨斧劈船,殆如霹雳,余始亲睹暴客情状。云诸行李无恙,余辈甚奇之,已讯其故。贼盖闻外喊杀声甚震,慌忙中炬忽灭,舱中如漆,无所用武,以故空手亟去。①

邻船是指与赵氏同泊的四五艘货船,劫盗者的外强中干在赵维寰的笔下表露无遗。由此也可以看出,盗贼劫掠商客往往是在夜晚趁孤客身单力弱的时候下手。若商人能多寻伴侣,慎择泊舟地点,夜晚泊舟的时候加以防范,使盗贼没有劫抢的机会,是可以减少或者避免盗贼的劫掠的。由此也可以看出商书在这方面对商客提出的建议并非纸上空言。

五、兵为盗党,商客失怙

为了尽可能地避免在旅途中发生盗贼焚劫的危险,商人们除了自己在旅行时要格外小心谨慎之外,还时时依赖沿途兵防塘汛的保护。明清两朝的官府,一般都在地势险要或者人烟较为荒凉、盗案多发的江河湖泊沿岸设有巡检与守汛,以镇守地方、拱卫行旅。因而舟船出于安全方面的考虑,在夜间停船时,也往往选择在有塘汛驻兵的地方附近抛锚。但是,驻防塘汛的官兵若与盗贼猫鼠同穴、相互勾结、沆瀣一气的话,那么过往商旅却是连这点保护的屏障也不能依赖了。嘉靖中叶,张时彻任江西巡抚,他指出江西省沿河盗贼充斥,巡河官兵玩忽职守,不但不认真缉捕,反而隐匿不报,甚至收受盗贼月钱,养虎为奸。"又有不等民船,阳以捕鱼为业,实则劫掠是行,官兵莫能缉捕,甚或私受月钱,知而故纵,玩法殃民,莫此为甚。"②又如在长江水域,劫案多发,官府禁止造多桨渔船,并不许商船夜行,冀望借此消弭盗贼。但是,一弊方革,一弊又兴,兵盗勾结共劫商财的问题又不时地发生。据《南京都察院志》云:"江洋贼船,多与商船杂行,先时尾跟,伺夜劫掠,此其故习。往时革多桨沙船渔船,及禁商船不许夜行。商船停住,

---

① [明]赵维寰:《雪庐焚余稿》卷一〇,载王钟翰:《四库禁毁书丛刊》(第4辑第88册),北京:北京出版社,1998年,第573~574页。
② [明]张时彻:《芝园定集·别集》卷五,《申严巡河官兵以弭盗贼案》,载《四库全书存目丛书》(第4辑第81册),济南:齐鲁书社,1997年,第557~558页。

谕于人烟辏集及兵船湾泊去处,谓可恃以无恐。然狡黠之兵偷闲上岸,江多弛怠。甚则兵与盗通,又甚则兵自为盗,及又假名盘诘,卖放真盗。邀劫行商,索财肆横,莫可究诘。"①有时,是沿岸商铺的经纪与盗贼、守兵串通一气,共同行劫。"又有一等违禁双桅沙船,交通积年埠头经纪,揽装客货,至于夜深僻地,或勾引贼船,或谋杀商命,甚至夹带硝磺等物出海通夷,不可不慎。究其所自,皆由不肖营官受其常例,任伊出没,实为厉阶。"②埠头经纪与汛营守兵都是外地行商进入本地商业市场的重要依赖,他们若与盗贼勾结串通,商人是很难逃开被劫掠的厄运的。③

以上所言,营汛守兵还只是接受盗贼的月钱贿赂,对于盗贼劫掠商旅船只的行为视而不见,而自身并不参与到劫掠中去。然而,更有一种情形,营汛官兵不但对盗贼劫掠包庇纵容,而且直接充当盗贼的眼线,为盗贼通风报信,使盗贼知道何时有船停泊,以便于他们劫掠。王士俊历任清朝雍正、乾隆年间的地方大臣,他曾在湖北巡抚任上向雍正帝指出湖北沿江河湖地区塘汛守兵充当盗贼眼线、谋劫商船的情形。王士俊的奏疏云:

> 窃查楚省江湖汊港,四通八达。所设塘汛,如近省之八吉堡、道士洑等处,俱有弁兵分防巡哨,布置非不周密。但各汛左近,每有渔船匪棍及积窝伙党,平日皆与弁兵熟识,私馈渔舠财物。不法之徒利其常规,勾通一气,多有暗传消息、行劫分赃者。盖楚省江湖各汛向用牛角、海螺二种,以为号召声援之具。每当客船湾泊过夜,汛兵见无重货客船,则借螺角之声私传暗号,奸匪知无所得,伏而不行。若有重货客船,见其人多准备,汛兵辄将螺角另易其声,以便奸匪相机行事。或止有货船而无准备者,则螺角之声又作一样吹动,肆行窃劫而遁。在客

---

① [明]施沛:《南京都察院志》卷一四,《职掌七》,载《四库全书存目丛书补编》(第73册),济南:齐鲁书社,2001年,第404页。
② [明]高汝栻:《皇明续纪三朝法传全录》卷一三,载《四库禁毁书丛刊补编》(第11册),第150页。
③ 也有牙行为了赚钱,不负责任,不认真查问船户是否奸盗就介绍商客雇用的。成龙云:"凡商贾军民人等携带辎重远行,必投牙埠写船者。以船户之来踪去迹,惟牙埠知之最详,为可倚而可托也。乃有等无赖船埠,只图兜揽,多趁牙钱,竟不察询船户来历,轻为揽载,以致匪类操舟,往往于中途僻处劫财害命,深可痛恨。"见[清]于成龙:《于清端公政书》卷七,载《文渊阁四库全书·集部·别集类》(第257册),第755页。

商止知塘汛严守御,不辨其声之孰为吉凶,而奸匪反借塘汛为耳目,惟听其声以恣出没。甚至事主喊救,汛兵吹角鸣螺,佯为集众,而反纵之使去者。此弊楚省各汛皆然。臣前会试,往来南北二省,亲身目击其事,迄今留心查访,此害未除,大为行旅之患。①

海螺牛角本来是营汛守兵互通声气的用具,却被用来向劫盗者传递信息。通过螺角的声调变换,表示出停泊货船装载财物的多少、人员配备、有无防备等各种不同的信息,这种完备的暗号传递方式也说明了该地区守兵与盗贼相互勾结由来已久。同时,用螺角向盗贼传递信号,商船上的商人也完全想象不到,因而全无防备,待等到盗贼突入,就只能任由其宰割。

六、商客的自救

商书的规诫既不能面面俱到,旅途中盗贼劫掠的凶险又千百不同,而塘汛守兵又难以倚为屏障,商旅在经商途中的每一步都充满了凶险。因而,为了避免旅途中财物损失或者成为盗贼刀下冤鬼,商人们有时也在乘舟经商的过程中采用一些自救的措施。

初刻于天启年间(1621—1627年)的《士商类要》一书中有"船脚总论"一小节,专论客商雇用舟子和脚夫时应该注意的事项,尤其详述了商人装载货物的各种技巧。它告诫商人:"千货千弊,百狡百计,是货皆在装卸之中动手,是船个个俱会窃偷,谚云:'十个船家九个偷。'信哉!"②商人们在实际经商过程中也摸索出了一些行之有效的防盗窃的方法。清代人王械

---

① 中国第一历史档案馆编:《雍正朝汉文朱批奏折汇编》(第22册),《王士俊奏折》,雍正十年(1732年)闰五月十三日,第497~498页。按:王士俊,贵州平越人,康熙六十年(1721年)进士,雍正九年(1731年)任湖北巡抚,十年十一月兼河南巡抚。(参阅王钟翰点校:《清史列传》卷一八,北京:中华书局,1987年,第1334~1337页)此奏疏中所讲的情况是王士俊做士子从贵州至京城来回参加会试时的亲身见闻,可见至少从康熙末年至雍正十年的时期,这种盗贼与守兵串通的情况就一直存在。

② [明]程春宇:《士商类要》,载杨正泰《明代驿站考》附录,卷二,上海:上海古籍出版社,1994年,第294页。该处详记用船贩运粮时的注意事项云:"如装粮食,务要防慎,后舱马门、梁眼、梁缝,于补缺的小板,防是活印子,俱要先用封条贴过,方许铺仓。又有死夹梁,更加双夹柜,并掣卖筹数,卸亦如之。受载之时,各仓俱记小数,不可听其混装,常观前后,照管两旁。前藏尖嘴、睡头、什物家伙之下,后匿稍仓、箱柜坛桶之中,两旁递过邻船,人散从容再取,预用纸雕灰印。"

就记述了一位徽商防止舟子盗窃所运粮食的技巧,记云:

> 江南舟子载客粮,每多侵盗。有徽商某,屡年贩易,不少升合。其法俟载满时,拈釜底灰洒乌龙为记,奇状蜿蜒,势欲振跃,善绘者咸叹为绝技,以故舟子莫能行其弊。一日,买舟十余,贩米淮上。一舟子见而垂涎,苦无术可致,忧形于色。其幼女问之,曰:"尔发未燥,徒语奚益?"女曰:"姑语之,安知无分忧策耶?"舟子告以故,女曰:"此事易耳,第取米,我当效为之。"舟子从其言。女乃如法印记,神形毕肖。及卸载,商验龙不殊而米顿减,怒曰:"必有盗吾粮者。"舟子曰:"君灰龙在,何以盗?"商曰:"形虽相似,有真赝之分耳。"乃过几船,以火燃灰,龙瞬息金光激射,鳞甲皆赤。顷之,火灭,复变为白龙,更觉飞动。至舟子舱内,爇之不验。观者莫不叹异,舟子亦无辞以应。商曰:"不实告,必鸣于官。"舟子不得已,始吐实。呼出见,乃一垂髫稚女耳。试之不谬,商惊曰:"吾习此术数载始成,尔女一见即能得其形似,其非天授?若肯为我儿媳,一切勿问也。"舟子喜,乃与缔婚。①

这位专营粮食贩卖的徽商刻绘乌龙以防止舟子盗窃,比《士商类要》所说的"预用纸雕灰印"的方法又复杂了很多。据他自己说的,学习这项防盗技术花费了他数年时间,由此也可见商人对于经商过程中防盗技术掌握的重视程度了。又明代人记述,货船在夜晚停泊的时候,总是要离岸数尺,以防窃盗上船偷窃。②

防止舟子偷窃货物,商人可以通过严查舱板,或者是撒灰雕印等途径加以预防。若是遭遇持械抢劫的凶狠劫匪,商人也有自己应对的办法。一些商人会拉上几个经商的同仁,结伴而行,以壮声势,以吓退盗贼。③ 而一些商人则因为久历江湖,对于盗匪的劫掠事先都会有所警觉,因而提前加

---

① [清]王椷:《秋灯丛话》卷一一,见《续修四库全书·子部》(第1269册),上海:上海古籍出版社,2001年,第524~525页。按:据卷首序言,知王椷主要活动时间在清乾隆朝前中期。

② [明]赵维寰:《雪庐焚余稿》卷一〇,《狎盗》,载王钟翰:《四库禁毁书丛刊》(第4辑第88册),北京:北京出版社,1998年,第575页。该书云:"余尝从毘陵还宿无锡之南门,与一货船同泊。凡货船夜泊,必悬岸数尺,防偷儿也。"

③ [清]顾祖禹:《读史方舆纪要》卷七六,"汉阳府沌水"条,上海:中华书局,1955年,第3237页。

以防范,如乾隆《腾越州志》记:

> 刘绖,字省吾,号草堂,南昌人,父显官都督。绖少豪纵,与叶羽便师曾诡,尽得某艺术。躯貌雄伟,眉宇□神,能用镔铁刀,重百二十觔,马上轮转如飞,时称刘大刀。……尝泊舟江干,江盗觇商船,以草履识其尾。商知之,移履挂绖船,而潜移其船他泊。半夜盗至,以为商船也,人出即见刃,杀数人。……"①

材料所述及的商人明知被盗贼盯上,却不动声色,将作为盗贼夜劫标记的草鞋移挂他船。一些商人则饶有勇力,面对盗贼列队摆械,毫无惧色,奋力打退盗贼,如康熙初年商人闵应会:"应会初自江西南昌之东村去行贾于湖广以北,至广济,爱武穴之山水,将移家焉。当康熙初,天下甫定,盗贼尚出没江湖间。应会故豪以富,善拳勇,结客以自卫。岁癸亥,以其孥自南昌发舟,出鄱阳湖中,有舟十余艘衔尾来随。应会察其盗也,则令家僮曰:'若夜勿寐。'比泊,夜半,盗果来。应会出立船橄前曰:'应会在。'则盗一人先至,应会麾曰:'下!'则投浪下。盗群怒,十余辈争来登,刃交应会。应会奋拳,冒白刃,低昂左右,当之者辄下投浪如前一人。于是群盗半死半溃,曳舟去。"②闵应会舟过洞庭湖的时候,遭遇大股盗贼,事前认真防范,盗贼来时又镇定自若,从容应对,最终使盗贼大败而去。但是,有的商人开始以勇力相抗,后来却因盗贼人多势众抵御不过而逃脱的,明代人都穆记载:"长洲夏建中,洪武间行货下乡,泊舟。夜方半,乡人共来欲肆劫掠。建中素勇悍,善为搏,以木击群盗,有坠水者。已而盗大聚,建中知不可免,弃手中木,潜遁行。……"③以勇力抗击盗贼的商人,一般都曾经练习过一些拳脚功夫,故而面对盗贼时能够从容镇定。然而,习过武术的商人在明清商人群体中的人数毕竟少之又少,并且上述材料中记述的两个商人,结局也大不相同。闵应会虽然打败了盗贼,但后来还是被前来复仇的盗贼算计,几乎满门灭绝。而夏建中也因路遇盗贼,受到惊吓,回家后大病一场,卧床九年,后来改行做了医生。总而言之,商人遇盗,即使能够击退盗匪,但大

---

① [清]屠述廉:(乾隆)《腾越州志》卷九,《列传下》,光绪二十三年(1897年)重刊本。
② [清]朱筠:《笥河文集》卷一〇,《书闵氏墓碑后》,载王云五:《丛书集成初编》(第2507册),上海:商务印书馆,1936年,第201页。
③ [明]都穆撰,陆采编次:《都公谈纂》卷上,北京:中华书局,1985年,第19页。

体上仍然是处于弱势和受欺凌的地位。

除了防窃、防劫,商人还须防骗。① 在清初,北方山东一带即有一种诈骗手法,称为"念秧"②。骗子往往在水陆往来的交通要道上,窥伺过往商旅,用甘言饴语引诱商客或赌或嫖,直到把商客的货资全部搜刮干净为止。所以,商人临行出门前,总不忘以此叮嘱同仁或者伙计。如在江南,"有双篷船者,不载货物,惟迎送往来行人,男女接膝,老稚骈肩,颇跼促,但船值较便宜耳。昭阳布商某,一日遣伙吴三官赴扬,与以番饼百二十元,嘱至扬城某行交割即返。藏腰缠,嘱无轻露,恐遭念秧等窥觊,江湖鬼蜮,诚未易测也"③。可见,同仁间的相互叮嘱或者忠告,也是商人传递行走江湖的知识,避免江湖凶险的重要方式。

明清文献中有关商人在行舟经商途中遭遇凶险的记载,可以补充明清商书中相关部分记述过于简略的不足,使我们对明清时期商人经商所付出的艰辛有了更加具体而微的认识。当然,商人在乘舟行商的途中,遭遇的危险并非只来自劫杀或者窃骗,有时候,江湖变幻莫测的风浪、沿途官员巡兵的敲诈勒索也会给他们带来很大的麻烦。而商人应对盗贼的措施,也不局限于以上几点。往往在实际行商途中,商人们也能根据实际情况的变化,对商书中的规诫或者口耳相传的经验做出某些具体的变更。

---

① 盗贼谋夺商旅财物,在手段上并非有劫、骗、窃的严格界限,有时候往往数者兼而用之,如桂超万的诗中所云:"江茫茫,水居多于陆地庄。千湾万港污垢藏,中有萑苻群啸聚,水仙为名水一方(原注:盗有名水仙挈者)。每伺大贾揭行囊,恣意鸱吓腾蜂狂。亦用甘言诱六博,僻地缚客投中央。……"见《养浩斋诗稿》续稿卷三,第72～73页。此处记清道咸年间长江的大盗水仙采用截杀和甘言诱骗商贾赌博等手段来谋财。

② 蒲松龄记曰:"乃又有萍水相逢,甘言如醴,其来也渐,其入也深,误认倾盖之交,遂罹丧资之祸,随机设阱,情状不一。俗以其言辞浸润,名曰念秧。今北途多有之,遭其害者甚众。"见蒲松龄《聊斋志异》卷四,《念秧》,上海:上海古籍出版社,1962年,第564页。

③ [清]宣鼎撰,项纯文校点:《夜雨秋灯录》续录卷七,《杨柳花三嫂》,合肥:黄山书社,1999年。

第三节　影响明清商人内河行舟安全诸因素分析

明清商书中在论述水路多盗的原因时,主要归之于两个方面,其一是区位因素,即湖泊、大江等处的荒僻地段易于潜藏匪类;其二是社会因素,即发生灾荒的年份,盗贼活动也较为猖獗。就实际情况而言,除了这两方面的因素之外,商业经济的发展、塘汛防御的弊病等,都是明清时期水路劫盗难以根绝的重要原因。

一、商人经商对舟船的依赖

中国在很早以前就使用舟船作为交通的工具,夏商时期,南方各地的物产已经能够通过水路到达中原地区。① 成书于西汉初年的《淮南子》一书记述道:"胡人便于马,越人便于船。"② 说明此时舟船已是人们日常出行的重要工具。但是,直到宋代以前,在内河航行的船只大多数都是官舫漕艘、楼船战舰。北宋时期,专用于运输客人和货物的客船开始大量出现,并且技术已经相当先进③,并且很多船只来自于民营造船业。明代以后,随着商品经济的发展,商品流通的扩大,更多的人从事商业贸易。因而以租赁、撑驾船只,运输客商与货物为生的民人激增,如湖南零陵县城北居民,"二百年来,多以蓰舟为业。大于粮艘,木赀甚巨,获利致富者甚多",此外还有运客载货的八杆船、泷泊小船。④ 船只的种类也日益增多,宋应星《天工开物》记述当时各地的船只有三吴浪船、东浙西安船、福建清流梢篷船、

---

① [汉]司马迁:《史记·夏本纪》,北京:华文出版社,2000年,第27页。云:"其包橘、柚锡贡,均江海,通淮、泗。"

② [汉]刘安:《淮南子·齐俗训》卷一一,北京:燕山出版社,1995年,第279页。

③ 北宋张择端《清明上河图》画卷中绘有汴河船只24艘,其中客船11艘,货船13艘。客船在构造、形态上与货船有着重大的区别,说明了当时经济的繁荣和造船业的发达。见席龙飞、杨熺等主编:《中国科学技术史(交通卷)》,北京:科学出版社,2004年,第105~108页。

④ (光绪)《零陵县志》卷五,转引自方行、经君健、魏金玉:《中国经济通史》(清)上册,北京:经济日报出版社,2007年,第601页。

四川八橹船、黄河满篷船、广东黑楼船盐船、黄河秦船等七种①,而实际上各地的船只种类远不止这些②。

商业的发展和从事经商事业人数的增多推动了民间造船业的发展和舟船的普及,而舟船所提供的出行便利及在运输货物上无可比拟的优越性,使商人对舟船有着很深的依赖,凡是能够通舟楫的地方,他们往往都会舍陆行而乘舟船。明代的士大夫赵维寰经常奔走于南北各地,他曾经比较走陆路与水路之优劣,最后得出结论是走水路比陆路要方便。"夫盗贼之虞,则水陆一也。陆路之苦,且勿论骡轿颠憾,及饭钱腾涌。只行李上下骡背,一日定有四次,其能堪乎?余往来南北,以性躁急,不尽从水。然再三熟筹,毕竟水道为便,识之以告来者。"③赵维寰指出,走陆路不但颠簸劳顿,食宿的成本高昂,而且照看和搬运行李使人不堪其苦;走水路虽然迂回曲折,行驶迟缓,但是比较舒适,旅行成本也低廉。对于从事于商品转输贩运的商人来说,赵维寰的观点也道出了他们在选择出行方式上的考虑。

明清时期,舟船是商人在出行时首选的交通工具,特别是在商品经济活跃而又河湖纵横、水网密布的南方地区,商人对舟船的依赖更是深刻。这是明清时期水路针对过往客商的劫盗事件多有发生的重要背景和客观上的因素之一。

二、商业经济发展刺激了针对商客的劫盗案件频发

明清商品经济的发展使从事经商事业者人数增多,这推动了民间造船业的发展。而造船业的发展又使舟船日益普及,便利了商品运输和商人流动,并且水路出行的成本也较陆路更为低廉,因而乘坐舟船走水路成为商人最常选择的出行方式,这就为盗贼拦路劫财提供了机会。生活于康熙年间的景星杓在他的笔记体小说《山斋客谭》中讲述了一个盗贼故事,他专门

---

① [明]宋应星撰,钟广言注释:《天工开物》卷九,广州:广东人民出版社,1976年,第250~256页。
② 在清前期,仅太湖南岸的乌程县所造船只即有十余种之多,见上引《中国经济通史》(清)上册,北京:经济日报出版社,2007年,第600页。
③ [明]赵维寰:《雪庐焚余稿》卷一〇,,载王钟翰:《四库禁毁书丛刊》(第4辑第88册),北京:北京出版社,1998年,第580页。

劫杀来往客舟,每夜必杀数人,数十年间所杀商客近万人①,在这个令人瞠目的数字背后,隐藏的是明清商品经济大发展带来商业流通的发达和经商者的众多,针对商客的劫盗案件也相应地多了起来。

商船丛集的地区,往往也是盗贼活动较为频繁的地方。如明代江防中的扬州营,管辖着长江下游的一段水域,该地"乃陵寝之门户,漕粮之咽喉。南北通衢,商贾辏集。素负繁华虚名,奸宄易发,强盗每垂涎于兹"。而狼山营辖下的任家港,"在狼山西北,客商由此经过,盗贼昔常危害"。②又崇祯六年御史吴振缨上疏:"自徐、邳而下,大江而上,千余百里,以商贾辐辏之区,为盗贼依据之所。"③又《涌幢小品》云:"鄱阳湖出江处,地名八里江,舟至此皆泊于江北,盖南有湖口税关故也。风涛盗贼之患岁无虚月。"④广东三水县在宋代设镇,明代嘉靖初年废镇,设立三水县。该地位于水脉交汇之区,商船云集,盗贼也因而多发。"北江旧多盗贼劫掠商船,志云:'县西南十里有西南浛,商旅之舟多泊于此。'"⑤

商业的发展和商人的经商活动,成了官员和士大夫眼中地方盗贼活动猖獗的刺激因素。在传统时代,人们谋生的途径较少,生活对每一个普通老百姓来说都是很艰难的。而商人则是一个相对较富有的阶层,即使是小商人,他的经商资本金在一般民人眼中看来也是一笔数额不菲的财富。所以,一部分人先是垂涎,既而偷窃,乃至于铤而走险,公然劫掠。乾嘉时人许仲元记载的一个窃盗者的自述颇能道出其中缘由。据许仲元讲述,他在任兰溪县令时,有一次上司莅临该县,声称丢失了钱物。许仲元派遣下属

---

① [明]景星杓:《山斋客谭》,该书卷七"老盗"条云:"童新郎者,江湖老盗也。以舟为巢穴,凡至一处,必购其地之舟以载客,舟夜歼之,而有其财货。每夜必杀数人,剖腹而沉之,令不浮露,故其党号鲨鱼大王。历江湖凡数十年,沉客盈万。既老,犯于衢而获于苏大中丞张公,奏斩之。"《续修四库全书·子部》(第1268册),上海:上海古籍出版社,2001年,第72页。

② [明]施沛:《南京都察院志》卷一二,《职掌五》,载《四库全书存目丛书补编》(第73册),济南:齐鲁书社,2001年,第310页。

③ [清]傅泽洪:《行水金鉴》卷四五,载《文渊阁四库全书·史部·地理类》(第580册),第617页。

④ [明]朱国桢:《涌幢小品》卷二六,载《明代笔记小说大观》,上海:上海古籍出版社,2005年,第3726页。

⑤ [清]顾祖禹:《读史方舆纪要》卷一〇一,上海:中华书局,1955年,第4176页。

经过侦讯,逮获一名窃贼张长生:"……余乃薄责二十,赏以青蚨四缗,谕令改业。长生则大泣崩角曰:'公杀我矣。此地商贾多,波面笙歌,竟夜不绝,胠箧殊易。偶窘迫,同侪中有无相通,否则捕人周其乏也。今从公策,良者以我为窃,窃者以我为良,无容身所。捕者仇我更深,有案即以充贼,拘挚敲扑无已时矣!'余叱之,则曰:'无已,再日乞八合米。所赐足办盐、菜,置我翼房中,终公任,我乃理故业耳。'"①张长生的自白乍听起来使人发噱,但是若加以深思,则可以看到无论是偷窃还是劫抢,劫盗中的许多参与者都是为生计所迫,商贾聚集而又官方管理相对薄弱的水面则是劫盗者眼中的利薮。

三、水域地形的复杂容易潜匿奸盗

在传统时代,无论是在内河还是海洋,水面历来是官府控制和管理比较薄弱的地方。海洋烟波万里,浩渺无垠,管理之难在于地域太广,便于海盗逃匿,而不利于官兵设防与追缉;内陆江河湖泊虽然水域面积相对较小,但是往往流经数省,兼跨多郡,各地社会情形与管理状况有别,而防御事权的不统一又减低了控御的效能。

江河湖泊往往跨州过县,州县交界地带也是盗贼滋生的巢穴。② 如洞庭湖,"周围广阔,东南长、岳,西南辰、常,东北武、沔,西北荆、襄,逋逃啸聚渊薮,盗贼往来巢穴"③。又如在北方,"东平安山左右乃盗贼渊薮,客舟屡遭劫掠。武德亦多盗之地,以北直、河南三界往来,易于窜匿"④。东平安山位于通往临清的漕河岸边,上接济州河,下通卫河,是水流交汇、商船云集的地方,而武德则处于黄河支流沁水的岸边。另如,"河北旧有演武厅一

---

① [清]许仲元著,范义臣标点:《三异笔谈》卷一,重庆:重庆出版社,1996年,第21页。
② 冯贤亮:《明清江南地区的环境变动与社会控制》,上海:上海人民出版社,2002年,第357~359页。
③ [明]毛伯温:《肃法弭盗疏》,载陈子龙:《明经世文编》卷一五八,北京:中华书局,1962年,第1584页。
④ [明]王仕性:《广志绎》卷三,载《四库全书存目丛书·史部·地理类》(第2辑第251册),济南:齐鲁书社,1996年,第735页。

处,乃荥泽等四县联界之区,盗贼出没,水陆为害"①。均可见无论南北,无论水域大小,水流汇集的交界地方都号称难治。清朝政府也曾尝试将濒连数县、地跨两省的太湖防御力量统一起来,于康熙四年设立太湖营,分辖浙江、江南两处水域。② 然而就全国来看,这样的特定水域专辖权的设置却甚是寥寥。道光十三年两江总督陶澍抱怨说:"洪泽湖地方为江南、安徽两省交界。江南系河标中、右两营及漕标淮安城守营汛地,安徽系泗州营管辖。该湖收纳汝、颍、淮、泚、涡、淝、雒、泗、睢、浍,大小十数水,周廻五六百里,水面宽阔,四通八达。庐、凤、颍、泗、徐、淮各处棍徒,以及山东之沂、郯、滕、曹、单等处回匪往来其间,为逋逃薮。其形势与江浙两省界连之太湖相同,而纳污藏垢为更甚。太湖设有内河水师专营,巡防严密,以故奸宄未易潜滋。洪泽湖为江、安两省商贾民船往来要道,并未设有内河水师专营,匪徒出没湖中,往往有乘机纠抢之案。且两省营汛遥远,声气未能联络,此拏彼窜,稽查难周。"③陶澍因而建议在洪泽湖设立都司,统辖洪泽湖水域。兵汛分防,事权不一,使这些水流四达之地既是商船鳞集的交通要道,又是劫案频发的盗薮。

有些水域虽然不是州县交界地区,但是地方荒凉僻远,有时商船夜行至此湾泊,给了盗匪可乘之机,即所谓清代文人吴庄的议论:"大凡盗贼出没,多在汪洋浩淼之中、叫应不闻之处,窥伺民船。"④又如绰墩湖是江苏昆山县境内的一个小湖泊,地方荒僻,行舟被劫时有发生,明末清初人孙永祚《泊雨绰墩湖》一诗云:"绰墩湖边烟数树,野塘沉沉云水暮。问津前向不见人,风雨孤舟何处住。咯上行人怕昏黑,暴客纵横劫商客。渡头昨夜满腥风,官长差人捕不得。吁嗟出门多畏途,风波贼盗无时无。安得龚君满州

---

① [明]潘季驯:《河防一览》卷一一,载《文渊阁四库全书·史部·地理类》(第576册),第349页。
② [清]金友理:《太湖备考》卷四,《兵防》,南京:江苏古籍出版社,1998年,第148页。
③ [清]陶澍:《陶文毅公全集》卷二二,《洪泽湖移设都司折子》,载顾廷龙:《续修四库全书·集部·别集类》,上海:上海古籍出版社,2001年,第158~159页。
④ [清]吴庄:《豹留集》,《防湖论略二》,载《四库未收书辑刊》(第8辑第28册),北京:北京出版社,2000年,第635页。

县,佩刀带剑皆农夫。"①像这样荒僻的地方,一旦发生商舟被劫的案件,官府往往也无从展开侦讯,更遑论破案。

除了交界难治、荒野海盗,商船遭劫在区位上的另一个因素是地瘠民贫。有些濒临江湖的地区,百姓穷困,即使丰收年份,土中出产也不足以敷衍生计,因而民众相率为盗。如湖北沔阳州,濒临大江,"地卤民贫,以耕鱼为业,菡苻之薮,多盗。盗又富而多党"②。再加上藩府和地方豪强的强占土地,又水灾频发,使该地成为商旅畏途。

综上而言,水域空间特殊的地理环境因素给盗贼劫掠提供了滋生的温床。但是,并不能由此将它看作盗贼多发的充分条件。因为,若是江河湖泊沿岸地区人民衣食无忧,社会矛盾缓和,地方兵汛又能勤于职守,所谓的水域地理形势的复杂造成的控制薄弱问题将会迎刃而解。

四、灾荒与季节性因素的影响

南方各地水网纵横,容易发生水灾。一旦灾害来临,庐舍漂没,庄稼颗粒无收,农村中本来就已脆弱的家庭经济立即陷入解体,灾民遭遇着饥荒的威胁。为了得到尺布以蔽体挡寒、斗粟以苟延续命,灾民铤而走险,加入劫掠过往商船的行列。清人有云:"夫人一日不再食则饥,饥则为饿殍,试之盗劫,则不免于横尸。夫民岂乐为横尸哉?饥驱之也。"③指出了饥荒之年多盗贼的原因。

荒年多盗,在古代可以说是一般性的常识。商书中也在多处告诫商人某地灾荒后多盗,行舟应当慎重,而一般的老百姓也以此告诫过往行旅。袁中道曾乘舟游汉川,在经过仙桃镇时,弃船上岸,夜宿民舍。欢酒之暇,

---

① [明]孙永祚:《雪屋集》卷三七,《言古》,载王钟翰:《四库禁毁书丛刊》(第4辑第110册),北京:北京出版社,1998年,第423~424页。

② [清]顾炎武著,谭其骧等点校:《肇域志》卷三一,上海:上海古籍出版社,2004年,第1798页。

③ [清]顾九锡:《经济类考约编》卷下,载《四库未收书辑刊》(第5辑第15册),北京:北京出版社,2000年,第367页。

民舍主人劝告袁中道,经行的水路因为水灾的缘故,居民多盗,应该谨慎小心。① 地方士绅也提请地方官员注意荒年之后防备盗贼活动,如万历年间武昌地区自春至夏,阴雨连绵,麦稻绝收,被称为该地自明代开国以来没有遇到过的严重灾害。江夏人郭正域给太守的书信中称:"水灾之后盗贼易起,轻舟往来,莫可踪迹。请移文巡江衙门,尽令操船某处几只,每夜巡逻。仍登记各船兵卒姓名,以防兵卒为盗。是在巡江官加意提防耳。"②

不同季节均有盗贼肆掠,春夏之交水灾多发,盗贼也趁乱而起。如在湖南临湘县,"黄盖湖在东九十里,会蒲圻、临湘、嘉鱼三县水,汇为巨浸。每年春夏之间,岷、峨水溢,自荆渚泛洞庭,波涛浩淼,往往寇盗乘之"③。又如在鄱阳湖,"春夏水溢,渺茫万顷,则波涛荡漪,不可凑泊。秋高水落,塍埂微露,则又千条万港,舟一入其中,鬼伏神藏,不可周诘"④。春夏水势大涨,便于盗舟纵横;秋季水落后港汊纵横,千枝万脉,便于藏匿。而夏季常常因为雨量沛充,易于导致水灾,从而引发地方灾荒,似乎大股盗贼活动发生的概率更大。万历年间,太湖地区发生灾荒,殷应采盗贼团伙"以五月乘夏水操轻舟十余艘,往来荽渎、沙塘港之间"⑤。又如雍正五年七月,署理湖北总督傅敏上奏:"今年五六月间,因雨水过多,米价未平,当有湖南之安乡、龙阳等处奸徒乘机抢劫行舟。"⑥但是,也有官员奏称秋季是商船劫案多发的时候,"该如皋县知县李衷纯看得新旧沙洲皆在大江中,四面白浪滔天,无一护卫。江南江北盗舰络绎,不肆劫客舫,即行掠沙民。甚至杀人

---

① [明]袁中道:《珂雪斋集·外集》卷八。原文云:"予登岸至民舍,其人王姓者,肃客入,予遂取被留宿。主人夜治酒甚欢,且云:'水灾无尺地,居民相率为盗,行旅宜慎。'赠以金,不受。"

② [明]郭正域:《合并黄离草》卷二七,《与张益吾太守书》,载王钟翰:《四库禁毁书丛刊》(第4辑第13册),北京:北京出版社,1998年,第493~494页。

③ [清]顾炎武:《肇域志》(第3册)卷三三,第1911页。

④ [明]陈子龙:《明经世文编》卷三四五,王宗沐《险书》,北京:中华书局,1984年,第3713页。

⑤ [明]瞿九思:《万历武功录》卷二,台北:艺文印书馆,1980,第137页。

⑥ 中国第一历史档案馆:《雍正朝汉文朱批奏折汇编》(第10册),南京:江苏古籍出版社,1991年,第162页。

如草,抗拒官兵,至秋收之候尤为盗所觊觎。"①之所以该地秋收之后盗贼劫掠更甚,是因为此时众多商人趁秋收之后收购粮食,并装船运往异地贩卖,商人的活跃使针对商人的劫盗案件增多。而冬季则因为天寒地冻,此时的穷民为衣食饥寒所迫,多从事盗贼劫掠的活动,即如陶澍所言:"皖省江面延袤六百余里,时届严冬,宵小易生。"②由上可见,虽然具体情形不同,但是季节性因素在商船劫掠案件多发方面扮演着重要的作用。

总而论之,灾荒促使饥饿的百姓加入劫盗的行列。季节性因素不但影响江湖水势的涨落,给盗贼活动提供了肆劫与藏匿的便利。而且,它还影响了灾荒发生的时间,使春夏之交(在南方水乡)成为灾害频发的时段,因而针对商船的劫案也相应地多发。粮食一直是传统时代商品流通中的大宗,秋收后贩粮商贾的活跃也使劫盗者觊觎垂涎。而在冬春季节,衣粮容易发生短缺,也催增了劫盗活动。

五、兵汛防守中的渎职

为了加强对江河湖泊等易于容藏奸宄之处的管理,明清政府都在江河湖泊沿岸地方设营立汛,分兵驻守。这在很大程度上震慑了阴怀不轨者的劫财图谋,有利于肃清商路,保障行旅的安全。但是,明清营汛防守体系中出现的一些问题又影响了其控御效能的发挥,给了盗贼以可乘之机。

首先是制度衍生的弊端。明清的营防塘汛都是分营管辖,划界防御,水陆互不统属。如上引太湖与洪泽湖,同是一湖,却隶属于地处两省的不同守卫营管辖。而上下千里的长江则更是塘汛林立,隶属各异。这导致了当发生盗案时,各守营或塘汛互相推诿,将失事的责任推卸给对方。或者彼处发生盗案,因为不在自己辖区之内,坐视不救。明代《南京都察院志》论述长江地区的情况时说道:"巡兵各有信地,一遇失事,水陆官兵互相推诿,甚至见贼不捕,而曰:非吾地也。坐视其去,漫不经心。不知因地设兵,

---

① [明]施沛:《南京都察院志》(第73册)卷一二,《职掌五》,载《四库全书存目丛书补编》(第73册),济南:齐鲁书社,2001年,第362页。
② [清]陶澍:《陶文毅公全集》卷二四,《续获亳、泗匪徒惩办附片》,载顾廷龙:《续修四库全书·集部·别集类》,上海:上海古籍出版社,2001年,第190页。

星分棊列,正欲外援内应,并力夹攻,不谓其各守一方,徒塞己责耳。"①这是针对长江一带塘汛守兵遇有盗案时水陆互不相救的情况而言。雍正年间,太湖营增设参将一职,以加强对太湖地区的控制。但是,因为太湖营分隶两省,各分疆界管理,推诿现象时有发生。正如乾隆初年江苏巡抚陈大受所言:"但全湖汛守,原系一局,大员统辖,则呼应灵而责成专;分员各管,则推诿多而缉捕懈,此事势之必然者。况湖中江浙分界处,此不过就湖面约计,非如陆路之可以定立确界也。偶有失事,彼此互诿,各自通详上司会勘,动至数月,难免歧误。"②他建议在太湖设立副将,打破疆域界限,统辖太湖全营,以革除推诿的弊端。然而,无论是在临水州县,还是在沿江防汛,终明清两朝,推诿现象并没有完全消失。

其次是防兵的渎职。防兵渎职主要表现在两个方面,一是虚应差事。《南京都察院志》记:"会哨之法,设为两单。长单以稽本营之哨兵,上信与下信会;短单以稽邻营之备总,上营举下营会。各备总等官如遵照派定次数,带领船兵往来填单,则哨既无虚,奸自难容。访有玩愒罔上之徒,视为故事,通同互印。及差人持单,私讨印记,或先期而连打四五日,或期过而打补四五次。备总既已偷安,哨官亦复效尤,败坏良法,岂容轻宥?"③若是执行者玩法舞弊,制度设计得再严密,也不能发挥它应该起到的作用,行驶于长江之上的商旅又怎能视防兵为依靠呢?渎职的又一表现是贿赂公行,兵盗一家。塘汛防兵地位低下,兵俸微薄,并且时时还要受上级的层层盘剥,因而防兵往往通过其他途径来维持生计。如前文所述康熙、雍正时期湖北汛兵收受沿岸居民的礼物和钱财,充当劫舟者的同谋,为其通风报信。而汛兵收受盗贼奉上的月钱,为盗贼劫掠提供庇护,在明清时代的水路通衢也不鲜见。

水路上的营防塘汛原本是为消弭盗贼、保护行旅而设,却因为种种原因滋生了诸多的弊端。这不但削弱了兵汛防护地方的能力,也使盗贼在利

---

① [明]施沛:《南京都察院志》(第73册)卷九,《职掌二》,载《四库全书存目丛书补编》(第73册),济南:齐鲁书社,2001年,第241页。

② [清]金友理:《太湖备考》卷四,《兵防》,南京:江苏古籍出版社,1998年,第157页。

③ [明]施沛:《南京都察院志》(第73册)卷九,《职掌二》,载《四库全书存目丛书补编》(第73册),济南:齐鲁书社,2001年,第243页。

用地理环境中于其有利的因素对商船进行劫掠时更加有恃无恐。

六、其他因素

明清时期发生在内地江河湖泊上过往商船的劫掠,除了上述经济、灾荒、地理环境、兵汛渎职等因素的影响之外,还有一些其他因素。

一个因素是明清时期各地存在的游民问题。所谓游民,既指本地游手好闲、无所事事的闲民,又指来自外地而居无定所、游移四方的流民。随着人口激增、土地兼并加剧及商业的发展,明清时代游民问题日益受到社会的关注。游民的存在对以里甲和保甲为社会控制基础的明清统治秩序造成了很大的冲击,地方势族也利用游民来从事违法的活动。游民与窝主,相互结合成了一个通过劫抢来谋取财物的利益共同体,这种情况,较为普遍地存在于明清社会。江河湖泊中的舟船劫案也不例外。嘉靖中叶,江西巡抚指出赣河岸边巡河官兵的弊端及居民窝藏流民以行劫掠商船时说:"照得本院抚临以来,节据巡司巡河等官申缴月报到院,开称并无盗贼生发。又询过往士民,皆言沿河盗贼纵横,商旅往往被其劫掠,暮夜难行,道途为梗。各该巡捕巡河官员却乃高居城市,全不督兵巡逻,又将盗情隐匿不报,虚文搪塞。及访得前贼俱系居民窝住四外流民,出没为非。"①户册上无名姓,乡里间无田土,一旦劫掠商人的罪行被官府察觉,远走他处,使官府无从缉捕,这是当地居民充当窝主,利用流民劫掠的重要原因。而当时的江南常熟、江阴一带,大户也纷纷造船"招纳亡命,聚集游手",从事贩私劫掠的勾当。②

船户贪走捷径也是导致行舟被劫一个因素。康熙中叶江苏巡抚汤斌称:"苏郡为南北通衢,商贾往来如织。又素称泽国,河港繁多,经商贸易之人,皆赖舟楫以利攸行。应由官塘大河而走,晓行夜泊,以保无虞。且沿塘各处巡船汛兵,联络防守,稍有警息,亦可呼应追捕。乃有无知船户,或贪

---

① [明]张时彻:《芝园定集·别集》卷五,第558页。
② [明]孙旬:《皇明疏钞》卷六三,黄绾:《弭江盗疏》,载《续修四库全书·史部》(第463册),第679页。

捷径,或图赶路,每每竟由荒僻冒险夜行,以致盗贼乘机窃发莫能救援。"① 此处汤斌指出的是船户贪走捷径而致商船遭劫。另有一种情况,是商人为逃避关卡收税,走荒僻水路而被劫的情况。有时,商人为贪图雇资的便宜而误上贼船,汤斌说:"至于客商雇船,俱由牙埠。此辈熟知船户来历,客商远来,投牙雇载,自无疏虞。常由贪鄙之夫,吝惜小费,不由船牙写载,私自雇觅,遂至奸恶水手,瞰有重资,故意行走僻路,勾盗劫掠。甚亡命之徒,以舟为饵,减价揽载,诱令入彀,行至中途,肆行谋害,不特资财一空,且有性命之忧。"商人雇用船只,必须通过正规开设埠头的牙行,官府对此一再强调。商书中也告诫商人雇船要通过牙行,并且对船户不可过于悭吝。但是,总有商人贪图小利,以至于给了劫盗者可乘之机。

对于商人而言,时间就是金钱,光阴即是财富。趁时赶节,不耽误贸易时机,就能够抓住机会,赚取利润。因而商人们往往起早摸黑,昼行夜走,奔波在水陆旅途中。雍正二年鸿胪寺少卿葛继孔奏称:"伏思臣任江苏臬司时,察审盗案大抵于河道内行劫者居多。夫从来河道船只,夜行原所禁止,奈江浙差务繁多,遇夜势难停泊,远乡粮户拮据,银米赴纳稍迟,有违比限。加以各路客商云集,赶程心急,或所载系水鲜时物,不可越宿,更临年趁节,恐贸易失时。……"②为了赶时间,内河行旅突破了官府禁止夜行的限令,这也是造成内河劫盗发生的一个因素。

综上所言,明清时期内河商人行舟遭劫的原因是多方面的。商品经济发展和经商行舟者的相应增多,是劫案多发的社会背景。因一时一地社会治安情势的差异及地理环境复杂程度的不同,劫盗案件发生的频率也各地迥异。而营汛守兵的渎职,商人与船户的贪走捷径、图赶时间,也给了劫盗者以可乘之机。

商人在内河水路上行舟遭遇劫、窃等江湖凶险,并不是明清时代独有的现象。在明代以前的历朝历代,同类现象都有发生。但是,明清时代却

---

① [清]汤斌著,范志亭、范哲辑校:《汤斌集》卷九,《禁止船户涉险夜行以弭盗贼以安行旅告谕》,郑州:中州古籍出版社,2003年。
② 中国第一历史档案馆:《雍正朝汉文朱批奏折汇编》(第3册),南京:江苏古籍出版社,1991年,第833页。按:葛继孔任江苏按察使是在康熙末年。

是商人行舟遭遇劫窃等凶险情况见诸载籍最多的时期，这与流传于世的明清文献相对较为丰富有一定关系。然而，更重要的原因是，随着明代中期以来商品经济的发展，经商人数日益增多，内河运输以其运行便捷、价格低廉而受到青睐，内河水道日渐喧嚣，因而针对内河商人财货的犯罪活动因为有利可图而大大增加了。

明清商书对于商人行舟途中可能遭遇的凶险从多个方面提出规诫，给予商人以有益的参考，却又失之于简略。并且，劫掠商财者的方式和手段是多种多样的，诸如上述堵塞河道、使用迷药、勾结汛兵与牙行经纪、假扮客商等等，使商人往往防不胜防。而影响劫案发生的因素又受到地域经济发展状况、灾荒、地理环境、驻防汛兵尽责程度等地理与社会状况的影响。因而，面对如此情况复杂而又社会图景多变的内河劫掠，明清商书又难掩其绍述商人行舟遇险时内容的贫乏和对商人提出规诫时的无力。

通过对明清时期商人内河行舟过程中遭遇的各种劫窃凶险的研究，我们可以看到，明清内河的盗贼劫掠自明代中期以后日渐活跃，商人既有风波覆舟之忧，更有盗贼劫财之患。而对于官府来说，管理上的重陆轻水，又使盗贼的劫掠难以根治，而且是愈演愈烈。明末的江南、清末的长江中下游一带，都是盗贼和会党异常活跃的地区。商人却步、商路梗阻，乃至社会秩序的混乱，都与此紧密相关。

第三章 江湖固是盗所倚：
江湖盗贼与明清社会

盗贼，又被称为劫匪、暴客、贼寇，有广义与狭义之分。广义上的盗贼，既指从事偷窃的小偷和拦路抢劫的强盗，也指那些竖杆揭旗、攻城掠寨的对现有社会秩序构成威胁的叛逆势力。① 狭义上的盗贼，则仅仅指采用窃取或者抢夺的手段以获取他人财物的违法者。② 一般而言，盗贼往往按其活动区域的不同而被赋予不同的称呼，如占山为王者，称为山盗、绿林；肆劫于海洋者，称为海盗、洋盗；活动于内河水域者，称为水盗、船匪；活动于北方平原者，称为响马盗；等等。本章所论述的盗贼，主要是指活动于内河水域，通过窃取或者抢夺等手段以获取他人财物的劫盗者。

第一节 游离于社会控制的边缘：
江湖劫盗的来源与构成

中国古代的社会控制是以礼治为核心，辅以宗法乡约、国家的律令和各级行政管理制度而形成的多层次的控制体系。这个控制体系在明清时

---

① 当代学者郭东旭指出，"盗"与"贼"是两种性质不同而又相互关联的犯罪行为。根据古代的法律典籍，可把盗可分为"强盗"与"窃盗"两种，而贼可区分为一般杀人者和"逆乱"贼两类。他认为自北齐以后，历代统治者都把"盗"与"贼"视为一体，在立法中合为一篇，见郭东旭：《论北宋"盗贼重法"》，《河北大学学报》2000年第5期，第7页。"匪"用来称呼盗贼，则出现较晚，始见于18世纪晚期的官方文献中，见陈宝良：《中国流氓史》，北京：中国社会科学出版社，1993年，第23页。

② 陈宝良在《中国流氓史》中将其称为"社会性土匪"，并细分为"临时性"与"职业性"两种，见陈宝良：《中国流氓史》，北京：中国社会科学出版社，1993年，第25～26页。

期臻于完备。它力图将各个阶层都纳入官方控制的体系之内,加以束缚和管制。然而,江湖劫盗者却游离在明清官方管理的边缘,一方面,它们是帝国的子民,除了受饥寒驱迫的贫民,它们中的另外一些人是社会秩序的维持者,还有一些人则是基层社会控制体系中的头面人物。另一方面,它们又是既有社会秩序的破坏者,时时逸出宗族与保甲等基层社会组织的掌控及官方权力机构的约束,从事违法的劫抢活动,而江河湖泊的复杂地理环境又为它们进行隐蔽的劫掠活动提供了便利。

一、以水为生活场域的渔船户

明清时期,长江地区及太湖流域的渔业经济较为兴盛,从事渔业捕捞和养殖的渔户人数众多。据尹玲玲推算,在嘉靖年间,单是九江府一地就有渔民1460户,人口约7300人。① 生活于明末的陈子龙也说:"江南湖海之际,盗藏沮泽,故水兵至急也,今渔户不下百万,其人皆习劳苦,便舟楫。"若就江南一地而言,渔民人数而至于百万之多,数字显然有所夸大,但是明清时期江南地区生活着大量的渔民,却是不争的事实。渔民的生活一般都较为艰苦,究其原因,一方面正如陈子龙所说:"然陂泽苇港,不为势家所据,则为乡猾所持。渔人日献鲜于豪门,暮纳金于官府,其困日甚。"② 另一方面,围湖圩垦、河湖淤塞、洪涝灾害也挤压着渔民生存的空间③,这是渔民为盗的主要客观因素。渔民充作盗贼一般是在夜晚,他们借网鱼之名而行劫掠之实。据生活于清代乾嘉之际的士大夫张云璈记载,湖北长江一带的渔民往往连船数十,截流下网,不但捕鱼,而且谋人财物,"大吏因严夜渔之禁,亦未见尽遵",张氏据此联系到自己的家乡浙江雪溪、苕溪一带的水

---

① 尹玲玲:《明代鄱阳地区的渔业经济》,《中国经济史研究》2000年第2期,第11页。
② [明]杜骐徵:《几社壬申合稿》卷一五,陈子龙:《江南乡兵议》,载王钟翰:《四库禁毁书丛刊·集部》(第35册),北京:北京出版社,1998年,第58页。
③ 尹玲玲:《明清时期湖北地区的渔业经济》,《中国历史地理论丛》2000年第2期,第60页。

流上也是窃盗多发,因而得出了水乡难治的论断。① 明清时期的江南地区,密布着众多的湖泊,渔业资源十分丰富,使该地区聚集了数量众多的渔民,渔民在夜间行劫的盗案经常发生。康熙年间,两江总督于成龙指出:"(江南)各湖贼盗多系本处驾船捕鱼之奸民,往往出没芦汊丛密、汪洋巨浸间。探有来往孤舟,肆行劫夺后,即橹桨齐施,风帆远引而去。若遇官司捕拏急迫,彼则沉赃水底,依然渔户。更有等积奸网船,昼则在港捕鱼,夜则出港行劫,凡滨江河汉等处无不皆然,大为民害。"②渔民以打鱼为掩护,趁夜行劫过往船只,遇到官府追缉,又能将赃物从容抛于水底,使官府查无对证,这种隐蔽的作案手法也是渔民敢于为盗行劫的重要原因。又如在太湖,水域面积广袤,荒港僻地很多,"访得此中颇有奸民为盗,昼则以捕鱼为生,暮则以行劫为事"③,而明末苏州府著名大盗太湖张三即出身渔民。有时,渔民又被政治势力所利用,充当谋权篡国的工具,如明代正德末年藩王朱宸濠之乱,江西一带的九姓渔民就被朱宸濠网罗,横行于江河之上。④另有一种情况,是渔民与地方官府中的衙役相勾结。如在乾隆中叶,吴蘷庵充任震泽县令的幕友,"震泽滨太湖,盗贼出入之薮,前官俱被吏议。君为定遴选干捕、给发重赏之法。有劫水姓舟者,捕获二人,讯为浙江归安县役,受渔匪陋规,以致为盗。尚有巨盗八人,并窝盗之家,均在归安"⑤。归安县的衙役不但接受渔匪的陋规,玩法纵容渔户为非,而且亲自参与劫掠,

---

① 张云璈《鱼蛮子》诗云:"鱼蛮子,生长风波不畏死。平生似与鱼为仇,不尽江鱼不肯止。罗筌穆木排中流,如山白浪天边浮。扁舟争与浪高下,一网截断潇湘秋。此曹岂必无性命,事有所托拌生求。以身居险心更险,取人无作萑苻谋。虽然以是为世业,中藏叵测难穷搜。大府知之严令甲,不许深宵相混杂。果能出入尽有稽,纵有探丸敢阴挟,恐有治人无治法。呜呼!恐有治人无治法。水乡到处尽堪虞,君不见吾乡窃盗多莅雪。"见张云璈:《简松草堂诗文集》卷一八,载《续修四库全书·集部·别集类》(第1471册),第517~518页。
② [清]于成龙:《于清端公政书》卷七,载《文渊阁四库全书·史部·政书类》(第1319册),台北:商务印书馆,1986年,第753~754页。
③ 中国第一历史档案馆:《雍正朝汉文朱批奏折汇编》(第3册),南京:江苏古籍出版社,1991年,雍正二年(1724年)六月十八日,佟吉图奏稿,第178页。
④ 傅衣凌:《〈王阳明集〉中的江西九姓渔户——附论江西九姓渔户与宸濠之乱的关系》,《厦门大学学报(哲学社会科学版)》1963年第1期,第63~68页。
⑤ [清]谢启昆:《树经堂文集》卷二,《南泉游幕记》,载顾廷龙:《续修四库全书·集部·别集类》(第1458册),第289~290页。

知法犯法。这是渔民敢于为盗的又一个值得重视的因素。

渔民之外,船户也是主要生活在内河水流之上的居民。他们为官私两方的客货运输提供驾船服务,赚取一定的赁资。正如前文所论,明清时期,船户充当盗贼,谋取财物的情况经常发生,以至于明清出版的商书中也认为多数船户都是心怀不良,屡屡告诫经商者要对船户加以提防。

在广东内河水域,又有活跃于林涧山溪的盗贼。康熙二十四年(1685年)正月,广东提督许贞陛辞时,康熙向他提及广东近来盗贼活动频繁的情况。许贞回奏道:"广东地方多有溪水,盗贼出没其中,最难捕治。臣今设法打造小船,安设水路塘兵,昼夜巡哨,庶几盗贼可息。"①许贞回奏中所称活跃在溪水上的盗贼主要有三个来源,其一是当地的船户,如广东康熙年间自省城至惠、潮一带水路上,"舟人劫财杀命者,尤为惨异"②。其二是来自山林的盗伙,如雍正三年原广东巡抚杨文乾奏称:"至于内河水贼,大伙者系从山内出来,夺坐小船,肆行劫掠。小贼则系蛋户渔民,白日捕鱼,遇晚行劫。"③该奏折中也指出了广东内河溪水盗贼的第三个来源,即广东的蛋户。他们是明清时期生活在水上的特殊群体,以打鱼和水上运输为生。广东溪水盗贼的活动方式又独具特点,据雍正年间山东道御史汤倓称:"曾闻广东盗窃,多由水路。日则将小舟藏于土中,夜则掘出。多用棹桨,其行如飞。又或以数人肩舟逾越山岭,人方从陆路逐之,彼已登舟,莫能踪迹。"这则材料虽然是汤倓得自传闻,但是从对广东内河水贼活动方式做出如此详细的描述,再结合广东内河溪流纵横、与高山密林互为表里的地形来看,应当是实有其事。

---

① 《清圣祖仁皇帝实录》卷一一九,北京:中华书局,1985年,第253页。

② [清]蒲松龄著,张友鹤辑校:《聊斋志异》(会校会注会评本)卷一二,附录《朱公祭城隍文》,上海:上海古籍出版社,1986年,第1612页。广东船户杀人劫财,早在明代万历初年就已经时有发生,据(道光)《广东通志》卷二四七:"甘汝迁,富川人,万历十九年,以选贡知三水县。……胥江盗麦孔阳昼为渔人,夜则与其党系楂桅,操之若飞。劫掠无算,杀人则沉之深潭,无知者。汝迁廉得其情,召善水者取骨以证,会潭深不可得,乃焚香告天,朱书没之臂曰:'取骨伸冤。'遂跃入,尽得而出,盗始伏辜。"此材料所记的盗贼作案及官府破案方式与《聊斋志异》中所记基本相同。

③ 中国第一历史档案馆:《雍正朝汉文朱批奏折》(第5册),雍正三年(1725年)八月十四日,南京:江苏古籍出版社,1991年,第830页。

无论是渔民、船户,还是蛋户、纤夫①,都可以称为水上人家,他们以水为田,日用衣食都取资于水。他们在为过往商客提供运输服务的同时,有时又善于利用水域的荒僻和流动性强的特点,趁机行劫。虽然从总体上而言,参与行劫的渔民船户只是整个水上居户群体中人数极少的一部分。但是,从身份上来看,他们地位极为低下,生活极度贫困,处在为民与为盗的摇摆之中;从活动地域上来看,水域又是帝国按空间划定的多层管理体系中的薄弱环节。在官府眼中,这个群体是有很大潜在危险性的。因而,一旦内河水域发生盗案,官府的第一反应就是怀疑渔船户为非作歹,并且开始积极地筹划着把江河中的渔民船户编保甲。同时,一旦有新的地方官员莅任水乡,他的施政告文中也必然要求对渔民船户编保甲。这反映了官府对渔船户等社会边缘群体为非作歹的多发性心存戒惕,也反映了官府在力图加强控制内河水域中的边缘群体的措施上过于单一,往往导致日久生弊,流于形式,或者是政由官定、官去政息的结果。

二、江河沿岸的居民

江河沿岸的居户有时也成为内河劫案的参与分子。明末范景文《南枢志》所录"江营新图"中曰:"此处(指黄天荡)江形独阔,两岸相去四十里,太子洲居江之中。其间地形甚广,港汊甚杂,村落甚众,水陆之盗多出于此。近皆编设保甲,添官设船,势亦□固矣。"②港汊多,村落众,又处在商船往来的通衢,当地村落中的居民因此凭借着地势的便利,相率为盗。实际上,明清时代,地方居民参与行劫的事件大都发生在商业转运的交通要道上。又如福建长汀县的峰市是处于闽粤两省接壤、水陆交汇的地方,商人多经由此道往来闽粤。康熙中叶,在峰市开歇店的江大目纠集数人抢劫了途经此地的山西客人李化仙。"康熙三十六年二月二十一日,山西客人李化仙、王君祥、王冲门三人自广东贸易而回,盘坝上船。有在逃未获之江长生、张士荣见其行囊厚重,即与大目相商,令其先至上杭县樟树潭地方赖士龙家,

---

① 沿运河的纤夫受贫困驱迫,也往往聚众劫掠行驶在河流湖泊上的船只,见[清]福趾等:《户部漕运全书》卷八六,光绪刻本;又如乾隆五十三年(1788年)发生在运河上的两起劫官案件,盗贼都是当地的纤夫,见《乾隆年间运河官眷船只遭劫案》,《历史档案》2002年第2期,第48~49页。

② [明]范景文:《南枢志》卷四九,台北:成文出版社,1983年,第1089页。

邀合同伙。而长生携带木棍,士荣手执扁挑,尾船后行。大目即于是日至赖士龙家中。士龙邀集赖士田、赖士卿、赖廷光、张华先,于二十二日早俱在士龙之家饱餐早饭……"随后他们寻找机会,待到李化仙等将船泊靠在策田河边的时候,趁夜下手,将李化仙等人杀害,并劫走财物。① 从这则材料中,我们不难看出劫盗者都是长汀、上杭两县的地方居民,因为觊觎客商随身携带的重资而密谋策划了对山西客商的抢劫。如果说他们只是一时见财起意谋劫,抢劫活动具有随意性和短暂性的话,那么乾隆年间湖南澧州的江盗则是职业性的盗贼。据王培荀《听雨楼随笔》载:"涪州陈朝诗,乾隆己卯举人;朝书,丙子举人;朝易,庚午举人,皆官知县,号陈氏三杰。朝诗字正雅,尤有膂力,拳勇绝人。任湖南安福县,诛暴惩奸,邑中大治。澧州有盗魁廖天则者,徒众数百,沿江劫掠,无敢捕。督府檄诗往。选健役五十人,夜至其里,舍宇壮丽,垣墙高厚,门尽闭。诗踊身越垣数重,至后楼,诸贼在楼饮博。诗一跃而上,一贼执械拒捕,诗手格之,立仆,众不敢动。开门呼役入,械贼十一人。讯之,俱伏,论如律。"② 以廖天则为首的这群盗贼应当是地方上的流氓痞棍,他们平日无所事事,游手好闲,以地方土豪为依托,通过劫掠来谋取意外之财。而能像陈朝诗这样身先士卒、深入盗穴的地方官又实在是少见,更多的情况是地方官员在维持社会治安的时候往往采取一种漠然或者消极应对的态度。如康熙二十年(1690年),李之芳在一篇公文中所论:"嘉、湖一带,乃平川大道,江浙通衢。商贾行人昼夜不绝,兼以村庄联络,鸡犬相闻。若使司土统兵各官留心弭盗,何至大盗公行,是处焚劫,甚至列械对敌,放炮开船,目中全无官兵。究其分立旗号,创设浑名,尽系土著奸凶,并非远来流贼,何难擒剿扑灭。"③ 李之芳指出,活跃在嘉兴、湖州水陆通衢的盗匪都是土著奸凶,若地方上的司土官能够严保甲、统兵官能够严巡防,盗贼就失去了滋生的环境,而正是因为基层地方上控制的不力,才导致了盗贼活动的日渐猖獗。

---

① [清]王廷抡:《临汀考言》卷一〇,载《四库未收书辑刊》(第8辑第21册),北京:北京出版社,2000年,第261~263页。
② [清]王培荀:《听雨楼随笔》卷五,成都:巴蜀书社,1987年,第313~314页。
③ [清]李之芳:《李文襄公别录》卷四,《檄杭嘉湖盗亟议靖盗安民六条》,载《四库全书存目丛书·集部·别集类》(第216册),第658页。

有时，沿江河湖的饥民受到饥寒的驱迫，也会转变为肆行劫掠的盗贼。嘉靖三年二月（1524年），江南发生大饥荒，到处都出现了人吃人的惨剧，各地盗贼蜂起，长江中游一带尤为严重。"是时四方俱歉，盗贼蜂起。闽、广、青、齐、豫、楚之间，所在成群，而庐、凤尤甚。泗州洪泽啸聚众至千人，江洋出没，尤多盗艘。"①啸聚在洪泽湖的千余盗匪多数都是这次江南大饥荒中逃难的饥民。又如明朝末年，汤来贺任扬州推官，每次侦破高邮湖盗案，所抓获的盗贼都是当地的饥民。"记庚辰、辛巳时，贺在贵乡讯高邮湖盗，每案数十人，止存三四。详其端末，则皆饥民之无告者，其间又有展转扳累冤及良民者。虽释遗数人，已无救于既毙之赤子矣。贺常对卷泣下，辄恨当日守令不能留心荒政，以致陷民于罪若斯其惨也。"②汤来贺认为，由于地方官不修民政，以至于遭受饥寒的百姓去高邮湖做了盗贼，最终身罹刑典，让人痛惜。所以，化盗为农成为明清士大夫的社会理想，诚如明代人吴节的诗中所述："何因化刀剑，穀粟满人寰。"③也正因为如此，能够做到化盗为农的地方官受到了士大夫的称誉，如毛奇龄为浙江钱塘人赵廷标作传时，就赞扬他在康熙中叶担任湖南的地方官期间，使湘江盗贼弃刀剑而执耒耜的惠政："至若湘江多盗，剽及官吏。既已籍捕得其多人，然犹谕以祸福，贳之以自新。□斩其渠一二人，而余俱散释。今之扶犁而为农者，即昔之揭竿而为盗者也。"④化盗为农，是地方官员和士绅努力将处于民与盗之边缘的饥民重新纳入社会控制的一条途径。

除了普通居户和饥民，在长江中游地区，宗族也是江湖劫掠的参与势

---

① [明]邓元锡：《皇明书》卷一〇，载顾廷龙：《续修四库全书·集部·别史类》（第315册），上海：上海古籍出版社，2002年，第640页。

② [清]汤来贺：《内省斋文集》卷二七，《柬李映碧先生》，载北京图书馆古籍出版编辑组：《北京图书馆古籍珍本丛刊》（第113册），北京：书目文献出版社，1998年，第798页。按：汤来贺（1607—1688），于崇祯十三年（1640年，即引文中所言庚辰）任扬州推官；李映碧，即李清（字映碧），南直隶（今江苏）兴化人。汤氏此信当写于入清之后。

③ [明]吴节：《吴竹坡先生诗集》卷二三，《夜宿孙家浅逐盗》，载《四库全书存目丛书》（第4辑第33册），第571页。全诗曰："旅泊孙家浅，舟人逐盗还。空余遗橐处，散走众溪湾。夜静惊予觉，年饥叹尔艰。何因化刀剑，穀粟满人寰。"按：孙家浅在今山东菏泽境内。

④ [清]毛奇龄：《西河集》卷八七，《诰授嘉议大夫陕西督粮道布政使司参政赵君暨诰封恭人许太君墓表》，载纪昀等：《文渊阁四库全书·集部·别集类》（第1321册），台北：商务印书馆，1986年，第24页。

力。万历前期,湖北武昌地区的柯姓家族就被官绅视为盗贼世家。明末人魏大中记曰:"长江巨浸,易以薮盗,柯陈诸姓,介兴、瑞而自雄楚,非无事之国也。"①又曰:"武昌,省会傍江。盗每乘夜入劫,即逸入江,江行倏忽。至兴、瑞间,即界居两省,柯陈十二姓薮盗万山中,莫可踪迹,而楚之兵政尤废,无标兵。"②由这段材料可知,以柯姓家族为首的十二姓聚居于湖北的蕲州、广济、兴国与江西的瑞昌之间,它们沿长江上下劫掠,往来飘忽,难于追缉。魏大中将柯、陈二姓连称,实际上二姓同出一源。有一种说法认为湖北柯姓家族始自明初陈友谅。陈友谅战败后,他的后代隐名埋姓,改陈为柯,所以王世贞在记明代长江大盗柯彩凤的时候,即直接写道:"陈氏之后曰柯彩凤者,负湖为盗舟数。"③明末士大夫姚希孟也记曰:"其治蕲也,沿江上下,萑苻晏然。知盗薮多柯陈遗孽,亟清之。"④值得注意的是,蕲、黄一带柯姓家族参与盗贼活动的记载主要集中在万历中期。这也说明在这时,以柯姓家族成员为主的盗贼势力在长江中游地区较为活跃,而湖北地方官绅也在此时开始形成了柯姓家族惯于为盗的印象。实际上,真正参与劫掠活动的,只是柯陈家族中的极少部分成员。所以,万历中叶任湖北布政使的陈于王就施行了利用宗族自身的约束力量来整治盗匪的办法。据魏大中记述:"(陈于王)又计以官获盗,不如使盗族自获盗。十二姓虽盗族,要其间苦于累盗名者必不少。遣官赍檄以谕令诸姓擒缚自效,悉与更始。诸姓素畏服公威信,至是亦迫欲自湔其宿耻,不逾月,缚四十余人以献,皆巨盗也。公谓此可化而为善,即以各姓之有功者,署为长,立保甲,编烟册行业,出入注之籍,月以闻官。又以地界两省,无专辖不可以善后。议

---

① [明]魏大中:《藏密斋集》卷一五,《答薛正亭湖广抚院》,载顾廷龙:《续修四库全书·集部·别集类》(第1374册),上海:上海古籍出版社,2002年,第714～715页。

② [明]魏大中:《藏密斋集》卷一三,《福建按察使颖亭陈公行状》,载顾廷龙:《续修四库全书·集部·别集类》(第1374册),上海:上海古籍出版社,2002年,第665页。

③ [明]王世贞:《弇州史料·后集》卷一九,《徐左伯天目公碑略》,载王钟翰:《四库禁毁书丛刊·史部》(第49册),北京:北京出版社,1998年,第433页。

④ [明]姚希孟:《棘门集》卷五,《亚中大夫福建右参政复吾侯公传》,载王钟翰:《四库禁毁书丛刊·集部》(第179册),北京:北京出版社,1998年,第3页。

设捕盗官其间,以府衔兼制兴、瑞。"①陈于王既利用宗族来缉捕族内为盗者,又动用国家的力量把地处偏远、骁悍难治的宗族势力纳入到官府的控制体系之中,加强了对山野荒区的管制。② 而早在嘉靖年间,就有地方官员采用这种族内治盗的办法,利用宗族子弟来感化大盗,最终促使其转变为良民。③ 这种对沿江宗族成员参与劫盗的利用和控制方式在清代得以延续,雍正年间,安徽巡抚徐本奏称,安徽寿州沿淮河一带有孙、平、焦、邓等姓宗族的成员沿河劫掠过往商船,他建议在该地的宗族内设立族正,实行连坐,以加强对宗族及宗族成员的控制,得到了雍正皇帝的赞赏。

徐本奏折的大略内容是:

> 窃照安省寿州地方,滨临淮河,为江南、豫省水路孔道。往来商贾停泊河干,每遭劫掠,历年以来,一岁之中,申报大盗十余起,至数十起不等。臣密加查察,访有一班积盗,俱系沿河聚族而居,撑驾小舟,假以捕鱼为业,散布河滨,久惯为匪,商贾不敢夜行。臣密谕庐凤道李如兰到彼访拏。该道随雇觅客舟,减从前往。临晚行至该州地方,即遇一伙惯盗,视为客商,拉船欲劫。经□差役擒获孟二一犯,究出同伙为匪者二十余人,供明每遇客船停泊,即便尾随行劫,共计抢劫过往棉花船、米船、瓶罐船一共十余案,其余抢劫之案尚多。陆续拏获平文早、刘正、孙大架、孙二架、平黄鹰、孙二、孙皂、邓三荣、平大元、邓登子、余洪毛、焦大儿、焦小儿,并跟获孙马,绰号骝花马;孙黑,绰号无天地;平小报,绰号龙虎坐等多人。其余各盗,现在密檄严拿。虽被劫客船,当

---

① [明]魏大中:《藏密斋集》卷一三,《福建按察使颖亭陈公行状》,载顾廷龙:《续修四库全书·集部·别史类》(第1374册),上海:上海古籍出版社,2002年,第665页。

② 据当代学者林济的研究,宋代以后,湖北黄州地区(即柯姓家族聚居与主要活动地之一)的宗族有三种聚集模式:聚居宗族模式、网络宗族模式、散居宗族模式。无论哪一种模式,都是以"户长制"为中心,形成族内族权,从而对族众行为施行强有力的约束。见林济:《长江流域的宗族与宗族生活》,武汉:湖北教育出版社,2004年,第359~361页,第401~407页。他没有指出的是,黄州地区多样化的宗族聚集模式在对族内成员约束和控制时的不同效力,也没有指出官府在弭盗方面对地方宗族的利用和控制。

③ [明]过庭训:《本朝分省人物考》卷五一,《王元敬》,载顾廷龙:《续修四库全书·史部·传记类》(第534册),上海:上海古籍出版社,2002年,第298页。该处记曰:"江有巨盗,曰杨罗。剽贼数千里,无敢呵禁。密得其子弟数人,召慰譬之,许令湔灌。罗果感悔自归,卒为良民。"

日多未报官,各犯尤冀控称是抢时窃。而此辈久匿河干,积惯行劫,且有如此惯贼绰号,实为水路大害。臣将各盗饬令臬司严审劫过各案确情,追缉余盗。定拟具题。并分委附近佐贰人员,令庐凤道督率前往沿河一带,将大小渔船取具连环互保,编列号数,严密稽查。其孙、平、焦、邓等姓聚族而居者,设立族正,不时查举,如有违犯,一体坐罪。再令文武员弁轮流巡哨,务期宁谧。"雍正帝的批复云:"嘉悦览之。于地方能如此尽心办理,朕复何忧。缉捕盗贼为第一要务,而访察匪类,尤当留心,勉之!"①

由上可见,沿江居民参与盗贼劫掠,有其复杂的社会因素。饥荒、商业发展带来的物质诱惑、宗族内部管理的松散与官府对宗族控制能力的缺失都是盗贼生发的原因。

三、沿河地区的捕役和汛兵

明清时代,在地方官府服务的各类衙役中,捕役的经济最困窘。他们往往需要自己支付侦查和缉捕盗贼的费用,而薪水的低廉使他们日常生活开支都难以为继,更遑论其他。② 因此,捕役在执行公务过程中的渎职犯法,在明清的地方衙门中极为普遍。这种情形,对江河湖泊沿岸地区的捕役而言,也概莫能外。如明后期士大夫陈仁锡记述:"一、内地水上之盗,皆由捕人营为督捕同知,或各卫家广捕牌票,驾飞械船只,总巡旗号内锁强盗二三名,曰分捕余盗。一见重载客船,便即指曰:此时盗船。所锁之盗攀认为是。连船连人捉去旷野河荡,尽数劫之,俗名曰生弹船。又有养壮之弊:各处小盗,捕人得其常例,待其劫掠既厚,尽数起之解官,旋即以轻罪释放。遂至捕人互相为盗,打点衙门,潜通贿赂,皆捕人为之也。"③从陈仁锡的论述可以看出,以捕盗为名,利用从监所内提取强盗犯人,妄指过往客商船只

---

① 见中国第一历史档案馆:《雍正朝汉文朱批奏折汇编》(第32册),南京:江苏古籍出版社,1991年,第482页。
② 瞿同祖著,范忠信、晏锋译:《清代地方政府》,北京:法律出版社,2003年,第111~112页。
③ [明]陈仁锡:《无梦园初集·劳集二》,载《续修四库全书·集部·别集类》(第1382册),上海:上海古籍出版社,2001年,第257页。

为盗船,进而肆意劫掠,就是被称为"生弹船"的捕役劫财手法。至于养盗之说,在明清有关捕役贪赃的论述中,更是屡被提及。① 捕役与盗贼之间的勾结,正如清末民初人陈澹然所述:"今捕役视盗贼为外府,盗贼遂恃捕役为护符。"② 以缉捕盗贼为职责的捕役反而成为盗贼的同党,猫与鼠同眠,又怎能履行好捕盗安民的职责呢?

明清时期,在内陆的江河防护体系中,除了捕役之外,尚有营汛守兵。他们也视江河湖泊为利薮,加入劫盗者的行列。明代隆庆六年(1572年)四月,安庆江防兵卒作乱。事情的起因是该处江兵惯于为盗,往往在江中劫杀客船,后来因换防而断绝了财路。江兵心怀忿恨,借着上官鞭打守城懈怠江兵的偶然事件,发动了兵变:"先是,以安庆府为江防要地,设守备武臣,督兵卒以备江盗。后武弁多令仆人冒饷,更自为盗,往往白昼杀人,掠其财。于是以戍卒与江卒更番巡警,江卒不得逞,尝怀忿恨……"③ 参与兵变的江卒达千人之多,可以看到江卒行劫江洋的规模之大,同时也可以看到存在于安庆江防体系中的腐败程度之深。安庆江卒兵变很快被镇压下去,但是,营汛守兵行劫内河水域的现象仍在各处发生。明代士大夫王同轨记载了他的亲眼所见:"近年沿江用巡舡缉盗,盗不得作,而苦巡兵常自为盗。数年前,予适金陵,金陵获盗,乃其巡兵。盖往赴操江督府,遇贾舡,故称资,劫之,赀掠殆尽。一盗着新袜,掷所着故袜于舟尾,而忘列名手本在袜中。既去,贾得,据以闻于督府。兵尚不知,呼曰:'江上盗无。'督府曰:"汝等皆盗,安得谓无?"尽以伏法。然诸处及吾郡皆然,不但金陵。④ 王同轨是湖北黄冈人,主要生活在隆庆、万历年间,一生游历往来于江淮之间,他关于金陵巡兵为盗及"诸处与吾郡皆然"的记载应当是可信的。一般

---

① 如雍正七年(1729年)湖南巡抚赵弘恩在查获该省衡阳地区的一件盗案中,挐获盗匪60余名,其中包括李四、何清等捕役在内,赵弘恩因而下结论道:"惯盗多以党羽充当捕役,以为耳目护符。"见中国第一历史档案馆:《雍正朝汉文朱批奏折汇编》(第17册),南京:江苏古籍出版社,1991年,第482页。

② 陈澹然:《权制》卷六,《军政述》,光绪二十八年(1902年)本,1923年影印本。

③ [明]高汝栻:《皇明法传录嘉隆纪》卷六,载顾廷龙:《续修四库全书·史部·别史类》(第357册),上海:上海古籍出版社,2002年,第613页。

④ [明]王同轨:《耳谈类增》卷五四,《外纪盗篇·金陵巡兵》,载顾廷龙:《续修四库全书·子部》(第1268册),上海:上海古籍出版社,2002年,第329页。

来说,营汛守兵为盗具有很强的隐蔽性,往往难于缉捕,如上引金陵巡兵的例子,若不是因为塞在袜子里的手本暴露了身份,那些行劫的巡兵可能会依然逍遥法外。康熙年间的官员徐旭旦论曰:"设兵原以御盗,今兵不能御盗,而且有时为盗。民之苦兵甚于苦盗,盗可缉而兵之为盗不可缉也。"他认为,"兵之为盗不可缉"的原因在于守将对兵丁的纵容与隐匿。① 实际上,汛兵为盗难以追究的另一个原因是受害者害怕打击报复而不敢报官。清初诗人钱澄之《绿林豪》一诗描绘了被汛兵劫掠的受害者因报官而惨遭报复的情形。全诗曰:"江头来往绿林豪,弓箭在手刀在腰。门里劫商门外坐,捕捉公人当面过。杀人打货商船行,人人知是食粮兵。箭竿分明记名姓,官府朦胧不许问。君不见西家被劫报官知,合门拷掠血淋漓。"② 由此可见,遇到汛兵劫抢居民,地方官员和捕役也往往缩首屏息,不敢过问。而地方士绅若出面阻止汛兵为非作歹,也被汛兵罗织罪名,诬为盗贼,以至于身死牢狱。③ 迨至清末,汛兵在内河水域肆行劫掠的案件仍时有发生。④

值得注意的是,在营汛守兵为盗的事例中,巡盐兵丁借巡缉盐枭之名劫掠商民船只的情形也较为多见。盐枭私贩是自汉代盐铁专卖以来代代有之的社会问题,明清时期,盐枭不但贩运私盐,以武力对抗官府追缉,而且他们也时时对往来水上的客商船只进行抢劫。郑若曾记载明代江南长洲县的情形是:"长船湾,在齐门西北,通长荡、华荡诸湖,盐盗出没。贩盐出卖,大帮而行,则为私盐船,谓之盐徒;卖尽空回,遇舟即劫,则为落盐船,谓之盗贼。是贼也,惟在大水旷野远城郭处往来,各县并同。"⑤

---

① [清]徐旭旦:《世经堂初集》卷二六,《平楚管见拟万言策》,载《四库未收书辑刊》(第7辑第29册),北京:北京出版社,2000年,第531~532页。
② [清]张应昌:《国朝诗铎》卷一〇,载顾廷龙:《续修四库全书·集部·别集类》(第1627册),上海:上海古籍出版社,2002年,第534页。
③ 金药畦是浙江兰溪人,雍正癸卯年(1723年)举人,家居赋闲。为人尚气节,热心乡里事务。兰溪多盗,巡逻兵丁借捕盗为名,诬良为盗,为害民间。金药畦上书官府,立碑严禁。因而被汛兵怀恨在心,借机诬陷金药畦为兰溪盗魁,把他投入监狱,串通书吏杀之。见[清]陈梓:《删后文集》卷九,《金药畦传》,载《四库未收书辑刊》(第9辑第28册),北京:北京出版社,2000年,第328~329页。
④ [清]俞樾:《耳邮》卷一;[清]陈其元:《庸闲斋笔记》卷三。
⑤ [明]郑若曾:《江南经略》卷三下,载纪昀等:《文渊阁四库全书·子部·兵家类》(第728册),台北:商务印书馆,1986年,第243页。

从此段材料可以看出,盐枭将私盐出卖的以后,回途中只要遇到行舟就下手劫抢,盐徒的身份转而变为抢劫的盗贼。又据范景文所编《南枢志》:"天顺六年十二月,盐徒刘清、周达等往来江上为患。""正德十三年六月,南京浦子口盐徒出没,劫杀商旅。""(万历)盐盗王爱溪者纠党数百,劫杀孟河、黄港间。"①终明之世,盐枭横截江津的问题一直存在。清代,盐盗的问题仍然严重,雍正七年,江南两淮盐运使奏称,江湖大盗劫盐劫商,积案累累:"臣细访得有江湖十余年之大盗赵七者,原系扬州府仪征县人……今年正月间,在湖口下劫启源旗刘天成等盐船五只;三月间,在安庆上劫尚德旗周明阳盐船一只。连年被劫之盐船,不止三四十起。其他商贾行旅被劫者不计其数。"②赵七盗伙以官私船载盐勋为主要劫掠对象,兼及过往商贾行旅的货运船只,被劫商旅不计其数。盐枭的活动不仅危及了商旅行客的财产与生命安全,而且使官府的经济利益和对社会秩序的掌控力都受到侵害。因此,明清官府采取多项措施加强对盐盗活动的管理和缉捕,设立游巡防兵就是其中最为重要的举措。然而,负责游巡缉私的官兵却借巡缉盐枭的名义,也从事劫掠过往客商的勾当。明末嘉善县士大夫钱士升说:"敝郡近日盗贼公行,而总巡船尤甚。此船以巡捕私盐为名,而白日剽劫,莫敢谁何。"③天启五年(1625年),御史张启孟奏称:"访得沿江近海处所,有等盐徒,撑驾四桨快船,出没江洋,公然无忌。名为盐徒,实行劫掠。事发自认私贩,问罪结局事完,随复入伙肆劫商船,是盐徒即强盗也。盖缘巡盐员役或豢盗分赃,或月受常例,甚而坐驾小船,指名盘诘,打劫商货,是盐捕又一强盗矣。"④巡盐兵役不但接受盐徒的月例,共分赃物,而且亲自参

---

① [明]范景文:《南枢志》卷九一、卷九三、一七〇,台北:成文出版社,1983年,第2690、2705页;又[明]蔡献臣:《清白堂稿》:"又有言私盐之禁太严,则肩担背负之徒迫于生计而之江中为盗者。大抵江中劫人者皆盐徒也。"见该书卷九:《上周抚台揭论靖江盗船》,载《四库未收书辑刊》(第6辑第22册),北京:北京出版社,2000年,第261页。

② 中国第一历史档案馆:《雍正朝汉文朱批奏折汇编》(第16册),南京:江苏古籍出版社,1991年,第11页。

③ [明]钱士升:《赐余堂集》卷七,《答顾松霞公祖》,载王钟翰:《四库禁毁书丛刊·集部》(第10册),北京:北京出版社,1998年,第515页。

④ [明]沈国元:《两朝从信录》卷二七,张继孟:《江防八要》,载王钟翰:《四库禁毁书丛刊·史部》(第30册),北京:北京出版社,1998年,第564~565页。

与打劫商船的行动。康熙初年,浙江杭、嘉、湖一带的巡盐兵役更是借缉私的名义,向过往船只索要酒钱及其他杂项费用;或者窥见孤客携带重金,即将其抢劫一空;甚至将盐撒入或将盐包暗掷进商旅的船舱内,名之为"生蛋包",然后指称商船贩卖私盐,借机肆意讹诈。①

综上所言,衙门捕役、营汛守兵与盐徒,都有可能参与到江河湖泊的劫掠当中,成为江湖盗贼的潜在来源。同时,他们又都是在明清整个社会运行机制下衍生的副产品。捕役与汛兵被赋予维护社会治安的重任,但是他们却属于社会地位极低的吏役与军户阶层,薪俸微薄又身担弭盗的要责,再加上官府对其监督和管理的松散,使他们具有了通过与盗贼勾结谋取灰色收入的主观动机和客观条件。而行走于江湖之上的过往商旅,若遇到这种兵役为盗的情形,只能如板上鱼肉,任由其宰割和劫杀。

四、窝主:官府眼中的幕后主使

盗贼通过劫掠得来的财物,特别是数量较大的货物,需要事先预备一定地方来储藏,并用隐蔽的途径分销出去,这些工作是由窝主来完成的。有时,一次劫掠活动的召集、行动中的分工、事后的分赃,都由窝主来决定,而劫盗者聚会的场所和行劫之后的藏身之地,也通常由窝主提供。作为江河劫案的策划者和组织者,在官府的眼中,窝主是劫案发生的幕后主使。康熙时期的官员彭鹏说:"夫盗源之不息,由窝主之居停。窝主之居停,由地邻之含嘿,畏威惧祸而莫敢发也。"②又《居官寡过录》引清初官员佟国器的话说道:"世无窝主,则盗贼何处潜踪?盗之去来无常,而窝之居处有定;盗之踪迹犹秘,而窝之举动甚彰。凡被劫之处,其盗之窝家近不出五里,远至十里、二十里止矣。盖强盗行劫,势难远涉,一恐腹饥力尽,二恐天明追捕。岂有劫掠良久分赃扰攘之后,自二十里外而来,复出二十里外而去乎?凡盗窃后密访附近地方情形可疑之家,未有不得盗者,此就被劫处言也。

---

① [清]李之芳:《李文襄公别录》卷六,《严禁兵捕假缉私盐告示》,康熙二十一年(1682年)七月,载《四库全书存目丛书》(第4辑第216册),济南:齐鲁书社,1997年,第749~750页。

② [清]彭鹏:《古愚心言》卷八,《应抚院于咨访利弊条议》,康熙二十五年(1686年)五月,载《四库全书存目丛书》(第4辑第232册),济南:齐鲁书社,1997年,第105页。

又有久惯窝盗,四出行劫,仍串通本地之窝为线索者,此乡甲之法不行故也。"①佟国器认为,盗贼必有窝家,而窝家必然在盗贼活动区域的方圆二十里之内。根据上述两则材料还可以看出,明清地方官员之所以热心于编查保甲,是基于他们对盗贼活动必然会以窝家为依托的认识。盗贼活动是隐蔽的、流动的、难以追缉的,而窝家则是公开活动的、有居所的、易于管理的。揪出窝家就能掌握盗贼的行踪,从而开启侦破盗案的锁钥,这是明清官府在侦缉盗案时的一个基本思路。

多数充当盗贼窝家的都是地方上的土豪与流氓。明隆庆、万历年间,武昌府兴国州绅士吴国伦谈起了兴国州大姓为盗的情形:"兴国去大江六十里,而境土稍僻,又界江西之宁、瑞二邑间。宁、瑞故盗薮,而大姓数家尤横。兴民甚患苦之。"(按:吴国伦所指称的大姓,当指万历前中期活跃于该地的柯陈十二姓家族。)他接着指出,官府在沿江设兵防御以来,盗贼活动渐少。但是随后因为武备废弛,江防巡官汛兵懈怠,致使盗贼活动又开始猖獗。"又闻盗侠数辈,盘踞公门,为内外应,三农不得秉耒耜矣。"②此处所谓的盗侠,能够盘踞在衙门之中,与盗贼互通声气,应该就是地方上把持公门的地棍流氓。生活于明代嘉靖年间的士大夫罗一峰认为,盗贼与土豪互为依托,他们的身份是可以互相转化的。"以盗贼言之,有连世为盗者,有终身为盗者,有合方为盗者,有狂者,有窃者,有劫官库者,有劫民财者,有因为盗而起至土豪者。盗倚豪而肆其凶,豪倚盗而雄其货,盗贼土豪相为窟穴。"③盗贼通过劫掠致富,成为地方上的土豪。然后借助于富甲一方的财富为自己的劫掠行为提供庇护,据罗一峰所言,土豪与盗贼的结合,使当地"凡为盗而发觉者十无一二,其发觉者,被盗之家得赃即放,捕盗之司得赂即放,甚至府县徒罪即放。一盗既起,众盗皆炽,其势然也"。所以,盗贼为了躲避官府的追捕,也乐得依附于这些地方土豪。在明末的长江下游一带,劫盗者劫掠过往商客之后,都以当地的豪家巨户为靠山。"臣又访得

---

① [清]盘崎野人:《居官寡过录》卷二,载《官箴书集成》(五),合肥:黄山书社,1997年,第57页。
② [明]吴国伦:《甔甀洞稿》(四),卷四九,《报麻登之金宪书》,台北:伟文图书出版公司,1976年,第2280页。
③ [明]陈全之著,顾静标校:《蓬窗日录》卷六,《事纪二》,乙未(1535年)七月,上海:上海书店出版社,2009年,第315页。

沿江有一等豪恶之家,公然为贼窝主。前项沙船等船往来江上兴贩私盐,劫掠客商,悉投托其家,以为依止,彼此坐地分赃。平时造意指示,事发潜为救解。"①豪家向盗贼发号施令,策划劫掠活动;一旦盗贼被官府逮捕,豪家也积极地疏通关系,多方营救。

捕役也是盗贼的潜在窝家。雍正十年(1732年),湖北沿江守备破获了一起盗贼窝案。武汉临江八吉堡地方的徐中和与钱晋封二人充当盗贼的窝主,犯案累累,而"徐中和为盗贼之积窝,钱晋封又为奸捕之窝首"②。此案中地方势要与捕役班头相互勾结,打通黑白两道,江上作案,陆地销赃,对过往商客的危害甚大。清代,又有一种所谓旗盗者,即由八旗子民充当窝主。康熙年间时任两江总督于成龙说:

> 一、察旗盗。江南无赖奸民,往往投靠江宁、京口等旗下,为护身之符,旋称告假回籍。昼则倚势行凶,夜则纠众打劫。地方官追捕急迫,彼即仍窜归旗,无从究诘。揆厥所由,总因旗主贪利财物,明知故纵。其出外之时,装成圈套,先递逃牌。若劫掠满载而归,则曰自回投主,将逃案圈销。或事发被获,诿称已递逃档,与本主无涉。积习相因,以致投充人等肆意横行,深为民害。③

这实际上是清代民族身份等级制下的产物。八旗子弟利用其特权身

---

① [明]孙旬辑:《皇明疏抄》卷六三,黄绾:《弭江盗疏》,载顾廷龙:《续修四库全书·史部》(第464册),上海:上海古籍出版社,2002年,第680页。

② 据湖北巡抚王士俊的奏折:"兹据该守备林武略踩缉八吉堡地方有积窝徐中和、钱晋封二人,暗楼邃室,惯集外来匪类,驾船窃劫。指挥伙党,惟命是从,坐地分赃,声息最广。查有上冬汉口河下客舟被失黄丝、胡椒各案,捕役知二人素为窝家,密与讲和,受贿纵放,仅以匪窃三人出名顶案。复令徐中和冒称行家首报,巧为漏网等情密禀到臣,即飞饬擒拿。当获积窝徐中和、钱晋封,即于徐中和家楼房内擒获匪党徐三、周四并行劫江南仪征县有名盗犯杨起夏。又起出盗赃以及为匪囤船三只,湾泊河下。续获匪犯刘夸子等,俱经押发按察使唐继祖收审。窃劫各伙党,其江、汉两县捕役刘玉、李祥、刘元、陈泰亦俱获禁研究在案。查徐中和为盗匪之积窝,钱晋封又为奸捕之窝首,两处毒恶贯盈,现皆就获。所有外来贼匪去此窝留容顿之处,不难踩缉擒捕,良善庶可安生亦。"见中国第一历史档案馆:《雍正朝汉文朱批奏折汇编》(第22册),南京:江苏古籍出版社,1991年,雍正十年(1732年)五月十八日奏折,第304页。

③ [清]于成龙:《于清端公政书》卷七,《弭盗安民条例》,载纪昀等:《文渊阁四库全书·集部·别集类》(第257册),台北:商务印书馆,1986年,第751页。

份,纠集歹徒,肆意劫抢,而地方官对他们却毫无办法。

有时,官府中的权势人物也充当着盗贼的窝主,这在明代中后期较为多见。正德年间的藩王朱宸濠,就是利用江湖盗贼的劫掠而积聚了巨额的财富。据载:"(弘治十二年)十一月,上高王宸濠嗣封宁王。……其在宫,渎伦无礼,养亡命为盗江湖间及劫府库,财万万计。"①而且,朱宸濠招纳的江湖亡命之徒达到了百余人之多,"遣承奉刘吉等招江湖剧盗杨清、李甫、王儒等百余人入府,号曰把势"②。此外,被宁王笼络的著名盗匪还有凌十一、闵念四等。③ 又嘉靖年间,长江中游一带逃军罗龙文招纳江湖亡命,为非逞凶。而罗龙文的幕后靠山则是嘉靖权臣严嵩之子严世蕃,据《明史纪事本末》载:"臣(按:此系御史林润的奏折内容)巡视上江,备访江洋盗贼,多入逃军罗龙文之家。龙文卜筑深山,乘轩衣蟒,有负险不臣之志。推世蕃为主,事之。世蕃自罪谪之后,日夜与龙文诽谤朝政,动摇人心,近者假治第,聚众至四千人,道路汹汹,变且不测。"④朱宸濠与严世蕃都扮演着盗贼窝主的角色,企图借助于江湖盗贼的势力,打击政敌,甚至颠覆王朝政权,实现自己的政治野心。由此也可见出,在明朝中期,长江中游一带盗贼规模的庞大和活动的猖獗。崇祯年间,浙江乌程人温体仁做了当朝宰相,唐世济则是都察院都御史,他们的乡人纷纷入太湖为盗,"以两家为奥主"⑤。而有清一代,则鲜见有官府当权者充当盗贼窝主的情况。

对于富家、土豪与地方势要充当盗贼的窝主,官府在侦缉盗匪时往往投鼠忌器,处于是纵容还是严缉的两难困境当中。严缉盗匪,纠察窝主,则会得罪地方势要,轻则丢官,重则丧命。因此,缉盗者的渎职就在所难免,

---

① [明]陈建:《皇明通纪法传全录》卷二六,载顾廷龙:《续修四库全书·史部》(第357册),上海:上海古籍出版社,2002年,第439页。
② [清]夏燮编撰,王日根等校点:《明通鉴》(二)卷四五,长沙:岳麓书社,1999年,第1223页。
③ [明]万国钦:《万二愚先生遗集》卷五,《杂著·书二烈遗事》,载王钟翰:《四库禁毁书丛刊·集部》(第78册),北京:北京出版社,1998年,第67页。
④ [清]谷应泰:《明史纪事本末》(三)卷五四,嘉靖四十三年(1564年)冬十月,北京:中华书局,1977年,第832页。
⑤ [清]万斯同:《明史》卷三六二,《列传第二百一十三》,上海:上海古籍出版社,2008年,第405页。

如明代官绅陈全之所论:"扬子江盗类富民为之,其力可以坑逻者。故每驱而不擒,逻者自全之势然也。"①扬子江的盗匪还只是当地的富民,而像朱宸濠、严世蕃、温体仁之类的盗匪窝主,官府更是敢奈其何? 明代人郑若曾经提出了解决此种困境的一个途径,他主张对土豪进行招抚,使土豪的势力为国家所利用。他说:"江阴北滨大江,港口错杂,难于防御。非兵船远哨分守上游,则无港不可登泊也。而所当哨收者有三,曰唐沙,曰青草沙,曰蒲沙。……三沙土豪素称窃盗之渠魁,除之则激之使乱,纵之则盗日蔓滋。为今之计,宜明示甄别,使之改过。操练乡兵,与官兵互相纠察,而以一巡司领之。其弗率训典者,亟歼绝之。数年之后,兵船可革,盗可化为良民也。"②这种把盗匪改造为乡兵的做法,在明末清初之际的江南地区被各种政治势力所经常使用。

综上所述,我们可以看出,明清时期,江河盗贼的来源是多方面的,水上居民如渔户、疍民、舟子,江河沿岸的一般住居民,官府执法者如衙役、汛兵,地方土豪与势要,其他还有盐枭、粮船水手等,都是江河劫掠的可能参与者。从他们的身份构成来看,为盗之人并非都是如清初官员佟国器所言"不农不商不工不佣,无恒业之人"③,大多数充当窝主者也并非如彭鹏所言"或饥寒不自全,相依为命;或城社而无所畏凭借而行"④的贫民。活跃在江河湖泊的盗贼,往往游移在王朝体制的内外,他们或者释耒耜则为盗匪,弃刀戟又成良民;或者名为执法之吏役,而实系纠抢之劫盗。明清官府也注意到了这种民与盗、兵与匪之间身份的交叉与不断变换,因而通过编查保甲、设立族正管制宗族成员和严厉约束汛兵吏役等措施来限制人员的流动,以图达到消弭盗匪的目的。但是,只要社会上仍然存在着大量衣食短缺的饥民,只要存在于官府吏役制度和汛防制度中的诸种体制性弊病得

---

① [明]陈全之著,顾静标校:《蓬窗日录》卷一,上海:上海书店出版社,2009年,第20页。
② [明]郑若曾:《江南经略》卷五下,《三沙险要说》,载纪昀等:《文渊阁四库全书·子部·兵家类》(第728册),台北:商务印书馆,1986年,第339页。
③ [清]盘峤野人:《居官寡过录》卷二,载《官箴书集成》(五),合肥:黄山书社,1997年,第56页。
④ [清]彭鹏:《古愚心言》卷八,《应抚院于咨访利弊条议疏》,康熙二十五年(1686年)五月,载《四库全书存目丛书》(第4辑第232册),济南:齐鲁书社,1997年,第105页。

不到妥善的解决,只要社会上仍然存在着不受法律约束的特权阶层,江河湖泊中的盗匪问题就会长期存在。

第二节 社会强势阶层的弱势遭际:明清官绅的另一面相

明清时代,官员、居乡士大夫以及举贡生员,构成了官绅阶层。他们是社会财富与权力的主要掌控者,属于明清社会中的上层群体,处在相对强势的地位。然而,官绅也常常因为各种事务而泛舟乘船,出行在外。对于这些行走于江湖之上的官绅而言,特权身份和强势地位并不能给他们旅行的安全带来保障,他们同样会面临来自于江湖盗贼的袭击。与商人一样,在内河水程的旅行中,官绅也跌处在弱势的境遇中。

一、身为官员的江湖遭际

明清时期,官员因为进京叙职、赴任、转任的缘故,往往需要乘坐舟船,流移游走于江湖之间,有时不免成为盗贼劫掠的对象。如明代嘉靖年间密云指挥使张春转任苏州卫,在行舟途中遭遇盗贼截杀。据时人李开先记述:"节妇赵氏,原嫁密云指挥使张春。春与僚友不谐,调卫苏州,同母舅徐通携男女二十人有余赴任。舟中遇盗,人赀尽被劫杀,存者止节妇及一子一女,张氏之鬼赖子永祀。备历艰苦,乃质诰命画像及鬻丹书以为路费,竟由苏州还其乡。"[①]卫所指挥使一行二十余人遭遇盗贼杀戮,只有三人侥幸逃脱。而幸存者因为资财尽失,流落他乡,不得不将朝廷颁发的官员任命文书质卖,以换取回乡的路费。对于幸存者而言,盗贼劫掠使他们顷刻间经历了由富而贫、由贵而贱的人生转变。又如清代人贺贻孙记载明崇祯年间的一则轶事:武昌舟子人称髯侠者的船舱中曾载有一位妙龄女郎,据女郎自述:"妾杭人,从父宦于粤西。宦归,舟次湘潭,盗夜杀妾父母一家十

---

① [明]李开先著,卜键笺校:《李开先全集》(上),《闲居集》卷三,《题赵节妇保孤卷,次谷少岱挽张、徐甥舅诗韵》前序,北京:文化艺术出版社,2004年,第278~279页。

人,投于江。……"后来适逢髯侠出手相救,方才保存了性命。① 一般来说,官员赴任都跟带着人数较多的随从人员,不易给盗贼留有觊觎的机会,并且"官"的身份本身对于盗贼而言也是一种心理上的威慑,使他们有所忌惮。

然而,有时候却是另外一种情况:盗贼明知是官员的船只,反而大胆地劫抢。这一点,从发生于乾隆末年的两个官员眷属船只在运河被劫的事例即可明白地看出。乾隆五十二年(1787年)六月,山东学政刘权的家眷船只停靠在直隶静海县境内,黄昏时分被盗抢劫。后据逮获的盗贼李三供认:他与王洪等商定往天津拉纤,"因无人雇令拉纤,无所图窃,是月十八日转至静海县地方。适有山东学政刘权之眷属船只由彼经过,王洪瞥见,声言:'来有官眷船只,应有银两。'李三即起意行劫,各犯允从"②。此案中李三等人看到运河岸边停靠的是官眷船只,即推测其必定有银两可图,因而纠伙行劫。而在乾隆五十三年(1788年)发生于山东峄县的针对官眷船只的劫案中,涉案盗匪更是一路跟踪,寻找合适的下手机会。据案载:"本年四月十六日,司以谨在台庄地方见有江苏藩司南来眷属船只,该犯起意行劫,一路尾随。时已薄暮,适家人杨松龄因台庄船多拥挤,行至丁庙迤西停泊。……"这给了盗匪以可乘之机,司以谨遂纠集刘老等十七人于夜间行窃。③ 值得注意的是,该案中盗匪采用的手段是偷窃,而非劫抢。之所以如此,据案载:"司以谨见船上事主水手俱已睡静,无人防范,随令同伙不必行强。"待到被事主发觉后,"因已经得赃,无须拒捕,随一齐出仓"④。但是,无论是明火执仗的劫抢,还是扒船挖舱的偷窃,盗匪对于事主是"官"的身份和行劫官船可能受到更加严厉的惩罚的后果是很清楚的。所以一旦案发,他们就只将自己曾经抢劫粮帮船只的旧案供出,却拒不承认抢劫官船的事实。即如时任直隶布政使梁肯堂所言:"而该犯等或以行窃粮船较之行劫官眷船只,其罪稍减,狡供翻异,有心避重就轻,亦属事之所有。"⑤

---

① [清]贺孙贻:《水田居文集》卷四,《髯侠传》,载《四库全书存目丛书》(第4辑第208册),济南:齐鲁书社,1997年,第114页。
② 《乾隆年间运河官眷船只遭劫案》,《历史档案》2002年第2期,第51页。
③ 《乾隆年间运河官眷船只遭劫案》,《历史档案》2002年第2期,第48页。
④ 《乾隆年间运河官眷船只遭劫案》,《历史档案》2002年第2期,第48~49页。
⑤ 《乾隆年间运河官眷船只遭劫案》,《历史档案》2002年第2期,第48~49页。

然而，即便如此，他们仍然铤而走险，这主要是因为他们抱持着官员眷属必定富有资财的心理预期，即使冒着杀头的危险也在所不惜。静海县一案，盗匪只劫得碎银二十余两，数目尚少；峄县一案，司以谨盗伙窃得一只小棕箱，内有碎银六封，计三百两白银，另有金耳挖一只，豆瓣金簪一对，银物价值已属不菲。而雍正七年（1729年）发生于四川万县大周溪上针对官员家属的劫案中，事主遭盗贼劫抢的财物除了盘缠银一千五百两，还有各种金银首饰、绫罗绸缎总计两百余件，事主生前的身份却只是江南泗州盱眙县知县。① 一个地方知县身故后的资产尚且如此丰厚，而一般百姓关于官员饶财的认识，自是空穴来风，未必无因。

二、身为士绅的江湖遭际

出门游历、游学或游宦，是明清士绅开阔视野、扩大社会交往的重要途径。徜徉于山水之间以陶冶性情，问学于耆学宿儒以丰富知识，奔走于水陆通衢以谋求生计，在明清的水陆旅途中，士绅也是最常见的行旅之一。而舟船则是最受士绅青睐的出行方式②，因而，士绅遭遇江湖盗贼劫掠的情况，也较为多见。即以旅游为例，明代万历朝以后，士大夫游历山水的风气渐盛，内容毓秀空灵的山水小品文佳作也不断问世，而袁中道是其中成就突出的一位。在他写作的大量游记中，就有多处记载了他为"盗"所惊的经历。如1609年，"过洞庭马湖，芳草连天，窅无一人，风雨大作。见小舟逐余舟而来者甚多，颇怀惊怖，近视之，则湖中采芹船也"③。又万历四十

---

① 据《明清档案》雍正七年（1729年）十月二十日记："伊主原系巴县人，在江南盱眙县任内病故。今年二月二十八日在汉口开舡，四月初七日行至大周溪，前舡去远，后舡不来，止有此舡拴在河下。三更时分，有十二三□□□盗，有八个上船，一个拿刀将主母要杀，银两鸟枪尽行拿去。"该档案内录有详细的失物清单，详见张伟仁：《明清档案》A41～62。

② 当代学者陈建勤在有关明清旅游的研究中认为："就舟车而论，人们更偏爱舟。"他并且举出多例来加以说明。从明清士大夫的相关记载来看，这种判断是符合实际的。见陈建勤：《明清旅游活动研究——以长江三角洲为中心》，北京：中国社会科学出版社，2008年，第232～233页。

③ ［明］袁中道撰，步问影校注：《游居柿录》卷二，上海：上海远东出版社，1996年，第32页。

年（1612年），袁中道旅游至湖北蔡店一带水面上，"又时有舴艋舟出没苇林中，殊忧盗贼"①。虽然只是一场虚惊，但是反映了袁中道未遇盗贼之前的戒惧心理。在行过湖北仙桃镇之后，袁中道就真的遭遇了盗贼。"从仙桃镇别逆旅主人，过渔范洪，夜宿岳家口。中夜闻后船鸣金逐盗，予惊起登岸。顷之，盗舟疾于飞而去。予复归舟卧。"②当盗贼来袭时，中道的反应是"惊起登岸"，盗贼离去之后，又归卧舟中。士大夫遇盗时的尴尬之情于此一起一卧中毕现无遗。相对于袁中道而言，徐霞客的遭遇就不但尴尬而且是狼狈了。崇祯十年（1637年）二月十一日夜，徐霞客所乘小舟泊靠在衡阳附近江面，突遭盗贼劫抢，同行众人均被控制，"余念必为盗执，所持紃衣不便，乃并弃之，各跪而请命，贼戳不已，遂一拥掀篷入水。入水余最后，足为竹纤所绊，竟同篷倒翻而下，首先及江底，耳鼻灌水一口，急踊而起，幸水浅止及腰，乃逆流行江中，得邻舟间避而至，遂跃入其中"③。当时正值冬季，水冷侵骨，徐霞客赤身露体，幸得临舟客的怜悯，"从身分里衣、单裤各一以畀余"。更为严重的是，旅行的游资都被劫去，使徐霞客陷入了寸步难行、四处告借的艰难处境，计划中的行程也因此被耽搁了两个月之久。④由袁中道与徐霞客的事例可以看出，遭遇盗贼侵犯的士大夫，处于受欺凌的尴尬处境中，他们游览山水的兴致也因而受到影响。⑤

游资遭劫，游兴受扰，士大夫虽然受到了一场惊吓，但是毕竟还能保全性命。而对于另一些士大夫来说，舟行遇盗却使他们丢了性命。据王士禛

---

① [明]袁中道撰，步问影校注：《游居柿录》卷七，上海：上海远东出版社，1996年，第161页。
② [明]袁中道，步问影校注：《游居柿录》卷七，上海：上海远东出版社，1996年，第161页。
③ [明]徐弘祖撰，褚绍唐、吴应寿整理：《徐霞客游记》上册，上海：上海古籍出版社，1982年，第201页。
④ [明]徐弘祖撰，褚绍唐、吴应寿整理：《徐霞客游记》上册，上海：上海古籍出版社，1982年，第203～263页。
⑤ 在有些地方，因为盗贼活动猖獗，而使士大夫望而却步，如清康熙年间广东德庆州高要县境内的三洲岩，"地近德庆，连岁中兵，居民遁逸。山田多秒落不治，故荒废若此。游客又数惮江盗出没，年来绝无操舟一问津者，余置勿论"。见[清]宋起凤：《大茂山房合稿》卷五，《游三洲岩记》，载《四库未收书辑刊》（第7辑第19册），北京：北京出版社，2000年，第771页。

记:"豫章黎祖功耆尔,前澜江提学博庵元宽之子。诗甚奇崛,不可一世,亦十七岁江行死于盗。"① 又清初诗人陈维崧记述士人史怀永于己亥(1659年)秋在归途遇盗,投水而死。陈氏《哭史怀永》(之二)一诗的末两句云:"薄俗文章贱,高门道路悲。此贤关不细,群盗尔何知。"② 士大夫的贤与不贤,一般情况下,盗贼既无从得知,平时也了不关心。否则,像唐顺之③、尤侗④这样的硕学大儒也不至于在舟行中受辱。

三、举贡生员的江湖遭际

在行舟中遭遇盗贼劫掠而处于弱势地位的社会上层群体,除了官员和士大夫之外,还有赴试的举贡生员。据张萱《西园见闻录》所记,万历壬午年(1582年),有赴京应试的孝廉七人在九江舟中被劫,幸遇路过此地的安徽商人以衣物、盘费相助,才得以赴京考中进士。⑤ 又万斯同《明史》记:"陈德纯,字静生,零陵人。为诸生,以学行称,困场屋四十余年。夜泊洞庭,为盗窘,跃出堕水,再跃入洲渚。比晓,坐芦苇中,去泊舟数十丈,寻举崇祯十三年进士,年已六十矣。"⑥ 士子赴京赶考,随身携带着日用盘缠路费,一旦遭遇盗贼,即使幸得保存性命,而盘费被劫,势必衣食无依,流落飘零,耽搁应试的行程。何况,士子又有遭遇盗贼劫掠而殒命者。顺治十年

---

① [清]王士禛:《古夫于亭杂录》卷五,北京:中华书局,1988年,第110~111页。
② [清]陈维崧:《湖海楼诗集》卷三,《哭史怀永》,载《四部丛刊初编·集部》(第281册),上海:上海书店出版社,1989年,第8页。
③ [明]焦竑:《献征录》(三)卷六三,上海:上海书店出版社,1987年,第275页;李开先《荆川唐都御史传》记曰:"(唐顺之)性好游,好静,常避人居宜兴阳羡山中,有得于心。静居亦游也,游亦静居也。过□亭,遇盗,窜身于江,生平不善浮水,然得不死,亦奇怪甚矣。"又见[明]李开先著,卜键笺校:《李开先全集》(上),《闲居集》卷一〇,《题赵节妇保孤卷,次谷少岱挽张、徐甥舅诗韵》前序,北京:文化艺术出版社,2004年,第790页。
④ [清]尤侗:《西堂诗集》,《看云草堂集》卷八,《口号二首》其一曰:"世间怪事无不有,旗兵白昼劫江口。我登江船遭毒手,操刀吓人攫金走。不知将军安在哉?方拥高牙饮醇酒。"载顾廷龙:《续修四库全书·集部》(第1407册),上海:上海古籍出版社,2002年,第620页。
⑤ [明]张萱:《西园见闻录》卷一六,载顾廷龙:《续修四库全书·子部》(第1168册),上海:上海古籍出版社,2002年,第438页。
⑥ [清]万斯同:《明史》(第8册),卷三八二,《忠义传七》,上海:上海古籍出版社,2008年,第80页。

(1653年),湖南泸溪贡生林三接赴京,所乘船只夜泊在抚州千金陂时,邻舟被盗打劫,林三接因为惊慌躲避而溺水身亡。① 始而惊慌,继而躲避,是士子遭遇盗匪劫掠的一般反应。但是,隆庆《岳州府志》记述了一个赴试的生员在江中遇盗时的表现却有所不同。据载:"朱潮,字宗海,岳州卫人。补郡学生,谈理学,清修笃行,虽涉迂阔,而可取者甚众。……岁丁酉(嘉靖十六年,1537年),应秋试,遇盗江中,正衣冠迓之,尽出其囊与焉。盗喜。乃更求一日粮,盗欣然与之。潮以为盗信己,出忠言,晓以利害,令归本业耕商。盗大怒,欲刃之,朱瞋目不动,乃取巨铤筶之,筶数下,潮曰:'死则事大。'盗释去。此盖欲效孔子之化跖也,失之邯郸矣。"②朱潮在遇盗后,明智地主动交出了自己的财物。既正襟危坐,竭力保持一个知识者的端庄形象;又向盗说理,企图效法孔子化跖的作为,结果却是差一点命丧巨铤之下。可见,即使士子放弃逃避,而选择直面盗贼,也很难免于受辱。

从以上论述可以看出,无论是出游的士大夫还是应举的士子,在舟行时一旦遭遇盗贼,往往惊慌失措,投水窜岸,甚至有因此而殒命者。然而,对于士大夫来说,惊慌逃遁毕竟有辱于斯文,所以,他们对于遇盗一事也持着不同的态度和看法。其中有自我解嘲者,如清中期士大夫郑世元行舟遇盗跟踪,作诗自嘲,诗中有句曰:"弱年久沦踬,短衣不掩胫。故物惟青毡,探囊止修脡。负汝抱虚愿,劳而走而挺。"③以与盗贼对话的口吻表白自己一贫如洗,实在无物可劫的情形。有达观通脱者,如明代隆、万年间士大夫费元禄携友人游吴越,在距常山县五里处泊舟时遇盗,记云:"余同元卿、衍甫浮白为欢,微酣假寐,而舟人报有小舟逼余舟而上下,盖大盗云。舟人错愕,咸相戒操利器以待。时大雨如注,小舟逼余舟者三四,终夕不敢犯,僮辈亦俱达旦不寐,鸡鸣而小舟始棹歌以去,舟中方解颜相庆。顷者不免阳

---

① [清]曾燠辑:《江西诗征》卷九三,载顾廷龙:《续修四库全书·集部》(第1690册),上海:上海古籍出版社,2002年,第135页。

② (隆庆)《岳州府志》卷一六,《乡贤传下》,载《天一阁藏明代方志选刊》,上海:上海古籍书店,1963年,第24页。

③ [清]郑世元:《耕余居士诗集》卷六,《斜风细雨集二》,载《四库未收书辑刊》(第9辑第26册),北京:北京出版社,2000年,第167页。原文云:"晚同芦村过梅里,有舟相随不失,篙师疑为盗。是夜竟不得归泊宣家桥。"

侯之厄,今夕又几遇暴客。余戏语左右:'能更此数度不可尝历世间夷险乎!'"①把与盗贼遭逢看作是人生中一次难得的经历。有借以抒发身世之慨者,如清初方以智之子方中发一生志不仕清,流落江湖,淹蹇不偶,他在康熙十九年(1680年)乘舟经过阳羡湖时,遭遇了盗贼的劫掠。事后赋诗曰:"抛身何事在他乡,游戏偏逢点鬼场。波底惊魂招北固,刀头余命乞南唐。蛮夷马革那堪比,风雨牛衣敢自伤。只恨平生心血尽,诗囊书箧一时亡。"②直接由自己的遭逢盗贼之自伤而联系到了明清易代的士人群体的悲痛。有因避盗而受人讥嘲者,如明代学者陈献章记曰:"梁惟正、邓德昌往来白沙,途中遇盗。惟正以舟泊浅,奔于岸避之;德昌抱书立舡头,盗不加害。戏赠以诗:'道逢恶少年,打破两生敬。试问邓德昌,何如梁惟正?'"③陈献章在此根据士大夫遇盗时的不同反应而对其道德品行发出了疑问。又有在回应他人嘲讽的同时抒发心志者,如袁中道在游览途中路过沅江时遇盗,有人给予嘲讽,他在《客有嘲予遇盗者赋答》中声称:"死忠死孝外,死山亦有名。"④表达了自己徜徉于山水之间,虽死无悔的志向。

综上而言,处于明清社会上层的官员、士大夫与举贡生员,在行舟中遭遇盗贼袭击时,却又处在了弱势的受侵犯的位置上。正襟危坐以待则不免于受辱,惊慌失措而逃则不免于受讥,士大夫遇盗时的种种反应又与他所接受的知识教育及人生经历发生了联系,并借助诗赋文辞表达了出来,使我们得以窥见士大夫对于在江湖中遭逢盗贼一事的不同态度与认识。

---

① [明]费元禄:《甲秀园集》卷二九,《吴越纪行》,载王钟翰:《四库禁毁书丛刊·集部》(第62册),北京:北京出版社,1998年,第498页。

② [清]方中发:《白鹿山房诗集》卷八七,《庚申六月十七,阳羡湖中遇盗》,诗题下原注:"时自青浦归里,道过溧阳,未至,七十里地名团圩。"载王钟翰:《四库禁毁书丛刊·集部》(第17册),北京:北京出版社,1998年,第590页。

③ [明]陈献章:《白沙子》卷五,《四部丛刊》三编景明嘉靖刻本,上海:上海书店出版社,1985年,第51页。

④ [明]袁中道:《珂雪斋近集》卷一一,《近游草》,《客有嘲予遇盗者赋答》,台北:伟文图书出版公司,1976年,第932~933页。

第三节　江湖盗贼:在历史与文学叙事中的角色扮演

文学创作的素材源于社会生活。从这一点上来说,包括传奇与小说在内的中国古代文学作品也往往在某种程度上反映着当时社会的真实状况。以江湖盗贼为例,历史上潜伏草泽、对抗朝廷的大盗代不乏人,甚至有因此而封王封侯者。江湖本身具有的神秘色彩和发生在江湖之上的劫盗案件的传奇性特点自然引起了小说家的兴趣,他们在小说中不时地穿插江湖盗贼活动的情节。在他们的笔下,江湖盗贼不单是被描绘成凶恶和叛逆的反面形象,他们有时也被描绘为古道热肠、侠肝义胆和忠君爱国的草莽英雄,盗亦有道的观念受到宣扬。而在士大夫的传记中,侠盗敬清官的事例也被频频举出,以便用来表现传主居官清廉。

一、明代以前史籍中所载的江湖盗贼

有关江湖盗贼的活动见诸史籍的最早记载,是《左传》。据《左传》昭公二十年所记:"郑国多盗,取人于萑苻之泽。(子)大叔悔之曰:'吾早从夫子,不及此。'兴徒兵以攻萑苻之盗,尽杀之。盗少止。"①又据顾炎武考证:"(圃田泽)又名萑苻之泽。《左传》:盗取人于萑苻之泽是已。"②(按:圃田泽位于今河南中牟县境内,春秋时属于郑国辖地。)此泽在春秋时期是有名的盗贼聚集之区,萑苻原意是芦苇一类的植物,因为《左传》中的这条记载而被后世用作盗贼或盗贼巢穴的代称。除了圃田泽之外,春秋时期,云梦泽也有河湖盗贼活动的踪迹。据《左传》定公四年十一月:"楚子涉睢济江,入于云中。王寝,盗攻之,以戈击王。"③(按:云中即云梦泽中。)伍子胥为报家仇,引吴灭楚,楚昭王仓皇出逃,在云梦泽的小舟上夜寝时遭遇了泽中

---

　① [春秋]左丘明撰,杜预集解:《春秋经传集解》(下册),卷二四,《昭公五》,上海:上海古籍出版社,1997年,第1467页。
　② [清]顾炎武:《肇域志》卷二七。
　③ [春秋]左丘明撰,杜预集解:《春秋经传集解》(下册),卷二七,《昭公五》,上海:上海古籍出版社,1997年,第1629页。

盗贼的袭击。

秦朝末年,天下大乱,亡命之徒也往往窜身于湖泽中,聚众劫掠。如彭越,"字仲,昌邑人也,常渔巨野泽中,为盗。陈胜起,或谓越曰:'豪杰相立叛秦,仲可效之。'越曰:'两龙方斗,且待之。'居岁余,泽间少年相聚百余人,往从越,请仲为长,越谢不愿也。少年强请,乃许。"①彭越原是巨野泽中一个渔夫,在陈胜农民起义的背景下聚众至百余人,在泽中少年的"强请"下起兵反秦。而与彭越同时的英布则是主动率众起兵的。史载:"黥布,六人也,姓英氏。……布以论输骊山。骊山之徒数十万人,布皆与其徒长豪杰交通,乃率其曹耦,亡之江中为盗。陈胜之起也,布乃见番君,其众数千人。"②活动于江中的英布的实力较之彭越更强,有徒属数千人之多。彭越和英布后来都成为西汉王朝的开国功臣,得以裂土封侯。隋朝末年,河北人窦建德最初也曾"亡入高鸡泊为盗",后来扩充势力,称王建元,盛极一时。上述三人都起身于江湖盗贼,趁着乱世的际遇而位至王侯。社会较为安定之际,在江湖间以劫掠为生者也能因为各种机缘而弃盗为官,位至显爵。如《世说新语》载:"戴渊少时,游侠不治行检,尝在江淮间攻掠行旅。陆机赴假还洛,辎重甚盛,渊使少年掠劫。渊在岸上,据胡床指麾左右,皆得其宜。渊既神姿丰颖,虽处鄙事,神气犹异。机于船屋上遥谓之曰:'卿才如此,亦复作劫邪?'渊便泣涕,投剑归机。辞厉非常,机弥重之,定交,作笔荐焉。过江,仕至征西将军。"③戴渊本来是在江淮间作剪径的盗贼,因为受到西晋名士陆机的赏识和推荐,而归依晋朝。这是从盗贼转变为官员的事例。同时,又有虽为朝廷官员,却暗地里做着江湖劫盗勾当的情况。《世说新语》记载:"祖车骑过江时,公私俭薄,无好服玩。王(导)、庾(亮)诸公共就祖,忽见裘袍重叠,珍饰盈列。诸公怪问之,祖曰:'昨夜复南塘一

---

① [东汉]班固撰,陈焕良、曾宪礼标点:《汉书》卷三四,长沙:岳麓书社,2008年,第734~735页。

② [东汉]班固撰,陈焕良、曾宪礼标点:《汉书》卷三四,长沙:岳麓书社,2008年,第736页。

③ [南朝宋]刘义庆著,蒋凡等评注:《世说新语》,《自新第十五》,北京:人民文学出版社,2009年,第758页。

出．'祖于时恒自使健儿鼓行劫钞，在事之人，亦容而不问。"①南塘位于建康秦淮河之南，祖狄可以说是见诸史籍最早的内河水域盗贼的窝主。《晋阳秋》记："狄性通济，不拘小节。又宾从多是桀黠勇士，狄待之皆如子弟。永嘉中，流民以万数，扬土大饥。宾客剽劫，狄辄周全护卫。谈者以此少之，故久不得调。"②祖狄任由下属的宾从门客肆行劫掠，并为他们提供庇护，使官府也不敢过问，这位"击楫中流"的气节之士因此而受到当时及后世人们的诟病。

迨至两宋时期，有关河湖盗贼活动的文献记载就更为多见。北宋立国之初，长江下游一带的盗贼活动就极为猖獗。据李焘《续资治通鉴长编》云："先是，缘江多盗。诏以内殿班杨允恭督江南水运，时因捕寇党。行及临江军，择骁卒，挐轻舟，伺下江贼所止，夜发军出城。三鼓，遇贼百余人，拒敌久之，悉枭其首。"③此则材料所记杨允恭剿盗的事情发生在淳化四年（993年），时当宋太宗在位。又据苏轼《东坡志林》记："幸思顺，金陵老儒也。皇祐中，沽酒江州，人无贤愚，皆喜之。时劫江贼方炽，有一官人舣舟酒垆下，偶与思顺往来相善，思顺以酒十壶饷之。已而被劫于蕲、黄间。群盗饮此酒，惊曰：'此幸秀才酒邪？'官人识其意，即绐之曰：'仆与幸秀才亲旧。'贼相顾，叹曰：'吾侪何为劫幸老所亲哉？'敛所劫还之，且戒曰：'见幸慎勿言。'"④可见宋仁宗时，长江中下游一带的盗贼劫掠仍是频发。这时，也出现了地方居民拦截过往行舟的劫掠行为，如程颢（1032—1085）在做扶沟县令（元丰元年，1078年）时，就惩治了当地焚掠过往行舟的恶少年。⑤南宋初年，江淮地区成为宋金争战的主战场，生灵涂炭，民不聊生，江淮间

---

① ［南朝宋］刘义庆著，蒋凡等评注：《世说新语》，《自新第十五》，北京：人民文学出版社，2009年，第900页。
② ［南朝宋］刘义庆著，蒋凡等评注：《世说新语》，《自新第十五》，北京：人民文学出版社，2009年，第901页。
③ ［宋］李焘：《续资治通鉴长编》（二），卷三四，北京：中华书局，1979年，第761页。
④ ［宋］苏轼：《东坡志林》卷三，《盗不劫幸秀才酒》，载舒大刚、曾枣庄：《三苏全书》（第5册），北京：语文出版社，2001年，第144页。
⑤ ［元］脱脱等：《宋史》，卷四二七，《列传第一百八十六·程颢传》，北京：中华书局，1977年，第12716页。据传："广济、蔡河在县境，濒河恶子无生理，专胁取行舟财货，岁必焚舟十数以立威。颢捕得一人，使引其类，寘宿恶，分地处之，令以挽纤为业，且察为奸者。自是境无焚剽患。"

的盗匪也横行无忌,"时有邵青者,本五丈河舟人,去为盗,剽掠淮、泗间"①。又《安徽金石略》记:"(安徽)宣之凤林有里曰榖池,三江之会,为盗贼出没之所,防稍懈则阖境不安枕。绍兴间,戚方叛,大肆攻剽。"②这是长江中下游及江淮一带的情况。其他如山东的梁山泺、湖南的洞庭湖、江南的太湖,在当时也都是盗匪丛集的渊薮。

　　元朝立国,南方水乡盗贼充斥,肆意劫掠过往商旅的事件时有发生。据《元史》载:"(至元)二十八年,拜(哈剌哈孙)荣禄大夫湖广行省平章政事。台臣言其在宗正决狱平,即去,恐难其继者。帝曰:'湖广之地,朕尝驻跸,非斯人不可。'遂行。时江湖间盗贼出没,剽取商旅货财。哈剌哈孙至则发卒,悉擒诛之。水陆之途始皆无梗。"③也有官员上任途中遭遇盗贼劫杀,如:"元进士黄天衢妻程氏,随夫任新乡。舟遇盗,投夫于水,渔人救起。盗执氏欲污之,不屈死。"④甚至地方官府上缴的饷银在水路运输途中也遭遇劫抢。大德年间(1297—1308年),信州(今属江西上饶市)吏员押运库钞输往江东宣慰司,在经过鄱阳湖时,被湖盗劫掠一空。⑤ 元朝末年,吏治腐败与自然灾害激化了社会矛盾,盗贼活动更是有恃无恐。《元史》有记:"(至正七年,1347年)冬十一月,沿江盗起,剽掠无忌,有司不能禁。两淮运使宋文瓒言:'江阴通泰,江海之门户,而镇江、真州又次之。国初设万户以镇其地,今戍将非人,致贼舰往来无常。'"⑥地方盗贼横行,而守将却懦弱无能,过往商旅行客的生命财产安全得不到任何保障,民人只有依靠自己的力量来抵御盗贼的袭击。如湘潭人顾成,"祖父操舟江淮间,遂居江

---

① [清]傅恒:《御批历代通鉴辑览》卷八四,《盗桑仲据襄阳》,载纪昀等:《文渊阁四库全书·史部·编年类》(第338册),台北:商务印书馆,1986年,第429页。
② [清]赵绍祖:《安徽金石略》卷五,陶炽:《宋东筦成民免调碑记》,载顾廷龙:《续修四库全书·史部》(第912册),上海:上海古籍出版社,2002年。
③ [明]宋濂等:《元史》卷一三六,《列传第二十三》,北京:中华书局,1976年,第3292页。
④ [清]沈葆桢等修,何绍基、汤沂孙撰:(光绪)《重修安徽通志》卷二六九,《人物志·烈女》,载顾廷龙:《续修四库全书·史部》(第654册),上海:上海古籍出版社,2002年,第463页。
⑤ [元]王逢:《梧溪集》卷五,北京:中华书局,1985年,第285页。
⑥ [明]宋濂等:《元史》卷四一,《本纪第四十一·顺帝四》,北京:中华书局,1976年,第879页。

都,为诸贾纪纲。诸顾膂力拳勇,好拳棒。顾成于诸顾中尤武,躯体自刺花纹,曰入水以御龙罔象。元末,客游燕,盗入舟,众皆恐。顾挺身夺斗,盗披靡走。事张士诚,自拨归太祖,为帐下卒"①。然而,像顾成这样饶有勇力,奋起击退盗贼的行客毕竟属于少数。

从以上对江湖盗贼活动情况的简单历史回顾可见,自先秦至元朝末年,每一个时期都有盗贼在内河水域活动的踪迹。总起来看,明代以前江湖盗贼的活动已具备了明清时期江湖盗贼活动的一些基本特点。这些特点是:(1)江湖盗贼的活跃期集中在王朝末年社会治理失序的时段内。如秦朝末年、东汉末年②、两晋之间、隋朝末年、两宋之间、元朝末年、明末清初、清末民初等。(2)江湖盗贼的活动方式主要表现为揭竿树旗、对抗朝廷与藏身草泽、偷窃横抢两种。(3)为饥寒所迫的游民、徒犯、沿岸居民、渔夫、盐枭等,都是江湖盗贼的潜在来源,也有高官显贵充当窝主,参与劫掠。(4)盗贼横行既是社会治安失序的必然后果,而盗贼的活动又使社会秩序陷入了更深的混乱当中。盗贼一般都以获得财物为目标,因而商人成为最大的受害群体。此外,行走江湖的官员、一般百姓也是盗贼劫掠的对象。正因为江湖盗贼的活动踪迹代代有之,所以它与山林盗、响马盗、海盗一并成为明清笔记小说创设情节的重要素材。

二、江湖盗贼活动入于小说创作的事例举隅

最早以文学形象出现在世人面前的江湖盗贼,是唐代李公佐根据真人真事所创作的传奇《谢小娥传》中的申春、申兰兄弟。谢小娥的父亲与丈夫以经商为业,往来江湖之上,被贪财的申春兄弟杀害。谢小娥为报父仇,隐姓埋名,混入申家,借机将申氏兄弟杀死,而官府查抄申家,"获赃收货,数

---

① [明]张岱:《石匮书》(二),卷七六,《靖难勋臣列传》,上海:上海古籍出版社,2008年,第59页。
② 史载:西汉萧育,建平间(公元前6年—前3年),南郡太守。时江中多盗,帝命育曰:"南郡盗贼为害,朕甚忧之。以太守威信素著,故委南郡。"育至郡,盗贼遂息。见班固撰、陈焕良等标点:《汉书》(下册)卷七八,《列传第四十八》,长沙:岳麓书社,2008年,第1227页。

至千万。初,兰、春有党数十,(小娥)暗记其名,悉擒就戮"①。由此可见,江边居民申氏兄弟是职业性的盗贼,所犯盗案不止一起,有盗伙数十人之多,他们通过劫掠舟船聚敛了巨额财富。

明清两朝,中国古典小说迎来了创作的繁荣时期,江湖盗贼的形象更多地展现在小说作品中,出现了以江湖盗贼为创作主题的侠义小说《水浒传》。②在其他的小说中,也塑造了一批江湖习气浓厚、惯于邀截水路的江洋大盗,如《后水浒传》中的李俊,《绿牡丹》中的鲍自安,《施公案》中的李配,《说岳全传》中的杨虎、杨幺,《儿女英雄传》中的海马周三等。这些江洋大盗的最终命运,不外乎是两种结局,其一是被招安,其二是被围剿歼灭。无论是招安还是歼剿,江湖盗贼的出场及结局,无不是为了突出小说主人公的忠义、睿智及巨大的人格感召魅力。忠义见之于《水浒传》以宋江为首的众好汉,睿智见之于《说岳全传》中之岳飞,巨大的人格感召魅力见之于《施公案》中之施世纶。而主要人物施加于盗贼的恩义在感化或收服盗贼方面的作用是不可或缺的,如施世纶在落马湖陷于水盗的手中,恰好水寨大总管张才曾经受恩于施公,并且知恩图报,最终使自忖必死的施公有惊无险。③又如在戏剧《南楼记》中,水盗梁豹一登场便自报家门:"稳坐江边不靠天,船泊扬州柳塘湾。官商遇俺难逃命,抢劫金银好喜欢。"他自称因打劫皇家贡品而被官兵拿获,幸亏唐老宰相活他性命。在接下来的戏中,遭遇梁豹打劫的正是唐老宰相之子唐云卿,路逢恩主,盗贼自然甘拜下风。④

这种主人公与盗贼之间的恩义关系往往是主人公能够逢凶化吉的必

---

① [唐]李公佐:《谢小娥传》,见李剑国:《唐宋传奇品读辞典》,北京:新世界出版社,2007年,第288页。

② 在《水浒传》中,真正曾以江湖劫掠为生的只有张横、张顺兄弟。

③ [清]佚名:《施公案》(下册),银川:宁夏人民出版社,1993年,第207~208页。在戏剧《落马湖》中,水寨大总管被改名为李大成,他原是来往于淮扬间的布商,经商途中被盗劫,时任江都县令施世纶帮他追还了货物。后来,在又一次经商途中,李大成遭落马湖水寇李佩(《施公案》作李配)抢劫,因系同姓,被李佩认作子侄,在落马湖水寨中任庶务。见"中央研究院"历史语言研究所等:《俗文学丛刊》(第1辑第3册),台北:新文丰出版有限公司,2001年,第274页。

④ 川剧传统剧本汇编编辑室:《川剧传统剧本汇编》(第18集),成都:四川人民出版社,1959年,第17页。

要条件。在实际生活中,又有另外一种牵涉了江湖劫掠的恩义关系。据张萱《西园见闻录》载,万历壬午(1582年)冬,一位徽商坐船经过九江时,看到江岸边上站立十数人,遭遇盗贼劫去舟船财物,皆裸体号泣,其中有进京赴试的举子七人。该徽商热心地周济了他们衣服和路费,不问姓名而去。后来,有六人于是科高中进士,"相誓平生必报贾者"。待他们找到商人时,徽商却因资财荡尽而沦为奴仆。六人厚赠徽商,"贾遂大富,仍归于徽"①。在其后问世的小说《醉醒石》中就完全采纳了这一情节,只是地点转换成了吴江县五龙港,七个举人更被设计为三个福建举人,删去了商人沦为奴隶一事。② 在明清时代,士子乘船赴考途中遭遇盗贼劫掠的情况并不鲜见。如果说张萱在《西园见闻录》中记录下徽商施恩不图报而终得厚报的行为有着明显的劝人行善的说教意味,那么在小说《醉醒石》中,作者刻意描绘落难士子在做官后的知恩求报却是意在突出商人浦肫夫施恩不求报的高尚品格。③

由此也可见,小说中有关江湖舟劫的情节虽然采自士大夫文集中的真人真事,但是小说作者为了表达自己一定的善恶理念,又对真实材料做出了文学的加工。有时候,这种文学加工甚至离开真实情况很远。如《水浒传》叙述了以宋江为首的108个好汉聚义梁山泊,杀富济贫,最后又接受朝廷招安,匡时济世的英雄故事。但是,据清代学者考证,宋江等36人并没有占据过梁山泊。④ 近代学者余嘉锡也撰文指出:"《宋史》之记宋江,只云淮南盗,云起于河朔,云横行于齐魏,未尝言其据梁山泺。梁山之说,始于

---

① [明]张萱:《西园见闻录》卷一六,载顾廷龙:《续修四库全书·子部》(第1168册),上海:上海古籍出版社,2002年,第438页。
② [明]东鲁古狂生编,秋谷标校:《醉醒石》第十回,上海:上海古籍出版社,1992年,第85~91页。
③ 商人资助落难士人,士人后来谋得官职,又大有裨益于商人的经商事业,这是明清小说创作中有关商人主题的一个情节设计脉络。在高阳先生的小说《胡雪岩传》中,以钱庄小伙计胡雪岩资助落魄士人王有龄为楔子,叙述了他因此获得官场的靠山,开始了个人事业的成功生涯。此种创作模式似本于《西园见闻录》及小说《醉醒石》。
④ [清]袁枚:《随园随笔》卷一八,《辨讹类·梁山泊之讹》,载《袁枚全集》(五),南京:江苏古籍出版社,1993年,第314~315页。

《宣和遗事》。疑《遗事》因梁山泺为盗贼渊薮,从而附会之。"①在北宋与南宋之交,梁山泺盗贼丛生的记载屡屡载于史籍②,甚至到了明初,梁山泺一带仍是有水盗的活动③。余嘉锡认为将宋江盗伙活动的区域放置在梁山泺,是出自于《遗事》作者的附会,这个论断是合乎情理的。这也可以看出,文学作品的素材既来自于社会生活,又不能完全脱离社会生活。无论小说作者在具体情节设计上做出怎样的杜撰,但是有关江湖盗贼的活动,总是依据一定的史实,总是反映了作者对当时社会某类现象的关注或对某些问题的看法,而不是向壁虚构的空言。④

三、侠盗敬清官:江湖盗贼与清官形象塑造

明清时代,以清官断案为主题的小说高度繁荣,出现了一批旨在赞扬清官为民申冤的公案小说。然而,据当代学者的看法,中国历史上有名有姓并且货真价实的清官,不过几十位。⑤ 而与极少数的清官相比,贪官和瘟官一般占据了绝大多数。⑥ 清官故事的大量创作并且广受欢迎,实际上反映了一般民众"试图通过对清官的企盼、幻想、艺术张扬等神化方式,以

---

① 余嘉锡:《〈水浒传〉宋江平方腊考》,《清华周刊》1932年第9~10期。
② 《宋史》卷三五二,《许几传》,卷三五六,《任谅传》;刘延世:《孙公谈圃》卷下;李心传:《建炎以来系年要录》卷二八,建炎三年(1129年)九月,卷三三,建炎四年(1130年)五月。
③ [清]陈田:《明诗纪事》(一),《甲篇》卷六,上海:上海古籍出版社1993年,第140页。记曰:"明洪武初,胡翰过梁山泺诗:'洸河带泺水,百里无原隰。蒹葭参差交,舟楫窃窕入。'又云:'往时冠带地,孰踵崔符习。肆噬剧跳梁,潜谋固坏蛰。'是明初犹有水盗也。"又在明末,"(崇祯)十四年夏……漕运大盗李青山众数万据梁山泺,遣其党分据韩庄、八闸,运道为梗"。见万斯同:《明史》(七),卷三六七,《列传第二百一十八·张国维传》,第491页。
④ 又如《说岳全传》中岳飞平太湖水寇杨虎一节,史籍上并没有记载这件事,也没有杨虎其人。但是据台湾学者张火庆的研究认为,《说岳》中的太湖水寇,实际上就是建炎初娆扰掠于太湖区域的郭吉。见张火庆:《〈说岳全传〉研究》,台北:花木兰文化出版社,2007年,第57页。这些创作于明清时代的小说,素材虽然取自宋代,但是明清时代频发的江湖盗贼劫掠事件对他们的灵感发生与情节设计也不无影响。
⑤ 王春瑜:《论清官——读史札记》,《中国社会科学院研究生院学报》2006年第4期,第115页。
⑥ 王曾瑜:《"清官"考辨》,《河北学刊》2008年第2期,第64页。

使自己得以在心理上勉强抗衡周围无处不在的黑暗与腐败"①。总而言之,正因为现实中缺少清官,才催生了民众对清官文化的追求和清官形象的塑造。在众多有关清官形象的塑造手段中,侠盗敬清官是被较多使用的表现手法。官借盗的尊敬而显出清官的本色,盗借敬官之举而赢得侠盗的美名。以下试举明清士大夫文集中官员路遇河湖盗贼的事例对此问题言之一二。

毕良于万历二十三年(1595年)考中进士后,被授命为江西万载县县令。他在万载令任上居官清廉,施行多项便民利民的惠政,赢得了民心,也赢得了盗贼的尊重。"先是,家属过高安,实盗贼渊薮。盗掠舟次,知为万载令家属,乃曰:'此廉吏也。'一笈而去。"②又如清代汪铨,字晋揆,乾隆七年(1742年)补授山东德州卫守备,"及致仕,自卿士大夫、农工商贾暨满汉营伍皆焚香执酒泣送之。归舟泊运河,夜有盗,舟妇惊呼曰:'此无物可劫,但送汪某舟归耳。'盗曰:'汪某我素知,所谓清官者,忍相劫耶?'遂太息而去"③。又如清代道光年间江西地方官桂超万自述:"归装在漳河遇盗。盗云:'清官不可犯,且无银。'还之。"④诸如此类的有关盗敬清官的记载都有一个共同特点,即对官员在任时如何清廉语焉不详,而是通过盗贼之口来进行侧面烘托。究其原因,一则在河湖上行劫的盗贼多数都是当地人,对于本地官员居官是否清廉在平时应当知之甚明;二则在传统的视野中,盗贼一般都是穷凶极恶之人,连盗贼都承认官员清廉而加以尊重,该官员的清廉自然就具有无可置疑的说服力。对于盗贼多系本地人,另有一则材料可以佐证。元朝1307年,浙东大饥,其中兰溪县最为严重,时任浙东道宣慰副使程相劝赈发廪,移粟接济,不遗余力。"后舟道萧山治,夜有群盗噪

---

① 王毅:《明代通俗小说中的清官故事的兴盛及其文化意义》,《文学遗产》2000年第5期,第67页。
② [明]张岱:《石匮书》(三),卷一九七,《循吏列传》,上海:上海古籍出版社,2008年,第40页。
③ [清]陈栻等:《上元县志》卷一五,《仕绩》,道光四年(1824年)刊本,台北:成文出版社,1983年,第1173页。
④ [清]桂超万:《养浩斋诗稿》续稿卷二,《忆昔杂诗》之第十八首作者小注,顾廷龙:《续修四库全书·集部》(第1510册),上海:上海古籍出版社,2002年,第72页。

而来。舟人举烛,盗见公,惊曰:'是固萧、豁州判,尝移粟以活我者邪!'即弃去。"①此则材料中的盗贼就是当地因为饥荒而为盗者。至于为何常用盗贼来表现官员的清廉,除了盗贼的特殊身份具有异乎寻常的说服力之外,明朝士大夫程文德还注意到了这样做在劝世方面的意义:"始公之廉也,民知之,今则盗亦知之矣。夫民之知不足以劝人,而盗知之乃足以为人劝,何也?向使公盗民而富,则今日亦不免。是徒为盗积也。今贪渔之吏能保其免于盗耶?不能免于盗,而终日营营以务盗民,是将悔其病狂丧心之不暇,而民生有瘳矣。故曰:'为世道喜也。'作诗三首贺公,且以警世云。"②程文德认为盗贼敬清官的宣传对于贪官有着警戒和劝勉的作用。

与盗贼敬清官被士大夫和一般百姓津津乐道形成对照的是,贪官行舟被劫却是他们拍手称快的好事。嘉靖间士人顾梦圭《淮徐道中,闻盗掠墨吏舟》一诗记述了一位贪官携带万金在乘船途中被盗贼劫掠一空的事情,顾氏痛斥贪官道:"民财与民力,为尔两涠陨。"他因此认为贪官遭遇盗贼劫掠是罪有应得:"彼鼠安足诛,赖尔豁所愤。"③在中国历史上,贪官污吏层出不穷,屡禁难绝。一般的百姓和士大夫在对官场黑暗和墨吏贪狠无忌没有其他办法时,既通过宣扬盗贼敬清官,为社会树立做官的典范,又通过描绘贪官容易被盗贼盯上及遭劫后下场之凄惨,使贪官畏惧警惕而有所收敛。这大概是盗贼敬清官故事的社会意义所在。所以,有些官员很明白其中的道理,既洁身自好,出行时又尽量少带贵重财物。如1588年,余继登因为公事前往开封。在回途中,仆人告诉他黄河沿岸盗贼很多,夜晚不能泊舟,余继登说:"盗者,不过利人财耳。予一介行李,原非宦□。在汴才两

---

① [明]程敏政:《新安文献志》卷八六,杨刚中:《元中宪大夫浙东道宣慰副使程公相墓志铭》,合肥:黄山书社,2004年,第2089页。

② [明]程文德:《程文恭公遗稿》卷三一,《闻玉溪丈遇盗》(三首),载《四库全书存目丛书》(第4辑第90册),济南:齐鲁书社,1997年,第395~396页。按:玉溪丈,事迹不详,据序言可知他曾担任高州的地方官,赢得当地民人爱戴。离任归舟途中遇盗,"盗未尝敢犯公,而舟则如磐石矣"。该诗第三首云:"昔日空囊元自喜,今日无囊定不愁。污吏营营为盗积,请看掉臂石高州。"

③ [明]顾梦圭:《疣赘录》卷六,载《四库全书存目丛书》(第4辑第83册),济南:齐鲁书社,1997年,第116页。

日,又馈遗无所受,彼中役人当自知之,奚虞盗为?"①而盗贼对于那些身无一财的官员也是避而远之,如明末河北获鹿县人王家相,曾任安徽池州知府,"比买舟归时,遇群盗劫附近船。见王船,则争摇手曰:'此船知无他物,不必惊也。'"②

学者一般认为,清官故事与清官戏广受欢迎的原因,在于它表达了民间对于现实中官场黑暗的不满和期待着清官出现、吏治澄清的理想。从以上关于侠盗敬清官的探讨中,我们可以看到:(1)官员的清廉并一定要广为天下人知道,或者其为人事迹载入正史,才可以称为清官。如果这样算起来,那中国历代的清官确如王春瑜所言,翻完一部二十四史,只有几十位,实在是太少了。实际上,在中国历代庞大的地方官群体中,居官清廉、广施惠政的州县官员不在少数,他们的事迹因为只局限于某一处狭小的地域,而不为人所关注,或不为正史所载,而至于湮没无闻。由此而言,我们对于中国历史上的清官群体,不能做过于保守的估计。(2)清官故事与清官戏在明清时代的流行,固然说明了此类故事在民间的广受欢迎,表达了普通百姓期待吏治澄清的理想。但是,我们还应当注意到,清官故事与清官戏的创作者毕竟是深受儒家思想熏陶的士大夫阶层。他们对于清官的宣扬,更有劝勉清廉、震惕贪墨的道德教化意味。

四、盗亦有道

盗贼既然是以烧杀劫抢来谋取不义之财为生存手段的一个破坏性极强的社会群体,那么在一般人的眼中,他们自然是毫无道德信义可言的。然而,早在两千余年前,庄子就借战国大盗跖与其弟子之间的对话提出了一个问题"盗亦有道乎"③,并提出了入先、出后、分均等五项原则作为盗亦有道的标准。此后,盗亦有道的话题一再地被提起讨论。光绪《华容县志》的作者根据历史事迹,将盗亦有道归结为知孝、知忠、知圣贤、知文章、有恻

---

① [明]余继登:《淡然轩集》卷五,《杂著》,《金龙四大王灵应记》,载纪昀等:《文渊阁四库全书·集部·别集类》(第1291册),台北:商务印书馆,1986年,第863页。
② [明]叶廷秀辑:《诗谭》(下),卷七,《胡文德》,台北:广文书局,1973年,第530~531页。
③ [清]郭庆藩辑,王孝鱼整理:《庄子集释》卷四中,《外篇·胠箧第十》,北京:中华书局,1961年,第346页。

隐之心、有辞让之心、有是非之心、有羞恶之心八个类别。① 本书根据明清时代江湖盗贼在面对被劫对象时表现出来的某种侠义行为，将"盗亦有道"界分为以下五类。

（一）重贤者

所谓贤者，是指为人忠诚宽厚，仁慈友爱。居官知爱民，在家睦亲族，学问优长，道德高尚的人。如明代的杜伟，专注于圣贤学问，做官爱民，居家孝悌。当时大儒"江西罗洪先闻其贤，聘为子弟师"。就是这样一位贤人，有一次，"渡鄱阳湖，有盗入其舟。端坐不动，盗询知为伟，骇曰：'此即江南小圣人耶？'伟因劝谕，罗拜而去"②。在盗贼见到杜伟后始而惊骇继而罗拜的举动中，我们看到了杜伟"贤"的名声很大，又可以感受到这个盗贼对贤者的尊重见于举止，溢于言表。

（二）尊孝子

孝是中华民族的传统美德。中国古代的地方志和名人文集中有关孝子的事迹记载很多，在这些记载中，作者往往刻意地渲染盗对孝子的庇护和尊重，以突出孝的感染力。如光绪《重修安徽通志》记载："许一纯，歙县庠生。父久不归，寻访数年，始遇于齐。夜半，盗登舟，仓猝失父。一纯持盗裾索父曰：'我今日始见父，复又失之。何以生为？'盗为遍索舟中，得于舵后，并归其衣囊。"又同书卷二三五记："周家禄，太湖人。年十二随父之

---

① ［清］孙炳煜等修、张钊等纂：《华容县志》卷一五，台北：成文出版社，1975年，第396~397页。原文是："盗之相忍，非其性，实然也。彭修庇父而挥去，刘平奉母而免烹，盗也而知孝；张浚西夏行刺不死魏公，梁王剑客不忍袁盎，盗也而知忠；黄巾闻郑元而下拜，孙狼望胡昭而远徙，盗也而知圣贤；张融作洛生咏，獠贼义之。李涉诗云：'暮雨潇潇江上村，绿林豪客夜知闻。他时不用藏名姓，世上如今半是君。'沈文卿诗云：'风寒月夜黑迢迢，辜负君来走一遭。只有破书三两束，也堪携去教尔曹。'二寇闻之大笑去。盗也而知文章；赖禄孙含睡呓母，盗骇叹不忍害，盗有恻隐之心；盗不收犯郑使君之钱，盗有辞让之心；汉孙举不入韩韶之境，明赵风子以马文昇在围，引而去之，盗有是非之心；盗牛者刑戮是甘，惟畏王彦方知，盗有羞恶之心。苏东坡谓：世间无人不是好人，何人不有良心？何人不可圣贤？放下屠刀，立地成佛。为忍人者知所变计哉。"

② ［清］万斯同：《明史》卷三八五，《儒林传三》（第8册），上海：上海古籍出版社，2008年，第123页。

鄱阳,遇盗,索金不得,欲杀其父。家禄抱哭求代,盗怜其幼,得释。"①这两人遭遇的盗贼都为孝子的孝行所感动,不但归还行李,保留性命,在许一纯的事例中,盗贼甚至还帮助孝子一起寻找躲藏起来的父亲。然而,我们还应该看到,虽然盗贼在遭遇孝子时,表现出了怜悯和恻隐之心。但是,孝子甘心代为父死的举动却是盗贼的劫掠行为所引起的。并且,盗贼在崇孝的同时,却大开杀戒,对于其他舟行客人的生命没有丝毫的尊重和怜恤。如明代万历年间,闽县人高均扶送母亲的棺椁回乡,"舟次白塔河,盗劫邻船,杀掠甚惨。知均为孝子,遂不忍犯而去"。又如洪武初年处士杜演,性至孝,"一日,以母命客游东吴,赍装颇盛。江行,次梅子洲,遇盗持白刃索财物,暴甚。舟中人稍顾吝弗与,或与之未尽,辄杀之如刈草菅。处士恬不为怖,徐曰:'财物非吾所惜也,第为君丐余生,归养老母。'盗异之,取其货而犹遗以衣一箧,米数斗。一时同舟四十二人,皆被害,而处士独全。人以为诚孝所感"②。我们很难对以上两个事例中盗贼的行为做出盗亦有道的评价,盗贼在庇护和顾全孝子的同时,却对其他人大肆杀戮,凶恶的本性显露无遗。这也从一个方面说明了所谓"盗亦有道"中盗贼的道德是有其局限性的。

(三)怜商贾

商人出行,一般都携带数目较多的银钱财物。盗贼也往往把劫掠对象的重点放在商人身上,商人成为明清时期行走江湖的各个群体受害最为严重的一个群体。但是,并非没有例外。有时,商人也能遇到有怜悯心的盗贼,并且因此而交上好运。如清代湖南商人任某,借亲戚的钱除经商外,"甫出境,遭盗劫,欲投水。盗怜而止之,以所掠漆百余桶授焉。任舁至舟,桶底有渗漏者,倾视之,内藏金十数饼,启他桶皆然。载归,舅不受。自是攸往咸利,阅数载,财雄一郡矣"③。落魄商人任某经商途中遇到盗贼,获

---

① [清]沈葆桢等修,何绍基、汤沂孙撰:(光绪)《重修安徽通志》卷二三六、卷二三五,载顾廷龙:《续修四库全书·史部》(第654册),上海:上海古籍出版社,2002年,第138、125页。

② [明]王偁:《思轩文集》卷一七,《墓表·梅庵杜处士墓表》,载顾廷龙:《续修四库全书·集部》(第1329册),上海:上海古籍出版社,2002年,第600页。

③ [清]王椷:《秋灯丛话》卷一六,载顾廷龙:《续修四库全书·子部·小说家类》(第1269册),上海:上海古籍出版社,2002年,第594页。

得盗贼赠予的漆百桶而意外大发横财。总体来看,在明清时代,盗贼怜悯商人的情况极为少见。①

(四)知报恩

有恩必报是中国古代江湖侠客恪守的重要行为准则。这种品格在江湖盗贼身上,也有所表现。据明代顾起元《客座赘语》卷六载:"金白屿山人鸾尝渡江。同舟一人无渡钱,且有饥色。金怜而为代给,且饮食之。后数年,往真州,过驿门。一人呼金,乃前同舟者也,以事问徒,银铛系驿中。金问所以,其人泣而曰:'得银十二铢即脱械矣。'金如数与之。后二年,金于湖广江中遇盗。(盗)登其舟,已肱篋矣,忽一人从后遽呼曰:'此非金先生也邪?'金应曰:'是也。'其人急从舟跃而过,执其手,痛哭告其侣曰:'此吾大恩人,何以劫之!'亟裒己囊,得银十三两,腊肉数十肪赠金。金临别语其人曰:'汝良家子也,不宜久为绿林伉,今曷且休矣。'其人复垂泣而别。"这是一则让人读后为之酸鼻掬泪的故事。一个普通的民人,因为生活所迫一步步地沦为盗贼。他的命运着实让人牵系于心,他知恩图报的行为又使人忘记其盗贼身份而不吝赞誉之辞,正如顾起元在文末所论:"嗟乎!世有生平受人恩,临事而反面且下石焉者,比比然也。使此盗闻之,其不以为非人也与哉?"②需要注意的是,明清知识者记录盗贼知恩图报的事迹,并不是要表彰盗贼的道德之举。他们的意图在于借此告诫士人应具有怜悯之心,多行善举,将来必定会善有善报。如清代笔记《咫闻录》中记载了一个姓盛的地主,因为体恤佃户而在遇盗时受到了盗贼的庇护,笔记的编撰者因而

---

① 还有一个事例,叙述明代徽商与弟弟一起出外贩卖米谷,舟行途中遭遇盗贼。盗贼捆缚兄弟二人,将要加害。兄弟二人争着先死,恳求盗贼留下兄(弟)的姓名以赡养家中的老母亲。正当盗贼犹豫不决的时候,湖面风浪大起,盗贼惊慌逃遁。有一个盗贼临逃走时,还对受伤的哥哥说,把纸捣碎,敷在伤处,可以止血。见[明]李梦阳:《空同集》卷五八,《鲍允亨传》,上海:上海古籍出版社,1991年,第529页。

② [明]顾起元:《客座赘语》卷六,《金白屿》,载《明代笔记小说大观》,上海:上海古籍出版社,2005年,第1328~1329页。

评论道:"由是而知,天之生人也,具有天良;而人之在世也,当行厚道。"① 这种意在劝诫的记录和告白,有助于我们加深对盗亦有道的社会成因及明清社会知识群体对"盗亦有道"之看法的理解和认识。

(五)辨清浊

盗贼在内河江湖上遇到清官,往往避而远去,而对于贪官,则视为肥肉,劫之唯恐不及,具体情形已如上述。这反映了盗贼对于官员的清浊具有一定的辨别能力。在清代小说《绿牡丹》中,江湖大盗鲍自安被狄仁杰逮住后供称,他自二十岁流落江湖,纵横四十二年,所杀来往客商与过路官员不计其数。他又说自己之所以去做盗贼,是因为奸臣当道,不得不埋没自己的才能,无从报效。而他在选择劫杀对象时,也有自己的原则:"凡遇公平商贾、忠良仕宦,从未敢丝毫惊恐。而小人所斩杀者,皆张、栾、王、薛等党中之人耳!"②诛杀奸臣、肃清政治的作为,出自一个江湖盗贼的行事,很有些不合实际,小说作者显然对江湖盗贼鲍自安在思想境界方面给予了过高的描绘,因而不符合鲍自安的盗贼身份。这是作者在人物刻画上的一个败笔。但是,我们从上文的讨论中又可以看出,择忠奸、清浊而劫杀的情况,在江湖盗贼的劫掠活动中,又确实是存在的。

台湾学者吴智和认为:"明代江湖盗之横行,表示明代社会组织功能的涣散,地方官治安之不善,民生经济结构之不良。追本溯源皆由政治风气之窳败,有以促成风俗之刁蹬难治及经济之浮动不安。"③吴智和认为政治风气的败坏是江湖盗贼横行的根源所在。根据本书的研究,江湖盗贼的活动自春秋时期早已有之,而于王朝鼎革的时候最为活跃,这说明政治动荡确实给盗贼逃入江河湖泊中肆行劫掠提供了机会。但是,通过本书的研究

---

① [清]慵讷居士:《咫闻录》卷九,《秀水盛生》,载顾廷龙:《续修四库全书·子部·小说家类》(第1270册),上海:上海古籍出版社,2002年,第831页。原文为:"盛又常收田租,非惟不加以刻,且见有难者则免之。盛将往山东,夜舣舟江口,有盗爇火破扉入。盛方寝,自衾中探首出视。盗视为盛,即摇手止众勿入曰:'不知君在此,是以冒犯。某虽不仁,不敢惊扰长者。'掉头而去。盛急问曰:'子何人斯,而认我也?'其人在舱外应曰:'收租如君,贫农可无虑饥矣。'盖盗之中有佃田者。一舟数客赖之以安。"

② [清]佚名著,文岂几标点:《绿牡丹》第五十八回,上海:上海古籍出版社,1993年,第213页。

③ 吴智和:《明代的江湖盗》,《明史研究专刊》(第1期),台北:大立出版社,1982年,第130页。

也可以看到,即使在社会较为安定的时期,各地江湖劫案的发生频率仍然很高,如雍正初年的太湖水域,康熙二三十年间的广东内河水域、万历前期的长江中下游一带。而这些地区无一例外都是商人往来经商的交通要道,从商人是最主要的受劫掠对象这一事实来看,明代中后期以来商业的发展所引发的交通孔道上犯罪案件的上升是明清社会一个值得关注的现象。饥民、政治腐败、官府对流动空间社会控制的薄弱乃至吏役汛兵的普遍渎职枉法,都是江湖犯罪屡禁不绝的原因。

官绅作为明清社会的上层阶级,处于强势的地位。但是,在江湖中遭遇盗贼时,他们却表现了弱者的一面,或逃遁,或殒命,吟风弄月的风雅一变而为投水跳岸的慌张。在一些士大夫看来,遭遇盗贼这件事本身又与个人的经历和人生抱负联系到了一起,并借此发出感时伤世的慨叹之音。

从另一角度来看,江湖盗贼的活动是明清社会颇为重要的一个社会问题。一些士大夫把它融入小说和戏剧的创作当中,塑造了一批个性突出的江湖大盗形象。同时,作者创造出这些江湖大盗,无一例外都具有很强的训世和教化的意味,这也反映在有关盗亦有道的盗贼事迹记载和评论中。这使明清文学作品中的江湖盗贼形象在真实地反映明清社会实况的同时又具有不切实际和形象过于单一呆板的弊病。

第四章 晚明至清前期太湖流域的盗贼与地域社会

明清时期,太湖流域是中国经济最为发达的地区之一。它"北滨长江,南临钱塘江,东接东海,西以茅山、天目山为界",整个地域内山少水多。而其核心区域太湖又是中国第三大淡水湖,是官船商艘南下北上的重要通道。独特的自然环境和交通优势既是经济发展的重要推力,却也是滋生盗贼劫掠活动的温床。通过弭盗以加强对太湖及其周边水域的控制是明清官府实施地方行政的要务。冯贤亮在对明清江南水乡嘉善县的个案考察中认为,明清官府对太湖中心水体的控制能力几乎等于零,而在太湖周边地区湖县疆界交错地带则存在着控制薄弱地带。① 刘平在对清末民初的太湖盗所做的研究中认为:太湖在清末民初成为匪区,既受地理与人口流动等因素的影响,更与当时动荡的社会形势有密切的关系,特别是在严重的社会危机下,传统的政治与法律控制手段的失效使太湖匪患愈演愈烈,难以根绝。②

有关明清时期太湖地区的文献资料和当代学者的相关研究使太湖多盗成为古今共识。但是,这样的认识仍有偏颇之处。在王朝鼎革、社会失序的时候,太湖地区往往匪祸严重,如元末明初、明末清初、清末民初等时期,这时官府对太湖水域空间基本上是失去控制权力的;而在明清王朝的大多数时候,太湖地区盗案发生率虽然较其他省份为多,但是社会秩序基本上处于官府的有效控制之下。太湖盗贼在明清时期特别是晚明至清前期的活动给地域社会造成了怎样的影响,地方官府对于盗贼活动又是怎样

---

① 冯贤亮:《明清江南地区的环境变动与社会控制》,上海:上海人民出版社,2002年,第359页。
② 刘平:《清末民初的太湖匪民》,《近代史研究》1992年第1期,第47～67页。

应对的,这些问题前人论述既少,而实在又有进一步探讨的必要。故本章即以晚明至清前期太湖盗贼活动及其对地域社会的影响为中心分别述之。

第一节　江南地方官员和士绅对太湖水乡多盗的认识

太湖及其周边水域上的盗贼劫掠活动在明代以前就已经颇受官府瞩目,早在北宋元祐八年(1093 年)两浙转运提刑司上奏朝廷的一则奏疏中就称太湖盗贼"风波之内,肆为剽掠"①。迨至南宋隆兴二年(1164 年),范成大记云:"所谓至和塘者,是姑苏道也。异时舟行,财一长亭辄胶,则折入其旁湖泖,以达于郡,盗区荒寒亡以卫,不然,遇祸不可胜计。"②至和塘,又名致和塘,位于太湖以东偏北,常熟县城南方向,即明清时期运河流经的地方。在范成大看来,这里属于湖泖密布的盗区,乘舟出行易遭盗贼行劫。明代的地方官亦云:"常熟旧称苏州北门。东、西、北三面濒江海,水寇易以冲突。惟南面与郡城接迹,可无震惊,而东西两湖又夹于致和塘之傍,分洲散渚,野寇多所窜伏。"③虽然常熟县南接苏州府城,不会像东、西、北三面那样容易受到江海大盗的侵扰,但是因为"分洲散渚"的地理环境而使"野寇多所窜伏",所以邵圭建议常熟县应该修筑城池以备御盗贼。

一、明清士绅记录太湖多盗

明代瞿九思在其撰写于万历中后期的《万历武功录》一书中云:"太湖,故震泽之水,跨苏、常、湖三大郡,廖邈八百里而远。港溇纵横,芦苇蓊翳,湖盗往往窥秋冬之隙,相扇而起。"④瞿九思认为太湖地区的港汊繁多、芦苇丛生为盗贼活动提供了一个有利的环境,而饥荒则是盗贼生发的诱因,

---

① [清]李铭皖等修,冯桂芬等纂:《苏州府志》卷二一,《公署·移置甪头巡检状》,光绪九年(1883 年)刊本。

② [宋]范成大:《昆山县新开塘浦记》,载孔凡礼辑:《范成大佚著辑存》,北京:中华书局,1983 年,第 150 页。

③ [清]李铭皖等修,冯桂芬等纂:《苏州府志》卷四,《城池·邵圭筑城议》,光绪九年(1883 年)刊本。

④ [明]瞿九思:《足本万历武功录》卷二,台北:艺文印书馆,1980 年,第 137 页。

他所记述的万历十六年的太湖殷应采盗案即是在地方发生饥荒,又趁着夏季涨水之机群起为盗的。明末茅元仪亦称:"言天下之险者,未有及湖也。然《禹贡》曰:'震泽底定',其来旧矣。昔之不定以洪水,今之不定以盗贼。"①震泽镇是太湖东南面的一个有名的市镇,早在洪武年间,因其地"西连苕、霅,东接吴淞,南临檇李,北枕太湖,无知之徒啸聚出没"②,明朝廷在此地设立了巡检司以行弹压。后来至清朝乾隆年间,士大夫犹云:"(震泽)滨太湖,盗贼出入之薮。"③韩世琦于康熙元年任江宁巡抚,在任期间厉行捕盗,他认为江南苏州、松江等地方湖泖众多,容易潜藏匪类,他说:"松江地滨湖泖,萑苻易于啸聚"④,"松江一府地处湖泖,水乡盗贼最易窃发"⑤。因此,在苏、松水乡这些多盗的地区,巡船是必不可少的:"题为军务事,顺治十八年十二月十六日准工部咨前事,内开都水清吏司案呈奉本部送工科抄出该本部覆江宁巡抚朱题前事等因,顺治十八年九月二十二日题,十月十三日奉旨:该部议奏,钦此。钦遵于十月十四日抄出到部,该臣看得江宁巡抚朱疏称,苏、松滨临泖、淀,盗贼不时窃发,官兵擒剿必须快艇……该臣看得苏、松地称泽国,萑苻窃发堪虞,搜逻剿捕非舟楫无以施功。"⑥韩世琦和前任巡抚在对待水乡多盗因而必须倚重巡船严控水域空间的问题上是有共识的,所以他们都主张应该扩增巡船数量。

康熙十二年(1673年)六月,李之芳被授予浙江总督。十三年(1674年),耿精忠响应吴三桂,反福建,并意图进攻浙江⑦,浙江地方也因为"邻

---

① [明]茅元仪:《武备志》卷二二二,台北:华世出版社,1984年,第9511页。
② 李铭皖等修,冯桂芬等纂:《苏州府志》卷二一,《公署·重建震泽司碑记》,光绪九年(1883年)刊本。
③ [清]谢启昆:《树经堂文集》卷二,第289~290页。又袁枚记云:"震当太湖之浸,邻浙省归安,往往盗发,倚交界处为逋薮。"见袁枚著、周本淳点校:《小仓山房诗文集》,《文集》卷五,《凤阳府同知高君墓志铭》,上海:上海古籍出版社,1988年,第1285页。
④ [清]韩世琦:《抚吴疏草》卷四六,《四库未收书辑刊》(第8册),北京:北京出版社,2000年,第233~234页。
⑤ [清]韩世琦:《抚吴疏草》卷五二,第506页。
⑥ [清]韩世琦:《抚吴疏草》卷一,第325页。
⑦ 王钟翰点校:《清史列传》卷六,北京:中华书局,1987年,第420页。

封震警,而不逞之徒乘机窃发,以致百姓张皇"①。李之芳一方面备御耿精忠势力的北侵浙江,一方面采取种种措施消弭浙江,特别是杭嘉湖等浙西水乡区域的盗贼活动。他说:"浙省为海疆重地,杭嘉湖尤为剧郡冲繁。外防海寇侵边,内慎萑苻啸聚,必须有备始可无患。况迩来逆氛多警,愚民惶惑,保无饥寒不轨之徒结联酿害,则思患预防,正当绸缪早计。……其余嘉、秀各县以及杭、湖二府属或支港濚纡错杂,或地当南北通衢,如太湖巨浸,夙称盗薮。"②他对太湖及其周边区域的多水环境,以及在此环境影响下的盗贼多发问题印象深刻。他在奏疏中多次提到了水乡泽国、港汊纷立与盗贼易聚之间的关系,如云:"太湖巨浸,环绕江浙。其间支港错杂,盗贼易聚……"③又云:"湖郡水乡泽国,支港错杂,期间萑苻易聚,在在自宜严防,而惟长兴为最要。"④长兴隶归浙江湖州府,与江苏临界,位于太湖岸边,万历十六年太湖盗贼殷应采团伙的大部分成员都是长兴人。"今所收捕殷应采等大半多湖州长兴人,然则旁近诸郡,岂不岌岌乎?有戒心哉!"⑤瞿九思的谆谆告诫数十年后又被李之芳旧话重提,长兴也因其处于两省交界之地和濒临太湖而一再受到地方官吏和士大夫的重视。康熙二十年(1681年)十二月,于成龙被任用为江南江西总督。在担任两江总督的三年多时间里,他曾经颁布《弭盗安民条约》,其中也述及了他对江南地区包括太湖在内的水乡多盗问题的认识:"一、严缉湖盗。江南地方素称泽国,如江宁、太平、宁国三府属接界处之万顷、路西、白鹇、石柏诸湖,苏属之太湖,松属之泖湖,湖、庐属之焦湖,扬属之高邮、宝应湖,凤、淮等属之洪泽等湖,水面辽阔,港汊丛多,实为聚盗之薮。凶徒匪类往往生长聚族于斯,习惯水性。或荡漾轻舟,以渡为事;或操驾小艇,以渔为名,藏匿芦苇深处,窥伺往来客船,肆行劫夺。"⑥诚如于成龙所言,江南地区分布着众多的湖

---

① [清]李之芳:《李文襄公别录》卷二,《咨巡抚拨发官兵防守埭头》,载《四库全书存目丛书》,济南:齐鲁书社,1996年,第610页。
② [清]李之芳:《李文襄公别录》卷三,《檄饬杭嘉湖道申严防范机宜》,第632页。
③ [清]李之芳:《李文襄公别录》卷四,《檄饬太湖营严防要隘》,第666页。
④ [清]李之芳:《李文襄公别录》卷四,《檄饬湖协副将严防长兴四安镇》,第666页。
⑤ [明]瞿九思:《足本万历武功录》卷二,台北:艺文印书馆,1980年,第139页。
⑥ [清]于成龙:《于清端公政书》,《文渊阁四库全书·集部·别集类》(第257册),台北:商务印书馆,1986年,第753页。

泊,而官府对于这些烟波迷漫的水域空间的认识大多停留在容易潜藏匪类的层面上,并时时保持着警惕。

于成龙的看法在莅任江南的多数官员中具有一定的代表性,如康熙年间任浙江总督的赵廷臣上疏:"浙西杭嘉湖,半属水乡。如湖属之太湖,界在江浙二省之间,西近江南之宜兴,北近常州之武进、无锡,东北近苏州之吴县、吴江,西南近湖州之乌程、长兴。三府七邑在外,太湖居中,其间支流细河,处处皆盗贼可入之地,去来甚易,捕获最难。"①又如前引雍正初年浙江巡抚李卫任职都察院时曾经对康熙六十一年和雍正元年的全国各省区盗案发生率作一对比,得出太湖盗案在数量上远远多于其他各省区盗案发生数量的总和的认识。而雍正帝在谕示江南地方官时对出现这种现象的原因给出了自己的解释:"(雍正元年八月)十二日谕两江总督查弼纳、江南提督高其位、署江苏巡抚何天培、浙江巡抚李馥,太湖三万六千顷,连跨数郡,地势既广,支流复多,为盗贼出没之所。平时既易藏奸,巡捕又难着力。故苏、常盗案多于他省,良善被扰,官吏处分,皆因太湖为之巢穴也。"②雍正三年(1725年),李卫被授任浙江巡抚,他在该年七月即上奏皇帝:"乌程县属之乌镇,近接太湖,易藏奸宄。请将湖州府同知移驻。"③雍正五年(1727年)六月,他在另一份奏疏中又提到:"窃查太湖界连江浙数县地方,水面辽阔,港溇错杂,素为两省盗贼盐枭出没之所。臣曾两次亲至其地巡查察阅,实为紧要之区。"④因此建议在太湖地区添设守备以加强控制。与李卫同时的高其倬也认为太湖广邈,湖中东、西两山难于进行管理:"十三年,中丞高公上疏言洞庭两山为太湖扼要之地,山水交汇,支港既广,渔舟丛集,宵匪易潜。"⑤高公即高其倬,时以两江总督降调江苏巡抚。⑥从皇帝

---

① [清]金友理:《太湖备考》卷四,南京:江苏古籍出版社,1998年,第149页。
② [清]允禄等:《雍正上谕内阁》卷一〇,载纪昀等修:《文渊阁四库全书》(第414~415册),第103页。
③ 王钟翰点校:《清史列传》卷一三,北京:中华书局,1987年,第966页。
④ 中国第一历史档案馆:《雍正朝汉文硃批奏折汇编》(第10册),南京:江苏古籍出版社,1991年,第70页。
⑤ [清]李铭皖等修,冯桂芬等纂:《苏州府志》卷二一,《公署·太湖同知项公移驻东山序》,光绪九年(1883年)刊本。
⑥ 王钟翰点校:《清史列传》卷一四,北京:中华书局,1987年,第1064页。

到地方大吏,都认为太湖地区难于治理,而沿湖州县盗案多发也大多与太湖复杂的水域环境有重要的关系,正是太湖地区的山水交错、兼跨数县、港汊林立,使其成为有名的盗区。乾隆年间,吴县人金友理也认为:"吴(县)多山少田,半为太湖。尝登西山(原文小注:此城西之山,非湖中之西洞庭)之巅而览之,龙脉自建康而来,崇冈大峡,不可胜纪,然绝无谿峒翁菁可以窜贼,山险不足患也。所患者惟太湖耳,西望阳羡,北跨毗陵,南负乌程,茫茫数百里,水光接天,七十二峰峙于其中,若荡若浮。盗舟凌风驾涛,齐躁竞进,难于控御。且洞庭两山,富饶之名虚播天下,盗素染指,备之不可不豫。"①

二、吴庄的辩白

号称明清人文渊薮的太湖地区被视为"盗区"的看法可能不会获得广泛的认同,乾隆年间的江苏地方生员吴庄就提出了反对的意见。明末清初浙江乌程人陈忱,接续《水浒传》写了《水浒后传》一书,书中言及梁山泊未死英雄李俊等在太湖地区聚义:"却说那混江龙李俊本是浔阳江上的渔户,不通文墨,识见却是暗合。从征方腊回来,诈称风疾,不愿朝京受职,辞了宋公明,却与童威、童猛弟兄来寻向日太湖上结义的赤须龙费保、卷毛虎倪云、太湖蛟高青、瘦脸熊狄成四个好汉,在水泊里居住,终日饮酒作乐。"②李俊等人在太湖以打鱼为生,兼以从事劫抢过往船只的勾当。吴庄对这样的写法颇为不满,他说:"稗官小说,古之作者借善恶以示劝惩,为中下人说法耳。而不知其末流之害遂成邪说,诬民甚于杨、墨,湖山有隐受其累者,如《后水浒传》一书也。李俊为浔阳江渔户,《水浒全传》中有太湖小结义一事,《后传》遂由此撰出。移居消夏湾中打罛船四只,日取鱼利,在马迹山与丁乡宦争水面,遂至闹常投海外作暹罗国王,不啻海市蜃楼。观是书者,几疑太湖之为盗薮,自宋已然,渔户之可以图王夺霸,罛船之可以匿叛藏亡,三万六千顷七十二峰不异于梁山泊蓼儿洼。嗟嗟!痴人前不得说梦,信然!"吴庄在批判了把太湖丑化为盗窟的写法之后,接着推测了《水浒后传》的成书过程:"吾友张素中云:'《后水浒》,浙中朱积之、黄周牧辈五六秀才

---

① [清]金友理:《太湖备考》卷四,南京:江苏古籍出版社,1998年,第168页。
② [清]陈忱:《水浒后传》第九回,上海:上海古籍出版社,1987年,第78页。

所作。康熙壬寅、癸卯间,朱、黄馆于东山。秋暑,时症大行,馆中蒙童病者过半,冬烘无所事事,相呼纳凉萧寺。案头有金圣叹批评《水浒传》,阅之而喜,因论小说中四大奇书《西游记》《金瓶梅》已有后续,而水浒无有。遂相与造作题目,成四十回演义,欲与罗贯中、施耐庵争胜。其托于宋遗民元人遗本者,亦以小说非士君子所宜作,故掩其名尔。'"按:《后水浒传》系清初遗民陈忱所作,已为定论,吴庄道听途说的推测殊属错谬。不过,吴庄认为像太湖这样的"洞天福地"被诬称为"盗区"实在是极大的不公,他认为这本小说的传播势必让其他地区的人们对太湖地区形成偏见。"世之□者通人固知其为伪为妄,而粗材钝汉略认几字,诧为奇书。言者津津,听者娓娓,信以为真,至于流布四方。外省之人目不见太湖之大小,未免扪烛扣槃,耳不闻太湖之文献虚疑,混杂鱼龙,将古来之洞天福地,视为藏污纳垢之所、民顽俗野之区,皆此书之风影也。孟子曰:'尽信书则不如无书',予以世人深信此书,俾太湖蒙不白之名,故著其来历,辟邪说以拨云雾,哓哓多言,岂得已哉!"①吴庄对于太湖被小说家描述为盗薮的行为进行了批驳,力图向世人澄清太湖绝不是藏污纳垢的地方,这与前论明清时期历任江南地方官员对太湖多盗的评价大不相同。

从以上论述可以看出,江南地方官员往往认为太湖广阔的水面空间难于控制和管理,容易成为盗贼聚集、肆行劫掠的场所,他们或称太湖为盗薮、盗区,或论其易藏奸宄、盗案多发。但是也有人发出了不同的声音,吴庄以一个乡土知识者的面目出现,他认为太湖被谬称为"盗薮"丑化了太湖,若以讹传讹,则极易使人们"将古来之洞天福地,视为藏污纳垢之所、民顽俗野之区"。然而,撇开有关李俊聚义太湖的争议不论,太湖地区舟船劫案的频发却是不争的事实。太湖多盗,已是地方官员和一般士大夫关于地方社会记忆中的一个基本印象。

---

① [清]吴庄:《豹留集》,《太湖辟妄》,《四库未收书辑刊》(第8集第28册),北京:北京出版社,2000年,北京:北京出版社,2000年,第28~29页。

第二节　舟船劫掠：明清太湖盗贼及其活动特点

大体而言，太湖地区盗贼的活动与明清社会治乱的形势变化有一定的关系。当社会日趋动荡，官府对地方控制能力减弱的时候，即是盗贼活动较为猖獗的时期，出现了一些具有一定势力和有相当组织性的盗伙；而当社会逐渐地由乱入治，官府重建了地方社会秩序的时候，太湖虽则没有了较大规模的盗贼活动，少了些社会失序时的纷扰与喧嚣，但是仍不时发生劫掠案件，给地方社会秩序的稳定带来威胁。

一、太湖及其周边水域的一般性盗贼活动

所谓一般性盗贼活动是指盗贼人数较少，规模较小，时聚时散，劫掠活动具有偶发性和随意性的特点的活动方式。他们的人数多则二三十人，少则一二人不等。他们或在黄昏暗夜之中从事零敲碎打的抢劫以谋些意外财物；或在大股盗贼活动吸引了官府大部分注意力的时候乘势而起，趁火打劫。

顺治初年，清朝入关未久，对全国的统治尚不稳固。南明、鲁王、永历政权次第建立，偏安一隅；各地抗清力量纠集乌合，旋灭旋起。海上又有郑成功势力不断的侵扰，而江南地区则是各种力量角逐最激烈的地区。因此，号称缙绅衣冠林立的地方成了盗贼活动的渊薮。太湖及周围湖泊区域即被立营扎寨、劫官杀吏的盗贼长时间地占据。顺治十一年七月，江宁巡抚周国佐禀称："因海寇侵犯，职屡行剿御，至今五月始竣。催据松江府青浦县呈送审录册开一问得一名陈二，年四十岁，松江府青浦县民，状招二与现获计君千、戴仰畴及问斩监故黄鸣蛋、已改杖沈茂松并未获张贵等二十人与监故夏三、殷佛、别卷枭斩贼首陈继、张刚在於湖泖中各立营寨，放火杀人，奸淫抢劫。"[①]这股盗贼的活动时间主要集中在顺治三年，迄于周国佐上报已近八年。又如在苏州吴江县以徐五为首的盗贼，顺治六年即横行

---

① 张伟仁主编：《明清档案》，A20—94。

肆劫,至顺治十一年间才俯首就擒。"问得一名徐伍,年三十九岁,苏州府吴江县民,状招伍与先案问斩监故罗陆寿向不守本分,机乘湖寇倡乱,投入伙党,备驾船械,纠集问徒发驿盛三,未获汤福、计七,别案监故朱奉桥等在外杀劫人财,公行无忌。顺治六年二月初三日,伍与盛三、罗陆寿共赶至在官朱柱家罄劫得米九石八斗,煮酒十罐,衣服包二个,至初五日,罗陆寿驾船一只,伍与盛三等俱窝顿船上,前至在官吴先家逼要饷银,无与,随抢得猪二口,米三石,酒十罐,帐子五顶。衣裙十件,镯子二只,铁耙二把等物,负运于船载回花费。本月初六日,盛三同伍与罗陆寿擒住在官陈贤伊父,不在官陈科拷吊逼要银两,盛三挽同朱奉桥等吓诈银七十六两,各盗分受花费。本月十二日,伍不合又同别案监故盗首范楚忠等复至吴先家又劫得酒二十四罐,羊六只,临行时吴先有在官父吴右未及躲避,捆绑踏船,勒讲饷银。吴先无奈,只得将房屋变卖托不在官何阿孝说合,将银一百两馈送始放。是日回船伍又不合为首率众拥至在官朱恒家,比伊惊慌逃避,伊父在官朱嘉续后逃出,当被伍等捉住,情极付银二十两,又抢得猪四口,棉花一包。各盗得赃不等,分受花费讫。二月二十九日,伍又不合窥伺在官朱魁之父已被杀死朱通甫及伊叔朱恩装在米十石前往洞庭粜卖。伍等各盗预候在太湖要路上前截住。将人杀死,撒尸河内,劫米连船摇回分用。比盛三思得行劫多次,虑必败露,计图抵饰。出首总捕厅捕快金吾、周太押同认获伍等罗陆寿并起日前劫分各赃连人呈解总捕厅收审,间在官粮里陈汝鸣,不在官生员史笔、陈宗、朱敬、张相、吴先、朱恒、朱魁、丘渊、朱柱、陈贤、盛林等各具词投厅,蒙本府督粮署总捕石同知审得吴江一邑向因寇氛充斥,萑苻跳梁,地方居民蹂躏几无噍类。谁不欲灭此而后朝食,一旦徐伍等就缚地方陈汝鸣等,被害张相等连词控诉,卷牍盈案,其积忿饮恨已非一日可知,依律徐伍、罗陆寿等啸聚湖滨,劫掠多家,放火杀人,凿凿可据,宜正典刑以快舆愤。若盛三原是剧盗,合应骈斩,姑念出首例从减等,固为巧饰之术,亦是自新之路,诚旦允宜。将伍与罗陆寿俱拟强盗得财律各斩罪,盛三拟犯罪自首至死减等律徒罪,具招呈详"①。另如青浦县民徐君美,即徐季,"素行为非,惯在泖湖行劫,流毒地方,已非一次"②。这些盗匪都是苏

---

① 张伟仁主编:《明清档案》,A20—74。
② 张伟仁主编:《明清档案》,A8—190。

松等本府各州县人,借明清鼎革时期旧的秩序被打乱,新的秩序尚未建立时的混乱之际起而为盗,利用本地多水的便利,乘船驾舟,四处劫掠财货。但是,随着清朝在全国统治的确立,各级地方政权开始恢复了有效的控制的时候,趁乱行劫的盗贼在水乡已失去了活动的便利,渐次被逮治惩戒。然而水域并未因此归于宁谧。

雍正初年,浙江巡抚李卫奏称:

> 臣于康熙五十九年典试浙江,访闻太湖聚贼甚多,不时剽劫。回京后改任副都御史,日览揭帖稽查盗案,即拟奏闻,旋因罢官中止。雍正元年正月,蒙恩起用,三月改回都察院,即将康熙六十一年揭帖稽查,计天下直省盗案止共一百五十件,而绕太湖之傍苏、松、常、镇、嘉、湖六府盗案多至二百一十五件。六府中嘉湖二府止二十一件,而苏、松、常、镇四府多至一百九十四件,是盗之多莫过于苏、松、常、镇矣。查案甫清,旋奉催漕之命,未及上闻。冬月回京至兵部衙门办事,复将雍正元年盗案稽查,天下直省共九十七件,而苏、松、常、镇、嘉、湖六府共六十三件,六府中嘉、湖止七件,而苏、松、常、镇四府共五十六件,尚不止半于天下。①

从李卫对康熙六十一年(1722年)与雍正元年(1723年)两年的太湖盗案的数字统计来看,环太湖地区发生的劫盗案件比率远远高于全国其他各省,这固然与太湖地区人口密度高、生存压力较大的社会环境有关,而太湖地区的港汊繁多所带来的管理中的顾此失彼也是重要原因。

太湖地区散处数量众多的渔民,他们以捕鱼为业,也做着劫财分赃的勾当。如在雍正十一年破获的一个案件中,审讯得犯人"李季宝,年二十三岁,苏州府吴江县人,状招季宝罔顾法纪,比匪为盗,缘有未到案病故之伊父李寿泉捕鱼为业,率同季宝并吴江县另案获禁之李圣详、李季高,并关供后在吴江县监毙之李君德及取供后在该县监毙之李寿先等共伙六人,于(雍正)九年九月二十六日摇至□毋泾停泊,半夜时分遇有未到案无名事主搬场舡经过,寿泉即令众行劫……"②李君德、李季高等人所犯劫案不止一次,"据吴江县详称雍正十一年十一月初八日卑职访闻得本月初二日傍晚

---

① 中国第一历史档案馆:《雍正朝汉文硃批奏折汇编》(第31册),第807页。
② 张伟仁主编:《明清档案》,A65—15。

有震泽县银匠郭胜如赴苏,在太湖五龙桥相近卑邑与□县交界地方在舡被盗,随即传带事主舡户□守令同营弁亲诣被劫处所勘明,遇盗水面系属卑邑所辖。……据郭胜如供,本月初二日同舡是两个徽州客人,三个营兵,上灯时候,摇到荒田址水面,被盗舡拢来,劫去银钱诸物"。因为被劫的财物不多,所以案发当时事主并没有上报官府,后被县令闻知,才将事情原委供出,县令遂"差捕勒拿赃盗并移邻封一体协缉"。并于该年十二月十一日逮获"李君德、李胜详、李季高、李留祖、李二姐五名到县,并起获茧绸、肚兜等赃前来"①。

从以上两份材料来看,犯人李寿泉及其子李季宝系捕鱼为业,与同案犯人李君德等五人均应当是太湖渔民无疑,并且可能是同一个家族内的成员。家族成员因为血脉相通、利益相关的缘故,便于结成天然的同盟,所以一个家庭或家族内的成员共同从事劫掠的情况并不少见。发生在雍正十二年(1734年)的一个例案即可说明此点。雍正十二年正月二十八日,太湖渔户冯秀远向常州府阳湖县呈报其弟失踪,疑遭盗劫:"切弟国宝撑舡贩鱼为活,同妻卢氏暨母女共四口在舡,于本月初四日往太湖内贩鱼,霹于初六日闻弟舡于太湖口贡湖面上被盗舡追去无踪,身慌四下追寻,随又风闻已被盗舡劫去。身疑信未决,追缉至今,于洞庭西山后埠湾获见弟舡并枭一名,并获有赃物另开细账呈电,而身弟夫妻母女四口杳然无影。最可骇者,帆篷上有血迹三处……"找到失踪的船只并从船上现获嫌犯一名,其名叫金文玉。根据金文玉的口供,他开始并不承认自己是真盗:"小的这舡是正月十四日用十两七钱银子在无锡马迹山大湾地方向盛君时买的,木斗斧头小布衫都是他们掉在舡上的,梳头匣是妻子的,绿布棉袄是小的女儿的,锡酒壶也是小的自己的。"并且可能是金文玉对自己的妻儿事先都做了统一口供的交代,所以当问到金文玉的妻子李氏时,她声称:"妇人是在女婿姚子珍舡上的,丈夫舡上的事妇人不知道。"而姚子珍则说:"金文玉是小的晚丈人,妻子死了,就不往来,余外的事小的不知情的。"金文玉的儿子供称:"小的一向在外帮工,诸事小的不晓得。"采用不知道、不知情、不晓得等说辞以试图摆脱与盗案之间的嫌疑,从而为直接当事人开脱罪责,一度使

---

① 张伟仁主编:《明清档案》,A60—18。

官府毫无办法。

但是,一次意外的侦缉行动却使案件的进展有了突破:

> 据铜坑汛外委把总叶茂移据汛长王成恩等回称,(三月)初二日黄昏驾舡游巡,见小船一只,上有三四人在三扇篷大网舡边摇出,离汛舡约有两箭多路。身即喊问:"时近更沈,你舡何往?"彼并不回答,望对岸飞摇。随即追上,将近,彼即近滩,三人弃舡登岸,舡中惟一妇人。身等亦上岸追赶里许,回舡看时,妇人已经逃遁。随带小舡摇至大舡查看,亦五人在舡,舡尾并无印烙姓名,舡内检有零星乱账借票等物,上有金文玉、姚子顺、陶子祥、邵良玉等名。

随后金文玉的妻子李氏即供出了事情的原委:

> 女婿原有一只舡,妇人在他舡上住过的。今年正月初五日丈夫金文玉驾舡在无锡太湖内三山湖马土水面,冯国宝向丈夫买鱼口角,丈夫与姚子珍持刀斧把冯国宝砍下水去,他母亲妻子来救,被儿子金三元与姚子祥、姚子顺打下水去。剩有一个小孩子也被姚子珍丢在水里的。买盛君时舡的话是丈夫混供,妇人照着供的,拿这只舡丈夫就做行舡的。三月初二日汛兵拿住的三篷大空舡是姚子珍、姚宝即与妇人第二个儿子阿穿还有大儿子金三元的妻子冯氏在上。那逃走的想是姚子珍们与媳妇冯氏了……

根据李氏的供述,官府很快拿获了脱逃在外的姚子珍等人。而据姚子珍等的口供,金三元当时打杀冯国宝并非是因为在贩鱼的买卖中发生口角所致,而是因为金三元看中了冯国宝的船,因而起意劫夺以占为己有:"小的们有舡二只。正月初五日金文玉见冯国宝舡样甚好,起意往劫。是金文玉、姚子珍、姚子顺、金三元五个人在姚子祥舡上赶上冯国宝的舡。金文玉把刀先砍冯国宝一下,姚子珍又把斧头砍他头上一斧,他母亲是姚子祥一棍打下水去,他妻子是姚子顺、金三元打在湖内的。金文玉把冯国宝的尸踢在水内,见一个小孩子叫,姚子珍丢在水内的,因手上污血,就擦在篷上的……小的们都在舡上住家,捉鱼为活。"① 因贪财而发生的湖面劫案,与陆地盗劫案件相比较来说,并没有什么本质区别。但是太湖渔民作为一个

---

① 张伟仁主编:《明清档案》,A61—42。

特殊的群体,他们利用家族或家庭为组织模式进行团伙作案,则是值得注意的。渔民们生活极度清苦,以水为田无异于靠天吃饭,具有极大的不稳定性。而地方社会对他们则较少地关注,甚至将他们斥之为贱民。这使本来即属于控制真空地带的水面又平增了许多的不安定因素。

发生在太湖地区的盗劫并非全都出于垂涎钱财的目的。如康熙末年常州府武进县民庄天佑因为与长辈庄文惠发生了经济上的纠纷,遂出于报复的目的,纠集多人驾船打劫庄文惠家,"问得一名戴大成年五十五岁,常州府武进县人,状招大成不守本分,比匪为盗。缘有先经投首审明拟流遇赦释放在家病故之庄天佑系先在官事主庄文惠之侄,天佑曾将田房付与文惠抵偿欠项,后又找价,文惠不允,天佑遂尔衔恨,起意打劫。纠约大成与续获到官今取供后在监病故之曾天禄、先获审明拟斩奉文免死改遣之许三即许朝阳、潘景成,先获取供后在监病故之蒋坤求,在逃未获之戴洪章、王大即王茂芳共伙八人商定于康熙五十三年十二月十八日夜诡称欲往宜兴地方拔取萝卜,诱雇先获取供后关押病故之吴能叙,拟杖发落之储天开未起舡只,各盗下舡摇至事主家近处停泊……"①

后来各盗抢劫了庄文惠家之后即各自逃走,其余盗犯陆续被获,而戴大成脱逃至外地十八年,直到雍正十年(1732年)十月十三日潜回家乡时被其本家侄子挈获送官。本案除了因为报复的缘故而行抢劫之外,尚有两点可注意的地方,其一,各盗犯借前往宜兴拔取萝卜的名义诱雇了船户吴能叙、储天开的船只前往行劫,虽然"吴能叙、储天开在舡不曾上盗",但二人最终也遭官府羁押和拷问,吴能叙并因此丧命;其二是戴大成在外十八年的生活情况及官府的审问,"又问:'你逃走在外十八年,是窝在什么地方,谁人家内,怎样回家被获的呢?再供来。'供:'小的买了一只舡逃出去,改了姓名,在外驾舡度日,并不曾窝在人家。小的想犯案已隔十八年,必然没事的了,摇舡回来,不料就被小的侄子戴元吉获住,解在武进县,把小的连舡解来的。'又问:'你在外自然做过强盗,又劫过几案呢?'供:'小的自从逃出去,并不敢再做强盗,没有劫过案件的。'"戴大成用抢劫得来的钱买了一只船,以驾船度日,安稳度过十八年而没有被觉察,官府对水面上流动人

---

① 张伟仁主编:《明清档案》,A60—66。

口管理的疏漏由此可见一斑。

无论是乱世时的乘势行劫,还是所谓治世时的盗案繁多,都反映了太湖地区社会环境的复杂性和治理的难度。但是,这些一般性盗贼活动只可视为治安管理的范畴,是州县地方官员日常面对的问题。而大股盗贼活动,尤其是社会失序时期的大股盗贼,往往会与地方豪强、各种政治力量相结合并被其利用,因而对地域社会秩序乃至王朝的统治的影响更为深刻。

二、晚明至清初太湖盗贼组织规模的扩大

明神宗在位时期是明王朝走向衰败的转折点。在这位皇帝统治之下的明王朝,虽然也曾闪现过像张居正执政十年期间那样"耀眼的暮光"(黄仁宇语),但是,张居正死后,万历皇帝的长期怠政使整个国家陷入混乱之中,政权的统治能力极度虚弱。一方面是人滞于官与官曹空虚,另一方面又是党派纷争、吏治败坏与军队腐朽。更为严重的是,"这位天子所表现出的极度贪婪,在他的统治期结束之前一直使财政发生困难"①。为了聚敛钱财,万历皇帝向全国派出大批矿监税使,大肆掠夺,结果使海内鼎沸,社会陷入动荡。迨至崇祯年间,末世乱象已具,农民起义的呐喊声与满族铁骑的马蹄声南北夹击,渐行渐近,明王朝的大厦也在内忧外患交困下轰然崩塌。当是时,江南地区矛盾斗争尖锐。弘光政权承继明代正统而立,却没有坚持多久就被清军扫灭。随即清军在江南却遭到了旧明势力异乎寻常的抵抗,南炳文在他的著作《南明史》中列举了顺治二年(1645年)下半年至顺治三年(1646年)冬江南地区的抗清斗争:"主要有顺治二年六月明中书舍人卢象观奉明宗室朱盛沥起兵茅山,谋攻南京;明职方主事吴易等起兵长白荡;明总兵李某与诸生任源邃等起兵太湖;长兴县民金有鉴奉明宗室通城王朱盛澂起兵,攻破湖州;同年闰六月,典史陈明遇等领导江阴人民据城抗清;常州生员张龙文起兵,谋复府城;松江在籍前兵部右侍郎沈犹龙、兵科给侍中陈子龙等起兵守城……"②这一时期,也是太湖盗贼较为活跃的时期。

---

① [美]牟复礼等:《剑桥中国明代史》,北京:中国社会科学出版社,1992年,第558页。

② 南炳文:《南明史》,天津:南开大学出版社,1992年,第112~113页。

早在南宋末年,太湖即曾为盗贼占据。据《宋史》:"李苎字叔章,其先广平人,中徙汴。……以浙东提刑知温州。州濒海多盗,苎至盗息,遂以前官移浙西。时浙西亦多盗,群穴太湖中,苎迹得其出没按捕之,盗亦骇散。"①李苎的主要活动年代大致在南宋理宗时期(1224—1264年),距1276年元灭南宋已为时不远,同样是处在王朝鼎革的动荡时代。元末,太湖盗仍很猖獗,如住居太湖水边的金姓,"先世有千户公讳恭二者,当元之季,卜居吴之吴苑乡,是为府君始祖。乡濒太湖,于时湖中多盗,乘间肆出剽掠"②。

至明代万历朝以后,太湖盗贼的活动出现了新的特点,早在万历初年,即有太湖盗贼称帝者:"李颐,字惟贞,余干人,隆庆二年进士,授中书舍人,博习典故,负才名。万历初擢御史,……迁苏松兵备副使,太湖盗起,僭号改元,颐阴解散其党,缚渠魁,戮之。居正抑其功不叙,再迁湖广按察使。"③至万历十六年(1588年),史籍对太湖盗贼方有"剧盗"之称:"(万历十六年)六月,江南旱,太湖水涸,浙江大饥,人相食。……江南巡抚余立误信讹言,奏称太湖剧盗作乱。官兵既集,盗化乌有,搜缉数人结案,复奏盗平。"④该材料称万历十六年的这次盗贼作乱纯系讹言所致,并非真有其事。但是许重熙的这种说法并不可信,因为生活年代比他稍早的瞿九思对发生在这一年的太湖动乱有更为详细的记述:"殷应采,太湖盗也。太湖,故震泽之水,跨苏、常、湖三大郡,寥邈八百里而远。港渎纵横,芦苇蓊翳,湖盗往往窥秋冬之隙,相扇而起。戊子岁,饥民流盗贼公负,而殷应采等遂以五月乘夏水操轻舟十余艘,往来茭渎沙塘港之间。"戊子岁即万历十六年。殷应采等起初只是以劫掠财物为主要目标,后来开始向有组织的盗伙势力发展:"略瞿守愚、戴良龙、裴炯囊中装而去。自是之后,应采益慓悍,亡所顾忌。身常服鲜红袍,推择镇江比丘一人为长,诸酋皆称长官,其姓名

---

① [元]脱脱等:《宋史》卷二九〇,北京:中华书局,1977年,第13254页。
② [清]汪琬:《尧峰文钞》卷一六,《四部丛刊初编·集部》,上海:上海书店出版社,1989年。
③ [清]万斯同:《明史》卷三三四,列传第一百八十五,上海:上海古籍出版社,2008年,第38页。
④ [明]许重熙:《嘉靖以来注略》,《万历注略》卷八,《四库禁毁书丛刊·史部》(第5册),北京:北京出版社,1998年,第168页。

惟恐人知,有如苏、常事觉,则阒匿于浙中;湖南索急,则鼠窜于湖北,自以为汉法乌奈我何也。"①后来明朝政府调集海防官兵及地方驻防兵丁四处围剿,方才把殷应采等人镇压下去。此时的明王朝国势尚未大衰,天下尚未大乱,对地方社会的管制尚未失控,所以当太湖内突发大股盗贼的活动时,尚能够从容应对。

及至崇祯年间,又有屠阿丑之乱。太湖虽为内陆湖泊,但是地处江浙接界,支河汊港曲折蜿蜒,多汇流入大海。一旦海上有警,太湖等内陆河湖也难免罹祸。如嘉靖年间的倭患,倭寇溯吴淞江而上,深入江南腹地焚杀劫掠,横行无忌而莫有撄其锋芒者,所以官府对海盗与内河湖盗的联合与勾结时时保持着警惕。天启、崇祯两朝,海氛不靖,相继出现了从事海上走私和海上劫掠的海盗集团,其中势力最大的是刘香与郑芝龙两股势力。刘香集团主要的活动区域是在广东、福建海面,所以当他的船只出现在江浙洋面时,当地守官大为紧张。"(崇祯)壬申,量移浙江布政司右参政兼按察司金事,备兵嘉湖。嘉湖地濒海,承平久,武备废弛,海寇刘香游船猝至,人心恇扰。"②当时,湖盗屠阿丑势力已经在嘉兴、湖州存在数年,"是时大盗屠阿丑拥众千人出入湖泖,为浙西隐忧"。海上响警终于促使地方官员下决心剿灭此股湖盗,"湖盗屠阿丑踞湖有年,而海寇刘香游船猝至,于是抚按议合南省兵会剿"③。时任浙江布政司参政蔡懋德对使用军事征剿的办法提出异议,他认为"此可计擒也,奈何惊扰吾百姓。且兵声先闻,彼飏而入海,与刘香合害,叵测矣"④。地方官员之所以决定剿除湖盗屠阿丑的势力,是出于湖盗与海盗联合在一起的担心;而大张旗鼓地军事征剿可能会打草惊蛇,推动屠阿丑远遁入海,所以蔡懋德用计谋而非军事手段的建议最终被采纳。

明清易代之后,江南地区复杂而又激烈的斗争形势使地方社会秩序陷入混乱,大股盗贼的活动此起彼伏,相继有胡阿留、钱应魁、太湖张三等著

---

① [明]瞿九思:《足本万历武功录》卷二,台北:艺文印书馆,1980年,第137页。
② [清]魏禧著,胡守仁等校点:《魏叔子文集外编》卷一七,北京:中华书局,2003年,第808页。
③ [清]徐开任:《明名臣言行录》卷九〇,《续修四库全书·史部》(第521册)。
④ [清]魏禧:《魏叔子文集外编》卷一七,北京:中华书局,2003年,第808页。

名盗匪出现。据顺治十一年(1654年)十一月湖州府总捕官的一份呈报称:"(十一年)七月初六日,差袁照磨带领捕快缉盗,初九日闻马溦地方有盗,至彼遇贼,拼命打仗,杀死袁照磨并捕快沈元、施文、徐元、孙乔、罗文、朱用等八名,抢去水手二十余人,镇守官兵并无救援。"官员和捕快多名被杀,足见此股盗匪势力之众。迨至九月,官府擒获了一名盗首陆元伯,据他的供词:"系胡阿留名下头目。七月内同高圣元、潘大、戴四,带领二百多人,要打劫新市,在马溦地方撞遇袁照磨打仗,杀死照磨与捕人。"盗众多至二百余人,且以市镇为打劫目标,可见其势力的强盛。官府对水乡控制的薄弱使他们在屡次征剿不利的情况下也曾对胡阿留势力进行招抚:"陆元伯、胡阿留等啸聚二百余凶,屡经捕剿。缘湖郡水乡,河港丛杂,兵至则四散远窜,兵回则乌合肆劫。一时未缚,张示招抚,怙恶不悛,窥犯新市,适遇袁照磨,公然拒敌……"①胡阿留盗伙聚众二百余人,打杀官员捕快,在官府看来已属骇人,而钱应魁盗伙大败前来征剿的水师官兵,则其势力之大更不可小视。据《明清档案》所录入的一份材料记述:"杨芳,四十八岁,苏州府吴下人,苏松抚院标下部箚守备,委署原旧水师右营游击事,驻防海汛。顺治十四年间,因汛地海防平靖,内湖有浙江嘉善县人今已获正法湖寇钱应魁啸聚太湖,潜通海寇,劫掠湖滨,已经数年,势甚猖獗,芳自请入湖征剿。……于本年(指顺治十五年)八月带领官兵一百七十五名驾沙船六只至苏州湖内进剿一月有余。"

后被钱应魁盗伙打败,"分遣把总王仕贤追贼身亡,船械焚抢,兵役丧失"②。钱应魁又名钱魁,有勇力,善技击,据地方志云:"泖寇钱奎者,多力善舞刀,聚众剽劫,横行湖泖间,自云钱镠之后。二省合兵会捕,围之泗泾,奎与妻各持刀格斗,力竭就缚,械至江宁枭于市,余党始平。"③按:钱镠,字具美,又小名婆留,主要活动于唐末五代时期,系杭州临安人。史籍上称他

---

① 张伟仁主编:《明清档案》,A21—53。
② 张伟仁主编:《明清档案》,A36—97。
③ [清]陈其元等修,熊其英等纂:《青浦县志》卷三〇,《杂记·遗事》,光绪五年(1879年)刊本,台北:成文出版社,1970年。

"及壮,无赖,不事家人生产,以贩盐为盗"①。时当战乱纷仍,钱镠趁乱纠集盗伙入伍,后开创吴越国,称吴王。

钱应魁"自云钱镠之后",又同处乱世,同为盗贼,他效法钱镠称王一隅的心思于此昭彰。但时异世移,终于名未立而身受戮。钱应魁之外,尚有太湖张三的活动。太湖张三的活动年代似早于胡阿留、钱应魁等人,"(赤脚张三)自顺治二年揭竿肆扰,未能弋获,湖路梗塞,莫可如何"②。张三同样武艺高强,地方官员曾经前往追剿而被打败:"国朝张子庆,字云齐,顺治间宜兴典史。时流寇余孽未靖。有剧贼号赤脚张三能与其妾使连环火枪,白日劫掳,莫之敢撄,子庆捕之。贼列舟陈兵于西氿,子庆冒死搏战,为贼火枪所中,堕水死,贼乃逸去,邑人感之,葬之西氿之浒。"③盗贼虽然有水陆之分,但是在江南水乡,水域盗贼相比较于陆路盗贼更难治理:"顺治初年,无锡多盗,其在陆路者胶山胡鲍三为之魁,推官毕某杖杀之;斗山则辛七、严二为之魁,前金华知府徐调元居斗山北以计擒毙之。湖盗赤脚张三尤横,劫掠四出,开化、新安最被害。自陆盗既戢,湖滨不逞之徒久犹未靖。杨维宁居管社山,值昏夜,群盗突至,维宁有膂力,格杀盗首数人,投诸湖,余悉闻风窜逸,盗遂绝。"④

此段材料记述山盗枭匪相继被地方官员擒杀,而太湖张三却横行无忌,官府长时间拿他没有办法,最后被"有膂力"的杨维宁灭除。但是太湖张三的势力是否是被杨维宁剪除是很有疑问的,因为太湖张三横行多年,绝非凭杨维宁一己之力即可轻易打败。关于太湖张三的覆灭,还有另外一种说法:朱允恭是洞庭东山人,家资丰厚。康熙初年,他投在公门为官府做事,鉴于太湖张三横行,他设下计策,成功擒获了太湖张三。据地方志云:"时允恭效力于巡抚辕门,中丞韩世琦询以湖盗事,意欲发兵剿之,允恭曰:'不可,赤脚张三夫妇矫健绝伦,舞双刀,能履水飞行,人不敢近,可饵也。

---

① [清]吴任臣撰,徐敏霞、周莹点校:《十国春秋》卷七七,《吴越一》,北京:中华书局,1983年。

② [清]李铭皖等修,冯桂芬等纂:《苏州府志》卷一四八,《杂记五》,光绪九年(1883年)刊本。

③ [清]阮升基等修,宁楷等纂:《宜兴县志》卷五,《僚属名宦》,嘉庆二年(1797年)刊本,第169页。

④ [清]斐大中等修,秦缃等纂:《无锡金匮县志》卷七,《兵事》,光绪七年(1881年)刻本。

请给假五十日,得便宜行事,当缚至辕门。'许之。允恭访得其党,好言说之曰:'张君诚豪杰,我欲与交欢,今以千金为寿,欲保我桑梓'。贼党携金致词。张大悦,约日到山谢。允恭乃盛设合乐以饷之。越宿,备陈女妓,阴遣勇士杂优伶中,酒酣,即席擒之,钉其手足,驰解抚辕正法,余党骇散。湖中自此安谧,允恭之功也。"①这段材料系地方志作者录自清朝乾隆时人顾公燮所撰写的《丹午笔记》②,该段材料认为,擒获赤脚张三系出于朱允恭的计策。但是在该书另外一处地方所引材料又认为巡抚韩世琦在其中起了更大的作用:"张三盘踞太湖,以宜兴为巢穴,横扰三州,出没无时,官军不能制。康熙元年,抚军韩公心康抵任,廉知张三与辕下材官朱允恭者友善,命邀张三宴会,极欢。预置长柏木桶,置酒对饮,仓猝间将桶复张三半身,伏兵齐出,诛之。"③按:韩世琦于康熙元年正月抵达苏州履任,有《抚吴疏草》五十六卷传世,集中并未提及赤脚张三、朱允恭等名姓。在其呈送于康熙八年三月的一份奏折内,他写道:"松属滨临湖泖,萑苻啸聚不常,前岁官兵会剿之后,颇称宁靖。"④则知在康熙元年官府对太湖有一次大的军事征剿,查该文集康熙元年(1662年)有湖盗张守智等袭入木渎镇大肆劫掠,引起地方震动,官府因而调兵会剿,但是赤脚张三与张守智是否即是一人,或者从属于一个盗贼集团,则未可知。

晚明至清初太湖地区的大股盗贼并非只有上揭三人,但无疑以上三人具有一定的代表性。殷应采盗伙虽以劫财为主要目的,但是其首领被称为长官,尽管是出于隐蔽姓名的目的,却也说明了团伙内部的高下尊卑之组织划分。而这股团伙很快被剿灭,也说明了万历前期官府对江南水乡的控制仍是比较有力的。屠阿丑的活动以及官府对可能存在的他与海盗刘香势力的联合的担忧,正反映了天启、崇祯年间官府对江海水域空间的控制与管理的信心的逐渐丧失。而清初江南社会的动乱又为钱应魁的潜藏称王野心与赤脚张三在太湖地区长达十数年的活动提供了有利的社会环境。

---

① [清]李铭皖等修,冯桂芬等纂:《苏州府志》卷一四八,《杂记五》,光绪九年(1883年)刊本。
② [清]顾公燮:《丹午笔记》,南京:江苏古籍出版社,1985年,第64页。
③ [清]顾公燮:《丹午笔记》,南京:江苏古籍出版社,1985年,第55页。
④ [清]韩世琦:《抚吴疏草》卷四六,《四库未收书辑刊》,北京:北京出版社,2000年。

三、明清太湖地区盗贼活动的特点

刘平在《清末民初的太湖匪民》中总结太湖匪盗的特点是存在有土客各帮,散兵游勇和盐枭私贩的活动是匪盗主要来源和表现形式。但是在晚明至清前期的太湖盗匪活动的情况却迥然不同。

第一,从盗匪的来源地看,他们大多是太湖周边州县民人,尚没有土客帮的区分。如前揭各案中戴大成等系常州府武进县人;沈明甫、王大等系长洲县人,以摇船为生;顺治年间湖寇陈二系青浦县人;钱应魁则是浙江嘉善县人;而万历十六年的殷应采盗伙则多数是湖州长兴人。

第二,从部分盗匪的职业来看,则既有渔民、船户,投诚兵勇,也有盐枭、无赖。如雍正年间劫犯李季宝与其父李寿泉都是"捕鱼为业",而其同伙李寿先、李二姐等也应同是渔民。① 而另一劫案犯人金长生、陆介仁等十人"俱系昆山县网户"而在太湖地区作案者。顺治年间的盗贼徐君美系青浦县人,"素行为非,惯在泖湖行劫",则是地方上的以劫盗为业者。② 康熙初年的盗贼孙忠"系吴中之恶棍"③。而盐枭以走私贩卖私盐获取利润为生,往往遭到官府的严厉禁止和武装追缉。盐枭也往往有从事劫盗者,如《宜兴县志》中所云:"定跨港、乌溪港、兰后港,俱在县东南五十里,迤逦相连,并入太湖,以达杭、嘉、湖三州之境。盐徒劫盗往来作商贩行色,乘间入耗内地,及强民劫害,商船最宜防守。"④

第三,驾舟行劫是它们共同的活动特点,劫掠对象以流动于水域之上的商民为主,但是也会突入镇市乡村,这种情况主要发生在明末清初的社会失序时期。劫掠方式除了通常采用的武力劫财之外,也采用绑架人质以勒索钱财的方式。如在清初,"国初,群盗蜂起,白布缠头,号曰:'白头兵'。太湖有赤脚张三、毛二、沈泮、桓相甫、扒手大王等,盘踞淀山、长白荡、澄

---

① 张伟仁主编:《明清档案》,A65—15。
② 张伟仁主编:《明清档案》,A8—190。
③ [清]韩世琦:《抚吴疏草》卷五,《四库未收书辑刊》,北京:北京出版社,2000年,第213页。
④ [清]阮升基等修,宁楷等纂:《宜兴县志》卷六,《武备志·阨塞》,台北:成文出版社,1970年,第185页。

湖。白昼抢劫,名曰'打粮'。择缙绅富人并其爱子,擒匿盗穴,勒千万金取赎。愆期不至,有水牢、河泥、粪窖、烟熏眼等刑。亲自赍刺拜谒巨室,口称贷饷,稍不允诺,夜必烧劫。惟贫人村农,仍公平交易,献新者或邀厚赏,以致众多归之,流毒几十年,渐次剿灭"①。太湖盗匪利用人质勒索钱财所使用的各种刑法可谓残酷。

第四,晚明至清前期太湖盗贼活动的背景不尽相同。如万历时期殷应采盗伙劫掠活动是万历十六年(1588年)水旱灾害频发的情况下发动的,明清之际的盗贼劫掠则是王朝鼎革、社会秩序陷于混乱的情形下出现的;而雍正年间太湖地区盗贼多发则可能与当地经济之发展,人口密度之增大有关。尽管盗贼活动的背景不同,但是他们活动的场景却是一样的,即都是利用了太湖之烟波浩渺与港汊纵横的自然地理环境,而明清官府对于水域空间控制的一贯薄弱也给了盗贼活跃以可乘之机。如清初太湖周边地区的山盗相继被剿平,而对于赤脚张三却没有应对和解决的办法,以致使湖盗"流毒几十年"。而康熙末年对全国盗案的统计中,太湖一地即是全国其他各省盗案总和的近一倍。无论是在乱世还是在治世,太湖匪盗的难治由此可见一斑。

第三节 太湖盗贼活动与晚明至清前期的地方社会

如前所述,太湖周边地区是明清时期人口最为密集、经济最为发达的地区之一。而盗贼利用舟船便利进行的焚杀劫掠不仅使过往商客视水路为危途,阻碍了经济贸易与商品流通,而且太湖盗贼的活动往往与地方利益纠葛在一起,对太湖周边地区的区域社会形态产生重要的影响。

一、水路行舟商民因盗劫而失财甚至殒命

太湖地区有着发达的农业和手工业商品生产市场。贸易商人们通过水路从两湖、安徽、江西运来太湖地区所需要的大宗粮食,又把太湖地区生

---

① [清]顾公燮:《丹午笔记》,南京:江苏古籍出版社,1985年,第143~144页。

产的棉布丝绸运往全国各地,商人出行往往携带数量较多的资本或货物,因此,络绎不绝的商船成为太湖地区盗贼劫掠的重要目标,如在顺治年间,无锡船户揽载布商前往六合县贸易,因贪财而起杀心,"袁敬泉、袁小大阳作操舟,阴为暴客。伊妻若佣,群相济恶,于顺治十年十月间从无锡揽载商民秦茂之布货四百二十筒,前往六合贸易,岂敬泉熏心御货,顿起杀机,舟次篙子巷,竟将茂之并仆张三缚投水底,葬于鱼腹之中"①。又有船户与船客勾结共谋杀商夺财者:"盗犯吕魁吾惯造蒙汗之药,恣行杀劫之凶。于顺治十二年十月内瞯徽商吴子宜等五人寫船回籍,饶有资囊,遂同盗伙汪本仲、方廷印借附同舟,阴图俟便,于开舟次日诈备祭品享神,邀聚宜等散胙,将药物等暗投食物之中,宜等五人同时昏仆。而魁吾等当将五命尽掷波心,与船户吴贞等分赃各散。"②又如顺治十五年(1658年)十月十三日湖寇钱应魁等焚劫昆山县真义镇时,"将不知姓名过往客船二十余只进行截劫"③。

  清初社会秩序还未稳定之时过往商客的生命财产不能得到完全的保障,尚可言说。而雍正年间清朝统治已臻盛世的时候商客仍不时遭遇盗船横劫之害,则太湖地区利用舟船进行盗劫的活动之猖獗可见一斑。雍正十年(1732年)正月,严州府休宁县民胡恒吉向常州府荆溪县衙呈报:"本月二十三日傍晚,身载豆饼至乌溪港□□关停歇,即于二十四日黎明过栅开湖,才至兰嘴,突遭盗舡飞到,口称巡舡,将身舡抵住,有十余人跳过舡来,先将舡户蒋仁打伤,随将豆饼衣被抢劫而去。"④又雍正十年八月,"嘉兴县舡户吴二观禀为行舟被劫报明缉究事,内称切二在治大西门外撑驾嘉兴日舡度活,今八月初二日由嘉闸行至朱家角栅外野猫洞地方,时已黄昏,遇舡一只,口称查舡,即肆行劫后开各客物件"⑤。又雍正十一年(1733年)十一月,震泽县银匠郭胜如与两个徽州客人、三个营兵一同乘船赶赴苏州,在太

---

① [清]韩世琦:《抚吴疏草》卷七,《四库未收书辑刊》,北京:北京出版社,2000年,第584页。
② [清]韩世琦:《抚吴疏草》卷一六,《四库未收书辑刊》,北京:北京出版社,2000年,第278页。
③ 张伟仁主编:《明清档案》,A36—97。
④ 张伟仁主编:《明清档案》,A52—45。
⑤ 张伟仁主编:《明清档案》,A55—7。

湖五龙桥地方被盗。① 该案发生后,被盗各事主"因失物无多,未曾具报",其后十一月初八日被吴江县知县闻知,遂传唤了郭胜如,郭氏方才将事件过程吐露。舟劫与陆路劫案有所不同,舟船是一个狭小的空间,出了船舱即是茫茫水波,此外杳无一人,因此商人行舟遭劫往往孤身无援,身家性命尽付与盗贼手中。

  从档案资料来看,顺治年间的水上盗贼不但劫财,而且一般都会杀人灭口;而雍正年间的盗案则只是劫财,一般不会伤及事主性命。盗贼行劫之后,可以驾船迅速离开,官府无从追缉。而商客要么沉尸水底,不能开口具报,要么想避开官司缠身的麻烦,选择了忍气吞声,只是当盗贼因为其他案件被逮获之后官府才问知以前所犯各案情形。如康熙二年(1663年),苏松常道的地方官擒获了盗匪沈四等,"该臣看得沈四、徐振皆绿林夥盗也。与监故盗首胡一等纠合多凶,屡行劫掠。沈四劫钮景良之钱米,赃证俱真,自供凿凿。徐振劫北麻漾之绸船并兰溪之豆载,虽事主俱系行舟,无从拘质,而历审本犯自认情真"②。事主对案件的隐讳不报不但使官府无法确认盗贼所犯的案件,而且也使劫盗团伙长期逍遥法外,更加肆无忌惮地行劫。如在江宁巡抚韩世琦于康熙三年(1664年)呈禀的一份奏疏内,具列了活跃于宜兴、乌溪口等处的朱三麻子盗伙的犯案情形,为方便起见,谨列表于下:

犯案时间	劫盗人数	抢劫所得银布数目
顺治十五年(1658年)六月十五日	朱应魁、王君召、张胡子等十二人	打劫客船银子一百三十五两,白布五疋,衣服二件
顺治十六年(1659年)二月二十三日	朱三麻子、王君召、朱应魁等二十六人	打劫客船一百二十五两银子,六十二疋布,与众人均分
顺治十六年(1659年)二月二十三日	朱三麻子、王君召、朱应魁等十三人	打劫客船银子一百一十两,布八十疋,衣服八件,众盗均分
顺治十七年(1660年)二月初十日	朱三麻子、王君选、朱应魁等十九人	打劫客船银子一百二十两,布五十疋,衣服五件,众人均分

---

 ① 张伟仁主编:《明清档案》,A60—18。
 ② [清]韩世琦:《抚吴疏草》卷三一,《四库未收书辑刊》,北京:北京出版社,2000年,第217页。

续表

犯案时间	劫盗人数	抢劫所得银布数目
顺治十七年(1660年)三月二十三日	朱三麻子、邵正卿、徐旭之等七人	打劫客船一两八钱银子零,布一细,众人均分
顺治十七年(1660年)四月初十日	朱三麻子、王君召、朱应魁等十五人	打劫客船银子四十九两,夏布一百二十八疋,众人均分

资料来源:[清]韩世琦:《抚吴疏草》卷三五,《四库未收书辑刊》(第 7 册),北京:北京出版社,2000 年,第 411～413 页。

从顺治十六年(1659 年)二月至顺治十七年(1660 年)四月,朱三麻子盗伙记录在案的作案次数共是六起,所劫银两少则不足二两,多则一百三十五两。来往客商惨遭荼毒的情状随着该盗伙的覆灭方才在康熙三年大白于天下。盗贼对布客商人的劫掠使交通阻塞,物资流动困难,进而会引发社会问题,因而引起了地方官府的重视。早在顺治四年,两广总督佟养甲即上奏朝廷说:"为恳敕江浙通商便民裕饷事。窃照粤地土瘠民贫,全赖客商贸易输饷以助军需。前朝梗化南韶一带,盗贼纵横,路途阻塞已久。职入粤来,遣将设官,剿抚诸寇,自省城以达各府,俱行该道府镇将便摆塘报以通军情。又令南雄知府胡奇、守将李养臣措办骡马船只以便各商民载运庾岭,水路有赖。且验给路票,沿途放行,东粤各商几□鼓舞,络绎在途矣。但广省以岭为界……伏乞敕下江西南赣、湖口、吉安、江南、芜湖及浙江严、衢等处巡抚道将,严缉盗贼,疏通商贾,如有失事,责成地方官,庶使往来不绝,货贩通行,民获资生,兵堪腾饱,国有永利矣。"①同年宁夏巡抚亦奏称:"宁镇地处遐荒,丝绸梭布从来不产,往例丝罗皆在江南湖广等处差卖,其绸布在山西河南招商贩运。今变乱有年,路途多盗,商贾寡行,勿论丝罗无有,即□布每疋价至八九钱甚至一两有余,穷军饥民,□被最难,因之披毡裹体,结草御寒。子女有十五六岁尚赤身无底衣者,职目击于斯,易胜扼腕,除发示花马与武灵州等处,凡遇绸布客商,本属将领拨兵护送务使到镇外,其山西、河南等处商贾经行之地,非职所辖,不便疏通,伏乞呈上皇叔父摄政王敕下该部转行各省抚臣严饬所属郡邑地方凡遇客商运贩绸

---

① 张伟仁主编:《明清档案》,A5—166。

布等物来宁者,许拨兵快挨程护送,务使无虞……"①江南是丝罗绸布的主要生产地,商人为了从地区差价中追求高额利润,不远千里将绸布等物运往偏远地区,但是盗贼劫杀却使他们望而却步。上述朱三麻子盗贼团伙在短短三年时间所犯各案中,所劫银两布匹数目在当时而言都较为庞大,一方面可见当时到苏松地区从事贩布贸易的商人比较多,另一方面也可以知晓所谓郡邑拨兵快、护送布商的建议最终只不过是一句空话而已。

二、遭受太湖盗贼肆意焚掠下的环太湖镇市居民

太湖地区的盗贼不仅仅只是对舟船行客进行劫杀,而且时时袭入环太湖地区的市镇,对沿岸居民肆意地烧杀劫掠。如顺治三年,陈二、计君千等盗伙二十余人在湖中立营扎寨,"于顺治三年四月内二等焚劫金泽镇在官王芳即王宾家,抢劫杀死伊弟王茂男添寿孙女庆娜,义男吴亥,并将伊母砍伤,伊妻子奸淫。本年七月内计君千等将在官郁昌父杀死,又将董锡、顾圣、顾喜等擒捉,逼银一百二十两。又于本年九月内将在官俞尔彰家赀三千余两尽行抢劫,杀死伊使女绿云、瑞云、阿寿,恨伊具告部院,又不合将伊厅楼三所烧毁,劫去米五石。顺治四年正月内计君千、黄鸭蛋、戴仰畴等又抢在官祝文米四十一石,朱川米六十石,仍将朱川捉至营中,复勒银三十两释放。本年四月内,戴仰畴等抢劫金泽镇地方在官卢鸿擒至营中,逼银二百八十两,并将伊妻池氏杀死"②。据光绪《青浦县志》载:"金泽镇,在四十二保,与淀山对峙,四面皆湖汈。又苏境浙境之水乡交会,故盐盗出没于此,尤为北道要害。"③陈二盗伙并非贩私盐为业,处在清初乱局之下,他们专以湖汈为据点,以环湖周边市镇富户为劫掠对象,通过直接烧抢和勒索人质赎金等方式赚取银两。

盗贼的劫掠并非只以富户为对象,一般民人在烧杀劫掠中也深受其害。如顺治末年的盗匪张守智,率众"于(康熙元年)四月初五日纠率群盗五百余人连艅五十余只,突入木渎地方,杀伤分防汛兵,抢劫居民一百一十

---

① 张伟仁主编:《明清档案》,A5—194。
② 张伟仁主编:《明清档案》,A20—94。
③ [清]陈其元等修,熊其英等纂:《青浦县志》卷一〇,《乡镇险要》,光绪五年(1879年)刊本。

五家,掳去民人八十五名"。这股盗匪抢掠去的民人又是些什么身份呢?"张三郎,菜佣生理。孙壬成衣被捉,莫二因父遭擒,潘一寻主陷贼……李氏系顾门孀妇,新被守智强抢作妾。"①这些人中有小商贩、手工业者、仆人、寡妇,都是处于社会底层的普通百姓,而其他未被登录在案的尚不可计数。官府通过水路运送钱粮赋税也因此受到盗贼劫掠的影响,如顺治十四年(1657年),湖盗钱应魁等打败进剿官兵,焚掠村庄后,又"乘势遇有在官太仓州书手郁文、皂快盛升及先存今病故徐奎,押解本州上供飞金钱粮银二千零二两七钱赴苏州交纳……于十月十二日船至昆山真义镇河口,突遇大风难行,随将解银船只湾泊本镇居民陈五彩家门首,至十三日早四更时分贼众二三百人驾船三四十只围住,各执器械,将郁文头顶砍伤,并不在官船户余大夫妇亦被杀伤,将前银尽行劫去。众贼又登岸将在官居民陆□典铺房屋辄行烧毁,共约二十余家"②。

盗贼的劫掠往往导致百姓家破人亡,漂泊流离。如方志所载:"李汉,字韩友,木渎人,父嘉钊,家计颇饶。明季因湖寇蹂躏,屋宇荡然,乃赁屋三椽,嘉钊借训蒙以给朝夕。值灾祲,抑郁死。遗有三孤,贫不能就学,母许氏自课之,后皆成立,汉其长子也。"③又:"赵承经,字文伯,横塘人,以孝谨闻于乡。丁亥岁,湖寇劫其父,被箭穿胸……"④又:"范敬,平望王有明家仆。顺治初,有明为湖盗缚去,将杀之。敬乞以身代,盗不从,敬号泣投湖死。"⑤更有沿湖居民因为盗贼的猖獗而迁居他乡,与亲人流离失散者,据清人所录一则笔记云清初皇甫向自小即与表妹若兰青梅竹马,后来若兰随父亲入京,皇甫向也因为湖寇劫杀而与母王氏迁居他处:"皇甫向,字更生,吴人,少孤,习儒业。……会太湖剧盗赤脚张三横行村落间劫夺,商旅相率

---

① [清]韩世琦:《抚吴疏草》卷四,《四库未收书辑刊》,北京:北京出版社,2000年,第452~453页。
② 张伟仁主编:《明清档案》,A536—97。
③ 张壬士:《木渎小志》卷二,《人物二》,民国十年(1921年)排印,台湾:成文出版社,1983年,第118页。
④ 张壬士:《木渎小志》卷二,《人物二》,民国十年(1921年)排印,台湾:成文出版社,1983年,第119页。
⑤ [清]陈和志修,倪师孟等纂:《震泽县志》卷一八,《节义》,乾隆年间修,光绪十九年(1893年)刻本。

戒途。王氏亦徙避都中,遂十余年彼此不通音耗。"后来皇甫向入京考中进士并与若兰成婚,而若兰的弟弟也考取孝廉,因故"返洞庭东山,则剧盗张三数年前官兵已捕得伏诛,故居无恙,族人咸来问询……"①由上述材料可见,清初太湖地区的盗贼劫杀已经严重影响到了地方百姓的生计和生存。富户与普通穷苦百姓对盗贼劫掠抱持恐惧和反对的态度,或者拒不接受盗贼的勒索,或者对官府的剿灭盗贼的行动给予积极的配合。如顺治初年,"王有明,家世衣冠,赀雄于苏。时巨盗盘踞太湖,劫质富民,如责券取租。有司不敢捕,吏卒惧见俘。有明适遭掠缚,急乃大呼:'家虽有粟,不向潢池输;身虽无官,不受伪署污。'贼恶其言,遣诸贼奴系以巨石而推堕舳舻"②。如万历十六年(1588年),长兴人殷应采劫掠四乡,官府派兵到处堵截追缉,都因为水乡港汊纵横的复杂环境而没有成功,最后听取了一个土人的建议,掌握了盗贼的活动规律,趁他们登岸之际而一网打尽:"是日两营沙唬船既四面而至,而我伏波将军先以四小艇佯为贾人侦诸偷,诸偷则悉已久驰马山矣。乃下令把总韩良贵等偃旗鼓,分道而进。既进至马山,山下空无人,即趋招土人胡应扬等问状。应扬具言诸偷多湖州长兴人,专乘大风,能破浪而行,行不得风,辄潜茬苇中,风来又复拏舟去,去殆如鸟徙,将军向来,吾等犹及望见群数十艇,殷殷在西山湾也。于是将军躬提楼船十余艘,追逐至长兴夹蒲港,果若山人言,犹在茬苇中有状,于是祝海防兵生获高滔、谈虎、高志、顾康、殷周、顾良士、殷玘、卢梓、蔡五,吴把总兵生获渠魁殷应采,沈海防兵生获高泮、殷模、殷植,马总戎兵生获和尚如成及吴勘、蒋秀、周科、徐侃、沈秀、丁洪等,余党复逃。"③而顺治十四年(1657年),水师守备杨芳奉命前去剿灭湖盗钱应魁等,但是被贼众打得大败,损兵折船,在地方百姓的帮助下才拿获了两个俘虏,"止有在官徐二、王大因行走,追至车渡浜地方,叫喊居民,得将二人擒获,押送捕厅"。但是当地民人帮助官府的行为遭到了盗贼更为凶狠的报复:"比时贼见官兵少退,仍回本处。

---

① [清]王韬:《淞滨琐话》卷四,济南:齐鲁书社,2004年,第80~84页。
② [清]齐召南:《宝纶堂诗文钞》卷五,《吴江王节妇诗(潘昶作传)》,台北:文海出版社,1969年,第622页。
③ [明]瞿九思:《足本万历武功录》卷二,台北:艺文印书馆,1980年,第137~139页。

闻知徐二、王大被擒衔恨,复统众烧劫,将居民荣齐云、郑安、吉进贵杀死,又砍伤荣圣□、□祖、吴全、杨文,捉去季佛、季阿长、朱大、朱二、□□、庄二、陆明、妇女庄氏,且灰烬衣谷,一村赤地,民人星散。"①

综上而言,太湖盗贼的活动,特别是在明末清初社会大变乱时的活动,不是只针对富户的杀富济贫式的劫掠,贫苦的百姓也往往在劫掠中深受其害,因而一般百姓更多的时候站在了反对盗贼的立场上。他们熟悉盗贼活动情况,要么给官府剿贼提供有益的建议,要么帮助官府擒获盗贼。也正因为这方面的缘故,随着康熙初年社会秩序的逐渐稳定,这些大股盗贼渐次被剿灭。

三、太湖盗贼与地方豪强大族

对于生活于环太湖周边地区的豪强大姓而言,太湖地区的盗贼活动对其有着双重的影响。其一,太湖盗贼以大姓豪族为窝主,将抢来的钱物以合法的途径分销出去,并寻求他们的庇护;大姓豪族也利用劫掠商货来聚敛财富。其二,太湖盗贼又往往以大姓富户为劫掠对象,对他们的人身财产安全构成威胁,因而他们又往往团聚民众,对盗贼的劫掠进行抵制。

大姓强族与太湖盗贼互为利用。如在崇祯年间,大盗屠阿丑拥众千人出入湖泖中,时任江浙地方官蔡懋德奉委前去捕剿。蔡懋德经过调查,了解了该股盗匪皆以大姓巨室为窝主,因而设下计谋,顺利清除了屠阿丑盗伙势力:"公(指蔡懋德)察盗窝皆湖滨巨室,密致之来,胁以利害曰:'汝能为我用,当贷汝死,然不责汝钩捕,但吾遣人至乡者,汝密留之,勿泄耳。'窝主悉叩头愿效命。于是招部将授以方略。侦贼所在,散健卒为商贾、匠工、星卜,先后至其地,分布远近。窝主奉命饮食之,约日齐发,盗沈千斤者,阿丑义儿也,最骁勇,捕人起擒盗,沈力战被伤,阿丑夺气遁。有部卒伪为田夫,值于隘道,猝抱持之,恭陷泥淖中,追者至,遂生擒阿丑。"②此则材料虽然指称"巨室",但语焉不详。而在《明史·冯元飚传》中的一则材料,却可以对此处所言的"巨室"做出很好的诠释,该材料云:"冯元飚,举崇祯元年进士,授都水主事。……乞假归,寻起礼部主事,进员外郎郎中,迁苏松兵

---

① 张伟仁:《明清档案》,A36—97。
② [清]魏禧:《魏叔子文集外编》卷一七,《明右副都御史忠襄蔡公传》,第808页。

备参议。温体仁当国,唐世济为都御史,皆乌程人,其乡人盗太湖,以两家为窝主。元飏捕得其渠魁,则世济族子也,置之法。"①依仗本族亲人在朝廷做高官的便利,肆意在太湖进行劫掠,这既是明末政治腐败的产物,也说明了太湖盗贼活动与沿湖地区豪族之间盘根错节的关系。然而,引当朝宰相和都御史做后台毕竟是特殊时代下的个别情况,更多的时候,所谓充当窝主的豪强,都是些地方上有功名、有财势的人。如顺治十一年(1654年)湖州府总捕官上报的一个案子所录盗犯的口供中曰:"陆元伯供,系胡阿留下头目,七月内同高圣元、潘大、戴四,带领二百多人,要打劫新市,(后撞遇官兵而未遂)……前次打劫□□是姚七与胡阿留,姚七藏在沙村沈秀才家,名应科。胡阿留在德清中馆地方姚家等语。""陆元伯又于八月十八日在山兰地方同胡阿留等一百七八十人,小划船四十余只,打劫濮皖镇。先有本地人沈仁寰、于天勇、季省初等六名来报濮镇没有官兵防守,引至濮镇在里接应,十九日黎明抢至日西方散。所劫银物寄在蔺村生员沈去非家。"②无论是沙村沈秀才,还是蔺村沈生员,都是盗匪藏身寄赃的地方,地方上的实权人物与盗匪相勾结,从焚杀劫掠的盗匪活动中分得一份意外财物。

但是,并不是地方上所有的大姓强族都从事这种为盗贼提供匿身销赃处所的勾当,作为盗贼劫掠的受害者,他们往往对太湖盗贼的劫掠进行抵制。如在元朝末年,吴县金氏族人的御盗,"府君讳朝勋,字令猷,姓金氏;为吴著姓,而其族非一。府君先世有千户公讳恭二者,当元之季,卜居吴之吴苑乡,是为府君始祖。乡濒太湖,于是湖中多盗,乘间肆出剽掠。公率两子三孙团集乡人捍盗,两孙皆死于盗,而意气不少沮,所擒杀甚夥,盗相戒不敢犯,由是一乡得完。"③迨至明末清初,又有席本桢,"字宁候,世居洞庭东山,家素饶。……鼎革时湖中多不靖,本桢率乡人捍御,一方安堵。殁后,人感其德,建祠祀之"④。

---

① [清]万斯同:《明史》卷三六二,《列传第二百一十三》,上海:上海古籍出版社,2008年,第405页。

② [清]张伟仁主编:《明清档案》,A21—53。

③ [清]汪琬:《尧峰文钞》卷一六,《四部丛刊初编·集部》,上海:上海书店出版社,1989年。

④ [清]李铭皖等修,冯桂芬等纂:《苏州府志》卷八二,《人物九》,光绪九年(1883年)刊本。

率领家族、团聚乡人共同御盗,这些在地方上有号召力的人物因为他们的义举泽被乡党而被后人铭记。但是也有出于御盗的初衷而最终成为乡里之害者,如清初朱佑明,"自其父以上,世业木工,其兄始商于楚豫间,居积颇厚。兄死,佑明又力经营,至鼎革之际,其门下估客各思避乱,委其货以去。国初,商贾不通,物价腾涌数十倍,由是家益富,一时缙绅皆与结婚。郡城张御史嘉以兄子妻其仲子彦绍,佑明奉之甚厚。嘉弟汉性险谲,以奉之者降嘉一等,憾甚。时佑明充浙江制造局内堂长,家居石桥浦,临太湖,群盗出没其间。乃召募勇士,置军器弓刀枪炮无不具,为御盗备也。汉以此与分巡道史儒纲密谋,将发,为兵役所泄,佑明立取诸军器沉于湖。史至,遍搜不获,而兵役船夫偶取其上供锦缎以去,佑明讼诸织造太监卢九德,厚赂之。九德疏劾儒纲,以朝廷职官强劫御用袍服罪斩,遇赦减等遣戍,于是佑明之名震远迩,草菅人命,为其破家者不可胜计。有二女,一嫁潘尚书季驯诸孙,一嫁姚掌科延启之子。长子念绍娶仁和王兵曹羽之妹,叔子克绍娶曹邨金太傅之俊女。佑明益恃无恐,然终以其居邻盗窟,时有戒心,乃买南浔董氏废第改造,费白金数万,壮丽甲于一郡"①。祖业木工而改事贸易的朱佑明趁明末清初社会动乱的形势大发横财,又通过与清朝新贵的联姻使自己成为地方上有势力的人物。然而,太湖盗贼却是他忌惮的对象。募勇士、备军器,因为有谋反之嫌疑而险遭陷害,转而高屋宇、壮府第,以防盗贼突入之不测。朱佑明的防盗并非像上述金姓始祖或者席本桢等人是为了捍卫一方的平安,而仅仅只是为了保护自己的性命和家产。这是地方豪族在应对太湖盗贼劫掠时不可不注意的一种现象。

四、太湖盗贼与明遗民的抗清活动

时局的治乱既是盗贼活动猖獗与否的晴雨表,又往往把单纯以劫财为目的的盗贼推入政治事件的前台。晚明遗民利用盗贼团伙的现有力量反抗清军,力图恢复旧国山河,太湖盗贼也乐于受这些曾经不被其抬举的士绅的驱使,以谋求更大的经济利益。作为社会中的破坏力量,太湖盗贼因为劫掠的残忍往往受到官民的一致厌弃和讨伐,而旧明士大夫的抗清复明

---

① [清]杨凤苞:《秋室集》卷五,载《续修四库全书·集部》(第1476册),上海:上海古籍出版社,1995年,第63~64页。

活动因与儒家价值观的契合而被当时社会主流舆论所赞许。但是，在明末清初的时局中，这两个原本水火不容的群体却走到了一起。

促使二者走到一起的原因是清朝的薙发令。清军入关之始，就颁下剃发的命令，在南下消灭农民军和明王朝残余势力的过程中，此项命令随着清军的铁蹄被推行于所占领的区域。然而，薙发令遭到了江南士民的坚决抵制："顺治乙酉夏五月初九日，大兵渡江而南。弘光帝如靖南伯黄得功营。……六月初四日，大兵入阊门，闰六月十二日，郡中下薙发之令。长洲诸生陆世钥，字兆鱼，起兵于陈湖，召募乡勇，赴者云集，以白布裹首，号曰义师。"①又顾公燮《丹午笔记》详云："追剃发令下时，有福山副总鲁之屿，字若瑟，首先倡拒。乡兵四起，头缠白布。诸生陆世钥聚众千余，屯陈湖中。有十将官者，亦屯千余人于左近，绕城而呼。民间柴斧，妇女裙幅，皆为干戈旌旗而披猖于道。又有太湖盗赤脚张三，负隅劫掠富民，从而和之""国初，群盗蜂起，白布缠头，号曰'白头兵'。太湖有赤脚张三、毛二、沈泮、桓相甫、扒手大王等，盘踞淀山、长白荡、澄湖。"②又光绪《苏州府志》云："（顺治二年）闰六月癸巳，薙发令下，湖寇突入葑门，头缠白布，乱民从之，一时汹汹。兵部侍郎李延龄、巡抚都御史土国宝遣兵追捕，立即解散。而城中几遭屠戮。国宝作劝民歌，招谕远近，（吴江人周）荃每进说，多所存活。吴江吴易出没太湖，昆山王佐才等撄城拒守，咸应时平定。"③旧明士大夫借薙发的机会倡议反清，太湖地区原有盗贼势力应声附和，纷纷白布缠头，但做的仍是劫财勒索赎金的勾当。吴易是吴江人，曾中明崇祯进士。福王即位南京时，被任命为职方主事，后来在家乡起兵，组织水师千余人，出没于太湖中，从事抗清斗争，但是最终因为寡不敌众而被俘牺牲。

司徒琳曾经把南明这段时间的抗清势力的组成分为三类，一是文人，一是职业军人，第三类是草莽人物。"包括大股流寇部队的残余、土匪、海盗，以及其他非法武装组织，如帮会之类。对于抗清悲剧中的人物来说，分野当然不像以上所说的那样清楚。抗清活动犬牙交错，就具体的人而言，

---

① ［清］陶煦：《周庄镇志》卷六，《杂记》，光绪八年（1882年）刊本。
② ［清］顾公燮：《丹午笔记》，南京：江苏古籍出版社，1985年，第54、143页。
③ ［清］李铭皖等修，冯桂芬等纂：《苏州府志》卷二八，《军制》，光绪九年（1883年）刊本。

属于何种类型是游移难定、界限不清的。例如,此时的职业军人,大部分是由以前的流寇所组成,包括其普通兵士及杰出首领。这使得约束这部分军队大成问题。甚至志愿兵士,一旦迫于生计,也会干起盗贼勾当。"①这段论述指出了在清初抗清势力中存在的普遍问题,即抗清力量组成成分的复杂,各个群体乃至个人怀着不同的目的举起抗清复明的旗帜,但是却极容易流于盗匪化,所以当时的一些有识之士对此有着较为清醒的认识。史载:"杨维斗先生,名廷枢,尚书公成之孙。……乙酉,王师下江南,即屏居邓尉山中。是时太湖有盗,白布缠头,胜国绅衿亡命者咸托为逋逃薮。以倡义为名,招公共事,公曰:'倡义固出忠心,但粮从何办?'湖寇曰:'取之于民,不患无粮'。公曰:'若此,则为盗矣。'"②粮草确实是当时义军所面临的必须解决的大问题,如上述长洲诸生陆世钥招募乡兵,聚兵陈湖,后来因为粮饷无从筹措,开始对村镇进行盗匪式的劫掠:"初,乡兵之起也,惟征粮巨室,不大为民害。嗣后则望屋而食,往来盗抄,蜂屯蚁聚,蔓延数百里,周瑞、张贵、陈打生其渠魁也。三人有膂力,善作炮,聚众数千人,雄据吴江、青浦、嘉善三邑界湖泊中,巡抚遣将汪某往剿之,全军覆没。黠者给瑞以闽中封赏,势益张。久之,易被获于嘉善之丁家坟,稍不振之。儁(按:此处指长洲生员戴之儁)说胜兆(按:此处指时任苏州提督吴胜兆)复为明臣以应闽,且招乡兵为援。未几,兵败而死。胜兆亦为麾下所缚,巡抚使人诱瑞等降之,寻斩之于市,其党钱大等犹出没为害,数年方息,吴人兵燹之祸,至此而极焉。"③周瑞等活跃于太湖附近的淀山、泖湖、澄湖一带,乡兵本来是为反清复明而招募,但是随着倡导者的相继被擒,乡兵的性质开始向盗匪转化。迨至吴易、周瑞等被俘之后,所谓的乡兵已经完全蜕变为盗贼了。即如材料中提及的钱大,即是当时有名的湖寇。钱大盗伙至顺治末年仍在活动,如康熙元年所审盗犯王二等,即是钱大余党,"该臣看得王二、王五与监毙盗犯杨大、王三等皆别案正法湖寇钱大之伙党也,啸聚多凶,联舡列械,出没江浙之间,抗拒官兵,遍肆流劫。至如杀掠阳城湖之章家浜,烧毁民

---

① [美]司徒琳著,李荣庆等译:《南明史:1644—1662》,上海:上海书店出版社,2007年,第49页。
② [清]顾公燮:《丹午笔记》,南京:江苏古籍出版社,1985年,第153~154页。
③ [清]陶煦:《周庄镇志》卷六,《杂记》,光绪八年(1882年)刊本。

庐,掳淫妇女,此尤为凶残之更烈者也。追败窜锡邑,旋被逻擒,历经研审,赃供最真,难妇章氏活口确证,亟宜用正典刑……"①

可见此时的湖寇即是彼时的乡兵,只是没有了最初的政治要求,而以劫掠为生。

总而言之,太湖区域的盗贼主要通过劫掠的手段攫取经济利益,不但戕害过往商客的性命和财产,阻塞商路,而且与豪强大姓相勾结,袭击沿湖周边村镇,惨毒地方。一般民人和地方势族也采取种种办法来抵御湖寇的焚杀劫掠。在明清易代之际,旧明宦绅借用太湖盗贼的力量进行抗清复明的活动。粮饷补给的缺乏、军事上的不断失利和抗清精英的相继被获使地方乡兵蜕变为盗贼,使地方社会秩序更加混乱难治。

第四节 征剿与控制:明清官府对太湖盗贼活动的应对

弭盗是中国古代历朝官府都很重视的要务。太湖地区盗贼多发的问题由来已久,特别是在晚明至清前期,地方官员和士绅对太湖多盗、水乡难治的评价越来越多地见诸他们的奏疏和文集中。如何应对活动在水域上的这些盗贼,是江南地区的地方官必须时时要面对和解决的问题。而军事征剿的非常规应对和通过建立相应制度的常规控制,是江南地区的地方官经常采用的两种手段。这些控制水乡的手段虽然多少都有些弊端,给地方社会带来了一些不利的影响。但是,这些手段的使用又使明清江南社会的秩序保持了相对的稳定,保证了江南地区水路交通的畅通,为该地区经济的发展提供了一个相对较好的治安环境。

一、军事征剿:明清官府治理水乡盗贼的非常规手段

所谓非常规手段,是相对于事件发生的突然性和严重程度而言,系一种临时性的应对措施。盗案起于不测,且盗伙人数较多,捕役无力缉捕,巡

---

① [清]韩世琦:《抚吴疏草》卷七,《四库未收书辑刊》,北京:北京出版社,2000年,第587页。

检司势单力寡,又需要州县协同应对,在这种情形下,往往只能动用军队进行军事围堵和征剿。又因为盗伙规模较大的情况多出现在社会秩序开始陷入混乱的时候,所以军事征剿手段也多见于明末清初之际。

万历十六年(1588年),殷应采盗伙突入太湖,肆意劫掠,引起了官府的重视,并派兵对他们进行围堵和追剿:

> (殷应采等)乃至周铁桥佯装为民买桑,因略桃湾诸富室。而会吴江人张春舟载绵䌷,道逢应采,采等并略其舟。是时海防使沈尧中、祝眉寿即与常州守谭桂及宜兴令陈璘玮、帅簿吴坤、逻使李清伦巡檄沙塘、百渎、乌溪诸港。港中尽以枝连树塞其中,禁行舟过宾往来也。应采等果不敢入禁地,乃分其三舟,载油十篓。又佯为商,直走长兴,出卖词近事,而下邦诸逻卒鏖战香山嘴,杀六人,生得十六人,诸偷悉遁逃走,走黄渎湖,而大保崔忠等追亡逐北,夺获贼舟一艘,及衣服诸什物,乃止壁马迹焦横山。然亦乍来乍往,亡常所也。于是台御史余立乃咨浙台御史滕伯输,即檄备兵使李涞提刘河兵出宜兴蹑其后,副总戎马继武提吴淞兵出胥口邀其前。是日两营沙唬船既四面而至,而我伏波将军先以四小艇佯为贾人侦诸偷,诸偷则悉已久驰马山矣。乃下令把总韩良贵等偃旗鼓,分道而进。既进至马山,山下空无人,即趋招土人胡应扬等问状。应扬具言诸偷多湖州长兴人,专乘大风,能破浪而行,行不得风,辄潜葭苇中,风来又复挐舟去,去殆如鸟徙,将军向来,吾等犹及望见群数十艇,殷殷在西山湾也。于是将军躬提楼船十余艘,追逐至长兴夹蒲港,果若山人言,犹在葭苇中有状。于是祝海防兵生获高滔、谈虎、高志、顾康、殷周、顾良士、殷玘、卢梓、蔡五,吴把总兵生获渠魁殷应采,沈海防兵生获高泮、殷模、殷植,马总戎兵生获和尚如成及吴勘、蒋秀、周科、徐侃、沈秀、丁洪等,余党复遁逃。①

海防使与苏州、常州两府的州县地方官共同谋划,调集兵将,围追堵截,最终取得大胜。但是,军事征剿也有失利的时候,顺治十四年间,原本驻守海汛的水师游击杨芳主动请缨前去剿灭湖寇钱应魁。他带领一百七十五名官兵,驾乘沙船六只,但是因为沙船高大,"贼见即投小港藏匿",因

---

① [明]瞿九思:《足本万历武功录》卷二,台北:艺文印书馆,1980年,第138页。

此进剿一月有余却劳而无功①,后来换乘小船,又被湖盗打得大败而回。

康熙元年(1662年),湖寇张守智率领盗贼五百余人,船五十余只,于四月初五日焚掠太湖岸边的木渎镇。时任江宁巡抚韩世琦迅速调集官兵堵截。

> 臣一闻警报,念切歼除,当将失事情形、疏防文职具疏入告外,随即勒令道府印捕员役并箚调苏州营游击李成功星夜率兵追剿,兼会总督、提督诸臣分遣提标左营游击王永祯、右营游击张国杰合力前进,陆续擒获盗党张振明等。臣复益加策励,诸将士奋激争先,穷追密捣,各路攻围,于四月十七日首逆张守智已就擒缚。因余孽未靖,押令引拏。乃贼心未死,预伏阴谋,于二十一日之夜暗通腹寇高长子等勾连贼艘五六十号,闯营邀夺,幸将卒严备,水陆迎击,阵斩贼级二十八颗,杀伤溺死无算,夺获贼船八只并器械等件……②

此案中张守智盗伙在顺治十七年间已经接受官府的招安,又于顺治十八年底反叛入湖,对沿湖村镇大肆劫掠,并与高长子盗伙相勾结。官府调兵追剿使这两股盗贼相继覆灭,受其蹂躏的太湖民人也得以从困厄中脱身:"谢二与监故之郑小二等俱剧盗高长子伙党也,于顺治十八年五月十一日,二竟驾船向导,勾合多凶,明火执械,拥劫郑荆台家,不惟磬剥其赀,且将荆台砍伤,囚系船内。谢二名下分有现起丝勔布衫,郑小二亦分现起丝勔。复拷荆台勒银取赎,幸官兵入湖搜剿,荆台甫得脱归。"③

军事征剿手段多使用于明末清初社会动荡的时期,已如上述。但是,鉴于太湖多盗的历史与现实状况,清代政府于康熙四年(1665年)在太湖地区设立太湖营,以加强此地的军事控制力。④ 所以,即使在雍正、乾隆时期清朝已臻盛世之时,武臣督率兵士缉盗仍不鲜见,如乾隆中期的太湖营将领何安邦,"君姓何氏,讳安邦,字德荫,号凤山,江苏荆溪县人。……乾隆三十六年以武生举本省乡试,投效太湖营。盗魁某匿某邨,侦者既得实,而盗凶悍难近,众莫敢谁何。君伐竹肖鸟枪形,剪索作燃火状,令从者伏险

---

① 张伟仁主编:《明清档案》,A36—97。
② [清]韩世琦:《抚吴疏草》卷四,《四库未收书辑刊》,北京:北京出版社,2000年,第452～453页。
③ [清]韩世琦:《抚吴疏草》卷一六,第267页。
④ [清]金友理:《太湖备考》卷四,南京:江苏古籍出版社,1998年,第148页。

隘作疑兵,君独先入。盗将遁,遇伏大骇失措,乃就擒。论功授高资千总,擢水师守备"①。

使用军事征剿的手段可以比较迅速而有效地剿灭动辄百人以上的盗贼团伙的活动,但是,此种手段亦有它的弊端。主要在于水师兵将使用的船只多数是仿照海船式样,一般体积较大,适宜于海战,而在内陆湖泊中行驶,与太湖舟船相比,则显得不够灵活,且因为体积大的缘故,不便于隐藏,容易被盗贼发现而远遁。正如茅元仪所论:"江船与海船不同,海船与内河之船不同,内河之船与湖泖船又不同。"而湖泖中的船只又可分为六类:"湖泖之船,大小不齐,运石者谓之山船,运货者谓之碾船,民家自出入者谓之塘船,卫所巡司所用者谓之巡船,乡夫水兵所驾者谓之哨船,往来津口者谓之渡船。"但是,这六类船只都不如渔船适宜于在湖泊中行驶:"六者虽皆习知湖中风涛之性,尤未若渔船之便利也。渔船莫大于帆罟,其桅或六道(原文小注:可装二千石),或五道(原文小注:可装一千四五百石),或四道(原文小注:可装千石)。无间寒暑,昼夜在湖,每二只合为一舍,素为贼之所畏,虽蓄巨万,贼不敢近也。联而之,太湖攻战,此其最善乎!"又据《苏州府志》云:"太湖中六桅渔船之制,不知其所自始,或云是范大夫移家具。船身长八丈五尺,而梁宽一丈五六尺,落舱深丈许,中立三大桅,五丈者一,四丈五尺者二,提头一桅三丈许,梢桅二,皆二丈许,以四船相联为一带,而以少梢桅分左右为雌雄。"②以此可知茅元仪所说太湖六桅渔船的具体规模。前引顺治十四年,原驻防海汛的水师守备杨芳入湖剿寇,最初使用的是沙船。沙船为沿海沙民所用,故名。它只适合在沿海浅水区作协助防守之用,而不能入深海作战,"沙船仅可于各港协守小洋出哨","沙船底平,不能破深水之大浪也"。③ 但是,只能适用于浅海水域的沙船到了太湖却因其过于高大而被弃用,水师官兵不得不雇佣民间小船三十余只前往剿盗。雍

---

① [清]赵怀玉:《亦有生斋文集》卷一四,载顾廷龙主编:《续修四库全书》(第1469册),上海:上海古籍出版社,1997年,第193页。
② [清]李铭皖等修,冯桂芬等纂:《苏州府志》卷一四八,《杂记五》,光绪九年(1883年)刊本。
③ [明]郑若曾撰;李致忠点校:《筹海图编》卷一三上,北京:中华书局,2007年,第880页。

正八年浙江总督李卫亦评论道:"水乡捕哨,原借巡船,而因地制宜,各随所用。支河窄港,非大艘所能游行,尾大篷高,又驾驭不甚灵便。查太湖营沙船八只,原系身长七丈,在湖面波浪之中,乘风迅驶,实为得力,一至沿湖溇渎,桥低港窄,无风难以动摇。"①李卫建议使用沙船与快船相互辅用,湖面用沙船,港渎用快船的办法来解决这一问题。

太湖水域虽然盗案繁多,但是规模较大的盗贼活动却不常出现,因此军事手段应用于非常时期发生的非常情况,而平时的巡察和缉盗则不得不依赖于一些常规性的制度建立。

二、制度建设:明清官府治理水乡盗贼的常规手段

所谓常规手段,主要是指官府通过盗案未发时积极预防、盗案发生后便于迅速应对的方面着眼,通过建立巡检司、增设塘汛、密布水栅、编查保甲等重在平时稽查的防卫和控制手段,以达到限制和消弭盗贼活动的目的。下文仅就以上所列几点分别述之。

(一)建立巡检司

巡检作为官称出现于唐代中叶,主要设置在盐池产地、交通要道和军队等处。它在当时的地位,"地方巡检相当于小的公安人员,经济领域(巡院)的巡检国家设有固定官额,军队里巡检相当于低级武官"②。此时的巡检不但官职卑微,而且数量极少。五代时期,巡检数量与唐代相比有较大的增加,职能也大大扩充,"或带兵驻守、出征,或监督地方军阀势力,或维持地方治安;同时,又将一些军阀调入京师充任巡检"③。到了宋代,巡检与县尉共同成为维护基层社会治安的重要力量,但是二者在职能上又有不同。"基本上,县尉负责县城及草市的治安,属于民防性质;巡检则负责维持乡村治安,对付大股盗贼,'不得与闻州县事',驻所也偏设于地形险要之处,军防性质较强。巡检的任用资格虽多,但仍以武职官员为主,任期较长,其中武学生及武举人出身的人是出任巡检的重要资历。而县尉一般是

---

① [清]金友理:《太湖备考》卷四,南京:江苏古籍出版社,1998年,第154页。
② 刘琴丽:《五代巡检研究》,《史学月刊》2003年第6期,第35页。
③ 刘琴丽:《五代巡检研究》,《史学月刊》2003年第6期,第40页。

由文官担任,偶有兼差武职的情形。"①可见在宋代,巡检具有很浓厚的军事色彩,这与后世巡检作为州县佐贰人员而被纳入地方行政序列是很不相同的。元代,开始大量出现文职官员出任巡检的现象。当时为了缓解学官升转的困难,元朝政府将一部分儒士出身的学官转任巡检,这种做法虽然在当时引起了极大的争议,认为文人不堪担负缉盗安民的职责②,但是也有人持赞同的意见,元人苏天爵说:"夫朝廷命学校之官居巡检之职,匪第资其捍御之方,盖欲责其抚字教养之事也。"③巡检的数量在明代得到了最大规模的扩充,"在明代所有的国家政府机构中,巡检司的数目最大",并且明代巡检司的职能更加细化,据王伟凯的研究,大概有七项之多④。追至清代,巡检司的数量被压缩,绿营兵防在地方防卫力量中的地位逐渐突出。从自宋迄清的太湖地区巡检司设置上,即可看出巡检司的这种职能与数量的变化。

据赵思渊研究,宋代的太湖水域至少设置了昆山石浦、平望、甪直、震泽、吴江长桥、汤湖、同里、简村、因渎、烂溪、常熟福山等十余个巡检司⑤。以甪头为例,清代光绪年间《苏州府志》上说:"甪头巡检司,在洞庭西山,宋置于湖州长兴县吕山界。元祐八年都省江淮两浙转运提刑司奏移今所,明洪武间移于后堡,正统间重建今所,今署毁,就民居。"而巡检司由吕山移驻甪头的原因主要是因为吕山巡检只是管治长兴一县的盗贼,而太湖广阔,沿湖州县村镇林立,若要加强对太湖及其周边地区的控制,就必须选择一个合适的地点以便于应对大股盗贼,这个地方就是太湖中的甪头山。

> 太湖四面如二三百里,分属苏、湖、常地,虽逐州边湖县分尉司分管地界,自来只是水面约貌无缘的确,民或被劫告官,地分耆壮,并捕盗官司递相推注,养成群恶,风波之内,肆为剽掠。有苏州洞庭之隅,地名甪头,处太湖中,欲添置巡检司,与马迹、香兰巡检司同太湖内巡

---

① 黄宽重:《从中央与地方关系互动看宋代基层社会演变》,《历史研究》2005年第4期,第103页。
② 申万里:《元代学官选注巡检考》,《中央民族大学学报》2005年第5期,第73~79页。
③ [元]苏天爵:《送刘德刚赴三尖寨巡序》,转引自申万里:《元代学官选注巡检考》,《中央民族大学学报》2005年第5期,第76页。
④ 王伟凯:《试论明代的巡检司》,《史学月刊》2006年第3期,第50~52页。
⑤ 王伟凯:《试论明代的巡检司》,《史学月刊》2006年第3期,第143~144页。

捕贼徒。北□山更置巡捕,逐季轮值兵级人船守巡。其本州长兴县吕山头巡检止是一县盗贼,县有县尉,亦非控扼,可罢,乞徙甪头山。①

宋代的巡检所领水军大多只具有维持地方治安的职责。

元代又增设皋塘巡检司、大钱湖口寨、镇守长桥水军万户府。明代改大钱湖口寨为大钱巡检司(洪武二年,1369年),洪武四年(1371年)将因渎巡检司移置吴淞,后又裁革。而北宋中后期已经被废止的北□山巡捕也于正德年间重新设立,但不久即又废除。成化十七年(1481年),巡抚王恕奏设东山巡检司。嘉靖年间,倭寇由吴淞江内犯,太湖告警,明政府为防御倭寇,临时增设了胥口、甪头等寨,倭警解除后,这些寨营又被废除。"胥口寨,《吴县志》:'嘉靖三十四年,巡抚曹邦辅置,以御倭寇。后废。'""西洞庭山大胜寨、甪头寨、鼋山寨、石公寨、龟山寨、圻村寨、东洞庭山嘶马寨、丰圻寨、毛园哨、梁山哨、长圻寨、蓣山营、渡船营,皆巡抚曹邦辅置,用耆民为团长,选练乡勇,以御倭寇。倭灭后俱废。"②到了清代,"本朝设立营汛,巡检多所裁革,太湖内外止存甪头、东山、大钱三司,每司仅存弓兵二十名,已与武备无关"③。

宋、明政府增建巡检司的效果如何呢?仍以上引甪头巡检司为例,它于元祐八年由长兴县吕山巡检司迁入后,确实起到了抑制盗贼活动的作用,据南宋朱俊民《甪头巡检司记》评论:"噫!朝廷之置寨者,为民御盗患也。人民之获安生者,赖朝廷之有营寨也。甪头自创建至今,几数百载,四境寂然,不复聆剽掠。若然,则寨之有益于民岂浅浅哉!"④这篇文字写成于乾道七年(1171年),距离元祐八年(1093年)初设巡检司有七十八年的时间,虽然"几数百载"的说法有些夸大其词,但是"四境寂然,不复聆剽掠"也足以说明甪头巡检司的设置确实是发挥了作用。然而,在传统社会,往

---

① [清]李铭皖等修,冯桂芬等纂:《苏州府志》卷二一,《公署·移置甪头巡检状》,光绪九年(1883年)刊本。

② 以上俱见[清]金友理:《太湖备考》卷四,《兵防》,南京:江苏古籍出版社,1985年,第143~146页。

③ [清]金友理:《太湖备考》卷四,《兵防》,南京:江苏古籍出版社,1985年,第167页。

④ [清]李铭皖等修,冯桂芬等纂:《苏州府志》卷二一,《公署》,光绪九年(1883年)刊本。

往一项制度初建立时一般都能够被地方官吏认真地对待和有效地执行,等到年深岁久,则会变得敷衍应付。如震泽巡检司,初创于洪武年间:"我太祖高皇帝以其地独远郡邑,西连苕、霅,东接吴淞,南临檇李,北枕太湖,无知之徒啸聚出没,不有以镇之,孰从而警之。于是设巡馆,置吏兵以保障兹土,此震泽司之所由立也。"其间历经二百三十余年,待到万历初年时,震泽巡检司署已经是朽破不堪,官兵老弱,难以起到震慑盗贼的作用,只有等到有责任心的官员莅任,才能重建巡司,整肃军纪:"乙亥九月,古杭夏君濂来任兹土,首请其事于署县二府周公,原捐己资以构之。……又捐历俸以置巡船者二,亲为防缉,无不尽其职者。是以盐盗皆屏迹远窜,辖境之内赖以安堵。"①这是时任刑部主事的震泽人吴易所写的一篇文字,作于万历四年(1576年),他简述了震泽司官署从建立到衰朽再到重建的过程,其间历经二百余年,虽然他没有详细记载兴废的具体情形,但是我们仍然可以看出地方巡检司在保障一方安宁的同时又不可避免地存在弊病。

综上而论,自宋迄清,环太湖地区巡检司的设置经历了由少到多,又由多到少的变化过程。其中明代最多,清代最少。但是,我们又不能仅仅依据这个变化的轨迹就说清代对太湖水域的控制能力是减弱了。因为在清代,虽然巡检的数目是减少了,但是营兵塘汛的数目却是大大增加。这个变化始自明朝晚期,至清雍正年间得到完善。

(二)营兵塘汛

《太湖备考》记载:"宋代兵制,禁军、厢军之外,又有土兵,领以巡检,在城为司,在乡为寨。建炎后,增置水军于沿江要地,而防御太湖则惟是巡检土兵而已。"②土兵在北宋初年意指"本地军",又称为"土军"。至宋神宗在位时期,土军开始成为一个独立的军种,用以指各地巡检统辖下的地方军。③ 同时,北宋政府在濒江临湖州县地方设立水军,也以土兵充伍,以巡检统领。"宋神宗时,'知宣州陈佴乞沿江湖州军各置水军三五百人,以巡

---

① [清]李铭皖等修,冯桂芬等纂:《苏州府志》卷二一,《公署·明吴秀重建震泽司碑记》,光绪九年(1883年)刊本。

② [清]金友理:《太湖备考》卷四,《兵防》,南京:江苏古籍出版社,1985年,第143页。

③ 王曾瑜:《宋朝兵制初探》,北京:中华书局,1983年,第82～83页。

检主之,教以水战,当责巡捕'。皇帝于是下诏:'应已招置土兵巡检地分,如有江河海道,令申所属具舟教战。'"①当时的巡检统领三五百人应该是常数,但是太湖地区一个巡检所统领的土兵却只有一百余人,如角头寨,"额管土兵一百四十四名";马迹寨,"额管土兵一百七十五人";香兰寨,"额管土兵一百八十五人"②。之所以如此,可能与太湖巡检主要担负维持水面治安秩序而不以作战为主的职能有关。这时的巡检实际上即是清代的驻防营汛。

明代前中期,太湖地区巡检的建制大幅度增加,而具有军事驻防性质的丁壮乡团则时设时废。巡检可以防缉小股盗匪的活动,一旦遇到势力较大的盗贼劫掠,巡检司就难以应对。万历十六年(1588年),殷应采盗伙百余人横行太湖,地方官府不能遏制,遂吁清朝廷派遣兵将前往征剿。事定之后,明朝政府开始在太湖设立常备驻扎力量:"是后台御史佘立、御史荆州土及浙御史马朝阳皆后先使使者奏事,乃请以廷臣条对善后诸计策。于是给谏张希皋、御史彭而珩、方万策及三台复以书奏对。书多不载,大略掣吴淞游兵五百人,或以参将游击统之,于吴县则备胥口、石湖、大关口、白羊湾、莫舍溇,于吴江则备叶港、雪落港、简村、鲇鱼、韭溪、栅阙口,于宜兴则备沙塘、乌溪、定溽、荆溪渎、东蠡、河阳、溪渎、下埠口、马迹山,于无锡则备独山、浦岭、吴塘,而它间道。于丹阳则备七里桥,于常州则备普济桥,于武进则备戚墅堰,于无锡则备花渡桥,此又其计之得者也。"③又《太湖备考》转引《吴县志》云:"万历十六年巡抚周继札,委把总一员,领兵三百二十名,梭快船三十三只,巡防太湖。"又引《常州府志》:"万历十六年,岁荒盗起,议设哨官一员,水兵七十七名,巡防沿河一带。哨官驻扎下埠港内之薛堰桥。巡船七只,分布下埠港、闾江、水溜港、独山门、马迹山之东谷嘴、苦竹湾、胥山嘴诸处。"④上述二段材料对于万历十六年(1588年)明政府在太湖设兵

---

① 王曾瑜:《宋朝兵制初探》,北京:中华书局,1983年,第169~170页。
② [清]金友理:《太湖备考》卷四,《兵防》,南京:江苏古籍出版社,1985年,第143~144页。
③ [明]瞿九思:《足本万历武功录》卷二,台北:艺文印书馆,1980年,第139页。
④ [清]金友理:《太湖备考》卷四,《兵防》,南京:江苏古籍出版社,1985年,第147页。

驻防的记述大致相同,只是在具体设兵地点与兵员数目上略有出入。此后,明政府在太湖地区的驻兵数目续有增加。万历三十一年(1603年),"设练兵官一员,水哨捕盗二十二名,水兵一百五十七名,哨官二员,哨船二十一只,防守沿湖汛地"。崇祯元年(1628年),"把总建营鼋山,增兵一百五十三名,增船二十只"。"十一年,巡抚张国维增设总练于东山之绿野桥。"①至于增兵的原因,崇祯元年任巡抚的李侍问说得很明白:"伏查太湖额兵止三百余名,以八百里之湖,而委诸三百之兵,在在周防,其能胜此?且将领而无公署,往常僦居郡城,目兵亦无信地,时复偷安家室。故委署以来,屡革屡换,未有为地方效效宁者。官轻而法易玩,地远而习益偷也。兹据道府酌议,必建营于湖中之鼋山,而以钦依官一员统之。再议增兵已及四百八十之数,增船已将五十只,分为四哨,以两哨派防,以两哨派巡,按季更番,按时稽核,使将不得惰,兵不得偷。至于添兵一百五十名,措饷虽难,而旁湖六县各抽兵壮二十名,余不足益之以省,存各项银,自可如数。"②由李侍问的奏疏可以看出,太湖营在初设时存在着诸多弊端:其一为兵员数目不足,难以控御;其二为没有官署汛地的严格安排与划分,导致权责不清,难以起到弭盗安民的作用;其三为军饷难以筹措。这种情况一直持续到明朝灭亡,迨至清初仍不能得到完全解决。乾隆时人金友理论述道:"国初太湖总练已废,长兴山寇入湖剽劫,肆无顾忌。东山周禹屡呈各宪,请复湖营旧制,督抚咨商以兵难议增饷莫可问,仅批委官一员领兵百余,分防东西两山。然无船无铳,兵孤械少,湖中寇发,莫敢谁何,惟有避居山坞,诈害百姓而已。此周禹呈词中语也,可以想当时之情事矣。自顺治九年至康熙二年,具呈非止一次。……迨新选游击吴长春到任,觊驻东山,乘用头营房议建未成,统领浙兵至东山腹地,占住民房……"③虽然面临着上述诸多的困难和问题,但是自万历十六年(1588年)太湖营草创以来,明清政府在太

---

① [清]金友理:《太湖备考》卷四,《兵防》,南京:江苏古籍出版社,1985年,第147页。
② [清]金友理:《太湖备考》卷四,《兵防》,南京:江苏古籍出版社,1985年,第147~148页。
③ [清]金友理:《太湖备考》卷四,《兵防》,南京:江苏古籍出版社,1985年,第149~150页。

湖地区的军事力量建设呈现出逐渐加强的趋势。

明末清初,太湖地区是社会冲突最为激烈、盗匪劫掠最为猖獗的地区之一,地方官员动用军队渐次消灭了各股盗匪,随之而来的便是如何在该地区维持一定的军事存在以加强控制的问题。清朝政府通过八旗和绿营驻防制把全国编织在一个军事防御网内,而绿营以其人数众多而成为驻守地方的主要力量。绿营的营制分为标、协、营、汛四种,"其中标、协、营三种都立营,惟汛不立营",而"汛的组织,它的本身是最简单的,它是从协从营分出来,通常是几十个兵士,由千总、把总带领来驻防汛地,但从整个营制的机构看起来,它却是最细密的"①。日本学者太田出认为,汛地又可分为大汛和小汛,大汛"是以市镇为核心的警备网络",小汛则是"沿海塘、陆路或水路按照一定间隔设置"②。就太湖地区而言,从临时性的军事征剿到建营设汛、长时间地驻扎,是清初重建太湖地区军事设防制度的一般态势。以周庄镇为例,顺治年间总兵领兵防剿,康熙时逐渐设立营汛,形成常制。"国初湖寇出没,曾驻扎总兵一员在全福寺(即杨公承祖)。康熙元年设城守营千总一员驻防周庄镇,管辖长洲、昆山各汛,十三年改设周庄汛把总一员,经制外委一员,时借居清远庵东乡约所内。乾隆间移驻六直镇,带兵八十名,专防葑门外水陆汛口十三处。"③为进一步加强对太湖地区的控制,清朝政府对太湖地区的军事力量加以整合,设立了太湖营,分辖浙江、江南地区:"太湖营,康熙四年,浙江总督赵廷臣会同江南总督郎廷佐题设。"其中,浙江以游击统领,江南以守备统领,各领兵五百。④ 雍正二年(1723年),分立江南太湖营和浙江太湖营,不但两营兵力大为扩充,而且领兵将领的级别也向上提升。以江南太湖营为例,康熙四年设守备一员,千总一员,把总二员,共领兵五百名,至雍正二年,实存兵员四百三十九名。到雍正二年江南与太湖营分立之后,江南太湖营设参将一员,统辖左右二营,下设左、右营守备与左、右营千总各一员,设左、右营把总各二员,另设外委千

---

① 罗尔纲:《绿营兵制》,北京:中华书局,1984年,第216~217页。
② [日]太田出:《清代绿营的管辖区域和区域社会——以江南三角洲为核心》,《清史研究》1999年第2期,第38页。
③ [清]陶煦:《周庄镇志》卷二,《公署》,光绪八年(1882年)刊本。
④ [清]金友理:《太湖备考》卷四,《兵防》,南京:江苏古籍出版社,1985年,第148页。

总二员,把总四员,共计额设守兵九百三十九名,相比于康熙年间的兵员数目增加了近一倍。① 乾隆十二年(1747年),又"裁改江南参将为副将,兼辖浙江太湖营"②。太湖地区营的设置及兴革情形大致已如上述,而汛地的数量则更多,分设于内河港口及太湖东、西洞庭山中,大致情形为:"沿河港口汛六十三处,巡兵三百三十五名(江南营四十八汛,兵二百六十名。浙江营一十五汛,兵七十五名)。湖中山汛二十五处,巡兵一百二十五名(江南营一十九汛,兵九十五名。浙江营六汛,兵三十名)。"③营汛在设立空间上的细密化趋势反映了清朝政府对太湖地区社会秩序维持的重视,以及在该地区军事控制能力的不断加强。但是,问题随之产生。早在康熙四年太湖营初设之时,就将所辖兵丁分为浙江、江南两部分,浙江派遣游击统领,江南派遣守备统领。同一片太湖水域,军事防御力量却分属两省管辖,即使一省一县之内,也分属不同的指挥系统④,这难免会出现事权不一、临事互相推诿扯皮现象的发生。雍正二年(1723年),浙江总督查弼纳请将浙江太湖营游击改为参将,驻扎洞庭西山,居中调度。而兵部对此提出了不同的意见:"太湖营游击系浙江省所属之员,湖面辽阔,若止将游击改为参将,仍驻西山,究难兼管两省地方。且江南湖滨盗案倍于浙江,以一官而受两省之参罚,亦属不便,应于江南地方另添设参将一员,以资弹压。"查弼纳本来的意思是想把浙江太湖营游击升格为参将,兼辖两省在太湖水域的防御力量。但是兵部的意见却将江南太湖营守备升为参将,并且两省太湖营仍然是各自把守所辖的湖口港汊,同时要求江南、浙江相互协助,"但此分界巡防,只就湖滨而言,其湖内地方,原系两省交汇,仍令参游公同巡查,若有大夥屯集,不得互相推诿"⑤。问题并没有仅凭一纸政令就得到解决,乾隆十二年(1747年),江苏巡抚陈大受上疏,要求将太湖营的军事力量进行整合,专设一副将统辖,他在奏疏内称:"雍正间,江南添设参将一员,驻扎东

---

① [清]金友理:《太湖备考》卷四,《兵防》,南京:江苏古籍出版社,1985年,第148～151页。
② [清]金友理:《太湖备考》卷四,《兵防》,南京:江苏古籍出版社,1985年,第155页。
③ [清]金友理:《太湖备考》卷四,《兵防》,南京:江苏古籍出版社,1985年,第166页。
④ [清]阮升基等修,宁楷等纂:《宜兴县志》卷六,《武备志·阨塞》,嘉庆二年(1797年)刊本。
⑤ [清]金友理:《太湖备考》卷四,《兵防》,南京:江苏古籍出版社,1985年,第153～154页。

山,将先设游击专隶浙江,各分疆界管理;又将太湖同知移驻东山,无司督捕,亦以泽国要区,不得不长虑却顾也。但全湖汛守,原系一局,大员统辖,则呼应灵而责成专,分员各管,则推诿多而缉捕懈,此事势之必然者。况湖中江浙分界处,此不过就湖面约计,非如陆路之可以定立确界也。偶有失事,彼此互诿,各自通详上司会勘,动至数月,难免歧误。且江省参将仅驻湖东南一面,所辖辽阔,有鞭长不及之虞;浙省游击所驻西山为江南之地,而管浙江之界,亦觉参差。"这种犬牙交错、疆界不明的状况不利于太湖水域的整体防御,陈大受因而建议:"臣愚以为应将太湖营参将裁改,专设副将一员,兼辖江浙之衔,统辖全湖,驻扎西山,居中抚制;其游击一员改为都司,同原设之守备、千把各官,分防各汛,仍照江浙原旧地面管理,调考官兵,支领钱粮等事,均仍旧制。衙署不必更建,廉俸所增甚微。如此则责任专一,声势联络,可无推诿懈弛之患。"①通过设立副将,专一事权,以杜绝疆界交错而导致的临事推诿,太湖营制经过康熙、雍正两朝的探索,迨至乾隆初年逐渐形成定制。这在一定程度上起到了防御盗匪、防止官员推诿扯皮的作用,有利于把太湖水域作为一个整体进行管理。

(三)建栅筑堰

陆地若有盗贼活动,官府往往采用设关立卡、挖壕开堑的办法限制盗贼的任意往来。在水域社会中,地方社会应对盗贼的策略,则是建栅筑堰。太湖地区港渎繁多,细河支脉四通八达,临湖州县村镇虽然布置着巡检司与绿营兵汛,但是并不能做到时时处处设防,因而地方社会为着预防盗贼劫掠的考虑,建栅筑堰,使盗贼难以凭借舟船任意横行水面,从而达到限制乃至消弭盗贼活动的目的。至和塘位于太湖与淀山湖之间,是从浙江通往苏州的重要通道,惯有盐枭劫盗活动。南宋淳熙六年(1179年),发运使魏峻重新加以修浚,并钉桩万根,立栅数重,以防盗贼。时人记载:"公又虑港汊纷错,盗夫潜形,盐贾借径,以萃渊薮。又于修葺之暇,自泾桥至于陆泾港,凡三十二处,立栅三层,防筑坚固,禁不逾越。其阔一百六十丈尺,用椿木长短一万一千七百四十根,横栏栅木五百八十八丈四尺。……昔主簿邱

---

① [清]金友理:《太湖备考》卷四,《兵防》,南京:江苏古籍出版社,1985年,第156~157页。

君与权之记此塘有五利,便舟楫,辟田野,复租赋,止盗贼,禁奸商,非虚语也。"①南宋入元之后,太湖的地方官也采用修栅堰的办法来禁私盐、弭盗贼。"归附后,将太湖东岸出水去处或钉栅,或作堰,或筑狭为桥。又虑私盐船往来,多行塞断。"②湖泊内风波险恶,行舟时时有倾覆的忧虑。为了避开风波恶浪,行舟往往择地停泊,这样又给了盗贼以可乘之机。沙湖在苏州府东二十里,"一名金沙湖,北即至和塘,由郡至昆山之路有石塘横截其中,为南北障蔽"③,沙湖"风浪颇恶,且多盗贼"。明代弘治九年,提督水利工部主事姚文灏筑沙湖堤,历时数年而完工,时人吴宽记载:"郡城东二十里曰沙湖,凡太仓、昆山、嘉定、崇明之人之所必经者,其广袤各数十里,横截道上。其北多腴田,其中多舟楫,旁有盗薮,以行劫为业。客舟为风波所阻,集于岸下多不能免,人益患之。昔人欲筑堤以捍水者久矣,皆谓土石所施无所附丽,其功难成,遂置之。弘治丙辰,工部主事姚君文灏奉敕来督水利……行者无覆溺之忧,则乐于道路;贾者无掠夺之恐,则保其货利。"④有时,建栅修堰造桥是一项前后相继的工程,需要地方官及其后继者不时地加以修葺和维护才能使这项惠政存留下去,发挥其弭盗的功用。如嘉靖十二年任金匮县令的郑普及其继任者万象春等即是如此:"其邑之西北临官塘有双河口,为四打之境。东胁江阴,北控武进,西阈宜兴。其地旧设石硔以断往还,而西定桥跨梁溪,北接运河,南连太湖,时有盗患,嘉靖间县令郑普建石桥,为门者五,闭以木栅,一方赖之。其后万象春及马世奇等屡次因废修之……"⑤

建栅筑堰确实起到了保护行旅、限制盗贼活动的作用。如南宋地方官修浚昆山县塘浦,使原属盗区的至和塘变成"如过舟枕席之上"的静谧地

---

① [清]李铭皖等修,冯桂芬等纂:《苏州府志》卷九,《水利一》,《郑霖重修昆山塘记略》,光绪九年(1883年)刊本。
② [清]李铭皖等修,冯桂芬等纂:《苏州府志》卷九,《水利一》,《郑霖重修昆山塘记略》,光绪九年(1883年)刊本。
③ [清]李铭皖等修,冯桂芬等纂:《苏州府志》卷八,光绪九年(1883年)刊本。
④ [清]李铭皖等修,冯桂芬等纂:《苏州府志》卷一。
⑤ [清]斐大中等修,秦缃等纂:《无锡金匮县志》卷七,《兵防》,光绪七年(1881年)刊本。

方。① 又如万历十六年(1588年)殷应采盗伙横行太湖,追剿官员"巡徼沙塘、百渎、乌溪诸港,港中尽以枝连树塞其中,禁行舟过宾往来也。应采等果不敢入禁地"②。

但是,建栅筑堰又不可避免地存在弊端,阻断水流是其中最严重的后果。明朝成化十四年(1478年)八月,巡抚都御史牟俸奏称:"直隶、苏松与浙西各府频年旱涝不登,人民供输常赋之外,室如悬磬,总缘周环太湖,乃东南最下之地,而苏松尤最下之冲,以故每逢积雨,众水奔溃,遂尔湖泖涨漫,漳没无际。……滨湖豪家尽将淤滩栽莳为利,治水官又不周悉利害,率于通泄处所置石为梁,壅土为道。又虑盗船往来,则又钉木为栅,以致水道堙塞,公私交病。"③此处为治水官员钉栅阻水的情形。同时又有居民为防盗贼劫掠而主动请求巡捕官员筑堰者:"弘治中,巡抚都御史似钟讲求水利,邑人史鑑献议曰:'……又瓜泾长桥,正当太湖东流入江要道,至为深阔,而瓜泾港居民虑为盗贼所侵,辄夤缘巡捕官为之筑堰,长桥又为豪家堙塞,规为田宅,水遂不通,为患极大。今则入湖者泛滥而南流矣,入江者洄流而西浸矣,日滋月长,其害将见甚于今日。'"④明清江南经济的发展与水息息相关,无论是农业灌溉还是商业流通,湖泊河流都扮演着重要的角色。建栅筑堰,在限制盗贼活动的同时,也破坏了地方社会的水利灌溉系统,因而这种办法,特别是修筑堤堰,只是出现在明清个别州县的个别官员在任的时候,并没有普遍在太湖地区被推广。建栅筑堰造桥多施行于港汊细流之上,太湖中心水域则因为烟波浩渺而根本无法采用此项措施。

(四)编查保甲

编查保甲也是莅任江南的地方官管理水域社会经常采用的重要举措。水域社会的保甲与陆地有所不同,在陆地州县村镇,以居户为单位,以乡邻为声援,按户数编为一组,稽查较为简便。而在水域社会,特别是像太湖这

---

① [南宋]范成大著,孔凡礼辑:《范成大佚著辑存》,《昆山县新开塘浦记》,北京:中华书局,1983年,第150页。
② [明]瞿九思:《足本万历武功录》卷二,台北:艺文印书馆,1980年,第137页。
③ [清]万斯同:《明史》卷九四,《河渠十·郡国水利下》,上海:上海古籍出版社,2008年,第592~593页。
④ [清]陈和志等修,倪师孟纂:《震泽县志》卷二八,《治水》,乾隆年间修,光绪十九年(1893年)刻本。

样面积较大的水域空间里,既要对沿湖村镇的居户编保,又因为湖内生活数量众多的渔民,必须对他们也进行编保,情形则较为复杂。今以康熙时于成龙在江南的编查保甲的情况为例做一论述。于成龙,山西永宁人,顺治十八年(1661年)由副榜贡生授广西罗城知县。历任武昌知府、福建按察使、直隶巡抚,康熙二十一年(1682年)起,任两江总督。他勤于政事,为官清廉,被康熙皇帝誉为"天下廉吏第一"①。他在两江总督任上,曾颁布了《弭盗安民条约》,针对江南水乡多盗及其防治措施做了阐述。他认为水上渔户多数都从事着劫舟谋财的勾当,主张在他们当中编查保甲,严加管束:"查各湖贼盗多系本处驾船捕鱼之奸民,往往出没芦柳丛密、汪洋巨浸间,探有往来孤舟,肆行劫夺后即橹桨齐施,风帆远引而去。若遇官司捕拏急迫,彼则沉赃水底,依然渔户。更有等积奸网船,昼则在港捕鱼,夜则出港行劫,凡滨江河?等处无不皆然,大为民害。今应专责该地方官各就境内情形躬诣水次,实心清查,将一切渔网鸭嘴划快等船仿照稽查村庄百姓之例,编立牌甲,遴委公正保长总理,查取联络互结存案。"具体的做法是:"(地方官)即着落各保长挨甲编定字号,于船尾印烙某州县某保某甲第若干号船户某人字样,于船身或首尾涂漆颜色记认,即远处瞭望亦可分别。仍汇造花户字号细册,一样二本,以一册报官,一册存保长处,不时查核。各船止许白昼撑驾生理,遇晚聚泊原港,如有一船为非作歹,及夜间私撑出外者,许甲长及同甲八船报明保长,公同首官拏究。若九船互相容隐,经保长查首者,将九船并治以罪。如保长通同容隐,别经事发,或地方官访拏者,将保长一体连坐。

由此可见,于成龙将渔户以九船为单位编为一保,设一保长进行管理,彼此之间互相监督。这样的做法一方面把渔民纳入受监视和控制的范围内,另一方面也使外来陌生船只没有了藏身的地方。"另有来历不明之船混入港口以捕鱼为名踪迹诡秘者,该保甲长即报官稽查,不得私行容留。"但同时又规定:"其漕盐官舫驿道站船并往来巨艘客商重载等船不在编查之列。"这样的规定必须要具有较高的素质并且又极其勤奋用心的保甲长才能对本辖船户加以羁束,对外来陌生船只是否是匪船加以辨别。

---

① 王钟翰点校:《清史列传》卷八,北京:中华书局,1987年,第541~548页。

对水上船只进行编保的工作只是问题的一个方面。水上盗贼与沿岸州县村镇居民有着密切的关系,劫来的物资需要拿到岸上的市镇变换成银钱,劫来的银钱也必须要拿到市镇上去花费掉,因此,在对渔户进行编保的同时,还必须加强对沿湖陆地窝家的稽查。于成龙在《条约》中说:"又访得沿湖盗贼日则在湖操舟行劫,夜则登陆窝藏奸民之家,酗酒赌博。又有等侔为庄农市侩,日间各处探访,约订伙党,至夜分下湖行劫客载者。更有陆地盗线邀串湖盗乘夜突入村庄,大肆劫掠甚至抢去殷富商民,挟持取赎者,种种横行恣为民害,总缘附近奸民窝藏勾引之故。各州县应将傍湖一带圩埂居民亲行另编保甲,又如前街居民已编入甲内矣,尚有后层临水居民茅檐零落,地方官易于忽视遗漏。今应详细编查,使之联络一处,得以互相稽查。若一家窝藏匪类,容隐不报,一经察出,甲长八家一体以贼情连坐,并将保长重究。仍专责捕盗府佐并该地方印官督令该境内典史巡检率领勤慎捕役不时在湖边河套各处密行查缉。但不许借端需索保甲长居民供应饭食等项,如有故违,捕役立拿处死,捕官即时斥逐,仍按赃治罪。"①于成龙认为岸上窝家与水上盗贼互相勾结,采用跟梢、盗线踩点等手段,不但行劫客舟,而且劫掠沿湖村庄,对地方社会的治安危害极大,因此也把沿湖居民编入保甲组织内。

于成龙要求对沿湖村镇居民和水上渔户编查保甲的政令是否被地方官认真执行,因为资料的缺乏,已难下断论。但是此后太湖地区盗案并没有因此而减少,甚至在雍正年间有增多的趋势,却可以说明保甲的执行情况不尽如人意。到了乾隆中后期,不得不重新对渔户进行编保:"(何安邦)权太湖营副将,太湖故多渔艘,出没波涛,奸民缘为商旅害。君以渔户向无所辖,稽核为难,乃督率僚属,使如漕船式编舟,书其船曰某号某人。于是诸舟显有标识,可以按册得之,其患遂弭。"②何安邦任太湖营副将是在乾隆五十年(1785年)左右,由此可见此时太湖地区的渔户"向无所辖",因为把渔户纳入保甲系统以进行管理的努力则经常要视地方官员的用心程度

---

① [清]于成龙:《于清端公政书》,《文渊阁四库全书·集部·别集类》(第257册),台北:商务印书馆,1986年,第753~754页。

② [清]赵怀玉:《亦有生斋集》卷一四,《续修四库全书·集部》(第1469册),第192页。

而定,此项制度在执行中的被抛弃和荒废在所难免。

以上论述了晚明至清官府维持太湖地区社会秩序和消弭盗贼的四项主要措施。实际上,这四项主要措施虽然在自宋至清的不同时期得到不同程度的重视,但总的趋势却是,官府对太湖地区的军事控制力在不断加强。同时,这四项主要措施又不是彼此孤立的,它们同时被官府或者地方官员所使用,起着互补的作用。巡检可以协助营汛的防御,如太湖岸边的光福司的设置初衷即是如此:"光福风俗诚朴,人多礼让,少争讼斗勇,故向无官司驻镇,议者以为太湖密迩,铜坑乃郡西之锁钥,游湖是其间道,设有盗徒剽掠,民遭其患。铜坑、虎山虽设汛防,不足以备守御。乾隆十一年,以木渎巡检移驻光福,改名光福司。"①营汛官员也可以编保甲,如上引何安邦的例子。树栅筑堰一般是由州县官员倡修,但是也有由营汛将领来做的,如乾隆二十一年(1755年)任平望营都司的白云上:"所辖悉濒湖荡,易藏奸宄,云上亲自履勘绘图,凡曲港一一标识,于总处置木栅启闭,限令十船一放。"②而木栅的管理也往往由保甲组织来承担,如于成龙在《弭盗安民条约》中所规定的:"今酌定凡系官河大路桥梁之下俱应设立坚固水栅,责令本地方保甲长轮派该地方甲内之人专司启闭。每夜定更时分,即将栅栏闭锁,甲长鸣锣传唤过往船只湾泊汛墩处所,敲梆巡警,至天明方许放行,其戌亥子丑寅时不许片帆行走。如各船已泊近汛墩,而仍被贼劫者,必系汛兵通同,应报官拏究。又如有外来之船除紧急军务兵饷等差,许守栅人查明,果有前途营汛护送及照验凭据者,始准放行,其余一切船只,俱令停泊,仍报明保甲长盘诘前栅擅行放走情由,次早报官挨究。如本栅私自放行者,亦听下栅报官察究。至于各处支河小港路口,俱应建设水栅,责令该保甲居民轮流看管晨昏启闭,凡禁约事宜,一如前例。"③于成龙把保甲、建栅、营汛结合起来,建立了木栅管理和责任追究的制度,使它们相互配合与协调,力图发挥最大的弭盗安民的作用。官府通过设立巡检司、分营设汛、

---

① [清]徐傅编,王镛补辑:《光福志》卷五,《公署》,光绪二十六年(1900年)修。
② [清]李铭皖等修,冯桂芬等纂:《苏州府志》卷七二,《名宦五》,光绪九年(1883年)刊本。
③ [清]于成龙:《于清端公政书》,《文渊阁四库全书·集部·别集类》(第257册),台北:商务印书馆,1986年,第753页。

建栅筑堰、编查保甲,在太湖地区编织了一张密集的防止盗贼生发的网络,共同构筑了晚明至清朝官府维持太湖水乡社会秩序的常规控制体系。

从明初到万历初年,在太湖水域及其周边地区,虽然也发生过零星的劫抢案件,但这里基本上是一个经济富庶、社会秩序稳定、人民较为乐业安居的地方。万历十六年饥民殷应采等横行肆劫,太湖地区开始遭受大股盗贼的蹂躏。此后,明朝国势江河日下,地方政府逐渐丧失了管控地方社会的能力。明清鼎革之际,太湖地区陷入劫案频发、盗贼横行的混乱境地。

从明至清初,太湖地区经历了一个由治入乱,又由乱入治的过程。明初延续了前朝的汛防制度,在太湖的洞庭东、西两山设立了巡检司,在环太湖州县布置了众多兵力。万历朝以后,由于汛防兵将和州县官员的腐败,加上灾荒的不断发生,使得原本经济富庶之区变成了盗贼横行之地。清兵南下之后,新政权重视作为财赋重地的江南地区的稳定,力图重建该地的社会秩序。它们采取了军事征剿的办法,逐渐平息了各股盗贼势力,消灭了反清武装。随后,又着眼于保持地方安定的长远制度建设,推行编保甲、修水栅、设汛防等多项措施,对太湖地区社会稳定和经济发展起到了积极的作用。

第五章　从《盟水斋存牍》看明末广东沿海的盗匪

　　《盟水斋存牍》是明崇祯末年广州府推官颜俊彦于任职期间所撰判语及公牍专集。全书是作者为官期间司法实务的真实记录,内容涉及刑事、民事、诉讼诸法,既是了解明代法制建设与实施状况的极为珍贵的史料,也是了解明代社会、经济,尤其是澳门历史的极好文献。本章将重点关注广东这一海洋区域在明末社会背景下盗匪活动的状况,力求对当时海洋社会状况有所把握。该区域盗匪种类繁多,活动猖獗,从中可以剥离出盗匪猖獗的原因、盗匪与海商、官僚间的关系以及正直官员在处理这些案件中的作为。

第一节　海洋环境与广东沿海盗匪的猖獗

　　传统王朝习惯于对内陆农业文明区域的治理,对海洋缺乏足够的了解和把握。尽管政策中多有海禁的规定,但违禁出海牟取暴利者甚多,政府多无能为力。

　　明代中叶以后,海上贸易巨大的商业利益吸引着沿海人们下海牟利,冒禁下海现象成为家常便饭,民间无视其对官方政策的违背,称之为"作客回",不含任何贬义。一些贫寒无着的人们下海几年富裕了起来,经历着从小贾到中贾到大贾的转变过程。海上贸易的巨额利润无疑能培养起一批通过盗匪手段以求分食的盗匪来。盗匪有时是经商失败后选择的谋生方式,有时则成为世代传续的一种职业。在地方官员的眼里,下海经商者,以抢掠诈骗为生者均属于"盗匪"行列。

一、沿海盗匪的类型

广东沿海除了会出现与内地相同的社会问题,如诈骗、偷盗、人命、健讼等,还有不少带有海洋区域色彩的社会问题。其中海上盗匪问题是一个突出的问题,这包括山海勾结、中外勾结、官匪勾结等因素,于是海上商业活动较陆上商业活动多了更多的风险。

从《盟水斋存牍》看,可将盗匪划分为陆盗或海盗,群盗或散盗,家族式的盗匪或非家族式的盗匪,劫财的盗匪,劫财兼害命的盗匪,本地盗匪,外来盗匪等。抢劫对象有行商、住户、客旅等。

在明代中叶以后的广东、福建沿海,海洋上的问题逐渐明显。福建的盗贼会跑到浙江或广东,广东的盗贼也可能跑到福建,沿海的居民往往会以"接济"、"窝藏"或"通番"的方式,谋求生计。颜俊彦看到广东沿海走这些路子的人堪称"走险如鹜"。有"违禁私货下海"的①,有"诈冒乡宦名色,接济澳夷,且复拒捕伤兵"的,有的则利用地域间的分异敲诈勒索。如:"审得闽揽之不利于粤也,当事者有隐忧焉。而向之起而与闽揽为难者,俱非粤之贤士大夫与夫善良百姓也。如舒泰、陈节登辈,阳为逐揽,阴开诈局。或冒投里排之公呈,或诡飞乡绅之公札。盖已经道府再四听断,两院再四参驳,重重山案。"有些构祸于闽商的"砧官、剥商",有的则"冒领库银"。

在广东沿海,"滨海奸徒,满载私货,走澳觅利"者甚众,②他们"私贩禁货通夷,拒敌官兵伤毙,同舟恶党走险,俱无生理"。"粤中向称盗薮,然或聚党海外,剽掠客商,或窥伺孤单,闯肆劫夺。踪迹诡秘,出没无常。夜行昼伏,犹知畏人。未有如目下之白日公行毫无顾忌,沿村肆劫殆无虚日之太甚也。"③强盗"黄承轩、炮仔等伙劫闽商吕约、王章等,起出赃银数百"④。

---

① [明]颜俊彦:《盟水斋存牍》,《谳略二卷·冒宦接济梁德》,北京:中国政法大学出版社,2002年,第73页。

② [明]颜俊彦:《盟水斋存牍》,《谳略二卷·闽商阑入郭玉兴》,北京:中国政法大学出版社,2002年,第76~77页。

③ [明]颜俊彦:《盟水斋存牍》,《公移一卷·海寇充斥详》,北京:中国政法大学出版社,2002年,第325页。

④ [明]颜俊彦:《盟水斋存牍》,《谳略一卷·强盗黄承轩等》,北京:中国政法大学出版社,2002年,第19页。

强盗"梁荆玉纠党劫掠陈赞浩资本至一千八十两之多,船上衣物不计其数"①。强盗"钟亚小惯盗行劫已非朝夕,获日搜出凶仗累累,劫韩水溪分赃,抢妇人得耳环"②。强盗"何迥然、麦积宽等行劫海上"。强盗"钟林养、钟胜明、林永胜、林永益等伙徒实繁,随凑随劫,流毒海洋,匪朝伊夕矣。其一,劫鱼客温龙稳,掠赀夺艇,见官兵而窜鼠,则钟林四犯皆与也。再劫王葆真、毓真兄弟,勒赎六十多金,致搭船之梁孔明奔溺以死,则林养、胜明与已故贼首布亚二也。三劫李挺之、熊广瑞之船,衾妆货本一扫无遗,致追捕之乡夫庚奇宪身受铳伤而死,固凶手不一,而林养、胜明皆同事而在列者也。毋论同徒出首尚多别劫之情,即听各犯互质自认,一一分赃有据,杀人盗伙,均斩何辞"③。颜俊彦做出结论:"林养等肆毒海上,劫掠多人,据见告温龙稳等劫掳受害,致梁孔明畏势奔溺,庚奇宪截捕铳毙。"气焰是很嚣张的。强盗余觉劫夺了岑原明的财物,烧掉了其房屋。④ 强盗孔亚壬"乃积贼之子,以束发之年即事剽掠。与杨亚三皆为逋寇李少清之党,实繁有徒,劫非一主,而各盗事发亦非一案。今累累毙狱者,已四十人矣。而伙内只有麦挺汉、许朝立、邓弘真各以无赃开释,即孔少宇一犯且有里保结其守分无过,皆在狱成数年之后,料本犯已业破家亡,谅非受贿而然,此即应与昭雪者"⑤。强盗"梁应从同父贼首梁裔聪纠伙多人,劫谷焚庐,而又缚掳屈允显沉害其命,凶惨极矣"⑥。邵亚杰、冼梦兰"惧袭父恶,邀劫商船"⑦。

---

① [明]颜俊彦:《盟水斋存牍》,《谳略一卷·强盗梁荆玉》,北京:中国政法大学出版社,2002年,第20页。

② [明]颜俊彦:《盟水斋存牍》,《谳略一卷·强盗谭起元等》,北京:中国政法大学出版社,2002年,第21页。

③ [明]颜俊彦:《盟水斋存牍》,《谳略一卷·强盗何迥然等》,北京:中国政法大学出版社,2002年,第24页。

④ [明]颜俊彦:《盟水斋存牍》,《谳略一卷·强盗余觉斯》,北京:中国政法大学出版社,2002年,第26页。

⑤ [明]颜俊彦:《盟水斋存牍》,《谳略一卷·强盗孔亚壬》,北京:中国政法大学出版社,2002年,第27页。

⑥ [明]颜俊彦:《盟水斋存牍》,《谳略一卷·强盗梁应从》,北京:中国政法大学出版社,2002年,第31页。

⑦ [明]颜俊彦:《盟水斋存牍》,《谳略一卷·强盗邵亚杰等》,北京:中国政法大学出版社,2002年,第32页。

父子形成了相互继承的为盗关系。

二、盗寇猖獗的社会隐患

广东给人较为混乱的印象。这里不仅盗贼猖獗,而且社会风气不靖。"粤中固多剧盗,然啸党驾艇,白日杀人,未有如黎亚潮等六犯之太甚者也。"①他们"啸聚江海,打劫官差,白昼塔营杀溺三门皂之命,罄掠十七人之货,方欲扬帆远遁,而忽以官哨协捕,斩级者二,俘获者六。此亦巡哨之一雄也。第贼自清远行劫,经三水而下,莫有过而问者,直至石州担峡,而后成擒。岭西官兵,俘斩独多,纪其功而略其过,深得激励之道矣。失事徐权等,薄言杖罚,何以示惩"。"粤介裔夷之交,狂寇陆梁,依山阻海,往往窃发。"②"贾人之商于粤者,近无不饱牙侩之腹,小则倾货,大则丧命,用是向以岭南为利薮,今且以为鬼国矣。"③"冯敬涯、冯禧之父子领去众客买荔果银,据店主李湛然称一百八十二两八钱。其未到客人张宪宇、伍玄锡、吴德光、谢汝茂、罗文魁尚须悬以待质,其已到廖淑吾、周耀吾手出二票,一四十五两九钱六分,一五十两三钱,皆禧之的笔,禧之亦自认无辞。乃复转口已完,宁有完其银而不索其票者乎?有舌如簧,安所用之?照票追给,以慰孤客,毋使间关跋涉而来徒供棍辈之鱼肉也。敬涯、禧之惯局客银,杖不尽辜。李湛然以店主而为客不忠,并杖。招详。""宪司批:冯敬涯、冯禧之负骗客本,乃李湛然不忠于始也。依拟各杖示惩,赎完发落,照断追给。库收领状缴。""粤东年来山海交讧,殆无宁日,而恃险雄踞,大肆披猖。"④山寇和海寇勾结在一起,时常给地方社会带来极大危害。"粤地带山襟海、烟蛮起灭之区,峒穴最险。沙岛荒幻之地,踪迹叵测。故数十年来,山有建号之妖,海有树帜之寇,民不得安于寝,商不得出诸途。环山而北,遵海而南,皆

---

① [明]颜俊彦:《盟水斋存牍》,《谳略一卷·强盗黎亚潮等》,北京:中国政法大学出版社,2002年,第29页。

② [明]颜俊彦:《盟水斋存牍》,《谳略一卷·强盗彭亚尽等》,北京:中国政法大学出版社,2002年,第36页。

③ [明]颜俊彦:《盟水斋存牍》,《谳略三卷·负骗冯敬涯等》,北京:中国政法大学出版社,2002年,第154页。

④ [明]颜俊彦:《盟水斋存牍》,《公移·叙剿山寇功次并善后事宜》,北京:中国政法大学出版社,2002年,第644页。

坑堑,尽鼎沸矣。"①"粤省连年多故,兵荒相继,司府县帑藏刮尽如洗。"②颜俊彦认为"地方得人,寇盗永息"③,显然他已注意到这里官与盗已经一体化了。这样的背景下,"里海不成世界,商人难必其生"。

有的盗贼结为团伙,如巨寇廖九寰"招集亡命,自立旗帜,自设贼总,团踞窟穴,掳人勒赎,不知凡几矣"④。钟国相"盘踞为患,啸聚亡命,已及万人。肆毒汤、里、汾等村,该县密委主簿率民壮伏隘截杀,擒其贼总文奇瑞"⑤。傅亚官等"啸党行劫,纵横海上,非官兵奋擒,家切震邻,卧不帖席"⑥。"看得粤中向称盗薮,然或聚党海外,剽掠客商,或窥伺孤单,间肆劫夺。踪迹诡秘,出没无常。夜行昼伏,犹知畏人。未有如目下之白日公行毫无颜忌,沿村肆劫殆无虚日之太甚也。"他们不畏兵哨,"犹疑兵哨之表里为奸也"。"今且红袍黄盖,称雄海上,兵哨见之却走矣。始不严追比,犹疑地方官之因循怠事也。今且与官府相遇诸途,而联艓接舰,器械森列,无可如何矣。始飞书勒赎,犹疑地方土宄为鞯也。今且亲到坊村捉人,停舟大叫,兑银赎人矣。破家赎命者十之三,无银殒命者十之七。自去腊以至新正,无日无之。即人新会举人潘自省被掳,逾旬尚无下落。此可指名,其他难问。倘不及时剪除,恐徒党日繁,为患日大。当此圣明鼎奠之人,岂容有一方釜沸之形?况山寇披猖,龙、增告急日至,倘彼此相连,转难应接,受事里海者何人?分守汛地者何人?时事急于燃眉,将吏付之脑后,处堂自娱,噬脐何及?伏乞宪台早赐申饬,密示方略,责成当事,以救倒悬,地方幸甚。"于是,颜俊彦下令:"粤盗纵横,日甚一日,不及时剪灭,贻害匪浅。据

---

① [明]颜俊彦:《盟水斋存牍》,《公移·查叙剿海寇各官功次》,北京:中国政法大学出版社,2002年,第649页。

② [明]颜俊彦:《盟水斋存牍》,《公移·详议助饷》,北京:中国政法大学出版社,2002年,第650页。

③ [明]颜俊彦:《盟水斋存牍》,《公移·叙剿山寇功次并善后事宜》,北京:中国政法大学出版社,2002年,第647页。

④ [明]颜俊彦:《盟水斋存牍》,《谳略一卷·巨寇廖九寰》,北京:中国政法大学出版社,2002年,第42页。

⑤ [明]颜俊彦:《盟水斋存牍》,《谳略一卷·逆贼渠魁钟国相》,北京:中国政法大学出版社,2002年,第41页。

⑥ [明]颜俊彦:《盟水斋存牍》,《谳略一卷·海寇傅亚官等》,北京:中国政法大学出版社,2002年,第469页。

详申饬,剿除地方有赖矣。除移会巡海二道及总镇督兵防御擒剿外,仰厅严行各汛地官兵加谨御备,相机堵剿。如偷安误事,缩朒不前,解道捆责。将领等官有泄泄从事者,尽法参处。仍候按院、巡海二道详示行缴。"①

在省会,因为"五方杂处,奸人出没其间,莫可踪迹"。"省会之地五方杂处,异省棍徒指称名色,潜踞地方为祟。"②像刘合兴"以棍党之集于省城者,专以剽掠异贾为生涯,而一被告发,辄鸟兽散,官府往往不得而问焉"。"合兴以闽商飘风入粤,援林瑞、郭进兴例就粤告饷给引,查历来市司再四核覆,似于国饷有裨而于地方无害,乃上台犹难之者,海上方多事,而闽人之商于兹者,未必无奸徒溷处其中,因不轻易允可,宪虑至深远也。但合兴辈已造船装货,而奉宪缴中止,方在进退维谷。地方无赖因乘机鱼肉之,倘置不问,势不可遏。商人鸡肋有几,堪供咀嚼,毋乃非王者商贾藏市之仁政乎。不若听其输饷归闽,自给引而行。"颜俊彦认为应让其回归福建,事体即可相安。否则总会成为治安的障碍。在颜俊彦等的眼里,广东盗匪多于良民,简直就是一个盗匪的天下。

第二节 海洋管理空疏与广东沿海盗匪的炽盛

由于传统官府疏于管理海洋区域,到明朝中后期,海洋活动越来越多的时候,或者呈现出海洋区域行政区划设置严重不足,或者表现为海洋区域的官员多存在被动敷衍的倾向,或者有些官员、军人均遭到当地盗匪风气的腐蚀,从而导致广东沿海区域盗匪的炽盛。

一、与官府勾结以牟利

如明旨规定:"诡异船只潜伺贿放,违者处以重典。"③但实际上却时常

---

① [明]颜俊彦:《盟水斋存牍》,《公移一卷·海寇充斥详》,北京:中国政法大学出版社,2002年,第325页。
② [明]颜俊彦:《盟水斋存牍》,《公移一卷·禁异棍牌》,北京:中国政法大学出版社,2002年,第333页。
③ [明]颜俊彦:《盟水斋存牍》,《谳略一卷署府·洋船阑入内地黄正等》,北京:中国政法大学出版社,2002年,第699页。

有洋船"假以飘风为名,阑入内地"。这其中,沿路官兵疏于职守,"听其飘入",颜俊彦认为"此等诡异之船,内无勾引,外必不入。所载重货,不难贿通地方巧为搬运,恐盘验稍迟,尽属乌有"。官方设置哨守之人,结果"非能见利不动,则所称巡察之人未必非即搬运之人也"。颜俊彦出于推官的职责,指出了这些问题,反映出了事实。

本来官方规定了合法的进出港口,可事实上许多船只谋图规避。譬如,"饷船出入,必由香山抽盘,必由市司投单,无朦胧停泊之理。若不由香山而进,其飘风等船假借名色,非奉两院详允,片帆不许出入,海禁甚严"。在严格的海禁政策之下,却发生"洋贼千余突入内河"的情况,颜俊彦认为这必然因为"该官地方兵哨及市司等官,见利忘害,表里为奸。以国家疆土人民供其蝇唇鼠腹"。"惟内奸引导接济,故冥行无忌耳。"对于这类行为,颜俊彦认为应严肃查处,"一以恤商,一以裨课"。郭玉兴等"借闽引以通番,贩番货以闯粤,此走死如骛之巨奸也。若曰折桅飘风,则沿海数万里何处不可暂泊,俟风息而即归国,乃满船列械,竟扬帆入粤省,岂风伯亦惟从奸之所欲之耶?闽海巨寇,皆干通番之奸究,奈何以不敢归闽者,而容其投止于粤?溺数缗而滋后衅,非计也。违禁下海,法自昭然,曰征税加罚,曰越渡关塞,皆此辈早自准备矣。封疆为重,法禁攸关"。颜俊彦属于严行海禁的一派。

二、官吏参与走私牟利

有的蠹吏肆意敲诈勒索,让商人裹足不前。如"尹迁以市舶门役挟官吓诈,如米商洋客二项,赃证有处";衙蠹钟贵等"狐假诓骗以为惯常,勒珍鳌面质,其得银十两";蠹吏时常借重主子的声威,"淫刑以逞,致商人毙于庭下"①;李完五"依捕噬人,鱼肉无厌。被诈多人,赃证有据"②。

因为粤中多盗,官府蠹吏有的"以缉盗为名,削小民之肤,吸小民之髓,

---

① [明]颜俊彦:《盟水斋存牍》,《谳略二卷·衙蠹余明道等》,北京:中国政法大学出版社,2002年,第87~88页。

② [明]颜俊彦:《盟水斋存牍》,《谳略二卷·衙蠹钟贵等》,北京:中国政法大学出版社,2002年,第87页。

而书手弓兵为虎之翼,为鹰之爪,为蜂之虿"[1],有的"以捕衙民壮指盗唆盗,扳陷吓诈"[2]。凡"假官诈取,窝宰勒索,捏诬骗害",无所不用其极。极严重地损害了官府的形象,造成了严重的社会问题。"许明倚借衙门捏访,流毒即致死步少吾,踞其妻女。又结伙通澳,反复诈局,罪已贯盈。"[3]

有的胥吏本身即由流棍转变而来,做惯了坏事。一旦有机会勒索,往往欲壑难填。如陈熊英"以流棍营充游奕哨总,作奸犯科",吓诈陈盛东银五两,得王瓒风银钱十二个,每钱重七钱五分,与李耀书、龚应魁共分。又得曾希祉、谢玉宇家属银十二两,又得黄心台银七十两,与李耀书共分。又套翁榜观得银六两三钱,又搜村自供匿绸四匹,匿布十七匹,匿火酒一百十一埕,匿面六十五包,匿米三十包。与陈熊英狼狈为奸的是李耀书、黄番鬼、龚应魁、陈三省、中军许弘佐、洪把总、张把总等。[4]《详禁哨守抢掠米船》中说:本来"游奕之设,原以禁遏番哨,逻缉不轨。乃乘本道驻肇,借拿接济之名,拦截谷船,当嗷嗷待哺之期,宁堪此攘夺乎"。颜俊彦认为"法应重究"。[5]

有的本应成为官方的捕盗力量,结果却转而为盗。如并非盗贼的许弱,"集党掠其数千金,毙其十有四命"[6]。"冯汝时以闾左豪右,倚富争雄,乘两院明文设立练总乡兵,本以保安地方者,而本犯冒充练长借以生事,爪牙之徒尽作乡兵。私造快船,擅操生杀,乃以斗戏龙舟小事,即拥众抄何秀

---

[1] [明]颜俊彦:《盟水斋存牍》,《谳略二卷·衙蠹何卓廷等》,北京:中国政法大学出版社,2002年,第89页。

[2] [明]颜俊彦:《盟水斋存牍》,《谳略二卷·衙蠹刘事平》,北京:中国政法大学出版社,2002年,第91页。

[3] [明]颜俊彦:《盟水斋存牍》,《谳略二卷·衙蠹许明》,北京:中国政法大学出版社,2002年,第93页。

[4] [明]颜俊彦:《盟水斋存牍》,《谳略一卷·贼哨陈熊英等》,北京:中国政法大学出版社,2002年,第47页。

[5] [明]颜俊彦:《盟水斋存牍》,《公移·详革衙官督造黄册》,北京:中国政法大学出版社,2002年,第637页。

[6] [明]颜俊彦:《盟水斋存牍》,《谳略一卷·贼哨林威等》,北京:中国政法大学出版社,2002年,第46页。

联等三家,杀梁仲爱、张良二命,以泄其忿。"①颜俊彦说:"官兵岁縻粮饷,不图缉盗周防,肃清信地,而徒借事索诈,苦累商民",已成一严重痼疾。②"闽棍接济为奸,甲壮受贿纵弊"。"近来地方大害,无过接济之公行,番哨之拦入,而两者皆缘奸揽为之导。奸揽之敢于逞其伎俩,又皆缘市司官吏为之导。"③

有时出现洋船阑入内地的情况:"洋船擅入,官兵放行,昨已批府严查究处矣。本道所谓速查果系飘风别无夹带,正所谓查其来历,所谓盘验封固候解审定夺,即所谓再议定夺,即所谓再议发落也。"那些声称巡查海上的人,"乃竟聚众三百余人,入夷地,贩夷货,又违禁直逼粤省,而民间之住粤者,且为奔走,布置窝接,是岂无因而至,尚得以'飘风'二字为解耶?船中违禁之物,为番为倭,不可不亟行盘明,以免奸徒私运匿赃而并卸罪也"。粤省人指责闽省人"违禁通番,擅入粤海,以粤为壑"④。

三、势单力薄之小商经不住敲诈而转为盗贼

当时从异乡到广东经商者不少,但时常要忍受当地奸佞的诈骗。孤商钱应龙被土宄何永福图诈。⑤牙行的韩振海让郭养锦挂欠陕西丝客吕鹏的债务,导致吕鹏生意难以为继,不得不转为盗贼。⑥颜俊彦认为要"严逐棍揽以禁接济以安地方","粤省密迩澳地,闽揽实逼处此。拨置夷人往来

---

① [明]颜俊彦:《盟水斋存牍》,《谳略一卷·人命冯汝时等》,北京:中国政法大学出版社,2002年,第50页。
② [明]颜俊彦:《盟水斋存牍》,《公移·详议春花园田入义仓》,北京:中国政法大学出版社,2002年,第693页。
③ [明]颜俊彦:《盟水斋存牍》,《公移·禁奸揽接济》,北京:中国政法大学出版社,2002年,第668页。
④ [明]颜俊彦:《盟水斋存牍》,《谳略一卷署府·洋船阑入内地黄正等》,北京:中国政法大学出版社,2002年,第699页。
⑤ [明]颜俊彦:《盟水斋存牍》,《谳略三卷·孤商钱应龙等》,北京:中国政法大学出版社,2002年,第159页。
⑥ [明]颜俊彦:《谳略三卷·牙行韩振海等》,《盟水斋存牍》,北京:中国政法大学出版社,2002年,第161页。

构斗,大不利吾粤",希望把闽籍商人赶回福建。①

四、吃黑风气之形成

在广东,贩卖私盐、私锡者不绝。梁敬莺等结党诈商。②"粤中为含杀之射,匿词害人,无日无之。"③

有的手段极为恶劣,"乃一变而为掳人勒赎,再变而为掳死人之棺以勒赎,愈出愈奇,愈奇愈惨"④。"强盗李伯亮等","海洋大盗,聚伙多人,分驾二船,杀人掠货不知凡几矣"⑤。强盗梁应从曾与其父梁裔聪"纠伙多人,劫谷焚庐,而又缚掳屈允显,沉害其命,凶惨极矣"⑥。"强盗周永秀伙盗肆劫,杀人得财,获于当场。"⑦强盗郭兆祥等"与贼首李万魁啸聚行劫,殆非一日。掠邓监生行李,主仆奔匿,仅以身免"⑧。

有的盗贼入室偷盗,采取"人犬睡熟,挖门行窃"的办法,遇到主人发现,往往拔刀杀伤事主。⑨

商人的处境有时是很恶劣的。"郑伯奇与梁继英称新安人,父母妻子在家,贼攻新安被掳。杜一吾归善县白江村人,贼至本村,兄弟被掳。陈

---

① [明]颜俊彦:《盟水斋存牍》,《公移一卷·禁棍揽接济》,北京:中国政法大学出版社,2002年,第334页。
② [明]颜俊彦:《盟水斋存牍》,《谳略三卷·诈商奸棍梁敬莺等》,北京:中国政法大学出版社,2002年,第125页。
③ [明]颜俊彦:《盟水斋存牍》,《谳略三卷·匿名捏告刁徒马摩天》,北京:中国政法大学出版社,2002年,第127页。
④ [明]颜俊彦:《盟水斋存牍》,《谳略一卷·强盗陈光贤等》,北京:中国政法大学出版社,2002年,第39页。
⑤ [明]颜俊彦:《盟水斋存牍》,《谳略一卷·强盗李亮伯等》,北京:中国政法大学出版社,2002年,第30页。
⑥ [明]颜俊彦:《盟水斋存牍》,《谳略一卷·强盗梁应从》,北京:中国政法大学出版社,2002年,第31页。
⑦ [明]颜俊彦:《盟水斋存牍》,《谳略一卷·强盗周永秀》,北京:中国政法大学出版社,2002年,第33页。
⑧ [明]颜俊彦:《盟水斋存牍》,《谳略一卷·强盗郭兆祥等》,北京:中国政法大学出版社,2002年,第34页。
⑨ [明]颜俊彦:《盟水斋存牍》,《谳略一卷·盗窃拒捕伤人梁明国》,北京:中国政法大学出版社,2002年,第44页。

二、陈三揭阳北门外人。三以贼攻城被掳,二以买盐遇贼被掳。吴亚三亦揭阳人,捕鱼被掳。以上应行查本籍,以辨真伪。"①何公进伙窃浙商金茂之囊资,畏罗亚西语泄,捆溺灭口。②"钟弘英、钟君祥与监故钟明聪之谋死生员黄中达"一案,这两人本来"以驾船装载承揽中达谷货,自广西回,辄起盗心。于本年四月初六日夜半,至稍潭海面,遂将中达并其子登瀛缚投海中,罄劫其赀……旋将租谷于大分村发粜,乃钟鹗胜本由夫少续雇在船,天厌其毒,胜忽自悔奔首,约保钟君明等并执四盗解县,随据达男生员黄甲兆投诉父亲被杀,当搜英家,而红衫绒包经主认领,赃真盗确……"结论是"钟君祥与故贼明聪、弘英劫杀青衿父子,沉其尸而掠其赀,凶惨特甚,幸钟鹗胜报而获之"③。

有时亲属之间也会因为利害关系而引发人命,许日昌与族舅龚亚二为伦宦之仆。"昌曾偏二之银以有睚眦,后昌夫妻见逐于主,疑为亚二所致,亦非深雠,乃竟以父病诱二回探,杀之中途……移尸村庙。"④

有的主子压榨下属到了极端恶劣的地步。袁贵宣"欺高元为管下甲户,强捉其猪,逼死伊母。恨元告发,又借催粮探觅其父高贤钦与高于舜搭渡,擅捉过船,殴死抛之于海"。判决结果说:"袁贵宣自恃豪强,视高元父子不啻弱肉,未当里长,先索帮贴,既杀其母,复沉二命。"必须对之施以绞刑。⑤

有的纠纷起于微小争端。陈富兴与梁朝伟以席地相角,亦细故耳。乃富兴之侄陈微积乘醉狂呼,代叔出头,率众直前。适遇伟弟梁朝兴于蔗地,丛而殴之,当夜身死。在惟积执有凶棍,下手独重。造成梁氏被杀,结果梁

---

① [明]颜俊彦:《盟水斋存牍》,《谳略一卷·强盗郑鸟郑新等》,北京:中国政法大学出版社,2002年,第41页。

② [明]颜俊彦:《盟水斋存牍》,《谳略一卷·人命何公进》,北京:中国政法大学出版社,2002年,第48页。

③ [明]颜俊彦:《盟水斋存牍》,《谳略一卷·人命钟君祥等》,北京:中国政法大学出版社,2002年,第54页。

④ [明]颜俊彦:《盟水斋存牍》,《谳略一卷·人命许日昌等》,北京:中国政法大学出版社,2002年,第55页。

⑤ [明]颜俊彦:《盟水斋存牍》,《谳略一卷·人命袁贵宣等》,北京:中国政法大学出版社,2002年,第56页。

氏抬尸到陈富兴家门前,陈妻王氏害怕而上吊自尽。结果造成了两条人命的案子。①

有的人用死尸讹诈别人,有的则借乞丐来顶充。龚少聪"以奸恶自雄,为闾里侧目"②。有一名叫张盛业又叫黄盛佐的人已因盗案死于路上,有一叫张瑞的人冒名认其为兄,且觅得一妇女黎氏冒认该尸为其夫尸,以此讹诈乡民。③

从当时明王朝的海防布局看,广东一向被分为东路、中路和西路三路,广州地处中路,该路则以珠江出海口为要,包括广州府所属之新宁、新会、香山、东莞、新安五县,"尤为滨海要冲",但与潮州一线所属东路相比则略显次要。西路要害,在于西路与安南占城相接,但是对于"倭寇东来言之,似防守之责可缓"。④ 或许正是因为这种战略考虑,使得广州周围的海洋管理仍处于相对宽疏的状态,盗匪猖獗,社会秩序仍较为混乱。从某种意义上说,珠江三角洲盗匪的盛行并不单取决于既往的民风,还与朝廷对该地海洋环境的管理不到位,派来的官吏不但未能尽职,而且还以贪蠹,加剧了这种风气的炽盛等因素密切相关。

第三节　颜俊彦作为地方推官的作为与效果

一、颜俊彦的治理作为

颜俊彦,浙江桐乡人⑤,"字开眉,一字开美,崇祯戊辰进士,授广州推

---

① [明]颜俊彦:《盟水斋存牍》,《谳略一卷·人命陈惟积等》,北京:中国政法大学出版社,2002年,第56页。
② [明]颜俊彦:《盟水斋存牍》,《谳略一卷·人命龚少聪等》,北京:中国政法大学出版社,2002年,第57页。
③ [明]颜俊彦:《盟水斋存牍》,《谳略一卷·借死掠诈张瑞》,北京:中国政法大学出版社,2002年,第67页。
④ [清]严如熤:《洋防辑要》卷一六,《沿海形势总略》,道光十八年(1838年)刊本,第4页。
⑤ (光绪)《桐乡县志》卷一五,《宦绩传》。

官。……庚午充本省同考,被论罢职。南台建,补松江府推官,迁工部营缮司主事。鼎革后,隐居菁山,筑菩提精舍,勤修白业"。颜俊彦在广州任职两年时间(崇祯元年至三年,1628—1630年)里,处理了大量的事务,表明在王朝晚期依然有一批正直的官员在为朝廷、为社会尽着自己的努力。他在《盟水斋存牍》自序中说:他为政的广州是"汉夷杂处,弱肉强食,盗多于民,囚稠于市,不法捕哨偕里党亡赖狼狈纵横。钱可通神,真盗往往免脱;沙可蜇射,良民比比蛛粘"①。颜俊彦回顾自己在广东的作为:"简笥中所存稿,复视之皆罪案也,不敢付之一炬,拣其稍关系地方及无甚关系而一时设身处地谈言微中者,略为次序之,为勘合,为谳略,为翻案,为矜审,为公移,付之剞劂,与通国共寓目焉。"作者的这一做法无疑为我们提供了当时的一份真实记录。②

颜俊彦分析了海上的复杂形势,大体总结出海上盗匪的几种类型,揭示了盗匪盛行的一些基本原因,同时也针对一些具体问题,提出和实践了一些解决方案,大体体现了一个正直官员的基本面。作为一名推官,要处理当地的各类纠纷案件,为本地创造良好的社会环境和商业环境,避免外地盗匪潜入本地,也尽量保护外地客人免受本地盗匪的侵渔。颜俊彦是想树立经营以诚的理念。

颜俊彦堪称一名能吏。他的工作在于"为严比较之法,住守提之扰,省差役之纵横,苏小民之重累事"。他发现"粤中州县诸事延捱,而惠、潮为尤甚。每见前院词讼,有迟至五六年始结者。非不屡屡行催,不啻等于故纸"③。

对于冒险出洋的船只,颜俊彦认为不严格重治是不足解决问题的。"若辈重利轻生,走死如鹜,非一番痛彻惩治,必不惧而知返,诚粤东二百年

---

① [明]颜俊彦:《盟水斋存牍》自序,北京:中国政法大学出版社,2002年,第8页。
② 近年来已有一些关于《盟水斋存牍》的研究成果,如叶显恩:《晚明珠江三角洲区域社会实态的忠实记录——〈盟水斋存牍〉简介》,《广东社会科学》1997年第1期;叶显恩:《徽州与粤海论稿》,合肥:安徽大学出版社,2004年;[日]井上彻:《明末广州的宗族——从颜俊彦〈盟水斋存牍〉看实像》,《中国社会历史评论》第6卷,2006年;沈小明:《〈盟水斋存牍〉所载强盗案件研究》,中山大学硕士学位论文,2003年。
③ [明]颜俊彦:《盟水斋存牍》,《公移·详请禁止差役守提》,北京:中国政法大学出版社,2002年,第635页。

以来,一下荼毒故也。"①

颜俊彦看到督造黄册中存在"层层剥削"的弊端。要求县官必须认真负责这件事。他关心民众之疾苦,发现南海县存在"定弓虚税"现象。"粤民之苦累,无过于南海之定弓。夫定弓之名唯南海独有。盖万历九年清丈该县田地,水冲崩陷,以隆庆六年本县壹万伍千肆百余顷之额计丈,失额壹千捌百贰拾捌顷。时当事者罔敢报失,不得已为取盈之计,遂以万历九年丈实田土,将捌分叁厘六毫认作壹亩,每亩加虚税壹分陆厘肆毫补丈失之数,此定弓之名所由来也。"结果"夫补足丈失之额,较于隆庆原额又多肆百顷,计南海县加定弓虚税贰千贰百贰拾捌顷,每岁派银柒千柒百捌拾余两,尽属无土之征。迄今五十年来,民之赔纳虚税者叁拾余万金,南海之民力竭矣"。颜俊彦上疏请求:"兹逢明旨行各省直清丈,该县乡绅里排吁天请命,恳照恩诏《会典》明例,请豁定弓虚粮,以舒久酿之困。荷蒙上台加惠元元,轸念重累,批行酌议,则南邑久困之民庶其有瘳乎?"②经过争取,这项定弓虚税终于被废除,颜俊彦为民生做了一件大好事。他从这件事情中看到:"查看得清核田亩之议,各省有各省之不同,则其法自不能执一而施。有可据册无待清丈而明者,有不可据册必待清丈而明者,何以言之?浙直江楚等处之田,大都沃壤,价值亦贵。民间之田土,或先世之遗,或自手之置,俱井井不失分寸,推册过户亦班班可考,此无待清丈而明者也。若夫粤东之田,强半沙坦,茫茫海畔无从履亩,忽可化无为有,忽可化有为无,沧桑转眼,靡定盈缩,弓手何施?"

二、颜俊彦的治理效果

在实践中,他发现:"如昨《赋役全书》,自洪武年间到今增拾壹万顷,共得叁拾肆万顷,报部亦总计本司屡年所报升科之数。其实民间之讼失田而赔粮,讼新生而夺承者,日纷纭于前而莫之止。则所报增拾壹万顷,尚是纸上约略之言,非凿然之定额也。目下若欲遽开征拾壹万顷之粮,能乎?不

---

① [明]颜俊彦:《盟水斋存牍》,《谳略三卷·违禁出洋郭进兴》,北京:中国政法大学出版社,2002年,第573页。
② [明]颜俊彦:《盟水斋存牍》,《公移·南海定弓虚税详》,北京:中国政法大学出版社,2002年,第640页。

能乎？"如果不是为了博取名声，不是有意隐占，亩数还需清丈方能获知，但清丈又如此困难。他说："如部科覆看有地增而粮不增，非开垦之博名，则豪右之隐占。此若为粤东而发，豪右隐占尚可清，开垦博名则无术。此粤东之田亩，必待清丈而明，而又未易轻言清丈者也。今若欲据已成之册笼统开报，它日赋随田起，不唯民穷于赔累，吏困于考成，而所以上答圣天子之清问者，岂应草卒若是？况据各县所报并册籍，年久无存，不可问乎？是役也，必须责成府州县官宽以时日，细细查核，要见所报增额内有无抛荒，有无海水冲塌，系沙砾瘠硗不堪耕耨者若干，系取饷养本地方兵者若干。即如南海，定弓虚税缺额贰千贰百捌顷，陆续抵补，尚未足额，而所补之田亦非南海一县，牵香顺诸邑新生之田而补之，即此一项可以类推。《全书》所报，合十府分算，孰盈孰诎，复十府撒总，是异是同，其中岂无参差难合，宁能朝夕报成？必汇各府县之册籍于一堂，彻底澄清，通盘打算，乃可缴奏，以垂永久。此关系地方生民最大利病，非他事件可比，不堪葫芦塞白也。且恭绎明旨及部科所议，虽以上足国课，未尝不下恤民隐。即钦限难违，功令可畏，何妨明白陈请，从容查核，以期无弊。"①表现出了一种负责任的态度，颜俊彦希望通过整顿好赋税秩序，切实减轻当地百姓的负担，减少良民被逼为盗的可能性。

综观颜俊彦的作为，主要可归结为：(1)处理这类纠纷和案件；(2)建章立制。陆鳌说颜俊彦来广州时，"当岭海多盗，官吏丛奸，水旱频仍，郡邑兼摄，乃洞观时势，备悉机宜。如议防守，严接济，禁陋习，革指参，戢巨豪，定大狱，复隐田，驱冗职，凡为地方利病计，靡不综核曲至，且贾其余勇，精鉴人文，刊定赋役，其于五爵之听，不更划然解乎？"他处理广东事务达到了"知夷情稔，为朝廷划处置法颇晰"②的地步。

综合来看，明末广东沿海违禁出海开展贸易的现象非常普遍，颜俊彦倾向于严厉执行海禁，以保护朝廷政策的威严和执行效果。但事实上，因为官盗间的勾结，各类违规现象不断涌现，官可以从走私、受贿中获得好处，而商人则借助于官员们释放的方便大肆牟利。丰厚的商业利润驱使着

---

① ［明］颜俊彦：《盟水斋存牍》，《公移·南海定弓虚税详》，北京：中国政法大学出版社，2002年，第640页。
② ［明］颜俊彦：《盟水斋存牍》陆鳌序，北京：中国政法大学出版社，2002年，第2页。

盗匪的兴盛,他们把获利的对象放在了外来的客商、行走的客旅乃至定居的富家大户家里,或暗盗,或明抢,或诈骗,手段繁多,甚至杀人害命也在所不惜。这给当地的社会治安带来了极大的隐患,也恶化了该地的商业环境,逼使人们凝聚成集团性的商人团伙,有的还需要配备精良的武装。颜俊彦出于一名正直官员的责任心,勤奋地处理着各类纠纷和案件,尽到了整顿社会秩序、淳化社会风气的职责。但或许是因为明王朝消极地对待海洋、简单地严行海禁的思维定式的影响,或许是整个社会大环境已然,颜俊彦的努力所产生的效果是微小的,广东区域的海洋环境依然如故。因此,广东地区的社会治理必须通过更新思路才能实现。

第五章 从《盟水斋存牍》看明末广东沿海的盗匪

第六章 明代中后期福建沿海的乡兵与渔兵

倭乱期间,东南沿海的乡兵大体分为两类:一类是官方招募之乡兵,其性质为官方武装;另外一类为民间团保之乡兵,其性质是基层民间武装。招募之乡兵在明代中后期沿海兵制改革过程中发挥了重要的作用,东南沿海的土兵和抚标很大程度是由包括乡兵在内的民兵转化而来。而团保之乡兵的兴起则正式开启了明代后期基层社会军事化的过程,对明代地方社会的发展产生了深远的影响。同时,笔者认为并非所有参与军事行动的渔民都是渔兵,明代真正意义上的渔兵,指的是晚明时期东南沿海出现的一支以渔民为主体,以保甲制为组织基础,以船伍、哨队为编组方式,主要用于所属澳分及附近海域防守,负有遇警征调职责的海上乡兵。

长期以来,明代兵制史研究偏重于卫所、营兵等正规军,对民兵未能予以应有的重视。作为承上启下的兵制形态,民兵的兴起与演变对明代的募兵制与营兵制都产生了重要影响。社会史学者虽然对明代民兵有所研究,但多并不关注兵制本身,而热衷于揭示乡兵背后的家族、宗族等社会关系,以及与之相关的社会控制等问题。有的学者未做制度史梳理,便将乡兵看作是一支与乡族势力有着亲密结托的基层民间武装,多夸大了乡兵在军事行动与地方治理中的作用。本章拟以福建沿海乡兵为例,通过对乡兵发展脉络的梳理,以期厘清各类乡兵的属性问题。近年来,明清时期的渔民、渔业、渔兵问题也是学界热议的话题。关于渔兵的研究,目前明显呈现出泛化的倾向,将参与军事行动的渔民都称作渔兵,由此掩盖了组织化的渔兵与附属于军队的渔民的区别。明代福建同安县渔兵案例为我们窥探明代渔兵兵制提供了一个窗口。

第一节　明代中后期福建沿海的乡兵

目前学界一般认为,明代的乡兵是一支与乡族势力关系密切的基层民间武装,这种看法并不准确。明代乡兵的概念与内涵有着很大的区别,不同类型的乡兵在性质上存在较大的差异。对此,亲身参与募兵、时任浙江海道副使的谭纶就指出:

> 乡兵之名则一,而其义有二,有招募之乡兵,有团保之乡兵。招募之乡兵,谓选其土著之矫健者为之,系其名籍于官,而又以将臣领之,优其饩食,明其步伍,时其教训,严其赏罚之条,无事则作其投石超距之气,有事则责之搏前击后之功,是为素练之兵。自其对客兵而言,又谓之主兵,兵之有实用者也。至于团保之乡兵,不过因其地方之远近,人民之众寡,使之自相团结,谕以共保室家,小警则虚张声势,以幸其贼之不来,大警则预行收敛,免致受祸之太惨,如是而已。①

可见,倭乱期间东南沿海的乡兵大体有两类:一类为官方招募土著和异地应募者所组成的官方武装;另外一类则是基层社会团结自保的民间武装。早在倭乱之前,府县官府即已开始籍土著为乡兵,"选民间年力精壮者籍于官曰乡兵,暇归农,遇节序操练之,有警用守城,或捕逐盗贼"②。然而,由于"乡兵不支工食,养之无道,教之无素"③,府县佥籍乡兵未获实效。倭乱爆发后,这些籍名在官的乡兵成为府县募兵的重要对象。

一、招募之乡兵

"招募之乡兵"与明代的募兵制有着密切的关系。一般认为,明代的募

---

① [明]郑若曾撰,李致忠点校:《筹海图编》卷一一上,《经略一·练乡兵》,北京:中华书局,2007年,第706页。
② [清]傅维鳞:《明书》卷七二,《戎马志三》,《四库全书存目丛书·史部》(第38册),济南:齐鲁书社,1996年,第738页。
③ [清]周学曾等:(道光)《晋江县志》卷一七,《兵制志·明兵制》,福州:福建人民出版社,1990年,第449页。

兵制在嘉靖之前只是卫所的一个补充,嘉靖中募兵制始确立,并逐渐在明朝军制中居于主导地位。① 从起源来看,明代的募兵制与民兵有着很深的制度渊源。"召募之兵,明初无有也。正统中,始募天下军余、民壮为兵。景泰初,复令广召募,即以所在官司统领,遇警调用,然犹之民也。弘治中,以房警抽编,无警许罢役,遂有常饷。沿至正德,遂令分成番操,无复休息。兵部尚书王琼请量罢之,不听。肃宗深知其弊,而未遑清理,及后为真兵矣。"② 然而,目前学界却更多地将募兵制与营兵制联系在一起,忽略了兵制转变过程中招募民兵这个重要阶段,从而也就忽视了民兵在营兵组建过程中的重要作用。如,王莉女士就认为,"募兵主要隶属于营伍,募兵是营兵的主要来源,特别是在东南沿海"③。肖立军先生也认为,明代募兵去向为"募余丁或土兵入卫所;入苑马寺;募兵屯田;巡江;编入营伍充当标兵、营兵"④。我们姑且不论明代中叶府县官府普遍招募的民壮等民兵⑤,即便是倭乱初期,东南沿海的募兵与营兵也没有直接关系。其时,沿海的营兵尚未建立,最先取得募兵权的仍是府县地方政府,而非镇戍将领;最先招募的士兵是余丁军和民兵,而非营兵;而所募士兵亦不隶属于军队,而是地方政府。

倭乱初期,面对东南"卫所狼狈,行伍煎销"⑥,地方无兵可用的严峻形势,明廷不得不下放募兵权,令府县官府募兵御倭。嘉靖三十二年(1553年)八月,南京御史赵宸请令沿海府县募兵,获得明廷批准,"各府州县随宜招募,使人自为战,家自为守,如果杀贼有功,照官军升赏"⑦。随即沿海府县展开了大规模的募兵运动。如在福宁州,"嘉靖间倭变,选军余五百名,

---

① 李渡:《明代募兵制简论》,《文史哲》1986年第2期。
② [清]傅维鳞:《明书》卷七二,《戎马志三》,第738页。
③ 王莉:《明代营兵制初探》,《北京师范大学学报》(社会科学版)1991年第2期,第92页。
④ 肖立军:《明代省镇营兵制与地方秩序》,天津:天津古籍出版社,2010年,第85~87页。
⑤ 梁方仲:《明代的民兵》,《中国社会经济史集刊》1936年第5卷第2期。
⑥ [明]戚继光:《戚少保奏议》卷三,《清理军丁户籍议》,北京:中华书局,2001年,第70页。
⑦ 《明世宗实录》卷四〇一,"嘉靖三十二年八月壬寅"条,第7033页。

于本等月粮外,各给饭食银三钱,谓之军兵。又选民壮及募乡兵共五百名,各给饷银有差,谓之民兵"①。可见,倭乱初期沿海府县募兵既包括抽选卫所余丁组成的"军兵",又包括抽选民壮、招募乡兵所组成的"民兵"。而最先施行募兵的是府县官府,所招募的是"军兵"与"民兵",与营兵的关系不大。由于乡兵乃系招募而至,因此曾亲历募兵的名将俞大猷就指出:"乡兵即募兵也"②。此外,嘉靖三十八年(1559年),巡按福建御史樊献科在奏请禁止跨省应募时就指出:"今广、浙、闽俱有海警,宜以三省兵应募者,悉遣还原籍,收为乡兵,即以待客兵者养赡,不惟客兵免远调之劳,向各地方且获乡兵之利,计无便于此矣。得旨,允行。"③可见,倭乱期间,东南沿海确实存在着一支由官方招募、供养的乡兵,其性质乃是官方武装。招募之乡兵与民壮一起成为府县御倭的主要凭借。如在泉州府,"乡兵者,嘉靖三十七年,都御史王询行令添设,专备城守,泉州共八百四十六名,亦除安溪防守县城,其余四县与机兵一体团练"④。

然而,仔细推敲上揭谭纶引文便不难发现,谭纶所说的招募之乡兵其实指的是营兵。明代中叶以后,官方遇警仓皇募兵的做法,早已被证明难收实效。远的暂且不论,嘉靖二十九年(1550年)俺答汗大举入犯,进逼京师,明廷分遣御史分道募兵于畿辅、山东、山西、河南诸府,共得四万余人。⑤ 不久人们便发现,"仓卒召募,类多乌合"⑥,随后又不得不罢遣。倭乱初期,沿海府县实际又走上仓皇募兵的老路,所募之兵率多无赖,缺乏组织和训练,战斗力不强。随着形势的发展,组建更为专业的营兵成为必然。

---

① 殷之辂:(万历)《福宁州志》卷五,《兵戎上·粮饷》,北京:书目文献出版社,1990年,第79页。
② [明]俞大猷:《镇闽议稿》,载《正气堂全集》,福州:福建人民出版社,2007年,第492页。
③ 《明世宗实录》卷四七九,"嘉靖三十八年十二月乙巳"条,第8009页。
④ [清]周学曾等:(道光)《晋江县志》卷一七,《兵制志·明兵制》,福州:福建人民出版社,1990年,第449页。
⑤ [明]何乔远:《名山藏》,《兵制记》,南京:江苏广陵古籍刻印社,1993年,第2876页。
⑥ [清]龙文彬:《明会要》卷五九,《兵二·民壮》,北京:中华书局,1956年,第1139页。

对此,万历《福宁州志》即载:"嘉靖三十六年,倭寇犯闽孔棘,于是军、民两兵罢,而土、客两兵出矣。"①"土、客两兵"指的就是沿海地区的土兵与客兵两大营兵力量。所谓的客兵,大体亦有两类,"客兵有二,有调而至者,有募而至者"②。在福建,"调而至"的客兵,主要是指广西向武州兵,其在闽时间并不长,"客兵者,旧制无有也,嘉靖三十六年郡苦倭寇,巡抚始有调广西向武州兵御之者,未几遣归"③。第二类即所谓"募而至"的客兵,主要指的是戚继光招募入闽的浙兵。"客兵者,浙兵也,倭之猖獗也,浙参将戚继光以所练义乌兵来援,屡与倭战,有功,卒平定之。军门谭纶奏留其兵,分成八郡……曰浙营。"④而所谓的"土兵",即"土著之兵也,招集郡民,聚处校场,统以将领,曰土营"⑤。土兵营的组建并非采用直接招募的方式,而是抽选府县招募的"军、民两兵"组成。嘉靖三十九年(1560年)五月,福建巡抚刘焘上《兵粮战守四议》,建议在闽筹建营兵,得到明廷的批准,其立营兵源为:"选之十六卫兵,每卫以一千为率,可得兵一万六千人;又选之八府民兵,每府以一千五百为率,可得兵万有二千。"⑥引文中的"民兵",指的就是此前府县抽选民壮、招募乡兵所组成的民兵。关于土兵与民兵的关系,林偕春在《兵防总论》中就指出,"土兵之召募即民兵也"⑦。同样,道光《晋江县志》在论述土兵与乡兵关系时就指出,"《闽书》所谓土兵,即(隆、万)二志所谓乡兵也"⑧。可见,沿海的土兵很大程度上是由招募之乡兵转化而来,

---

① [明]殷之辂:(万历)《福宁州志》卷五,《兵戎上·粮饷》,第79页。
② [明]郑若曾撰,李致忠点校:《筹海图编》卷一一下,《募客兵》,北京:中华书局,2007年,第727页。
③ [明]顾炎武:《天下郡国利病书》,《四库全书存目丛书·史部》(第172册),济南:齐鲁书社,1996年,第437页。
④ [明]何乔远:《闽书》卷四〇,《扞圉志》,福州:福建人民出版社,1994年,第998页。
⑤ [明]何乔远:《闽书》卷四〇,《扞圉志》,福州:福建人民出版社,1990年,第998页。
⑥ 《明世宗实录》卷四八四,"嘉靖三十九年五月庚寅"条,第8087页。
⑦ [明]林偕春:《兵防总论》,载《云霄厅志》(点校本),漳州:漳州市桥南印刷有限公司,2005年,第102页。
⑧ [清]周学曾纂:(道光)《晋江县志》卷一七,《兵制志·明兵制》,福州:福建人民出版社,1990年,第449页。

即所谓的"练乡勇为土兵"①。不仅土兵如此,作为营兵精锐的标兵亦与民兵关系密切。如福建巡抚标兵的建立即直接抽选民壮转化而来。对此,《闽书》载:"嘉靖季闽中倭,军门又于其中选为标兵,隶麾下。"②可见,在东南沿海,包括乡兵在内的民兵在营兵的建立过程中发挥了重要的作用。而营兵化后的乡兵其性质仍为官方武装,而非基层民间武装。

需要指出的是,除营兵化后的乡兵外,招募之乡兵在御倭战争中的地位和作用难以高估。在数量方面,招募乡兵经费来源于府县财政,决定了其规模不可能太大。如泉州府除安溪外四县共募乡兵846名,而首县晋江仅额设200名。③面对拥众而来的倭寇时,往往处于敌众我寡的不利地位。而在职能方面,由于乡兵乌合而来,缺乏组织与训练,不堪征讨,决定了其在军事行动中的从属地位。而在设立营兵过程中,乡兵精锐悉从抽选,其作用进一步遭到削弱,表现出纪律涣散、军事素质低下等特点,被认为是"于事无益,于民有害"④。尽管个别地方官致力于抽选与团练,以期提高其组织与作战能力,如在晋江县,"先年知县柴镳钱之选,已行之而有成绩"⑤,但仍无法逆转招募之乡兵的整体颓势。因此,在倭患平定后,此类乡兵便渐就裁革。如在泉州府,"四十五年,知府万庆以军余革归原卫,裁减乡兵,后复奉文尽行裁革"⑥。尽管府县招募之乡兵存在时间并不长,但其在明代中后期沿海兵制转变过程中发挥了重要的作用。

二、团保之乡兵

明代东南沿海另外一类乡兵即谭纶所说的"团保之乡兵",此类乡兵才

---

① [清]周学曾等:(道光)《晋江县志》卷一七,《兵制志·明兵制》,福州:福建人民出版社,1990年,第444页。

② [明]何乔远:《闽书》卷四〇,《扞圉志》,福州:福建人民出版社,1990年,第998页。

③ [清]周学曾等:(道光)《晋江县志》卷一七,《兵制志·明兵制》,福州:福建人民出版社,1990年,第449页。

④ [清]周学曾等:(道光)《晋江县志》卷十七,《兵制志·明兵制》,福州:福建人民出版社,1990年,第450页。

⑤ [清]周学曾等:(道光)《晋江县志》卷一七,《兵制志·明兵制》,福州:福建人民出版社,1990年,第450页。

⑥ [清]周学曾等:(道光)《晋江县志》卷一七,《兵制志·明兵制》,福州:福建人民出版社,1990年,第449页。

是学者们普遍关注的作为基层民间武装的乡兵。关于其起源,方志一般都将之追溯至嘉靖二十五年(1546年)朱纨在闽浙沿海推行的保甲之法,以突出乡兵与保甲的关系。如崇祯《海澄县志》载:"乡兵原无额设,嘉靖二十五年,浙直军门朱纨立为十家甲法。"①这种将乡兵与保甲联系在一起的说法为后代修志者所广泛继承,甚至有的方志直接就将乡兵等同于保甲团练。如光绪《漳浦县志》载:"乡兵,即保甲团练。"②倭乱的爆发亦促使明代团保乡兵的兴起。"(嘉靖)三十四年,倭寇为患,给事中袁世荣奏令滨海府县佐贰、巡捕官,择廉干者一人,给团练劄,付以督其事,各乡择才干一人为团长,授之冠带,优免二丁,仍量免差役,专一纠集乡民,肄习武艺,有警候调。"③官方的推行在很大程度上只起到了示范的效用,基层社会广泛存在的是民间私自开展的团保运动。对此,光绪《漳州府志》载:"后民多自置团操演,自卫乡社。"④同样,乾隆《龙溪县志》亦载:"后民多私自训练,以卫乡社。"⑤所谓的"自置"和"私自"指的就是民间自发的团保运动,较之官方督办的团保,民间私自团保要普遍得多。团保之乡兵乃是一支民间武装,其经费皆由民间自理,"其衣粮器械,耗费不赀,皆出自民间"⑥。地方士绅在供饷方面发挥了重要的作用,决定了团保之乡兵与乡族势力亲密的结托关系。

倭乱期间,官方推行保甲团练一方面是希望民众守望相助,自保乡社;另一方面府县官府亦希望借此而获得一支可资调用的武装。因此,即便

---

① [明]梁兆阳:(崇祯)《海澄县志》卷七,《兵防志》,《日本藏中国罕见地方志丛刊》,北京:书目文献出版社,1992年,第389页。

② [清]陈汝咸:(光绪)《漳浦县志》卷一一,《兵防志》,《中国地方志集成·福建府县志辑》(第31册),上海:上海书店出版社,2000年,第103页。

③ [清]秦炯:(康熙)《诏安县志》卷七,《武备》,《中国地方志集成·福建府县志辑》(第31册),上海:上海书店出版社,2000年,第485页。

④ [清]李维钰原本,沈定均续修,吴联薰增纂:(光绪)《漳州府志》卷二二,《兵纪一》,载《中国地方志集成·福建府县志辑》(第29册),上海:上海书店出版社,2000年,第437页。

⑤ [清]吴宜燮等:(乾隆)《龙溪县志》卷八,《军制》,《中国地方志集成·福建府县志辑》(第30册),上海:上海书店出版社,2000年,第87页。

⑥ [清]张廷球主修,徐铣主纂,龙岩市地方志编纂委员会整理:(乾隆)《龙岩州志》卷六,《武备志》,福州:福建省地图出版社,1987年,第179页。

"乡兵不支工食",却仍被赋予"有警候调"的职责。然而,实际执行的效果并不理想。早在倭患初期,南京湖广道御史屠仲律在所上《御倭五事》中就指出:"豪民以之保村里则有余,以之充行伍则无益"①。由于无兵可用,实践中调发乡兵的现象大量存在。在此过程中,官方逐渐发现团保乡兵的一些特点:首先,团保乡兵仅可用之于本地,不可以远调;其次,团保乡兵仅能用于防御,不足以用之于征讨。对此,亲历征发乡兵的俞大猷就指出,"(乡兵)持一飨之饭,一升之米,与贼从事,纪律不知,老弱并出,彼此观望,朝出战而暮思归,谁肯步步为营,志专在战?如战得利,即将贼物搬回,来来往往,半在营而半在家,头目亦不能禁之。其或失利,更无再聚、再战之志也。"②其后官方逐渐停止对乡兵的调发。同时,乡兵守望相助,保固乡里的职能为官方所认可,"若夫人自为战,家自为守,又非乡兵不可"③。可见,团保之乡兵在御倭战争中的地位与作用同样不容高估。

值得一提的是,尽管方志一再强调保甲与乡兵的关系,但是在倭乱期间,这大体仅是一种理想的状态。保甲在沿海不少地方施行的效果并不理想,官民双方大都采取敷衍的态度。对此,叶春及就指出:"余观往保甲册,少者,一丁为户,多止二三,谩以应有司督责耳,嗟夫!"④保甲的不行,触发了乡兵控制的问题,在许多地方团保乡兵的兴起不仅没能实现官方遇警调用的初衷,反而因其失控而走上了制度设计的反面,甚至助推了叛乱的发生,成为地方治理的重要阻碍。⑤ 因此,对于乡兵在地方治理中的作用应当有所区别,不应一味地给予肯定。

---

① 《明世宗实录》卷四二二,"嘉靖三十四年五月壬寅"条,第7316页。
② [明]俞大猷:《论乡兵不可用》,《正气堂全集》,福州:福建人民出版社,2007年,第394页。
③ [明]祁彪佳:《合筹天下全局疏》,《祁彪佳集》,北京:中华书局,1960年,第9页。
④ [明]叶春及:《惠安政书》,《保甲篇》,福州:福建人民出版社,1987年,第367页。
⑤ 王日根、黄友泉:《海洋区域治理视域下的月港"二十四将"叛乱》,《江海学刊》2012年第5期。

第二节　晚明福建沿海的渔兵

与明代乡兵类似的是,学界对"渔兵"概念亦存在混用的现象,往往将明清时期的"渔兵"定义为参与军事行动的渔民,特别是沿海的渔民。这样的定义显然存在泛化的倾向,并不能反映组织化的渔兵与附属于军队的渔民的区别。明代中叶开始,官方对渔民的利用便逐渐频繁,但是史料中并不将这些参与军事行动的渔民称为"渔兵",而将他们称为"渔户"、"渔民"、"渔丁"、"渔夫"等,即便是在万历中期,官方对渔民的称呼仍未改变。如,万历二十二年(1594年)七月,兵部覆南京兵部尚书周世选所奏战守事宜中,仍将渔民称为"渔户","南北沿海、沿江军兵,俱拣择精壮,查补虚名,行伍不足者,召募本处耆民、渔户充数,厚其募直,练为游兵,资我保障"[①]。而史料中出现"渔兵"这一称呼大体是在崇祯初年,现就笔者目及列举如下。

崇祯元年(1628年),同安县令曹履泰奉福建巡抚熊文灿之令,组建同安县渔兵。对此,光绪《海盐县志》卷一五《人物传一·曹履泰传》载:"(曹履泰)天启乙丑进士,知同安县,清操自励,海寇、红夷交讧,群盗盘踞铜山、中左,总兵俞咨皋畏贼,资以火器、器械,同安无兵,履泰编刘五店等湾渔民为伍,曰渔兵,择社首许克俊为哨总领之。"[②]

崇祯二年(1629年),落职闲住的原工部侍郎闽县人董应举,"命其子,南京前卫经历董名玮,招练乡勇,联络渔兵,俾水陆之声势,借以壮观,因此巨魁授首,贼氛渐靖,福州一路幸安衽席"[③]。崇祯五年(1629年),因海寇刘香袭犯福州连江等地,董应举再次呼吁官方编组渔兵。[④]

---

① 《明神宗实录》卷二七五,"万历二十二年七月丙戌"条,第5091页。
② [清]王彬修,徐用仪纂:(光绪)《海盐县志》卷五,《人物传一》,台北:成文出版社,1987年,第1153页。
③ 《崇祯长编》卷四三,"崇祯四年二月丁卯"条,第2599页。
④ [明]董应举:《崇相集选录·闽海事宜》,《台湾文献丛刊》第8辑,台北:大通书局,1987年,第94页。

崇祯二年(1629年),兵科给事中、长乐人马思理因红夷、郑芝龙交讧,闽省措置无措,题请整顿闽省海防,并以董应举编组渔兵擒获海寇为例,建议推行渔兵,"在在联络渔兵,在在操练汛兵,水陆兼制,文武并力,数年之后,海国且为金汤"①。

崇祯五年(1632年),因海寇刘香袭扰闽省,工科右给事中王家彦上疏言闽省海防事宜,题请恢复水寨、游兵旧制。同时,建议"征沿海四十二澳渔兵之乖觉者,厚其犒饷,令侦贼所在,照各边夜不收例,以为海上耳目而预制之"②。

崇祯七年(1634年),巡按苏松等处监察御史祁彪佳针对江南海防重地"废弛单弱已极,且兵船虚冒,奸宄交通"的形势,建议"联络渔舟,行以保甲之法,统之于哨官,出海则衔尾络绎,互防其阑出之奸,遇有贼警,而或探报于先,或设伏于后,则亦可以为官兵臂指之助,是以演练而寓讥防,即臣向日条议中所谓渔兵是也"③。

崇祯八年(1635年),因海寇刘香袭扰浙江温台宁沿海,台州府知府傅梅延聘太平县生员陈懋儒,"捐资选募海上渔兵三百人,申详本都院,请给宪牌,即以礼聘懋儒领之,官雇大渔船九只,本府又特遣哨官焦国相,督发出海"④。陈懋儒所率渔兵在沙镬外洋取得犁沉贼船一只、夺获一只的战绩。

从史料来看,明代真正意义上的渔兵大致出现于崇祯初年。官方对渔民这支海上力量称呼变化的背后隐含着官方对渔民利用方式的转变。同时,隐含着渔民参与军事行动时组织方式的转变。

在东南沿海,长期的讨海生活造就了沿海渔民熟悉海况,善于使风驾船,勇悍敢斗的特点,表现出了较好的航海作战素养。同时,渔民人数众多,渔船轻便坚固,这些都使其成为可资官方利用的潜在军事力量。然而,

---

① 《福建巡抚熊残揭贴》,《明清史料·戊编》,上册,北京:中华书局,1987年,第81页。
② 《崇祯长编》卷六三,"崇祯五年九月乙卯"条,第3666页。
③ 祁彪佳《宜焚全稿》卷一〇,《悬乞圣明急图绸缪以安重地以保危疆事》,《续修四库全书·史部》(第492册),上海:上海古籍出版社,1995年,第550页。
④ 《海寇刘香残稿二》,《明清史料·乙编》第8册,第707页。

在明代相当长一段时间里,渔民并未发挥与其自身特点相匹配的防海效果,官方对渔民管控的失当是其中的一个重要原因。长期以来,官方采用"插军"、"插船"的方式,将渔民附属于水寨、游兵等官军。所谓的"插军",就是将寨游兵船安插于渔船之中,统帅渔民,即所谓的"以弁统渔";而所谓的"插船",就是征调渔民安插到寨游兵船之中,即所谓的"以渔插军"。官军的腐败造成渔民与军队矛盾重重,渔民不愿为官方所用。首先,官军的无能影响了渔民参与军事行动的效果。对此,董应举在回顾崇祯二年(1629年)吉了失事时就指出:"以金富濂为将不谙海也,胶舟下风,为贼所压,首尾不能救,兵船烧尽矣,而联络渔船皆先期走出,无一得力。"①其次,官军鱼肉渔民,不仅没能起到保护渔民的作用,反而严重妨害其生业,"哨捕畏贼而鱼肉渔人",以致渔民"为兵船所苦"②。最后,附属于军队的渔民往往为官军擅杀以邀功,"曾有插船而被杀者矣"③。渔民生命财产得不到保障。可见,要充分发挥渔民的作用,很大程度上需要协调渔民与军队的关系,使"渔与弁相得"。其根本的办法在于改变渔民附属于军队的地位,使其成为一支独立的海上力量。对此,董应举就指出:"故以弁统渔,不如以渔统渔之相安;以兵插渔,不如以渔护渔之协力也。"④我们看到,崇祯初年,无论是士绅董应举编组的渔兵,还是同安县令曹履泰编组的渔兵,都是以独立于军队之外为前提的。同时,随着渔兵的独立,相应的渔兵编组、粮饷供应、赏赐抚恤、职能定位等问题便被提上议事日程,官方亦为此制定了详细的章程,这远比简单地雇募渔民附属于军队要复杂得多。

明代的渔兵是因董应举和曹履泰的成功实践而受到官方的重视,同时因同安县渔兵成功协助郑芝龙清剿海寇李魁奇而闻名。崇祯元年(1628年)十月初,为对抗海寇李魁奇的袭扰,同安县令曹履泰亲自主持渔兵的编组,共编得渔兵1097名,其中刘五店澳渔兵492名,石浔等澳渔兵605

---

① [明]董应举:《崇相集选录》,《答张邑侯书》,第87页。
② [明]董应举:《崇相集选录》,《答张邑侯书》,第87页。
③ [明]董应举:《崇相集选录》,《闽海事宜》,第94页。
④ [明]董应举:《崇相集选录》,《闽海事宜》,第94页。

名。① 现就同安县渔兵的编组与管理,后勤保障,职能地位等问题进行讨论,以揭示明代渔兵性质等相关问题。

一、渔兵的编组与管理

为使其"坐作进退皆有法",明代渔兵有着相对严密的组织架构和编组方式。在组织方面,明代渔兵以保甲制与澳甲制为组织基础。明代中后期官方对船户的管理主要采用澳甲制,"海澳舟居之民,所有见丁,皆令报官,推立澳长一人,小甲二人,籍记澳民姓名"②。澳甲制的推行不仅对人进行控制,亦对船实施管理:"每澳定选有身家、能服众者一人,充为澳长,免其杂差,给与冠带,责令总管。又每十船或五船,定一澳副,责令分管,鳞次编册,各给旗号。"③此外,通过澳甲与保甲的对接,将船户纳入保甲之中。"将各澳甲俱编入里甲图内,择里长有身家者,即为澳甲,并各澳船户姓名,与腹里居民一例编入册。"④明代对渔兵的控制与管理即通过澳甲制和保甲制实现,表现在渔兵各级统领由澳甲和保甲的员役直接充任。如同安县各澳渔兵的负责人即以澳甲制中的澳长充任,澳长成为沟通官府与渔兵的中介与桥梁。澳长之下设有中军、副军、总督、冲锋等渔兵统领,其中中军、副军、总督就直接以保甲制下的社首充任。官方对充任渔兵统帅的三社首"授以权",而对基层冲锋船长亦"委之以柄","有挠惑众志不从命者,许捆解究治"⑤。可见,官方既通过保甲和澳甲实现对渔兵户籍的控制,又借用保甲和澳甲来组织和管理渔兵,防止其对抗官府,扰害乡里。此外,由于渔兵负有遇警候调的职责,为方便官方的征调、明确征调渔兵的统属,官方又在各澳设立哨总,哨总之下设立哨长若干。出征时,或以哨总统领全澳船伍出动,或由哨长统帅部分船伍,听他澳哨总统领。如同安县刘五店哨总

---

① [明]曹履泰:《靖海纪略》卷四,《查由渔兵功次》,载《台湾文献史料丛刊》(第6辑),台北:大通书局,1987年,第72页。
② 《明世宗实录》卷一八九,"嘉靖十五年七月壬午"条,第3997页。
③ [明]王世贞:《倭志》,《玄览堂丛书》(第6册),扬州:广陵书社,2010年,第4405页。
④ [明]耿定向:《耿天台先生文集》卷一八,《杂著·保甲二》,《四库全书存目丛书·集部》(第131册),济南:齐鲁书社,1997年,第446页。
⑤ [明]曹履泰:《靖海纪略》卷四,《团练渔兵款目·重督率》,第69页。

许克俊,即由同安县令"呈请兴泉道给劄,授以冠带名色,俾得便宜调度"①,成为同安县出征渔兵的统帅,"敢有抗违不遵者,即将本人捆解送县,治以军法不贷"②。

在编组方式上,明代渔兵皆以船为单位,采用船伍编队的方式。冲锋船伍是明代渔兵最基层的组织单位,每支冲锋船伍有船5只,设冲锋船长1人,冲锋船长坐驾1船,管领4船,规定冲锋船伍必须统一行动,"入俱入,出俱出"③。同时,各澳渔兵中军、副军、总督各坐驾1船,分别统领若干冲锋船伍。此外,在遇有征调之时,官方还在冲锋船伍的基础上,分别编定哨、队,并由上述"哨总"、"哨长"统领。

可见,明代渔兵除了有着相对独立的地位外,还有着相对严密的组织关系,这与插军、插船下,渔民附属于军队、散漫无统的状态形成了鲜明的对照。渔兵相对严密的组织关系不仅使其在军事行动中有着明确的统属,而且有利于官方对渔兵的控制。同时也一改此前渔民在面对海寇、官军时的弱势地位,对于组织渔民反抗海寇、团结渔民制衡官军有着重要的意义。

二、渔兵的后勤保障

明代渔兵的经费来源大体包括民间自筹与官方供给。民间自筹部分主要被用做渔兵的粮饷,而官方供给部分主要运用于铳炮、修船、功赏、抚恤等方面。在粮饷方面,渔兵"钱粮俱本乡自处给发",这与陆上乡兵大体无异。而其中很大部分来自于保内富户的派助,"选锋民壮粮食,依本保内家资稍裕者从公酌议上、中、下派助,上助一两或八钱,中助五钱或四钱,下助三钱或二钱"④。渔兵"遇贼协剿,遇静采捕",平时不支粮饷,遇有操演和征调才支发钱粮,"凡遇本县操演之日,听各社殷丁量给贫丁口粮银二分"⑤。而遇有征调则"以是日为始,每人日给银三分。如五日以内获有贼船首级者,除功赏另行外,口粮每人日加二分"⑥。可见,保内富户在渔兵

---

① [明]曹履泰:《靖海纪略》卷四,《查由渔兵功次》,第73页。
② [明]曹履泰:《靖海纪略》卷四,《会集协剿》,第71页。
③ [明]曹履泰:《靖海纪略》卷四,《团练渔兵款目·重督率》,第69页。
④ [明]曹履泰:《靖海纪略》卷四,《团练乡兵条约》,第66页。
⑤ [明]曹履泰:《靖海纪略》卷四,《给乡兵糗粮》,第66页。
⑥ [明]曹履泰:《靖海纪略》卷四,《团练渔兵款目·粮饷》,第67~68页。

供饷方面发挥了重要作用。在船械方面,包括自备与官给两个部分,自备部分主要为船只、火药,以及刀枪等冷兵器;官方提供的主要是铳炮等火器。控制火器一方面是防止这一重要武器的外流;另一方面体现了官方对渔兵的控制。在缴获方面,规定除火器之外,其他缴获物一律归渔兵处置,以示奖劝。"凡牵获贼船,惟神飞、百子诸大火器,报官存用,其余刀枪及一切所有之物,俱听有功员役自行分取,以为剿贼之资。"①需要指出的是,其中包括了造价颇为昂贵的船只,"所获贼船,各存该澳,一面整理给澳长收管,以便急需"②。可见,缴获乃是渔兵获功得利的重要来源。为此,官方明文规定,"寨游将领敢邀抢及买求者,禀明申究"③,以防官军对渔兵的扰害。在功赏与抚恤方面,皆由官方支给,其等级大体参照官军的赏格与优抚。如,崇祯元年(1628年)十二月,同安县渔兵随郑芝龙出征有功,经查勘后,官方"发去银壹佰两,内三两赏哨总许克俊,其船总、哨长、社首、林芳、高岳、童志敬等二十七名,暨阵亡、被伤渔民,俱听该县分别赏夺优恤"④。而海战中损伤的船只,"即官为估计给价赔修"⑤。

可见,明代渔兵出战有行粮,获功有赏格,虏获为私有,伤残有抚恤,有着相对稳定的后勤保障及相对优厚的奖励机制,这是渔民团结自保,守卫乡里之外,乐于效命官府的重要经济原因。同时,官方通过控制火器的方法来制约渔兵,体现了官方对其既利用又防范的政策。

三、渔兵的职能与地位

渔兵的职能大体可分为两个部分。一方面,渔兵负有防守所属澳分的职责。"该县原编各澳渔兵,议欲以本船自防本澳,一有突犯,人自为守。如上年寇至,往往分犯各澳,则本澳人船,岂肯弃自己,而救他人?又况大小参差,坚脆不一,督令远出征剿,又未便也。"⑥因此,同安县各澳渔兵的

---

① [明]曹履泰:《靖海纪略》卷四,《团练渔兵款目·卤获》,第68页。
② [明]曹履泰:《靖海纪略》卷四,《团练渔兵款目·船只》,第68页。
③ [明]曹履泰:《靖海纪略》卷四,《团练渔兵款目·功次》,第68页。
④ [明]曹履泰:《靖海纪略》卷四,《行赏有功》,第76页。
⑤ [明]曹履泰:《靖海纪略》卷四,《团练渔兵款目·船只》,第68页。
⑥ [明]曹履泰:《靖海纪略》卷四,《团练渔兵款目·议应援》,第70页。

职责被设定为所属澳分的防御,这与陆上乡兵防守本乡本土的职责大体无异。同时,各澳渔兵还被赋予了协援本澳附近汛地的职责,"再查澳头、烈屿、乌沙、金门、料罗各澳汛地,俱一带相连,首尾原得相顾,有警督令各船兵游移协援"①。另一方面,渔兵中之骁勇者被赋予了遇警征调的职能,同时还负有机动驰援各澳的职能,后者有点类似于官军中的游兵。同安县的这支机动力量主要以刘五店澳渔兵为主体,"其所最称壮勇,人船可以调遣者,则唯刘五店一澳"②。因此,刘五店渔兵不仅负有随同官军出征的职责,还负有"各处有警,并令应援"③的职责。除了刘五店渔兵外,官方征调的渔兵还包括了抽选自其他各澳的渔兵壮丁,"另编各澳壮丁,原以备缓急征调之用"④。遇有征调之时,这些渔兵壮丁由哨长带领与刘五店澳渔兵汇合,由刘五店澳哨总统帅,随官兵出征。如,崇祯元年(1628年)十月,官方传檄各澳,集合渔兵随守备郑芝龙征讨李魁奇,"责各哨长即督册报渔民壮丁,齐集刘五店澳,听兴泉道劄授哨总许克俊约束,同该澳渔船民兵合鯨于中左、金门、料罗、烈屿、澳头、乌沙等处,协同官兵剿捕"⑤。此次出征,同安县共出动渔兵600余人,船只52只,其中近500人来自刘五店,而其余100余人则为来自他澳的渔兵壮丁。

可见,明代渔兵主要职责在于对本澳海域的防守,同时负有遇警接受官方征调的职责。官方对渔兵采取了区别对待的做法,并不强令所有渔兵出征,这无疑吸取了此前官方调发陆上乡兵的经验教训。应该指出的是,渔兵在随官兵征讨时,主力仍是官兵,渔兵起到助攻的作用。如崇祯元年(1628年)十二月十九日,哨总许克俊率大渔船21只,渔兵500余名,跟随守备郑芝龙统领的官军于东椗洋遇李魁奇船队,"兵船追杀巨舰,渔船围住鸟船二只"⑥。足见渔兵在军事行动中的地位,无须过分夸大渔兵在征战中的作用。

---

① [明]曹履泰:《靖海纪略》卷四,《团练渔兵款目·议应援》,第71页。
② [明]曹履泰:《靖海纪略》卷四,《团练渔兵款目·议应援》,第70页。
③ [明]曹履泰:《靖海纪略》卷四,《团练渔兵款目·议应援》,第70页。
④ [明]曹履泰:《靖海纪略》卷四,《团练渔兵款目·议应援》,第70页。
⑤ [明]曹履泰:《靖海纪略》卷四,《合集协剿》,第71页。
⑥ [明]曹履泰:《靖海纪略》卷四,《查由渔兵功次》,第75页。

综上所述,明代的渔兵指的是晚明时期,东南沿海出现的一支以渔民为主体,以保甲制为组织基础,以船伍、哨队为编组方式,主要用于所属澳分及附近海域防守,负有遇警征调职责的海上乡兵。简单地说,明代的渔兵指的就是由渔民组成的海上乡兵组织,这与其他由官方雇募、附属于军队的渔民有着本质的区别。

第三节　明代月港"二十四将"叛乱与海澄设县

自嘉靖四十年(1561年),爆发于海澄地区,前后历时8年之久的月港"二十四将"叛乱是明政府政治控制薄弱、地方各种势力争胜以至失衡的结果。面对延续时间长、破坏惨烈的叛乱,各种官民力量参与了海澄设县的建言、规划与实施,海澄县的设立可以看成是官府加强对海洋区域治理的一个标志。笔者认为行政力量在海洋区域治理中的意义重大,单纯的民间治理无法真正实现海洋区域的有序化。

一、海澄地区行政治理的长期不到位

明代前期实行海禁与朝贡贸易相结合的海外贸易制度,严禁私人下海从事私贩贸易。在生计的压迫及利益的诱惑之下,海澄月港地区自明初就开始走私活动,到了成化、弘治年间月港已呈现出"风回帆转,宝贿填舟,家家赛神,钟鼓响答,东北巨贾,竞鹜争驰"①的繁荣景象,因而有"小苏杭"的称号,海澄成为当时最为著名的走私港之一。官府对于月港"通番倡乱,贻患地方者,已非一日矣"②的局面早有察觉,在月港"二十四将"叛乱发生之前相当长的一段时间里,官府延用陆地思维,推行保甲等制度,但实施效果较差,社会动荡剧烈。

景泰年间,漳州府知府谢骞有鉴于月港、海沧等地,"民多货番为盗",下令"随地编甲,随甲制总,每名明牌以联属其户,约五日赍牌赴府一点校,其近海违式船只皆令拆卸,以五六尺为度,官为印照,听其生理。每船朝出

---

① (崇祯)《海澄县志》卷一一,《风土志·风俗考》,第435页。
② (崇祯)《海澄县志》卷一,《舆地志·建置》,第319页。

暮归,或暮不归,即令甲总赴府呈告,有不告者,事发连坐"①。然而,这项"甚切滨海之俗"②的政策,施行的结果往往是有始无终,不了了之。对此,曾向朱纨建议推行保甲的月港士民严世显就说:"(保甲)鲜有效者,以阻于强梁,弊于里老,且无官府以督成之,宜乎效之不终也。"③即海澄地区保甲制度无法施行的原因在于豪强的抗拒,里老的敷衍以及缺乏官府的督促。我们知道,在设县之前,海澄地区属漳州府龙溪县,由于地处偏远,"龙邑鞭长不相及也"④。而月港"距漳城四十里","请计台府,动经旬月"⑤。这种地理上的偏远使得推行保甲在操作性上有很大难度。而设县之前,当地缺乏相应的行政建制,保甲的推行往往只能寄办里老。由于缺乏官府的督促,再加上执行保甲会得罪乡族,抵牾势家,因而里老对保甲一事采取了消极的态度,"以讦告则不对理,以接济则带结根连而不可解"⑥。对此漳州府、龙溪县亦无可奈何,采取姑息的态度,"府县病其难治而姑息"⑦。地方官员则"率以因循迁就为自全计"⑧,而巡海道、巡按御史同样鞭长莫及,"在巡海道竟年不巡至漳,在察院按漳之日,目见其弊,则奋然欲为整顿之图,不过责人以旦夕之效"⑨。最终,"巡历不过一年,交代则成故纸"⑩。由于缺乏实际的操作性及必要的行政支持,保甲制度在海澄施行的效果很不理想。曾任汀漳守备的俞大猷就曾指出:"卑职屡见巡海道建议,亦屡见察院批行,数年以来,曾未有着实行此一法于一方者。"⑪与官府的软弱形成鲜明对照的是当地强大的走私利益集团和猖獗的走私、通番势头。对于澄民来说,走私、通番乃其生路所系,推行保甲无异于断绝其生路,因而"内外

---

① (万历)《漳州府志》卷四,《漳州府·秩官志·名宦》,《谢骞传》,第82~83页。
② [明]朱纨:《甓余杂集》卷二,《阅视海防事》,第26页。
③ [明]朱纨:《甓余杂集》卷二,《阅视海防事》,第27页。
④ [明]柯挺:《周侯新开水门碑记》,(乾隆)《海澄县志》卷二二,《艺文志》,第267页。
⑤ [明]林魁:《安边馆记》,(崇祯)《海澄县志》卷一七,《艺文志》,第502页。
⑥ [明]朱纨:《甓余杂集》卷三,《增设县治以安地方事》,第57页。
⑦ [明]朱纨:《甓余杂集》卷三,《增设县治以安地方事》,第57页。
⑧ [明]朱纨:《甓余杂集》卷二,《阅视海防事》,第24页。
⑨ [明]俞大猷:《正气堂集》卷二,《呈福建军门秋厓朱公揭》,第93页。
⑩ [明]朱纨:《甓余杂集》卷二,《阅视海防事》,第24页。
⑪ [明]俞大猷:《正气堂集》卷二,《呈福建军门秋厓朱公揭》,第93页。

合为一家"①抗拒保甲制度的施行。所谓"利孔所在,民以死力赴之,而卒不可禁。欲严卒伍,以限居民之出入,则小民相容为奸利,吏不得问也。问之,则匕首副其胸矣"②。而当地势家大族出于操控走私的考虑,更是"煽动愚民,希图阻挠宪法"③,或者恃其强势,操弄保甲的施行。对此朱纨警惕地指出:"保甲之法,操纵在有司则可,操纵在巨室则不可。"④此外,势家大族为确保其自身利益甚至不惜挟持官府。所谓"威福之柄移于乡评,是非之公乱于野史,久矣"⑤。在地方强烈抵制又缺乏强有力的行政支持的情况下,保甲制度无法施行恐怕也是意料之内的事情。

除了推行保甲之外,明廷也在海澄及其周边设立官署,希望通过设官加强对地方的弹压。嘉靖九年(1530年),巡抚都御史胡琏将巡海道由省城移置漳州以资弹压,并在月港附近的海沧设立安边馆,专司捕禁下海通番之人。安边馆设立的目的在于"弭盗贼,禁通夷,理狱讼,编舟楫,举乡约,兴礼俗,大要以安民为尚"⑥。其设立初衷无疑是好的,然而,安边馆设立的效果恰恰事与愿违,造成"官贪吏墨,与贼为市,乱且倍于前日"⑦的局面。对于安边馆官的贪渎行径,海道副使柯乔指出:"安边馆通判一员管理捕务。其始也,官设八捕以擒盗;其既也,八捕买盗以通。官本以御寇,反而以导寇,本以安民,反以戕民。"⑧安边馆出现这样的问题与其职官设置有着很大的关系。为了节省经费,安边馆不设专官,而是"于列郡佐贰之中摘委"⑨,轮管馆务,且其任期很短,"旧例馆官半年一代"⑩,因而,"上下皆无固心"⑪。安边馆官不久任、职不专属的职官设置,为司职弹压的安边馆官员的贪渎创造了条件。对于这种频繁更迭的职官设置及其影响,朱纨批

---

① [明]朱纨:《甓余杂集》卷二,《阅视海防事》,第24页。
② [明]张萱:《西园见闻录》卷五七,《兵部六·海防前》。
③ [明]朱纨:《甓余杂集》卷二,《阅视海防事》,第27页。
④ [明]朱纨:《甓余杂集》卷八,《公移二》,第196页。
⑤ [明]朱纨:《甓余杂集》卷二,《阅视海防事》,第24页。
⑥ [明]林魁:《安边馆记》,(崇祯)《海澄县志》卷一七,《艺文志》,第502页。
⑦ (崇祯)《海澄县志》卷一,《舆地志·建置》,第319页。
⑧ [明]朱纨:《甓余杂集》卷三,《增设县治以安地方事》,第57页。
⑨ [明]林魁:《安边馆记》,(崇祯)《海澄县志》卷一七,《艺文志》,第502页。
⑩ [明]谢彬:《剿抚事宜议》,(崇祯)《海澄县志》卷一九,《艺文志四》,第527页。
⑪ [明]郑若曾:《筹海图编》卷四,《福建事宜》,第280~281页。

评道:"(安边馆官)更代不常,治滥数变,以致捕盗夤缘为奸。"①此外,安边馆设置于距月港"二十里"的海沧,并非设于月港当地,而"月港之乱,正坐官司隔远,威令不到"②。这就使得安边馆对月港"先事防察,以遏乱萌"③的设立意图难以实现,更使其对月港的弹压效力大打折扣。对于安边馆出现的问题,明人谢彬就曾提出克服这些弊端的办法,建议将安边馆移置于月港,并将安边馆捕盗通判任期改为三年,并取消轮管制度,代之以专官。"今须题请特设同知或通判一员专管。三年为满,久任自然化成。"④可见,安边馆的设置不仅没有改变海澄"积习成风,积弊成乱"⑤的局面,反而因馆官贪渎造成"乱且倍于前日"的局面。

综上所述,在叛乱发生之前相当长一段时间里,官府对月港地区所进行的治理并不成功。相反,由于缺乏必要的规范和管理,在地方势力的操控下地方社会呈现出混乱、无序的状态,地方社会的矛盾在不断地积累。而这种乱象在月港"二十四将"叛乱之时,达到了最顶峰。海澄地区成为明代因走私、通番引发叛乱的典型案例。对于叛乱发生时的海澄,明人谢彬有这么一段描述:"衅萌于通贩,而遂致勾倭,祸始于募兵,而卒成为盗,重矣措置之失。宜加以凶荒之荐,至内则饶贼劫众以横行,外则倭奴破城而南下。奸雄乘机而麋起,狂狡思乱。"⑥指出了叛乱发生之际海澄地区倭寇、饶贼并扰,山贼、海寇交讧的混乱局面,同时也指出了明廷在措置过程中的种种失误。

二、月港"二十四将"叛乱与平叛过程

月港"二十四将"叛乱,看似某种偶然因素所引发,实际上却是包含着某种必然的因素。可以说,月港"二十四将"叛乱乃是官府治理长期不到位,地方社会长期无序运行的结果。按照叛乱的发生以及平叛的过程可以将叛乱划分为如下几个阶段:嘉靖三十六年至嘉靖四十年(1557—1561

---

① [明]朱纨:《甓余杂集》卷三,《增设县治以安地方事》,第58页。
② [明]李英:《请设县治疏》,(乾隆)《海澄县志》卷二一,《艺文志》,第242页。
③ [明]林魁:《安边馆记》,(崇祯)《海澄县志》卷一七,《艺文志》,第502页。
④ [明]谢彬:《剿抚事宜议》,(崇祯)《海澄县志》卷一九,《艺文志四》,第527页。
⑤ [明]朱纨:《甓余杂集》卷三,《增设县治以安地方事》,第57页。
⑥ [明]谢彬:《邓公抚澄德政碑》,(崇祯)《海澄县志》卷一七,《艺文志二》,第504页。

年)为叛乱酝酿阶段;嘉靖四十年(1561年)为叛乱集中爆发阶段;嘉靖四十年至四十三年(1561—1564年)为招抚阶段;嘉靖四十三年(1564年)再次叛乱和叛乱平定阶段。

有关月港"二十四将"叛乱的起因,《东西洋考》记载:"先是张维等二十四人造船通倭,官府莫能禁。戊午冬,遣兵剿捕,维等率众拒敌,由是益横。"①对此,乾隆《海澄县志》记载得更加详细:"先是,丁巳间,九都张维等二十四人,造舟接倭舶,官莫能禁。戊午冬,巡海道邵梗发兵剿捕,维等拒敌,官兵败,由是益横。"②文中提到的"丁巳年"即嘉靖三十六年(1557年),"戊午年"为嘉靖三十七年(1558年),也就是说自嘉靖三十六年(1557年)开始,张维等人造船通倭。嘉靖三十七年(1558年)海道副使邵梗"差捕盗林春领兵三百人剿捕,次于许坑,二十四将率众拒敌,杀死官兵三名"③。由此引发张维等人占据土堡与官府对抗,开始了叛乱的酝酿阶段。随后,张维等人的做法为附近所效仿,叛众纷纷占据土堡与官府拒敌,除了"二十四将"外,还出现了"二十八宿"、"三十六猛"等头目。"张维据九都城,吴川据八都草坂,黄隆据港口城,林云据九都草尾城征头寨为最横。旬月之间附近效尤,连络营垒,八都又有谢仓城,六七都有槐浦九寨,四五都有丰田、溪头、浮宫、霞郭四寨,互相犄角,别头目曰:'二十八宿',曰'三十六猛'。"④

无论是《东西洋考》所说的"通倭",或是《海澄县志》所提到的"通倭船",抑或是《漳州府志》所说的"接济番舶",都不能不说是与月港长期走私、通番的传统相关,即使是在倭患严重的时期,此地依然通番、接济如故,并未有收敛的迹象。官府反应仍然显得软弱无力,随后的剿捕也未见成效,反而引发了张维等的拒敌,并且迅速蔓延开来"雄踞海上久之"⑤。由此可见,叛乱之前官府的保甲、设官等治理措施并未取到实质性的效果。

关于叛乱真正爆发的时间,各家史书均将之系于嘉靖四十年(1561

---

① [明]张燮:《东西洋考》卷六,《外纪考·日本》,北京:中华书局,2000年,第116页。
② (乾隆)《海澄县志》卷一八,《寇乱》,第212页。
③ (万历)《漳州府志》卷三〇,《兵乱》第661页。
④ (乾隆)《海澄县志》卷一八,《寇乱》,第212页。
⑤ [明]张燮:《东西洋考》卷六,《外纪考·日本》,北京:中华书局,2000年,第116页。

年),由此开始了叛乱集中爆发的阶段,而此时距张维等起事与官府拒敌已经过去了四年。由于当时正值倭、饶并乱期间,因而官府对起事者的几次招抚均未果,这与官府的招抚政策的执行有很大的关系,"连年虽有招抚之名,不过告示空文,未有专官实干其事"①。由于招抚效果不佳,嘉靖四十年(1561年),官府再次讨论剿捕,"邵海道再议发兵扑灭,榜示远近"。官府意图通过榜示的办法来离散判众,没想到此举反而促使叛众"同力以待官兵"②。由此激化了矛盾,触发了叛乱。随后,叛众派船把守镇门,以抵挡官军进攻。同时,进兵东山、水头等处,攻破虎渡堡,并诛杀苏族90余人。随后,又流劫田尾、合浦、渐山。在进攻不利的情况下,海道副使邵梗"用以贼攻贼之计"③,不惜遣金币招抚海寇洪迪珍,引倭寇由陆路经诏安、漳浦取道渐山进攻八、九都叛众。双方战于草坂城外,倭众被击败、逃走,漳州府城由此戒严。军事剿捕不成,甚至"以贼攻贼"都未见成效,官府不得不又转剿为抚。福建巡抚谭纶"下令招抚,为羁縻之术"④,海道副使邵梗再令海防同知邓士元、龙溪丞金壁往抚,才暂时缓和了局势,由此开始了叛乱的招抚阶段。而就在同年,"海沧并龙溪之石尾、乌礁等处土民俱反"⑤。

海防同知邓士元等人的招抚活动,除了安抚叛众外,又实行了保甲、编船、清田等措施。⑥ 对于双方而言,官府是出于剿捕不成的局面下转剿为抚,招抚之中难免有缓兵权宜的意味。而叛军虽称凶悍,实则为一群乌合之众,并无远略。因此,暂时促成了双方相安的局面。然而,叛众在抚局之下并没有得到什么切实的许诺或保障,相反却受到了诸多限制。因而,这种局面并没有持续多久。果然,招抚不到两年,"四十三年,张维等复叛,巡海道周贤宣檄同知邓士元,擒解军门,斩首枭示,自是地方告宁"⑦。

---

① [明]谢彬:《剿抚事宜议》,(崇祯)《海澄县志》卷十九,《艺文志四》,第526页。
② (万历)《漳州府志》卷三〇,《兵乱》,第661页。
③ [明]张燮:《东西洋考》卷六,《外纪考·日本》,北京:中华书局,2000年,第116页。
④ (崇祯)《海澄县志》卷一,《舆地志·建置》,第319页。
⑤ (乾隆)《海澄县志》卷一八,《寇乱》,第212页。
⑥ [明]谢彬:《邓公抚澄德政碑》,(崇祯)《海澄县志》卷十七,《艺文志二》,第504页。
⑦ (万历)《漳州府志》卷三十,《兵乱》,第661页

事实上,在嘉靖四十三年(1564年)月港再叛之时,官府根据当时的情势做出了剿抚两套方案。官府之所以采用"招抚"方案是有其道理的。首先,月港再叛之时,响应者就没有之前那么多了。"今四方已息,唯八九都蟠结城堡互为唇齿,纵恶愈甚,而方田九寨则实为八都草坂声援。"①这不能不说与邓士元等利用抚局先行分化、瓦解政策有着直接的关系。其次,官府也清楚地看到,叛乱者乃乌合之众,不少人是为判众所裹挟而去。"中间贫民不能远避,劫令胁从,不从者杀之。"②同时,叛众虽逞一时之勇,并无远略,只要争取到叛乱头目就可以离散叛众。"彼中之人虽恶,尚有一点惧怕官府之意。矧各头领俱以不义致富,闻兵将至,各颇自顾身家,特其伙党倚贫为恶,而头领无有以制之耳。若有官以任之,则为头领者有所倚仗,而去之易矣。"③有意思的是,嘉靖四十一年(1562年)正月,饶贼侵扰漳州府城,巡海道邵梗调月港兵与战,月港人不仅奉调出战,而且还打了胜仗。也许正因为如此,官府才更坚定了"招抚"的决心。最后,官府也担心月港叛乱者逃逸下海沦为海寇。当时传言"月港私造双桅大船不啻一二百艘,鼓泛洪波巨浪之中,远者倭国,近者暹罗、彭亨诸夷,无所不至,甚者沿边越境劫掠商民,非一日矣。今闻大兵将至,辄谋整船只,挈载妻子,欲往海岛澎湖等处避居。不者则屯聚外澳,俟兵退复回,又不者如去岁横溃四出,流劫乡村,以摇动漳城,此虽风闻,然势所必至"④。一旦剿捕方案有所闪失,叛众散出海上,再想追剿便不是那么容易的了。鉴于"山魈易扑,海寇难靖"⑤的局面,官府再次议剿时采取了审慎的态度。

此外,对于官府来说,即使抚局不成再行剿捕也为时未晚,另外也可以借"招抚"之名麻痹叛众,为剿捕争取时间,创造战机。事实上,与其说是"招抚",还不如说是"诱杀",即在大兵压境的形势下,借招抚之名,诱至叛乱首领,将之诛杀,随后遣散叛众。

---

① [明]谢彬:《剿抚事宜议》,(崇祯)《海澄县志》卷十九,《艺文志四》,第526~527页。
② (万历)《漳州府志》卷三十,《兵乱》,第661页。
③ [明]谢彬:《剿抚事宜议》,(崇祯)《海澄县志》卷十九,《艺文志四》,第527页。
④ [明]谢彬:《剿抚事宜议》,(崇祯)《海澄县志》卷十九,《艺文志四》,第526页。
⑤ [清]蓝鼎元:《鹿洲全集·鹿洲初集》卷十一,《兵事志总论》,厦门:厦门大学出版社,1995年,第225页。

关于月港"二十四将"叛乱及平叛过程还有一点需要提及。月港叛众所占据的土堡是因嘉靖三十五年(1556年),海寇谢老引倭突犯海澄,"都御史阮鹗诫谕居民筑土堡为防御计"①。"土堡之置,多因嘉靖季,民罹饶贼、倭寇之苦,于是有力者率里人依险筑堡以防贼害。"②土堡的兴筑虽称防饶、防倭,但其中不免有乱民据堡为乱的意味。自嘉靖四十年(1561年)始,漳州沿海土堡修筑突然多了起来。"漳属土堡,旧时尚少。嘉靖辛酉以来,民间围筑土城、土楼日众,沿海地方尤多。"③嘉靖辛酉即为嘉靖四十年(1561年),这一年恰好是月港叛乱集中爆发的时期。官府劝筑土堡,本以为防御海寇、倭寇,没想到却成为叛众盘踞的巢穴,而叛乱又加速了当地土堡的修筑速度,这点恐怕是官府所始料未及的。从嘉靖年间海澄地区土堡的修筑,我们不难发现地方动乱加速了乡村军事化进程,而这一过程对当地社会的发展有着重要影响。仅就月港叛乱而言,首先,海澄地区由动乱走向叛乱不能不说是与当地乡村军事化进程有着重要的关系,而土堡的修筑无疑又为叛众起事对抗官府创造了条件。其次,土堡的修筑在某种程度上影响到了叛众行为方式,叛众未选择扬帆出奔同样是与当地有土堡为恃有着重要的关系。最后,地方的军事化在某种程度上也影响到官府处置叛乱的方式。对于官府来说,在叛众占据土堡的局面下,如强行进行军事剿捕的话,势必将付出巨大的代价,这可能也是官府采取"招抚"策略的原因之一。

月港"二十四将"叛乱危害甚大:"二十四将之徒,二十八宿之党蔓延接踵,充斥于闽广之交。"④明人评价其"害甚于倭,南溪荆棘"⑤。"结巢盘踞,殆同化外。"⑥月港"二十四将"叛乱使得月港由一个长期走私、通番,"素号难治"之地,一下子沦为一个"形同化外"之地。而叛乱反过来又影响到此后地方社会的发展轨迹,其中最直接的影响就是促成了海澄的设县。对

---

① (崇祯)《海澄县志》卷一,《舆地志·建置》,第318页。
② 《镇海卫志校注》,《土堡》,第24页。
③ [明]顾炎武:《天下郡国利病书》卷九三,《福建三·漳州府》。
④ [明]李英:《请设县治疏》,(乾隆)《海澄县志》卷二一,《艺文志》,第242页。
⑤ (乾隆)《海澄县志》卷一八,《寇乱》,第212页。
⑥ (崇祯)《海澄县志》卷一,《舆地志·建置》,第318页。

此,史载:"自是地方长宁,而设县之议起。"①

三、海澄设县及设县意图

嘉靖四十四年(1565年),漳州府知府唐九德议析龙溪一至九都、二十八都第五图,合漳浦二十三都第九图置为一县。都御史汪道昆、御史王宗载上疏具奏,报可,赐名"海澄"。隆庆元年(1567年),海澄县成立。②

事实上,海澄设县动议并非始于月港"二十四将"叛乱之后。在叛乱之前,历任抚按、巡按御史就曾多次提请设县,均因设县"事体重大",多方利益纠葛,而一直未果。早在嘉靖二十七年(1547年),巡海道柯乔就建言于月港九都设立县治,并经巡抚都御史朱纨、巡按御史金城分别上疏奏请,然"格持议者,弗果"。③嘉靖三十六年(1557年),月港遭受海寇谢老的洗劫,杀戮甚惨,都御史王询再次请求设县,同样未果。④嘉靖四十三年(1564年),回籍守制的福建巡抚谭纶上陈的《善后六事》中再次提出设县的请求,"行抚按官再议"⑤。

海澄增设新县的动议可以说牵涉地方治理中的方方面面,其中不但有中央与地方的利益博弈、官府与地方的力量消长、地方势族与平民的长期积怨,还包含了从政治到经济广泛的利益纠葛,而月港叛乱在海澄设县进程中起到了关键性的作用。

对于明廷来说,增设新县最大的问题在于经费的筹集。增设新县意味着大量的经费支出,这其中不仅包括了设立各种官署,建筑城郭的开支,还包括了后续的官员俸禄等一连串经济支出。此时福建因平定倭寇之乱,地方财政早已入不敷出。⑥较早前设立诏安、平和县时便动支漳州府库贮不

---

① (乾隆)《海澄县志》卷一八,《寇乱》,第212页。
② (崇祯)《海澄县志》卷一,《舆地志·建置》,第318页。
③ [明]吕旻:《新建海澄县城碑记》,(崇祯)《海澄县志》卷一七,《艺文志二·碑记》,第506页。
④ (崇祯)《海澄县志》卷一,《舆地志·建置》,第318页。
⑤ 《明世宗实录》卷五三八,"嘉靖四十三年九月丁未"条。
⑥ 郑振满:《明后期福建地方行政的演变——兼论明中叶财政改革》,载《乡族与国家:多元视野下的闽台传统社会》,北京:三联书店,2009年,第257~275页。

足,更动用泉州府空闲盐课等项。① 国家在置县之时必定要支付许多经费,这就是国家在置县问题上采取消极态度的原因所在。② 此外,增设新县还牵涉到稳定秩序、官民关系以及新县与附近府县在土地、赋税、徭役、水利等一连串的利害关系。诚如李英在《海澄设县疏》所罗列的海澄设县过程中可能出现的"官多民扰"、"县份则役重而龙溪附郭之邑单薄不支"、"绳之以法,恐其诛官杀吏"、"官乏帑藏,民乏储蓄"等问题。③ 因此,只要是地方尚能够维持的情况下,明廷一般是不会主动支持增设新县的请求,除非是在危及其统治万不得已的情况之下。而月港"二十四将"叛乱使得海澄地区出现的山海交讧的"糜烂"局面,直接威胁到明廷对当地的统治,因而,明廷无法再回避设县问题。事实上,相对于明代福建其他设县的情况,海澄在与邻近旧县的利益纠葛算是比较小的。海澄设县主要割取龙溪县的版籍,而龙溪县在海澄设县问题上是比较支持的。首先,海澄"僻在山海,法令疏阔,民易为乱"④。龙溪县长久以来对海澄鞭长莫及,海澄设县无疑为龙溪县甩掉了一个沉重的包袱。其次,月港叛乱开始之后,海澄地区已经不向龙溪县缴纳赋税。"月港之徒倡乱至今,八澳数十里,民不听役,赋不登输者亦已数年,而龙溪未闻有停输并役之苦。"⑤最后,嘉靖四十四年(1565年)的设县方案较之嘉靖二十七年(1548年)的设县方案(总计"五十六图")在规模上大大地缩小了,"不过割龙溪、漳浦十分之一耳"⑥,从而减轻了设县过程中的阻力。因此,海澄设县与否更大程度上取决明廷的态度,而月港"二十四将"叛乱成为最能触动明廷统治者神经的设县理由。

对于巡抚、巡按、巡海道等地方大员来说,他们是设县的主要倡导者,在设县未果的情况下他们采取了变通的权宜措施。由于地方大员总揽地方大局,因而对地方弊端比较了解,也深知设县的好处,尽管其中涉及利害

---

① [明]李英:《请设县治疏》,(乾隆)《海澄县志》卷二一,《艺文志》,第242页。
② [韩]元廷植:《明代中期福建省建置新县的理想与现实》,《第九届明史国际学术讨论会暨傅衣凌教授诞辰九十周年纪念论文集》,厦门:厦门大学出版社,2003年,第185页。
③ [明]李英:《请设县治疏》(乾隆)《海澄县志》卷二一,《艺文志》,第241~242页。
④ 《明世宗实录》卷五三八,"嘉靖四十三年九月丁未"条。
⑤ [明]李英:《请设县治疏》,(乾隆)《海澄县志》卷二一,《艺文志》,第242页。
⑥ [明]李英:《请设县治疏》,(乾隆)《海澄县志》卷二一,《艺文志》,第242页。

关系错综复杂,并且很难为明廷所批准。但是出于稳定地方统治的考虑,他们往往牵头上疏奏请设县。例如,在嘉靖二十七年(1548年)呈请设县过程中,除了巡海道柯乔建言设县,巡抚朱纨、巡按御史金城分别上疏奏请。而嘉靖三十六年(1557年),都御史王询再次请求设县。嘉靖四十三年(1564年),福建巡抚谭纶又再次上奏设县。而对于道、府、县地方官来说,有鉴于海澄地区难治的局面,对上司设县动议往往都会给予支持。如,嘉靖二十七年(1548年)呈请设县过程中,管带分守道右参政吴鹏、整饬兵备兼分巡漳南道金事韩柱、漳州府知府卢璧、驻扎安边馆委官建宁府同知万炯、龙溪县知县林松等都表现得十分积极。① 然而,设县之权并不在这些官员手中,需要经过明廷的批准方可执行。在设县未果的情况下,各级官员只好采取了相对折中、简便易行的权宜之法,即尽量在不大费帑币、广设官署的前提之下,或移置原有官署,或设置小规模独立机构,以此填补县治未设所留下的行政空白。例如,上述嘉靖九年(1530年),巡抚都御史胡琏移巡海道驻漳州,同时,在海澄设立安边馆。后来,嘉靖三十年(1551年)月港所设立的靖海馆,及在平定月港叛乱之时取代靖海馆的海防馆,均属于此种权宜之计。诚如上文所述,这些因陋就简的机构设置虽称简便易行,但是,其规模制约着其职能的发挥。在力量上,它们不足以弹压当地的走私势力,反而为当地势力所挟持。在运行上,又受制于本身官不久任、职不专属等缺陷而弊端重重。设官的结果非但没能解决相应的问题,反而加剧了当地的混乱。可见,安边馆、靖海馆、海防馆等机构的设置并不能替代设县。而月港叛乱之后,各级官员由此拥有了一个令朝廷无法拒绝的理由,并最终促成了海澄的设县。

而对于以势家大族为代表的走私利益集团来说②,叛乱前后他们对设县的态度有着天壤之别。叛乱之前,当地势家大族与普通民众之间在走私

---

① [明]朱纨:《甓余杂集》卷三,《增设县治以安地方事》,第58页。
② 傅衣凌先生曾将明代福建海商的构成分子及其出身阶级,大体分为两个类型:一类是被传统的封建关系所排斥出来的地方贫民;一类是和地方传统关系有着亲密结托的人物。对于后者,傅先生又将其细化为三种人物,一为有政治力量的势豪,一为族大之家,一为以儒治贾者。见傅衣凌:《明清时代商人及商业资本》第四章,《明代福建海商》,北京:中华书局,2007年。

贸易中形成一种相倚为利的关系。"龙溪、嵩屿等处,地险民犷,素以航海通番为生。其间豪右之家,往往藏匿无赖,私造巨舟,接济器食,相倚为利。"①除了私造大船,包庇走私,势家大族还借贷资本,坐享下海之利,"下海通番之人借其资本,籍其人船,动称某府,出入无忌,船货回还,先除原借本利,相对其余赃物平分,盖不止一年,亦不止一家矣"②。由于海澄当地的势家大族较深地介入走私贸易中,甚至操控着当地的走私贸易,出于自身利益的考量,他们对于诸如保甲、设县等加强地方控制的措施是比较消极,甚至是强烈反对的。如朱纨在闽浙沿海严海禁、行保甲、革渡船之时,就遭到了当地势家大族的强烈反弹。"盖是时通番,浙江自宁波、定阳。闽自漳州月港,大率属诸贵官家,咸慴慴重足立,相与诋诬不休。"③而嘉靖二十七年(1548年)的设县动议"格持议者,弗果",也与势家大族的反对有莫大的关系。④而势家大族的这种态度在叛乱之后,发生了很大的改变。究其原因在于叛乱过程中,当地势家大族势力受到了沉重的打击。虽然海澄地区势家大族与普通民众之间在走私贸易中形成一种相倚为利关系。然而此种合作中又不免有势家对散商、小民的盘剥。"闽人通番,皆自漳州月港出洋。往往诸达官家为之,强截良贾货物,驱令入舟。"⑤势家大族不仅强截商民,还质押人口,勒索重息,激化了当地社会的矛盾。"奸民阑出诚罪也,然非有形势之家为之羽翼,安得驾艨艟而不问?非有朱顿之富操其子母,安得制奇赢而不穷?此非独扞禁之首,而积贿焚身,倍息敛怨,亦足为盗之招。"⑥因此,在叛乱过程中,叛众乘机对曾压榨他们的势家大族

---

① 《明世宗实录》卷一八九,"嘉靖十五年七月壬午"条。
② [明]朱纨:《甓余杂集》卷二,《阅视海防事》,第26页。
③ [明]谷应泰:《明史纪事本末》卷五五,《沿海倭乱》。
④ 有关福建势族对海禁政策的回应,可参见王日根:《明清民间社会的秩序》第五章第二部分,长沙:岳麓书社,2003年。
⑤ 佚名:《嘉靖东南平倭通录》,载《中国历史研究资料丛书·倭变事略》,上海:上海书店出版社,1982年,第3页。
⑥ [明]王在晋:《海防纂要》卷一,《福建事宜·福建备倭议》,第669页。

进行了报复。①"借交报仇者杀人而不忌,质人命赎卖攫货以自封,富室挈家以麏奔。"②就是当地势家大族在叛乱中的真实写照。同样,上文提到的叛众诛杀苏族 90 余人,很可能也是叛众对掌控走私贸易的当地大族的一种报复。苏姓在当地就属于傅先生所说的"族大之家","一二三都颜、苏二大姓之宅在焉"③。对此《苏氏族谱》记载:"嘉靖辛酉,乡不轨之徒乘夷乱聚党以攻苏氏之堡,杀岳伦、岳镇等九十余命,遂火其居而剽其资,毁其宗庙而耕种其田亩,五百年一旦变为丘墟。时贼方獗,士奋诉父仇,竟以激乱屈死于械。"④苏族不仅遭到叛众的诛杀,而且官府挟于叛乱势头,又治了苏族"激乱"之罪。可见,在叛乱过程中当地势家大族同样尝到了地方社会动荡的苦果。因此,在叛乱平定之后,当地势家大族在对官府加强地方控制的过程中采取了比较支持,起码不反对的态度,从而减轻了设县过程的重要阻力。而走私集团中势力较小的普通商贩往往唯势家马首是瞻。由于失去势家大族的保护,他们的活动就更多地受到当地官府的制约,而设县就是对他们最好的制约措施之一。

而对于普通民众来说,他们是地方动乱的直接受害者,因而对待设县一直是比较支持的。以士民、绅老、听选官为代表的地方居民,就曾多次呈请官府设立县治。如嘉靖二十六年(1547年),漳州士民蔡震就曾催请朱纨设县事宜,绅老陈弘斡则积极参与踏勘。⑤嘉靖四十四年(1565年),在经历了月港叛乱之后,"百姓乃相率叩阙,复以立邑请诏"⑥。而其中的代表人物听选官李英、陈銮更是将月港"二十四将"叛乱归咎于县治之不设,

---

① 日本学者片山诚二郎就认为月港二十四将叛乱实际上是地方中小商人力图挣脱官府和乡绅的盘剥,"自立"地进行海外贸易的一种反抗斗争。见[日]片山诚二郎著,耿昇译:《明代私人海上贸易的发展与漳州月港——月港"二十四将"的叛乱》,《暨南史学》(第2辑),广州:暨南大学出版社,第 310 页。
② [明]谢彬:《邓公抚澄德政碑》,(崇祯)《海澄县志》卷一七,《艺文志二》,第 504 页。
③ (崇祯)《海澄县志》卷一,《舆地志》,"青礁"条,第 325 页。
④ 《苏氏族谱·赠苏君士奋两赴阙复仇概膺冠带序》,笔者按:引文中虽未提及苏族操控走私、通番,但是鉴于走私、通番为明廷所明令禁止,而苏家正坐叛众屠杀,四处申告,族谱中不提操控走私一事并不难理解。
⑤ [明]朱纨:《甓余杂集》卷三,《增设县治以安地方事》,第 57 页。
⑥ (万历)《漳州府志》卷三〇,《海澄县》,第 660 页。

"追维往昔,当年将事之臣,寝阁金城之奏,致使生民涂炭,良可痛哭流涕也"①,并且共同上疏请设县治,希望通过设县来改变地方动荡的局面。

综上所述,月港"二十四将"叛乱在海澄设县中起到了至关重要的作用,可以说月港"二十四将"叛乱直接促成了海澄设县。对此,官修史书也毫不隐讳地指出:"设福建海澄、宁洋二县,以其地多盗故也。"②至于海澄设县的意图,海道副使柯乔就认为,海澄设县"则上下控驭,而奸自屏,朝夕调抚,而良善自生"。③而朱纨则认为:"盖欲立官师以寝奸宄之谋,敷治教以挽其衰之俗。"④而李英也指出:"设县之计正所以治乱于未萌者也。"⑤可见,明廷在海澄设县的意图就在于通过加强地方行政建制,改变当地无政府状态,以达到稳定地方统治的目的。然而,无论是"治乱于未萌",或"敷治教以挽其衰之俗",或"朝夕调抚",都需要地方有完善的行政建制,有专任的官吏以任事,而海澄的设县为实现这样的目的提供了行政机构上的保障。

海澄设县填补了海澄地区在行政建制上的空缺,改变此前当地官府势力虚弱的局面。首先,海澄县治直接设立于月港,这较之设置于海沧的安边馆更有利于加强对月港的弹压。"先是八都、九都各有堡以自卫,而八都扼海口当贼之冲。唐公御史即八都之堡置县治,而建学宫于九都。"⑥到了隆庆四年(1570年),土堡又被易为石城。由于官署直接深入海澄以及城郭等防御设施的兴建,增强了官府对海澄地区的控御能力。对此明人姜宝评价道:"漳之月港向为倭奴窟穴,今改设海澄县,于防御亦为得策矣。"⑦其次,健全、专任的职官设置为杜绝官吏轮输所造成的弊端创造了条件。为加强对海澄地区的弹压,早在嘉靖二十七年(1548年),朱纨在设县方案

---

① [明]李英:《请设县治疏》,(乾隆)《海澄县志》卷二一,《艺文志》,第242页。
② 《明世宗实录》卷五六六,"嘉靖四十五年十二月甲午"条。
③ [明]朱纨:《甓余杂集》卷三,《增设县治以安地方事》,第57页。
④ [明]朱纨:《甓余杂集》卷三,《增设县治以安地方事》,第58页。
⑤ (崇祯)《海澄县志》卷一,《舆地志·建置》,第319页。
⑥ [明]吕旻:《新建海澄县城碑记》,(崇祯)《海澄县志》卷一七,《艺文志二·碑记》,第506页。
⑦ [明]姜宝:《议防倭》,《明经世文编》(第5册),卷三八三,第4153页。

中就提出"其官员必须全设,庶控驭不致乏人"①。海澄设县之后,设有海澄知县一员,县丞二员,典史一员,儒学教谕一员,训导一员,濠门、海门、岛尾各巡简司各巡简一员,医学训科一员,僧会司僧会一员,道会司道会一员。②这样的官员配置是安边馆等独立机构所无法企及的。最后,设县除了具备安边馆的弹压职能外,还通过设置学校达到教化的职能。"置邑非久,而衣冠文物殷赈外区。"③这点无疑也是安边馆、靖海馆、海防馆等弹压机关所不具备的职能。对此,崇祯《漳州府志》指出:"自设县后,民渐向化。"④应该指出的是,这种局面的出现是与明廷在设县之后加强对地方控制的背景下所产生的效果。对此,郭造卿就指出,"历考闽属,自国朝来,每因倭乱,设县即定……及近日宁洋、海澄,而无不定者"⑤,肯定了海澄设县对于稳定地方统治的效果。

月港"二十四将"叛乱可以说是明代海洋区域治理的一个失败的案例。这与明代海洋政策的失误有着很大的关系。福建地区山多地少,迫于生计的需要,闽人有着强烈的下海需求。如福建巡抚谭纶就指出:"闽人滨海而居者不知其凡几也,大抵非为生于海则不得食……今岂唯外夷,即本处鱼虾之利与广东贩米之商,漳州白糖诸货,皆一切尽罢,则有无何所以相通,衣食何所从出,如之何不相率而勾引为盗也。"⑥同时,在重利的诱惑之下,澄民更是视渊若陵,蹈死不顾。海澄地方"富家以赀,贫人以佣,输中华之产,骋彼远国,易其方物以归,博利可十倍,故民乐之。虽有司密网,间成竭泽之渔,贼奴煽殃,每奋当车之臂,然鼓枻相续,吃苦仍甘亦既习惯,谓生涯无踰此耳"⑦,由此形成长期的走私、通番传统。而一味地禁绝无疑将激化矛盾,酿成祸乱。"一旦戒严不得下水,断其生路,若辈悉健有力,势不肯束手困穷。于是所在连结为乱,溃裂而出。"⑧这种传统在大倭患的背景之下

---

① [明]朱纨:《甓余杂集》卷三,《增设县治以安地方事》,第59页
② (崇祯)《海澄县志》卷六,《秩官志·职员》,第373页。
③ (崇祯)《海澄县志》卷一,《舆地志·建置沿革》,第318页。
④ (崇祯)《漳州府志》卷二六,《风土上·风俗考·海澄县》。
⑤ 《闽中分处郡县议》,《天下郡国利病书·福建》。
⑥ [明]谭纶:《谭襄敏公奏议》卷二,《条陈善后未尽事宜以备远略以图治安疏》。
⑦ (崇祯)《海澄县志》卷一一,《风土志·风俗考》,第435页。
⑧ [明]张燮:《东西洋考》卷七,《饷税考》,北京:中华书局,2000年,第131页。

仍然没有收敛的迹象,这势必与官府平定倭乱的努力发生剧烈的冲突。笔者认为,对于官府来说,在大倭患爆发期间,通过对走私、通番、接济现象的禁止,由此尽快安定沿海局势,从这个角度来说,对走私的打击是有其合理性的。然而,这种做法得不到民众的支持,这不能不说是和长期不加区别、一概禁绝的海禁政策所造成的消极后果有着莫大的关系。

同时,月港由走私、通番"素号难治"之地,最终发展成为叛乱,这也与地方社会的无序发展和明廷对当地治理不到位有着密切的关系。由于当地行政建制的不足,导致官府力量的薄弱。面对海澄地区长期的走私、通番现象,"所司法绳不能止"①只能是一味地"畏难推避,因循废弛"②,最终反为地方势力所裹挟。而当地官员则"非病于因循,则夺于势力"③,相互因循避祸。由于长期缺乏必要的管理和规范,地方社会呈现出更加混乱和无序的状态。对此,闽县知县仇俊卿就指出,"(漳泉)边海之人贪利无厌,强暴弱,智吞愚,不免群聚为奸,势所必至"④,而这种乱象在海澄最终导致了叛乱的发生。此外,官员们所设计的权宜之计也因自身的缺陷而无法奏效,甚至适得其反,加剧了地方的动荡。由于长期的治理不到位,使得官府失去了规范海外贸易的机遇,"奸人阴开其利窦,而官人不得显收其利权"⑤。最终,使得海外贸易的"利权归于下",为地方势力所把持。月港叛乱之后,明廷很快就批准了海澄设县的请求,通过官府的直接统治,改变当地在地方势力把持下,因缺乏必要管理和规范而出现的混乱状态。随后,明廷又在月港部分开放私人海外贸易,"易私贩为公贩",将海外贸易的利权从地方势力手中收归官府,并"于通之之中,申禁之之法"⑥。对私人海外贸易进行规范,在某种程度上杜绝了地方势族操控海外贸易所造成的弊端,也缓和了海禁与当地利益上的严重冲突。在设县和开禁的双重作用之下,海澄月港地区才逐渐恢复了正常的统治秩序。

---

① (崇祯)《海澄县志》卷一,《舆地志·建置沿革》,第318页。
② [明]朱纨:《甓余杂集》卷三,《增设县治以安地方事》,第58页。
③ [明]朱纨:《甓余杂集》卷二,《阅视海防事》,第22页。
④ [明]郑若曾:《筹海图编》卷四,《福建事宜》,第280~281页。
⑤ [明]张燮著,谢方点校:《东西洋考》卷七,《饷税考》,北京:中华书局,2000年,第131页。
⑥ [明]许孚远:《疏通海禁疏》,《明经世文编》(第5册),卷四〇〇,第4332页。

倭乱期间,东南沿海兵制的改革经历了由府县率先募兵,然后再建立营兵的发展历程。尽管府县所募之兵没能像营兵那样发挥主力军的作用,但却在沿海兵制转变过程中发挥了重要的作用,沿海的土兵与标兵很大程度就是由府县招募的军兵和民兵转化而来的。同时,无论是府县招募之乡兵,或者是营兵化后的乡兵,其性质都是一支官方武装,与学者们广泛讨论、作为基层民间武装的团保之乡兵,在性质上有着重大的差异。因此,在使用明代"乡兵"这一概念时应当有所区别,不能一概而论。而明代团保之乡兵的兴起与官方遇警征调的意图密切相关,但受其自身特点的限制,调用乡兵的效果大打折扣,团保之乡兵被确认为一支村民自保乡社的民间武装,其在御倭战争的地位难以高估。同时,由于施行保甲效果不佳,导致部分地区乡兵的失控,地方治理难以实现。尽管如此,团保之乡兵的兴起却正式开启了明代后期基层社会军事化的历程,对此后地方社会的发展进程产生了深远的影响。此外,并非所有参与军事行动的渔民都能被称为渔兵,明代的渔兵指的是具有相对独立地位和严密组织的海上乡兵组织,与其他由官方雇募、附属于军队的渔民有着本质的区别。因此,在明代渔兵概念的运用上亦当有所区别,不能一概而论。同时,官方通过保甲和澳甲,以及控制火器等制度和措施管理和控制渔兵,对其采取既利用又防范的政策。作为一支非专业化的民兵,受制于其船械、训练等方面的不足,在海上征讨中渔兵处于辅助官军的地位,无须过分地夸大其军事职能。

第七章　政怠业废：明清江湖盗贼治理的困境

中国传统社会的治国施政以儒家思想为基础，儒家学者们主张"为政在人"，即国家的兴亡成败，政治的昌明黑暗，主要取决于为政者的贤能与否。① 因此，一直以来，人治因素都对封建社会的中央和地方行政有着重要的影响。

明清时代的内河水域是盗贼活动猖獗的地区，特别是在长江以南，江湖劫案频发，大伙盗贼驾船横行于江湖湖泊的水面之上，威胁着过往商客的生命财产安全，同时，也严重破坏了地方社会秩序的安定。为了加强对内河水域的控制，消弭盗贼，从中央到地方各级政府都制定了许多针对性的措施。但是，受人治因素的影响，这些措施却难以有效地发挥其应有的作用。以下拟以明清时期的洞庭湖为引例，对此问题试加分析。

第一节　雍正五年洞庭湖劫米案

一、劫米案时有发生

历史上的洞庭湖，曾经被称为"云梦泽"。它水面辽阔，有"八百里洞庭"的美称，唐代文学家韩愈曾作诗感叹："洞庭九州间，厥大谁与让？"②但是，明代以后，由于围湖垦田、植被破坏及泥沙淤积，洞庭湖的水域面积已

---

① 宋惠昌：《论儒家的人治主义》，《齐鲁学刊》2002年第6期。
② [唐]韩愈：《岳阳楼》，《韩昌黎全集》卷二，北京：中国书店，1991年，第35页。

逐渐缩小,蓄水泄洪能力降低,洞庭水灾的发生次数和频率也大为增加。①频繁的水灾持续恶化着洞庭湖周边村镇居民的生存环境,造成了经常性的饥荒和大面积的人口死亡。为了能够生存下去,饥寒交迫的人们往往铤而走险,肆意抢掠一切可以维持生存的物品,其中,从远道贩运而来、途经洞庭湖的米谷船只最受他们的觊觎。因此,洞庭湖及其支流上的抢劫过往米谷商船的案件时有发生。

雍正五年(1727年)五月底,洞庭湖面就发生了一起劫掠商运米谷船只的案件。据时任湖广提督的冯允中奏称:

> 臣查得常德府所属武陵、龙阳、沅江,岳州府所属安乡、华容等县滨临洞庭,低乡甚多,上岁偶被大水,四成歉收,感蒙皇恩赐赈,又复减额蠲租,民各安生乐业。不意今岁五月内,雨水过多,江湖漫溢,不但田禾淹没,沿湖民居尽在水中,米价腾贵。无奈民贫者全望商运之米来常,粜卖接济,突于五月二十八、九日米船不至,臣正查询间。三十日据常德游击董朝辅禀称,离城二百里洞庭湖边之茄子窖塘兵报称该地方不知是何姓名奸徒,聚集多人,于二十八、二十九日各驾渔船,俱在水面,遇有客商船只,尽行邀截,始犹止取米粮食用之项,继而抢夺货物,搜索银钱。蚁等弃命救护,势众莫敌,汛兵魏之均被鱼叉刺伤左膀。卑职闻报,即于是时率领把总李应麒星飞前往查缉,并移武陵县知县陈沆带领捕役同往查拿为首抢犯,抚谕聚集饥民等因到臣。臣因督抚相距甚远,一面飞移驰闻,又恐犯党甚众,复委臣标营游击马腾蛟、右营千总杨朋带领臣标兵丁四十名,乘坐常德水师营战船三只;后营守备陈辉祖,前营千总王大凰,中营把总胡之宽,带领臣标兵丁五十名,乘坐常德水师营战船五只。又常德水师营把总杨玉可带兵四十五名,乘坐该营战船四只,分头巡查湖畔,以资弹压,不得令有饥民集聚。再虑湖面广阔,芦苇茂密,抢犯畏惧兵威,不无潜逃他所为患,又严饬洞庭岳州、澧州、荆州等协营各于该管水汛,查缉前项抢犯,务须尽净,不得养奸滋害,在案。六月初三、初四、初五、初六等日,据游击董朝

---

① 杨鹏程等:《湖南灾荒史》,长沙:湖南人民出版社,2008年,第17~19页。该处根据《湖南省农林水利志》和《湖南自然灾害年表》统计了古代湖南全省的水灾发生次数与频率,其中洞庭湖及其周边地区占了很大一部分。

辅、马腾蛟报称,聚集饥民,官兵一至,即行奔散,已经拿获有赃人犯何大起等九十余名,知县陈沉现在究审。……江湖俱已肃清,商旅现在通行,米粮货物船只源源相继。……①

这起发生在洞庭湖上的抢劫案件起因很简单。因为连续两年发生水灾,庄稼歉收,粮食价格上涨,洞庭湖区的饥民纠伙抢劫了运送米谷货物的船只。面对这一发生在洞庭湖上的突发性抢劫活动,清朝驻扎在常德、岳州地区的水师官兵迅速行动,在三天之内就擒获首恶,平息了饥民这次聚众为非的抢劫。可以说,清朝地方防御力量在应对发生在洞庭湖面上的突发性劫掠事件时,它的临时处置能力是非常高效的。当劫案初发时,距离劫案发生地最近的守兵立即赶去,并知会地方州县官员,上报上一级的守将。湖广提督闻讯后,即分派兵丁、船只前往支援,又多方筹划,防止劫盗者逃窜藏匿。从中我们看到守汛兵丁与地方官员的协调行动,湖广提督对军队的有组织调配和地方各塘汛间的相互支援与配合,仿佛是一个联系紧密的整体,构成了应对此类突发事件的严密罗网。这样的罗网必将有力地控制洞庭湖的水域空间,震慑着针对过往船只的盗贼劫掠活动。

但是,事实却并非如此,雍正朝以后的一百年间,洞庭湖上仍不断地发生劫案。雍正年间,安乡县频遇大水,"民居陵阜,官吏以桴为家。匪徒驾十百小舟,刘高田禾稻,乘间掠商民货物"。乾隆五十一年至五十三年(1786—1788年),滨湖饥民因驾船抢掠而被官兵追杀。②至道光年间,时人在记述中仍称"洞庭湖多盗"③。而在雍正朝以前的一百五十年间,洞庭湖的盗贼活动已很猖獗,早有"盗薮"之名。据顾祖禹《读史方舆纪要》载:"志云:'洞庭方九百里,龙阳、沅江,西南一隅耳。'《防险说》:'郡滨洞庭,盗贼出没。明初立洪霔、沅江、明山三哨,分军防守。……议者以县东北百二

---

① 中国第一历史档案馆:《雍正朝汉文朱批奏折汇编》(第9册),南京:江苏古籍出版社,1991年,第958页。
② 《湖南通志》卷一五〇,《名宦志》,清光绪十一年(1885年)刻本,转引自杨鹏程等:《湖南灾荒史》,长沙:湖南人民出版社,2008年,第156~157页。
③ [清]程恩泽:《程侍郎遗集》卷八,《光禄寺卿兴县康公神道碑铭》,载王云五:《丛书集成初编》(第2213册),上海:商务印书馆,1935年,第169页。

十里之洞庭夹为盗贼渊薮,隆庆初,复增设水军戍守洪霣、明山诸处云.'"①可见在明朝初年,洞庭湖水域已经是引起官府关注的盗区。而洞庭湖的劫掠案件,又多与水灾引发的饥荒有关。万历中叶的宰相申时行说:"楚人偷生,无积聚,昔人固已言之。至其轻剽易动,俗亦未尝改也。以故米价稍腾,则嗷嗷苦饥;商舶大至,则汹汹思夺。蚩蚩之民性习固然,无足怪者。"②申时行认为楚地的百姓稍遇饥荒,便蠢蠢欲动,劫掠米舟,是与楚地轻生易剽的风俗有关。③

二、官府的弭盗措施

当洞庭湖的水面上有盗贼活动时,地方官员一般采用围剿、编保甲、使用教化手段等措施加以消弭。正德七年至八年间(1512—1513年),水盗高大等结寨江湖之上,导致商路阻塞,当地官员用计荡平。④ 又康熙年间,程子琨任岳州通判,当时盗贼多隐身在过往漕粮船只中。程子琨即通过编保甲的方法以消弭盗贼:"程子琨,歙县人,官岳州通判。岳州滨洞庭,盗贼薮集。湖南粮艘在岳,盗匿其中,吏莫敢问。子琨禁商船夜行,停泊处严行防护,立湖船保甲法,盗用衰息。"⑤还有的官员采用化盗为民的办法来治理盗贼问题。如1525年,王奇橙任湖南益阳知县,他"廉谨自持。县有巨盗,出没洞庭为患,前后令长不能捕。奇橙出格招抚,其酋长率徒数百人伏

---

① [清]顾祖禹:《读史方舆纪要》卷八〇,北京:中华书局,2005年,北京:中华书局,2005年,第3777页。
② [明]申时行:《纶扉奏稿》卷六,《答邵梅墩巡抚》,载王钟翰:《四库禁毁书丛刊·集部》(第161册),北京:北京出版社,1998年,第266页。
③ 明末清初人蔡知远在给他的父亲蔡道宪所作《行状》中亦称:"楚俗轻悍,剽掠成风。"见[明]蔡道宪撰,[清]邓显鹤辑:《蔡忠烈公遗集》附录,载《四库未收书辑刊》(第5辑第26册),北京:北京出版社,2000年,第143页。
④ [明]金声:《燕治阁集》卷七,《唐中丞传》,载王钟翰:《四库禁毁书丛刊·集部》(第85册),北京:北京出版社,1998年,第132页。
⑤ [清]沈葆桢等修,何绍基等纂:(光绪)《安徽通志》卷一八六,《人物志·宦迹九·程子琨》,载顾廷龙:《续修四库全书·子部》(第653册),上海:上海古籍出版社,2002年,第422页。

庭下,愿为良民,因散遣使复业。县人勒文纪其功焉"①。

明清官府还不断加强洞庭湖地区军事驻防的力量。早在明朝立国之初,因为盗贼丛集,明朝政府就设立了洪霱、沅江、明山三哨,分兵把守。②。每哨防守汛地都有三百余里。③ 后来明朝政府又相继增兵增哨,"(澧)州北七十里有粮仓哨,其地本名泗水口。东接安乡、湖口,北连荆口。每值水溢,荻芦蔽岸,支港四通,为盗贼渊薮。隆庆三年,设哨于此,增置官兵,为防御之计"④。这些塘汛在明末之乱逐渐废弛,清初又相继恢复,"洞庭湖盗贼出没,粮艘贾帆时多不虞。公[按:指湖广按察司佥事戴玑,顺治十年(1653年)左右任]复设三汛,申明法令,湖湘宴然"⑤。除了设汛增兵,明清官府还通过提高洞庭湖水域的行政管辖级别来加强控制。如"嘉靖六年,廷臣言正德时流寇入楚如无人之境,洞庭浩淼,盗贼出没,请设江防宪臣,驻岳州。江防有宪使自此始"⑥。另外,康熙年间,御史郭琇又奏请在濒临洞庭的沔阳一带的军事驻防官之外,另设文臣以专责捕盗。⑦

就洞庭湖区而言,从短时期内的某些特定的盗案来看,明清地方政府的治理是高效和有成绩的。若是放在一个较长的时间段内进行考察,这里又是一个盗案多发的地区。实际上,这种情况不只是发生在洞庭湖地区。在其他内河水域,如太湖、鄱阳湖、广东内河、长江中下游等,都与明清时期的洞庭湖地区一样,存在着即时性控制的有效与历时性管理的低效的矛盾。

---

① [明]莫尚简修,张岳纂:(嘉靖)《惠安县志》卷一三,《人物·王奇橙》,载《天一阁明代方志选刊》(56),上海:上海书店出版社,1990年。

② [清]顾祖禹:《读史方舆纪要》卷八○,北京:中华书局,2005年,第3777页。

③ [清]顾炎武:《肇域志》卷三三,上海:上海古籍出版社,2004年。

④ [清]顾祖禹:《读史方舆纪要》卷七七,北京:中华书局,2005年,第3640~3641页。

⑤ [清]汤斌著,范志亭、范哲辑校:《汤斌集》卷六,《广西参议戴公传》,郑州:中州古籍出版社,2003年。

⑥ [清]顾景星:《白茅堂集》卷三○,《沿革兵考总论》,载《四库全书存目丛书》(第4辑第205册),济南:齐鲁书社,1997年,第207页。

⑦ [清]郭琇:《华野疏稿》卷三,《移员弭盗疏》,载纪昀等:《文渊阁四库全书·史部·奏疏类》(第430册),台北:商务印书馆,1986年,第786~787页。

第二节 政怠必致业废(一)

如上所言,为了消弭水域空间的盗匪活动,明清官府采取了诸如编保甲、设水栅、增营汛等多种措施,然而,这些措施从长远看来却显得成效甚微。总起来看,影响明清弭盗措施效果的因素也是多方面的,如官员任期短暂往往导致人去政息,捕吏经济待遇和社会地位的低下导致普遍的渎职等都是值得重视的因素。但是,正如前所述,最重要的因素,却是明清官府在政策推行中主要依靠人治,同时对政策执行者缺乏有力的监督,因而往往使人治凌驾于法治之上,导致相关措施或形同虚设,或日久废弛,甚或弊端丛生。对此问题,以下从两个方面分别言之。

一、有治法而无治人

明清社会,从中央到地方的各级政府部门,都制订和颁布了大量的法律、政策和各种措施,这些法律、政策和措施是明清政府治国的基础,为地方政府施政提供了依据和保障。但是,在专制的时代,法令在执行过程中受人为因素的影响极大,政府官吏渎职怠玩的现象不断发生,经常出现"徒有治法无治人"的情形。① 明人曹于汴以其亲身经历指出:"民饥寒乃为盗,此不俟论。然使县捕官巡其一县,府捕官总巡之,盗何从生?今则捕官不出庭户,兵壮高卧其家,盗之纵横何怪其然?江北河下,弟曾具哨船,设兵巡逻,鼓跑相闻,惜乎其无实行也。保甲之法甚善,然非良有司行之,亦祗增一番扰耳,至于图圄,近亦弛玩,不可不谨也。"② 官员制定了弭盗良法,却得不到认真执行,因而成为空文,起不到任何弭盗的作用。明代官员王一鹗在一篇撰写于万历三年的有关京师近郊漕河一带盗贼活动的条陈中也说:"属以四方之人,杂居近地,奸良难辨,而诸司之人,不相统属,又约

---

① [清]张应昌:《国朝诗铎》卷一〇,罗安:《洪州吟(捕湖盗)》,载顾廷龙:《续修四库全书·集部·别集类》(第1627册),上海:上海古籍出版社,2002年,第540页。

② [明]曹于汴:《仰节堂集》卷八,《弭盗》。

法难行,故御人于郊关,掠货于河浒者,时忽有之。"①这是有法不行的情况。

又有一种情况,某项措施或法令在初出台时,是能够得到认真执行并取得一些成效的,但是,随着时间流逝,人事变动,该项措施或法令的执行逐渐废弛。明末人吴应其说:"今夫民之为盗贼者,皆无赖之尤者也。大抵致此者有二,一由于兵荒之后,饥寒之所驱迫;一由于法令之弛,有司之养成。"他又举出保甲施行情况的实例加以说明:"保甲今尝行之,然皆视为故事,故行之不严亦不久。又不能因民俗为变通,故行之不精亦不密。"②不但江南地方的保甲编查日久废弛,而且长江中下游的沿江守汛官兵也是如此。编撰于天启初年的《南京都察院志》中记载:"地方将领专以督兵捕盗为责,近来各守备把总等官玩法偷安,以致威令不行。兵不守船,船不出哨,盗贼窃发,无怪其然。"③这是记述万历中期前后的情况。明代隆庆间大臣高拱详细分析了官吏在执法过程中的玩法情况,他在1572年的一篇奏折中说:"(海内盗贼蜂起)皆起于有司之养寇,而成于上官之不察。彼有司及巡捕官不职者,多平日既不留心武备,而于健侠之徒,又不行惩禁,任其所为。及聚而为盗,又自先畏惧,不敢向迩。巡捕者又往往受盗之贿,不行缉拏,即有拏获,又多放纵,却只蒙蔽上官,以为地方无盗。而上官亦甘其蒙蔽,苟称目前无事,以待迁转。习以成风,彼此相效,以为善宦。于是有司之蒙蔽日益甚,而盗之猖獗日益不可制。"高拱认为,盗贼猖獗有两个因素以促成,其一是上司不察,其二是下属因循苟且。上下互相蒙蔽,单纯依靠人治而又没有法律的有力监督和制度的有效保障,再好的弭盗措施也会被搁置不顾。④

---

① [明]刘效祖:《四镇三关志》卷七,《制疏考》,王一鹗:《申严弭盗事宜疏略》,载王钟翰:《四库禁毁书丛刊·史部》(第10册),北京:北京出版社,1998年,第351页。

② [明]吴应其:《楼山堂集》卷一二,《江南弭盗贼议》,崇祯辛未(1631年),载王云五:《丛书集成初编》(第2168册),上海:商务印书馆,1935年,第136~138页。

③ [明]施沛:《南京都察院志》卷一三,《职掌六·留台总约巡务类》,载《四库全书存目丛书补编》(第73册),济南:齐鲁书社,2001年,第404页。

④ [明]张时彻:《芝园集·别集》卷五,《严责任以弭盗贼案》,载《四库全书存目丛书》(第81册),济南:齐鲁书社,1997年,第550页。又施沛:《南京都察院志》卷一四,《职掌七·江防事宜八条》之一记:"沿江会哨及比较功绩,皆为责成弭盗良法,但行之既久,渐成虚文。"

人治超越法治的一个弊端是导致治盗措施有法不行或者是行难长久，已如上述。然而，这只是问题的一面，更为严重的是，它常常给某些执法者提供了上下其手的机会，出现舞法弄弊的情况。其中最突出的就是官员或衙吏为了早日结案，往往诬民为盗。康熙间，湖广总督郭琇谈到洞庭湖一带的情形："地方各官一闻失事，惟虑盗难弋获，遂任捕役横行，挐获者固有，诬良栽赃陷害者亦复不少。……而官惟一己之考成，不问盗之果否，捕役之言深信不疑，受冤之人百喙莫辩。"①官员慑于考成的压力，只要捕役能办完交代给他们的差事，就对其任意为非作歹的行为置之不问。弭盗本来是为了安民，反而成了扰民的举动。不单是地方官员，就是一般的捕役或巡兵，为了保住自己的饭碗，挐不住真盗，就随便地捉人来冒充。② 如明代官员冯恩，"已奉命巡上江。故事，逻卒获盗多寡为殿最。公叹曰：'是必有孽盗以免殿者'下令卒画地而程之，以不被盗为上功，获多而核者次之。民自是不虞诬盗"③。以挐获盗贼多少来确定功劳大小，看来是长期存在于明代长江营汛防御中的奖惩措施，它本意是为了督促逻卒汛兵尽职尽责，但却滋生出诬民为盗的弊端。因而冯恩改变了这项奖惩措施，杜绝了诬民为盗的风气。然而，"画地而程之"的办法也并非完美，由此又会造成严守汛界的守兵在遇有盗贼活动时既互不声援，又互相推诿④。明末潘季驯记曰："黄河两岸盗贼繁兴，旧委巡河指挥二员，徒拥虚名，无益河防，且扰害庄民，需骗船户。"⑤有时，这种为弭盗而增设的官员甚至比盗贼更令一般百姓惧怕和痛恨。

简而言之，明清社会存在的法久生弊现象，究其原因，在于官府在日常

---

① ［清］郭琇：《华野疏稿》卷三，《请禁八弊疏》，载纪昀等：《文渊阁四库全书·史部·奏疏类》（第430册），台北：商务印书馆，1986年，第778页。
② ［明］戚元佐：《櫹李往哲列传》，《赵宪副》，载《四库全书存目丛书补编》（第93册），济南：齐鲁书社，2001年，第601页。
③ ［明］王世贞：《御史冯恩传》，载焦竑：《献征录》卷六五，上海：上海书店出版社，1987年。
④ ［明］施沛：《南京都察院志》卷九，《职掌二》，《巡约十八则（责应援）》，载《四库全书存目丛书补编》（第73册），济南：齐鲁书社，2001年。
⑤ ［明］潘季驯：《河防一览》卷一一，《添设管河官员疏》，载纪昀等：《文渊阁四库全书·史部·地理类》（第576册），台北：商务印书馆，1986年，第349页。

施政中忽视了制度建设的重要性,缺乏一整套对相关措施的执行情况进行监管和评估的体系,也缺乏对执法者持续有效的监督,因而使人治因素起了重要甚至是决定性的作用,导致了上述诸多弊端的出现。

二、摇摆在宽严之间的弭盗法令

明清两朝对地方州县官员在追缉盗贼、破获盗案方面的规定是矛盾的。一方面,它把州县盗案发生的件数作为官员政绩考核的主要指标之一,盗案多发往往是说明州县官才能低劣的主要理由。另一方面,它又规定了详细具体的捕盗期限(一般是六个月内,有时可延期至一年),逾期没有破案,地方官轻则罚俸,重则降职甚或罢黜。① 对于州县官来说,并不是每件盗案都能在规定期限内顺利破获。因而,受罚或降职的处罚有时是不可避免的。为了避免受到惩罚,州县官员经常将自己辖区内发生的盗劫案件隐匿不报,在表面上营造出天下太平、境内安晏的景象。明万历间士人耿定向说:"天下事最不透彻者无如吏治。尝目击民间被盗劫者,百不能一二上闻,即一一闻者,官司必欲以多为寡,以大为小,即斩关越城者,强以为穿窬。民愚不知承顺者,辄箠楚反坐之,其祸更烈于盗劫矣。"② 耿定向的担心不无道理,这些官员的做法固然可保自身官位无忧,但是,却给地方社会治安遗下祸患。如于成龙任黄州同知时,"分镇岐亭。岐亭当黄麻偏界,地多汊湖幽壑,盗所窟巢。时急盗案,官文法颇繁,长吏至不欲闻盗。盗反持长吏所忌,白昼行劫,莫敢何问"③。又清代书画家法若真《看梅》诗自注云:"时盗贼横发,皆以恪尊功令,致讳盗,而盗亦炽,故及之。"④ 像这样因

---

① 黄彰健:《明代律例汇编》卷二十七,《刑律十》,台北:"中央研究院"历史语言研究所,1994年,第969~974页。[清]沈之奇撰,李俊、怀效锋点校:《大清律辑注》(下册)卷二七,北京:法律出版社,2000年,第980~982页。
② [明]耿定向:《耿天台先生文集》卷五,《书牍·与郑昆厓》,载《明人文集丛刊》(20),台北:文海出版社,1970年,第583~584页。
③ [清]陈廷敬:《午亭文编》卷四一,《太子太保兵部尚书总督江南江西谥清端于公传》,载纪昀等:《文渊阁四库全书·集部·别集类》(第1316册),台北:商务印书馆,1986年。
④ [清]法若真:《黄山诗留》卷一二,《元日偕杨仲玉、五玉及儿孙谒西庵,即招谈旸若看梅》,载《四库全书存目丛书·集部·别集类》(第212册),第564页。

讳盗而使地方上的盗贼活动越来越猖獗的情况在明清很是普遍。①

由于讳盗使矛盾暂时地被捂盖而没有被解决,这些矛盾一旦爆发,对政权统治的危害更大。因而,官府一般都对讳盗给予严厉禁止。如明代万历间制订的问刑条例就对隐匿盗案不报的官员"轻则罚治,重则降黜"②。清初,顺治皇帝在一篇上谕中说:"近见各处盗贼窃发,甚至踰城行劫,官民受害。地方该管各官,往往有惧罪隐匿不报者,以致盗贼益无顾忌,深为可恨。除已经参劾者,照律究拟外,此后尚有失事,令该地方官即行申报,速图缉捕自赎。若仍蹈前辙,隐讳不报,定行从重治罪不贷。"③这些带有威胁性的不关痛痒的话语并不能禁止讳盗之风在清代官场的盛行。此后,地方上有作为的官员,如李之芳、汤斌都相继在自己的辖区内发布严禁地方官讳盗不报的文告。④

但是,严禁讳盗并不能使官场上的讳盗之风销声匿迹。康熙九年(1670年),御史徐越在奏疏中称:"自讳盗之法严,而被窃之家即受失主之累。自缉盗之法严,而捕盗之役竟成诬良之习矣。诸凡此类,皆由法令太严,遂不惜苛扰地方,以图免过。总之,上惟以法令绳有司,而欲有司以教化兴起百姓,此彼不得之数也。"⑤上司严讳盗法令,地方官就威胁遭遇盗贼劫抢的百姓不准报官,一弊未除,又生一弊。

因此,一些士大夫就有了宽弛官员考成法以消除讳盗弊端的提议。《康熙起居注》中记录了康熙皇帝和大臣熊赐履之间的一段对话:"上又问曰:'从来治国在安民,安民在弭盗。如今外面盗贼稍息否?'(熊赐履)对曰:'圣谕及此,天下生灵之福也。臣阅报,见盗案烦多,实有其故。朝廷设

---

① [明]陈洪谟:《常德府志》卷一八,《艺文志》,刘诚:《城隍灵异记》,载《天一阁明代方志选刊》(56),上海:上海古籍出版社,1981年。[明]申时行:《纶扉简牍》卷六,《答柯巡按》。

② 黄彰健:《明代律例汇编》(下册)卷二七,《刑律十》,台北:"中央研究院"历史语言研究所,1994年,第973页。

③ 《清世祖章皇帝实录》卷一〇一,顺治十三年五月己亥,北京:中华书局,1985年,第781页。

④ [清]戴肇臣辑:《学仕录》卷一,李之芳:《严饬讳盗累民疏》;汤斌:《禁讳盗告谕》,载《四库未收书辑刊》(第2辑第26册),北京:北京出版社,2000年。

⑤ 《皇清奏议》卷十八,徐越:《省科条以专责成疏》,载顾廷龙:《续修四库全书·史部·诏令奏议类》,第171页。

兵以防盗,而兵即为盗;设官以弭盗,而官即讳盗。官之讳盗,由于处分之太严;兵之为盗,由于月饷之多扣。畿辅响骑多凭社虎,有司不敢问也。山海流亡啸聚萑苻,将弁若罔闻也。欲求盗息民安,岂可得乎？近日弭盗之法,在足民,亦在足兵;在察吏,亦在察将。少宽缉盗之罚,重悬捕盗之赏,庶乎其可也。'上曰:'诚然。'"①熊赐履对于官吏讳盗、营兵为盗的分析可谓是切中肯綮,康熙帝也深表赞同。又据《李文襄公年谱》:"议盗案处分,公以缉盗之法督责太严,势必至于讳盗诬良,于是会同阖衙门上疏。嗣奉部议允行。有司乃稍免盗案所诖误,至今守之为例。"②且不去分辨是熊赐履还是李之芳首先提出了宽弛官员考成法的建议,单对《年谱》中"至今守之为例"而言,就是一句值得怀疑的话。《年谱》作者程光桓的具体生卒年不详,据该书刻于康熙四十一年(1702年)左右来看,当不会晚于此时。然而康熙后期嘉定诸生张云章(1645—1726)在评论地方弭盗情形时说:"今盗贼之兴,十余年来,日甚一日。其始由于官吏之讳盗,讳盗本以自保其考成,而不知以此养成窟穴。"③由此可见,弭盗考成法至少在某些地方仍然是非常严厉的,而由此引起的讳盗行为也并没有消失。所以,道光朝《钦定吏部则例》又对地方官员和兵役的讳盗行为做出了认真的规定。④

综上所言,明清时期,政府有关弭盗的法令在宽与严之间来回地摆动,总的趋势是趋向严苛。然而,法令过宽则易弛,使整个社会失去约束力,起不到惩恶扬善的作用;法令过严则易惰,使地方官员在施政时瞻前顾后,畏首畏尾,同样不利于社会的安定。如何达到宽猛兼济的理想施政状态,则既受到一时一地的具体情况的影响,更与地方官员的施政智慧和施政能力有着密切的关系。正如清人王柏心所言:"江湖薮泽,所在有之,盗贼常不绝也,视政事之严与惰耳。令长精强则威行旁邑,桀黠闻而敛迹。不然,则

---

① 中国第一历史档案馆整理:《康熙起居注》(第1册),康熙十一年壬子十月十六日,北京:中华书局,1984年,第60页。

② [清]程光桓:《李文襄公年谱》,康熙十一年壬子,载顾廷龙:《续修四库全书·史部》(第554册),第10页。

③ [清]张云章:《朴村文集》卷四,《上陈沧州使君书》,载王钟翰:《四库禁毁书丛刊·集部》(第167册),北京:北京出版社,1998年,第619页。按:该书前有康熙五十一年甲午(1714年)张云章自序,可知此书当早于此时。

④ 《钦定吏部则例》卷四一,《盗贼上》,台北:成文出版社,1966年,第505～506页。

日莅其境,而盗贼之横者自若也。"①

由此可见,一方面,明清官府颁布治理水域空间的措施,而地方官员乃至汛兵衙吏却是阳奉阴违,甚至渎职枉法,造成这些措施在实际执行中大打折扣。另一方面,中央政府也试图从制度上加强对地方官的监察力度,以督促他们积极地施政。但是,又滋生出了讳盗的弊端。官府既要通过立法来确定朝廷的权威,贯彻朝廷统治地方的意志,同时它又不得不主要地依靠地方官员和衙吏汛兵来维持和管理地方社会秩序,措施的推行是否能取得成效与他们的施政态度、施政能力有着很大的关系。为此缘故,明清在弭盗问题上处在了人治与法治、宽弛与严猛中来回摇摆的状况中。

第三节　政怠必致业废(二)

明清时代中央和地方官府治理内河水域盗贼活动的法令能否得到有效的执行,弭盗措施是否取得效果,受到了人为因素的极大影响,这种影响主要表现在以下几个方面。

一、应对突发性盗案的高效严密与日常防御的疏漏百出

明清时代,在内河水域,有一些被称为盗贼渊薮的著名盗区,如太湖、鄱阳湖、洞庭湖等,它们一贯被认为是盗贼丛集、难以治理的地方。任职这些地方的很多官员在治理时也都不遗余力,采取多种高效严密的措施以加强控制。如康熙前期于成龙治理太湖地区,就构建了以弭盗为中心的水陆协防体系,取得了一定的效果。道光年间陶澍治理鄱阳湖的盐枭盗匪,也因为措施得当而卓有成效。在官府严密的防控下,盗案一般都能很快破获。嘉靖三十三年(1554年),沔阳卫的漕粮船只在邳州一带被打劫,该案在淮安知府、督粮道和地方总兵的严缉下于月底就将十九名盗贼全部拿

---

① [清]王柏心:《百柱堂全集》卷四六,《潜虎渡口导江流入洞庭议》,载顾廷龙:《续修四库全书·集部(第1528册),第48页。

获。① 可以说,明清地方官一再强调的编保甲、设水栅、严汛防等举措在预防和破获盗案时是能够起到有效的作用的。

但是,盗贼从事劫掠,往往有两个主要的因素是值得重视的。一个是有利可图,一个是有机可乘。唯有利益的诱惑,才使得盗贼不惧法网,敢于铤而走险。也唯有官府防御的疏漏百出,才使得盗贼看到了劫掠的机遇,从而能够相率为盗。官府在防控水域空间时是高效严密的,具体已如上述。然而,这种高效和严密在时间上是间歇的,在地域上是局部性的。如太湖地区,在明末到清朝康熙前期,就先后有张国维、韩世琦、于成龙三位地方官在那里用心捕盗,而他们所采取的措施也大多相同。长江中下游是明朝官府防御的重点,但是终明之世,这里也是江湖盗贼最为活跃的地区之一。由于明清官府在日常消弭盗贼的过程中,存在着防缉不力、监察不严、权责不明等诸多问题,因而出现了一方面地方官员竭力弭盗,另一方面盗贼活动却不能因之而稍为衰息的矛盾现象。即以于成龙为例,他在任江苏巡抚期间,颁布了多项措施,内容从保甲的编查、组织乡绅互保、设敌楼、置器械、饬江防、禁赌博、惩窝盗等,件件具明。但是,于成龙也明白,这些措施再好,也需要属下的官员认真执行,才能起到比较好的效果。他指出:"况保甲之法,久经奉行,而向来地方官视为故事,行之不力,以致奸民匪类改革无期。凡膺民社之寄者,岂不有忝厥职?"他因而告诫地方官员,对于新颁布的法令"毋视为纸上之空言也",否则将严惩不贷。② 但是,实际效果如何呢?从康熙末年,太湖地区的盗案占到全国直省盗案总数的半数这一事实即可窥其一般。对于身膺民社的州县官员来说,捕盗不得不委之于衙役捕吏,而这个群体又是最少约束、最易渎职的一类人,州县官员对他们控驭稍有松懈,就会使整个捕盗体系出现疏漏。

总而言之,在防缉盗贼的过程中,官府在具体应对上的间断性严密与日常防御的经常性疏漏是同时存在的。守土有责,是明清为官者的官箴之一,它促使有能力、有抱负的官员在任职期间兢兢业业,恪尽职守。因而,

---

① [明]郑晓:《郑端简公奏议》卷五,《擎获强盗疏》,载顾廷龙:《续修四库全书·集部》(第477册),上海:上海古籍出版社,2002年,第605页。

② [清]于成龙:《于清端公政书》卷七,《弭盗安民条约》,载纪昀等:《文渊阁四库全书·集部·别集类》(第257册),台北:商务印书馆,1986年,第745页。

措施和防缉严密的情况多出现在这些能吏的任内,并往往因为官员去职而废弛。当然,在捕盗问题上严厉的行政问责和惩戒制度也对地方官有警惕的作用。而明清制度体系中的一些固有弊病使地方政府在防御盗贼过程中经常出现疏漏,导致盗贼劫掠案件屡禁不止,并且愈演愈烈。

二、地方治效与否取决于官吏的个人能力和品质

首先,地方社会治理盗贼是否有效果,往往决定于地方官员的个人素养和能力。以饥荒为例,一般认为,饥荒往往引发盗案。然而,倘若地方官员抚循有方,这种情况也是可以避免的。如嘉靖时岳州官员陆垹,在任时"岳州大饥,公不待奏报,发仓廪以赈,民赖以活者数百万计。时楚中灾伤极甚,每御史按部所至,则饥氓匍匐扶曳,或龙钟将仆,衣不掩形,流离困顿,罗骢马前,号哭不已。御史缓言慰遣,心实惨痛,恨无良法以速起其死也。及抵岳州,境内宴然,则未有以荒歉告者,心大异之。又地逼江湖,寇盗出没不时,仍饥馑之后,不闻贼警。于是稔知公先事预备,虑周生民,固极尽安辑之力矣"①。与洞庭湖前后两百余年间动辄因为饥荒而引发动乱的史事相比,陆垹的惠政足可称道于人口。

江湖上盗贼的活跃,多因为地方官府的怠玩而积久难治。所以,一旦有官员在任上能够积极施政,消弭盗贼,就被称为贤官能吏。万历时人张萱记载:"覃太仆应元,尝为副使,备兵长沙。盗驾舟出没衡湘间,卒不能捕。益束其势,颠越人于货。公令哨船皆建大旗其上,哨卒以号衣为识,分番巡缉所往来停泊处,津吏署状驰报,卒不能逭,盗遂息。"②盗贼出没衡湘,杀人越货,当非一日,前任官员束手无策。直到覃应元莅任后,才因为措施得力而使盗贼远遁。又如道光十九年(1839年),浙江慈溪人洪庆华任沅陵知县,"沅水流经县治,东有滩曰九旗,横石清浪水箭激,舟行触石辄糜碎,奸民乘危攫客货。公延访长年、三老能谙水石性者,尽得其要领,谋

---

① [明]戚元佐:《槜李往哲列传》,《陆中丞》,载《四库全书存目丛书补编》(第93册),济南:齐鲁书社,2001年,第596页。
② [明]张萱:《西园见闻录》卷九八,《覃太仆应元》,载顾廷龙:《续修四库全书·集部》(第1170册),上海:上海古籍出版社,2002年,第276页。

于镇筸总兵杨、果勇侯芳,醵金凿石,尽夷其啮舟者"①。九旗滩中的大石存在不止几百千余年,因撞石而粉碎的船只又不知有多少,历任地方官员对此却视而不见,直等到洪庆华上任后方才有碎石的举措。

总起来看,虽然治理江湖盗贼的成效与地方官员的贤能与否有很大关系,但是,从这些贤能地方官员整治的多是积盗旧案的事实来看,他们积极施政的背后,则是前任地方官员的消极作为或不作为。正是因为这些消极作为的官员的因循怠玩,使得地方社会在一定时期内呈现出盗案多发的情形,最后又由一位既有决心又有能力的官员到任,施行了所谓的惠政。这样的情形在明清时代的地方社会中不断循环着,既催生出了因为弭盗有力而受人尊敬的循吏,又使地方上的弭盗表现出了时而严格时而松懈的特点。

其次,捕盗吏役渎职现象较为多见,往往使地方治盗措施所能起到的实际效果大为降低。内河水域沿岸的衙役和巡兵处在防御和追缉盗贼的第一线,明清地方社会的弭盗在很大程度上要依赖这些人。同时,他们地位低下却权力极大,收入微薄但责任甚重,又因为上级监管的缺失,使得他们经常利用手中的权力任意妄为。一些捕盗吏役甚至比盗贼还凶狠,明末清初的硕儒陈确以自己的亲身经历感叹道:"盗惟劫所有,吏将劫所无。劫无伤吾心,劫有伤吾肤。以斯益怨吏,残酷盗不如。"②明清时代的士大夫和地方官在有关弭盗的总结性论述中,往往指责捕役渎职是盗贼猖獗的主要原因。清末士大夫陈澹然甚至建议撤销捕役捕盗的职责,而全部使用绿营汛兵。他说:"盗贼固责成保甲,然保甲能防而不能捕。国家防盗贼于城守营兵,捕盗贼于捕役。今捕役视盗贼为外府,盗贼遂恃捕役为护符。州县捕盗不获,往往捕丐刑招,或改盗为窃。而城守营汛操演多虚,盗至不过放枪掩饰而已。宜裁捕役之资,尽归营汛,增其兵饷,以专责成。……"③

---

① [清]李元度:《天岳山馆文钞》卷一三,《沅陵知县升武冈州知州洪公别传》,沈云龙:《近代中国史料丛刊》(41),台北:文海出版社,1968年,第817页。

② [清]陈确:《陈确集》,《诗集》卷二,《吾生编年》,北京:中华书局,1979年,第636页。

③ [清]陈澹然:《权制》卷六,《军政述》,光绪二十八年(1902年)本,1923年影印本。

然而,从明清的史实来看,汛兵也经常与盗贼相勾结,甚至直接充作盗贼。①

王夫之说:"盗者,天子之所不能治而守令任治之,守令之所不能知而胥役知之,胥役之所不能尽知而乡里知之。乡里有所畏而不与为难,胥役有所利而为之藏奸。乃乡里者,守令之教化可行,而胥役者,守令之法纪可饬者也。……"②虽然王夫之的原意是要说捕盗应专门责成州县官,但是在这段话中,他却指出了作为弭盗措施直接执行者的州县官、乡里保甲长、胥役三者互相凭依,且各有所畏忌的情形,指出了明清地方社会治理盗贼问题受人为因素影响较大的客观事实。

三、弭盗举措经常是兴一政则生一弊

明清地方官员为了消弭盗贼,采用了教化、保甲、设墩台护防等多种措施,在施政上不遗余力。但是,若使用不当,这些举措有时又会滋生出一些弊端。比如化盗为民本来是儒家施政的理想,一些地方官使用此方法也取得了一定的成效。但是,明末清初人陈确指出了化盗为民的弊端,他在《新政》一诗中写道:"新政多矜全,劫盗不忍杀。纷纷悉遣归,盗心弥踊跃。官司且尔宥,谁敢议剪拔。为盗无后葘,为良苦穷约。驱良尽为盗,十人以七八。盗贼一何多,乾坤一何狭。士生此时世,无地可容脚。咎繇古圣人,帝父亦致法。天宁鲜仁慈,明德必赏罚。止杀诚云难,尼父言岂谑。善人俟百年,今者奚所挟。妄冀一感悟,祇以长奸猾。如此称仁慈,不如恣残虐。"③陈确认为地方官希望通过教化的手段促使盗贼感悟的措施不但没有达到化盗为民的预期效果,反而助长了地方上的盗风。

又如捕役缉盗,为了执行公务的便利,往往携带有类似于今天的逮捕证之类的缉票,但是捕役又往往在缉票上做文章,通过涂填票上的姓名、住址、年貌等信息,任意地敲诈姓。④

---

① [明]黄仲昭:(弘治)《八闽通志》卷八四,《人物志·黄童传》,福州:福建人民出版社 2006 年,第 711 页。
② [清]王夫之:《读通鉴论》卷三〇,北京:中华书局,1975 年,第 1094 页。
③ [清]陈确:《陈确集》,《诗集》卷二,《新政》,北京:中华书局,1979 年。
④ [清]盘峤野人:《居官寡过录》卷二,载刘俊文:《官箴书集成》(五),合肥:黄山书社,1997 年,第 58 页。

明清时期在禁止民间用船上也是这样。1537年，冯汝弼任江西余干县令，"邑北有黄丘埠，密迩鄱湖，乃盐盗出没之所。家置十桨船，鼓行如飞，追摄不及，当道患之。公曰：'是在去其为患之具耳！'下令居民凡有十桨船者即为盗，无者为良民，邻甲不举连坐，旧有而今毁去勿论。不数日皆为农船"①。冯汝弼将民间拥有十桨船的百姓都划入盗贼行列，这种做法很有些不近情理，且难以推广。明人项笃寿在万历六年的一份奏折中就称："多桨船只，恐难一概禁绝。"②清人姚延启在批评为塞盗源而禁民间乘马的措施时，举了禁乘船给民间造成危害的例子。他说："夫北方之需马，犹南方之赖舟楫也。民间往来道路，跋涉险阻，非马不便。若虑盗贼乘马，并禁民间，则南方之盗乘风驾帆者，何尝不用舟楫，亦当并民间之舟楫而禁之矣。此非但绝其往来，并绝其命也，民有坐而待毙矣。"③他的言外之意，是在于借弭盗的名义而禁止民间乘马驾船的措施弊大于利，在实际上是行不通的。

明清在弭盗措施上出现兴一政则生一弊的原因，主要在于地方官施政往往缺乏深思熟虑，没有或者忽视该项政策可能带来的消极影响，因而在施行中显得过于简单粗暴，即使能够行之于一时一地，却不能行之久远，也难以推广到更多的地区。

四、在弭盗上的地域协调、文武协作难题

江河湖泊一般都是越州跨县，有些甚至处于两省或数省交界的地方。在江河湖泊的水域空间里发生的盗案，动辄牵扯到数州数县，需要与案件有关的州县共同协作。但是，州县官员因为受到考成的压力，往往对盗案避之不及，更遑论协作捕盗。据康熙前期于成龙《政书》所载："今据南皮县条议，内称邻境之盗，十不得一，皆因各州县卫拘泥界限接壤之地，无异秦、

---

① ［明］王锡爵：《王文肃公文集》卷一一，《祐山冯公行状》，载王钟翰：《四库禁毁书丛刊·集部》（第7册），北京：北京出版社，1998年，第273页。
② ［明］项笃寿：《小司马奏草》卷四，《题为摘陈弭盗急务，乞赐通行严禁以靖江洋以护重地事》，载《四库全书存目丛书》（第2辑第62册），济南：齐鲁书社，1997年，第332～333页。
③ ［清］平汉英：《国朝名世宏文》卷六，《兵集》，姚延启：《马政便宜》，载《四库未收书辑刊》（第1辑第22册），北京：北京出版社，2000年，第664页。

越。不独彼县之人此县不能往问,即此县之人潜入彼境,如入深渊等语,似此劫盗成风,地方何日得宁?"①南皮县在河北省境内,毗邻漕河,南皮知县向于成龙反映的问题在明清时代具有一定的代表性。清人吴庄评论太湖的防守情形时说:"但太湖茫茫巨浸,非如陆地可以立界牌、分彼此也,湖面江浙之限亦约略言之耳。巡兵遇贼,放船追逐,不过驱之出境而已,毕我分内。倘遇湖中失事,则江浙两营先须分清地界,迨地界之说定而后讲缉捕,则贼之逸也久矣。"②太湖因为兼跨两省,沿湖一带又州县林立,因而地方政府和驻军在弭盗问题上互相推诿扯皮的现象也更为突出。③ 康熙设立太湖营,统一太湖防御的事权,雍正朝又加以完善。但是,地域协调难题一直困扰着该区域。④

江河湖泊流域在弭盗问题上除了存在着地域协调的难题之外,还有文武协作的难题。从主要方面来看,明清社会在地方上设置了两种控制力量,一种是行政序列的力量即各级官府,一种是军事序列的力量即地方驻军,他们都肩负有防御和缉捕盗贼、维护地方社会秩序的职责。然而,军队与地方政府在追缉盗贼上的职责划分不清,很容易产生互相推诿的弊病。沔阳位于湖北省南部,接连洞庭湖,境内又有洪湖,水域辽阔,历来是盗贼活跃的地区。1516年,李濂任沔阳知州,他在一篇公文中提到了该州屯军与民村因为弭盗而相互推卸责任一事。他说:"切照本州四十三村与该卫(指沔阳卫)三十三屯军民杂处,又与汉阳、监利、潜江等县地界相连。访得先年盗贼恣意驰骋,如在民村劫掠,或追入军屯,而军则曰:'我卫属也,与州无干。'如在军屯劫掠,或追入民村,而民则曰:'我州属也,何烦于卫。'往往互相推调,纵贼滋蔓,以致动调官军征缴,方得宁息。伤民费财,莫此为

---

① [清]于成龙:《于清端公政书》卷五,《严饬协拿盗贼檄》。
② [清]吴庄:《豹留集》,《防湖论略一》,载《四库未收书辑刊》(第8辑第28册),北京:北京出版社,2000年,第635页。
③ [清]金友理:《太湖备考》卷四,《兵防》,南京:江苏古籍出版社,1998年,第153~154页;冯贤亮:《明清江南地区的环境变动和社会控制》,上海:上海人民出版社,2002年,第357~360页。
④ 刘平:《清末民初的太湖盗贼》,《近代史研究》1992年第1期,第53页。

甚。"①为了解决这一问题,李濂提出的办法是:一方面,他训练民壮,招募义勇,饬令下属巡捕官员忠于职守;另一方面,又行文上司,请求上司出面协调,令沔阳卫掌印官也选练捕兵,并在捕盗过程中能够与地方官府积极配合。李濂的办法是否得到上司的批复并在实践中认真执行,已不得而知。但是,康熙三十九年(1700年),郭琇任湖广总督时,也提到了沔阳一带江湖盗贼活跃的情况,他在奏折中称:"唯有安陆府沔阳一州,介居江湖之中,接连洞庭,包络汉、沔,凡广八百六十余里,袤五百四十余里。大约田畴十之三,而湖汉居十之七,为大湖南北,武、岳、荆、襄往来孔道。而新堤一带地方,如茅埠、竹林湾、王家堡等处,皆系倚江傍湖,溪港纠纷,葭荻茂密,村落隔越,尤为盗贼出没之所。更有黄朋山、锅底湾、裩裆湖、仙桃镇、葫芦嘴、南龙王庙等处,奸宄匪类潜匿,尤多此辈。无事则操舟四出网鱼为业,乘便则行劫居民,剽掠客舟,踪迹诡秘,去来聚散倏忽莫测。近年如郑介玉、刘学崇、张度、徐凤声等各案失事,俱经先后题报,获贼有案,而近日发觉如苏文远、陈五涛各案,现在获贼审拟报参防员。且历查从前别属发觉盗犯,又多系沔阳新堤人氏。至于异乡旅客孤舟,远涉旷渺无人之区,遭害意外,命毕波臣,孤魂渺渺,饮泣夜台地方,无由具报有司、无从觉察者,又不知凡几矣。"他认为,沔阳地方之所以盗贼活动猖獗,是由于武官防盗与文官治理没有很好地结合起来的缘故,他建议:"新堤一镇,户口几万,往来生理者皆系四方杂处之人。此地虽有汛防守备一员,第系武职。而稽查民间保甲,当不可令为专擅也。且水旷千里,易为大盗窟穴。而兵无巡船,间有警报,唯口喊拏贼,目视飞扬而已。是又宜专设文官住守弹压。……"②显然,郭琇面临的已不是明代军屯与民村相互推托的问题,他似乎认为一个地方只设武职是不够的,还应该设立一个文官以协助弭盗。然而,地方上文官与武职官员因为不属于一个系统而导致的协作困难,又是接下来必须要解决的问题。雍正年间,河东总督田文镜就建议雍正帝敕令

---

① [明]李濂:《嵩渚文集》卷七〇,《处置地方以弭盗贼事》,载《四库全书存目丛书》(第4辑第71册),济南:齐鲁书社,1997年,第191~192页。
② [清]郭琇:《华野疏稿》卷三,《移员弭盗疏》,载纪昀等:《文渊阁四库全书·史部·奏疏类》(第430册),台北:商务印书馆,1986年,第786~787页。

地方要重视文武协作弭盗的问题。①

地方官吏在施政或执法时,往往出于一己的利害考虑,严守行政区划的泾渭和文武职责的界限,互不协作,因而导致了以上问题的出现。一般认为,传统时代的人治根源于儒家的德政思想,这个思想的本质是把社会大治的希望寄托于有道德操守的官员的出现,并进而形成了一种独具特点的"以德为先"的人治文化。但是,这一文化却又始终未能解决官员队伍的腐败和普遍的道德堕落问题。②

明清弭盗的法令经常受到执行官员贤能与否的制约,又时时存在着地域难以协调、文武协作不力等问题,再加上对执法者监管的经常性缺失,因而这些弭盗法令行之既久,极易出现执行懈怠甚至是弊端丛生等现象,导致地方官府在治理江湖盗贼时发生应对突发性盗案的高效严密和日常防御的疏漏百出的矛盾,从而抵消了这些政策法令的积极效用。

---

① [清]田文镜撰,张民服校点:《抚豫宣化录》卷二,郑州:中州古籍出版社,1995年,第72~75页。又《清圣祖仁皇帝实录》卷一四一,康熙二十八年五月甲申,第548页。
② 姚立建、倪峻:《中国人治文化的道德悖论》,《南京师大学报》(社会科学版)2008年第4期。

第八章　清嘉庆年间海盗的投首

自嘉庆初年开始,大批海盗纷纷投首于清政府,然而其投首原因很多时候并非我们通常所认为的实力穷蹙时的被迫选择,而是由盗首的被剿灭、家属的被拿获等外在因素及海盗的自身特点、职业特性所导致。对于海盗的投首,清政府通常表现出接纳和欢迎,但依据其投首时间早晚、投首规模大小,其处理方式存在一定程度的差异。有时,中央政府和地方剿捕官员的处理意见亦有所不同。

嘉庆年间,中国东南沿海一带海盗活动猖獗,蔡牵、朱濆、郑一等海盗大帮及众多小股盗伙充斥于闽、浙、粤海域。他们劫掠商船、扣人勒赎、私收商税,不仅影响了海商、船民、渔民的正常海洋活动,占用了民间的海洋社会权力,而且很大程度上挑战了官方的海洋控制权。面对海盗的肆虐,清政府进行了长达数十年的剿捕,直至嘉庆十五年(1810年),朱濆、蔡牵才相继被灭,大批海盗纷纷投首,闽浙粤海盗得以荡平。关于乾嘉时期海盗的成因、性质、组织、活动、影响等问题,学界已有深入探讨。① 然而对于扫除海盗、靖静洋氛发挥重要作用的海盗投首问题,却鲜有研究,仅有的少数成果也只集中在对张保等粤海盗投首原因的探讨上,如穆黛安的《华南海盗:1790—1810》和谭世宝、刘冉冉的《张保仔海盗集团投诚原因新探》。② 那么,嘉庆时期海盗的投首存在哪些动因? 政府对待不同盗帮的投首态度有无差异? 这里将进行逐一分析。

---

① 叶志如:《试析蔡牵集团的成分及其反清斗争实质》,《学术研究》1986年第1期;张中训:《清嘉庆年间闽浙海盗组织研究》,载中国海洋发展史论文集编辑委员会主编:《中国海洋发展史论文集》(第2辑),台北:"中央研究院"中山人文社会科学研究所,1986年;李金明:《清嘉庆年间的海盗及其性质试析》,《南洋问题研究》1995年第2期;[美]穆黛安著,刘平译:《华南海盗:1790—1810》,北京:中国社会科学出版社,1997年;刘平:《乾嘉之交广东海盗与西山政权的关系》,《江海学刊》1997年第6期;刘平:《清中叶广东海盗问题探索》,《清史研究》1998年第1期;刘平:《关于嘉庆年间广东海盗的几个问题》,《学术研究》1998年第9期;[美]安乐博:《罪犯或受害者:试析1795年至1810年广东省海盗集团之成因及其成员之社会背景》,载汤熙勇主编:《中国海洋发展史论文集》(第7辑),台北:"中央研究院"中山人文社会科学研究中心,1999年;[美]安乐博:《浮沤若水:中华帝国晚期南方的海盗与水手世界》,加州大学伯克利分校东亚研究所,2003年;曾小全:《清代嘉庆时期的海盗与广东沿海社会》,《史林》2004年第2期;林智隆、陈钰祥:《盗民相赖、巩固帮众——清代广东海盗的组织与行为》,《高雄海洋科技大学学报》第22期;李若文:《论海盗与官兵的相生相克(1800—1807):蔡牵、玉德、李长庚之间互动的探讨》,载汤熙勇主编:《中国海洋发展史论文集》(第10辑),台北:"中央研究院"中山人文社会科学研究中心,2008年;[日]松浦章著,卞凤奎译:《东亚海域与台湾的海盗》,台北:博扬文化事业有限公司,2008年;松浦章:《清代帆船东亚航运与中国海盗海商研究》,上海:上海辞书出版社,2009年;陈启汉:《清代嘉庆时期朱濆海上起事考辨》,《广东社会科学》2010年第3期;杨国桢、张雅娟:《海盗与海洋社会权力——以19世纪初"大海盗"蔡牵为中心的考察》,《云南师范大学学报(哲学社会科学版)》2011年第3期;[日]松浦章著,谢跃译:《中国的海贼》,北京:商务印书馆,2011年。

② [美]穆黛安:《华南海盗:1790—1810》,第153～158页;谭世宝、刘冉冉:《张保仔海盗集团投诚原因新探》,《广东社会科学》2007年第2期。穆黛安认为粤海盗在势力正盛时,纷纷选择投降于清政府的根本原因是海盗组织内部的分裂;谭世宝、刘冉冉认为香山独特的地理环境及其在广东海防中的重要位置是清政府能够在该地成功剿抚海盗的主要原因。

第一节 海盗投首的基本状况

清嘉庆年间,海盗投首是一个显著的现象。由海盗投首档案,可辨识出海盗的组成状况、海盗的活动方式等。嘉庆时投首呈现出先后相继的局面,后来的投首往往是仿效先前投首的结果。

一、为盗投首成为沿海居民的一种谋生方式

嘉庆元年五月初八日,福州将军兼署闽浙总督魁伦上奏,海洋盗首獭窟舵即张表率同本帮盗首盗伙,并会集另起首伙各犯共四百七十三名,随带船只炮械等物,先后自行投首。魁伦认为:

> 闽浙各洋盗匪虽经官兵擒拿多案,缘匪党众多,洋面辽阔,一时骤难肃清。前有盗犯庄麟投首,经臣与护抚臣姚芬恭折具奏,臣又恐专事招徕,转致在洋各盗毫无畏惧,非所以示惩创,是于庄麟投到之后,仍行厚集舟师,亲赴沿海一带督饬将弁兵丁出洋奋剿,两次擒拿吴中等七十余犯,俱经分别办理,随时奏闻。臣仍督令各营将弁,再行分赴各洋面严拿未获要犯。兹据泉州府知府景文禀:四月二十六日有盗首獭窟舵即张表因闻投首可以免罪,率同本帮小盗张寮、薛却、邱坪、林梗黄、蒋骆眼、蔡脱、张娇、曾栋、丁成的等十名,并会集另起盗首石朱山、张由、林桃、吴戎等四名,率领盗伙二百十六名赴府自行投首,并将随带船十二只,大小炮铳一百十四门,枪刀藤牌竹串等各项器械一千零六十五件,火药一百四十斤,铅子铁钉三十八斤,一并呈缴,理合据情转报等情前来。臣正在查办间,又据具报盗首杨淡、柯菊、林雪、郭曾、陈钱、陈琴、曾勇娘等七名,闻獭窟舵已经投到,亦即率领盗伙二百三十五名前来投首,并将随带船七只,藤牌竹串枪刀等各项器械八百零五件,大小炮铳五十六门,火药八十一斤,铅子铁钉三十二斤,一并呈缴前来,查数日之中,先后投到盗首二十二名,盗伙四百五十一名。臣当即督率随同办事之粮道庆保等将各起人犯分别查讯。据獭窟舵供本名张表,系惠安县獭窟乡人,年三十七岁,父母已故,并无兄弟,连妻子也没了,向在沿海捕鱼为生。乾隆五十九年被邱通拿赴盗

船逼胁入伙,自知身犯重罪,不敢回家,后来邱通被获,众人推小的为首,并因同伙众多,将劫得船只分派领驾。上年林发枝抢劫浙江官米,小的同在那里,至东冲定海抢炮,并没小的在内。小的因闻投首免罪,是以率领伙众来投,并将船只炮械尽数呈缴,情愿随同官兵赴洋缉捕,只求免罪,就沾恩了,并询各小盗首,或称因贫出洋,流入盗匪,或称被诱入伙,不能回家。今闻投首免罪,是以携带船只器械一同投到,情愿跟随兵船出洋缉捕,求施恩免罪等供。臣查验船只器械等物,尚未缮折,具奏于五月初五日丑刻。臣前奏庄麟投首一折,钦奉批回,并奉到廷寄谕旨一道,跪读之下,仰荷圣主训诲周详,实深钦服。现在钦遵查照办理,臣查海洋盗首王流,盖被炮击毙,已据众供确凿,林发枝一犯最为紧要,至今未曾弋获,其余另起盗匪实在尚有若干,虽未能得其确切,而自庄麟投首之后,现在接踵来归者已有四百余人,若在洋各犯再闻庄麟蒙恩拔用千总,并赏给大缎一匹,余犯均邀宽宥,自必革面革心,全行改悔。本地匪徒所存似已无多,惟近日报有粤省艇匪潜入闽境,并准署两广督臣朱珪移咨会捕前来,臣已酌派官兵出洋擒捕,再令熟谙沙线之庄麟等跟随侦缉,必更得力。至此次投首各犯,率领全伙多人将船只炮械等物尽行呈缴,似已实心改悔向化自新,较之始终怙恶者有间,且人数过多,既未便全行释放,亦不宜聚集一处。臣思该匪等告请出洋缉捕,尚有图效诚心,现在酌将老弱年轻各犯释回本籍取保,择其强壮勇往者仍令各小盗首分起带领跟随官兵出洋缉捕粤匪,诚如圣谕,以盗攻盗,实为有益,并于肃清洋面机宜,更可迅速。惟獭窟舵即张表一犯现留在臣驻扎地方,派委标弁照管,可否仰邀圣主天恩,再此次投到各犯共四百七十三名,臣各赏给银牌一面,小盗首加赏衣帽等物,盗首獭窟舵即张表仍照庄麟初到时一样,赏给外委顶带,以安率众来归之心。除将船只器械等物交出洋官兵分别配用外,所有海洋盗首率众投首缘由,臣谨会同护抚臣姚棻恭折由驿具奏伏乞皇上睿鉴训示,遵行谨奏。①

此折显示,盗匪投首实际上是沿海沦为盗匪者弃暗投明的经常选择,

---

① 《清代宫中档奏折及军机处档折件》,编号40400584。

在魁伦所受理的投首中,一下子就有数支大小不等的盗匪团体、人数达473人。这样巨大的规模表达了投首的愿望,他们或表示过去是因为走投无路而入盗,或受到要挟而沦为盗匪,能够通过投首,免除自己的罪过,并为官府所使用,是他们梦寐以求的结局,于是他们多向官兵呈送他们的全部物资,包括枪炮器械等。从海盗来源看,张表本属渔民,父母已故,兄弟亦无,且连妻子都没有,属于"赤条条来去无牵挂"的类型,这类人往往最容易走入盗匪的行列。当清政府接受投首的政策确定之后,盗匪们先后相继地前来投首。从清政府的立场看,盗匪投首本身就是消除海上敌对势力的一种途径,而且将盗匪改造成官方可以利用的力量,进而对付另外的盗匪,这种"以盗制盗"的办法也是迅速消除政府对立面的好办法。所以魁伦向嘉庆皇帝陈明这样的利害,嘉庆皇帝表示同意。当然,魁伦的奏折中对于接受投首多少也有些态度的保留,特别是某些罪恶昭彰的盗匪也能因为投首而免罪,得到官府的赏赐,乃至摇身变为官方的军人。这是否在一定程度上激励人们下海为盗,再投首归附,使投首成为谋求社会地位升格的一种捷径。

明人王文禄《策枢》卷四:"今寇渠魁不过某某等数人,又每船有船主,如某某等数十人而止耳。构引倭夷,招集亡命。……其他胁从,大约多闽、广、宁、绍、温、台、龙游之人,或乏生理,或因凶荒,或迫豪右,或避重罪,或素泛海,或偶被掳,心各不同,迹固可恶,然非有心于造乱者也。"[①]这就将沦为海盗的各种原因都排列出来了,即有的是因为穷困,有的是因为灾荒,有的是因为遭家乡豪强欺凌,有的则是躲避重罪惩治,还有的是一向漂浮海上,另外有些则是被掳掠而来,成分是较为复杂的。我们看清代海盗的构成也大体如此,他们的一个重要的共同点在于"非有心于造乱",就是他们基本是出于经济目的或无目的而成海盗的,基本不存政治目的。像郑成功那样矢志要与清朝对抗的现象并不普遍。顺治十六年十月,顺治帝敕谕江南浙江福建广东督抚镇等官:

> 逆贼郑成功遁迹海隅,梗阻王化,凶残狡诈,罪大恶极,其父郑芝龙投诚之后,朕厚加豢养,成功悍焉罔顾,后欲就招抚,朕体上天好生

---

① [明]王文禄:《策枢》卷四,北京:中华书局,1985年。

之心,恕其往愆,不吝爵赏,开以自新之路,乃成功反复辜恩,自甘化外,此诚性生枭獍,行等豺狼,无父无君,灭伦背德,为盖载所不容者也,向犯漳泉温台等郡,屡遭犯衅,近犹不自揣量,入犯江南,大兵奋击,贼众披靡,斩获无算,凡此数十万生灵死于锋镝,皆成功名怙恶不悛之所致也。虽俱以寇党伏诛,然普天之下,皆朕赤子念之,能无恻然至于叛将马信、李必、王戎、高谦,皆身沐厚恩,甘心附逆,狂呈犯顺,罪不容诛。今成功等又自崇明大败奔逃,力穷势蹙,大兵进剿,旦夕扑灭,即其左右羽翼,知其必亡,定有悔祸之心。惟因从逆日久,恐罪在不赦,中怀疑畏,不敢遽图输诚。朕念伊等当日从贼不过情迫偷生,原非得已。今若能翻然悔悟,将郑成功、马信、李必、王戎、高谦等或生擒以献,或斩首来降,朕不但准与免罪,仍从优论功,赐以高爵厚赏,其有率伪官兵来归者,亦与免罪,量加叙赉。朕奉天子民方示大信于天下,决无食言之理。凡在贼营者毋复犹豫,坐失事机,负朕赦罪开恩至意。倘仍执迷不悟,大兵到日,玉石俱焚,虽悔无及矣。尔等即广行布告,咸使闻知故事。①

二、官军与盗匪的博弈

从顺治时候起,清王朝便开始试图通过布告广为宣传,说明清政权是充分考虑到民生的。

嘉庆元年七月二十一日,闽浙总督魁伦、护理福建巡抚姚棻再行上奏,陈述了他们对"盗首畏罪悔过带领伙盗船只器械自行投出,并另伙陆续自首各犯现在分别妥为安置"的情况。经过多次拿获,闽洋盗匪多有肃清,张麟、张表、杨淡、骆任等先后率伙投出,宽免治罪。庄麟一名奉旨即以千总拔补,赏给大缎一匹,张表一名赏给守备职衔并赏戴蓝翎,仍加赏大缎二疋以示奖励,其余未获各匪,仍督饬镇将严密兜擒,不稍懈怠。奏称:

> 兹据泉州府禀报,盗首纪培即乌烟带领小盗首纪敦、林顺、李月、谢超四名伙盗苏道等一百五十六名,呈缴五只大小炮位十九门,内有大炮二门,一重三千八十斤,一重二千九百斤,镌凿台湾大鸡笼汛一

---

① 《擒斩郑成功等来献敕谕》,台湾"中央研究院"历史语言研究所:《明清史料》己编,北京:中华书局,1987年,第497页。

号、二号字样,乌枪四杆,长短刀串一百四十五件,藤牌二十三面,火药三十七斛,铅子三小斗,并缴出抢获艇匪船上番弓五张,番箭一捆,计六十枝,番镖四枝,番衣六件,番带二条,番笠一顶,番数珠二串,番圈一个,诚心改悔,率伙赴府投到。又据惠安县禀报,另伙盗匪侯纳即七宝同黄清等二十四名,呈缴船一只,大小炮位四门,乌枪三杆,刀械十六件,竹盔四顶,藤牌四面,火药二十余斛,铅子二斛,红布旗一面。闽安协都司禀报,另伙盗匪邱素即番仔素同曾材等二十七名,呈缴船一只,大小炮位五门,长短器械四十六件,竹盔五顶,藤牌五面,火药半箱,铅子一包,红旗一面。长福营参将禀报,另伙盗匪陈华华等四十四名,所带船只遇礁冲破,现缴铁炮一门,乌枪一杆,刀械三十七件,藤牌二面,竹盔三顶,红旗一面,红头布三条,均自行投首各等情。臣等分别委员提解去后,于本月二十日据各委员将投首之纪培等各起首伙共二百五十六名,解至臣魁现驻之福宁府城,当即率同随行办事之督粮道庆保署福宁府知府任澍南等亲加查讯。据盗首纪培即乌烟供,系泉州府晋江县人,年三十四岁,平日捕鱼为业,乾隆六十年三月间被已获盗首邱通拿过,盗船逼胁入伙,因在盗船日久,不敢回家。迨邱通被获枭示后,同伙五船即推小的为首,与獭窟舵各自分帮行劫,在闽浙两省洋面劫夺商船,次数不能记忆。上年林发枝等行劫浙江石浦洋面官米船只,小的同在那里,后来林发枝怎样与艇匪抢劫东冲定海二处炮位,小的并不知道。本年三月间遇见已获之白银等船只,他说现有运往漳泉米船,邀同伙劫,小的应允,一同驶至白犬洋面,见有米船一只在那里搁汕补漏,当即向前驶拢,各自搬抢。小的们一帮约共抢得四五十石,后闻官兵围捕紧急,白银等船已经拿获。小的害怕驾逃外洋,随风驶至台湾鸡笼汛海口,就乘潮收进内港。该处汛兵见小的们船上人多,各自散去,小的就把那里摆的大炮扛回两尊,恐怕官兵追拿,即刻驶出海口,仍逃回内地,各外洋游奕听见獭窟舵等都已投首,蒙大人准免治罪,奏明皇上加恩赏给顶带,小的就与同伙商量要来投首。在乌龟外洋遇有广东艇船数只,邀小的合帮,替他带引港路,小的不肯,就有一只船赶来要拿小的,被小的用大炮将艇船打坏,连人一齐落海,小的同伙们于海面上捞获艇匪所穿番衣并弓箭等件,其余艇船都已驾逃,小的就带领同伙船只器械,赴蚶江投到的,只求开恩免死,情愿跟随官兵出洋缉匪赎罪。并据小盗首暨各伙盗及另伙之侯纳、邱素、陈华华等供称,或因贫无生业,流入为匪,或被盗诱骗入伙,并迫胁服役。今闻自首可以免罪,是以相率投出各等供,臣等查盗首纪培一犯,在洋叠劫,并敢随同伙劫官米,又抢台湾汛地炮位,实属罪大恶极。今该犯呈缴船只器械,率伙一百六十名全行投出,并知不肯为粤省艇匪引导港路,将艇匪用炮轰坏一船,捞有番衣番箭等物呈验,尚能畏罪悔过。臣等是以仰体皇上如天之仁,仍照庄麟、张表初到之时赏给培银牌一面,并暂给外委顶带,以安其率众投出之心。其小盗首并各伙盗及另伙投到之侯纳、邱素、陈华华等均已酌量赏给衣帽并各赏银牌一面,仍择年力精壮者饬令水师镇将分配各兵船出洋缉捕,以盗攻盗。其老弱服役各犯递回各原籍取保管束,纪培一犯仍留臣魁伦处委员照管听候圣旨。所有缴到船只炮械等项分别于就近府县贮库,或交营配用,事竣一并造册咨部。惟该犯纪培供称,在台湾鸡笼汛劫取大炮二尊,查系五月间之事,迄今未接。据台湾镇道禀报是否在洋遇风稽延,抑系该管将弁讳匿。现在飞札饬查,俟复到再行核办具奏。臣等谨将洋匪陆续投出,分别妥为安置。①

魁伦了解到,两广总督吉庆已被要求督查粤省艇匪乘风窜入浙洋之事,魁伦亦起身驰赴温台宁波一带督办,并饬闽省舟师追过浙洋会剿,计彼时玉德已经到浙,臣当将一应缉捕事宜与玉德苍保等面商妥办,务将艇匪全数歼除,以靖洋面。

魁伦的这一奏折再次呈明闽省洋面盗匪投首的现象。盗匪有时袭击班兵营寨,甚至有抢夺营寨大炮之事,此类事件是从投首盗匪口中获知,班兵本身往往隐匿而不报。从相关奏折中我们还了解到,官兵遭遇盗匪的事例其实不少,台湾道刘大懿呈送会同哈当阿具奏守备林国陞并换回班满弁兵在洋遇盗,在厦门一带四月内有艇匪肆劫,林国陞换回班兵时在清水澳外洋遇盗被害,这类案子实属不少,只是有些没有上报罢了。盗匪在肆行抢劫之后,积累资本谋求投首赎罪,进入官兵行列。

嘉庆二年七月,闽浙总督魁伦上奏,陈述海洋著名盗首李发枝即林发

---

① 《清代宫中档奏折及军机处档折件》,编号 40400948。

枝经官兵围拿紧急,带领盗伙船只炮械穷蹙投出的情况。遵照圣旨,李发枝一犯最为首恶,所犯各案较之张表、纪培等情罪尤为重大,此盗不除,实为内地各洋之害。因为官兵指名查拿,李发枝逃往安南藏匿,后又窜回内地,并愿意投首。官方对之做了两手准备,一面飞饬海坛镇总兵许廷进、闽安协副将庄锡舍等各带兵船跟踪追捕,一面飞饬署烽火门参将何定带领兵船在闽浙交界洋面堵缉,并饬知该参将,如果李发枝闻拿畏罪实心来投,即准其自首。如有欲窜入浙之势,即在彼截擒,毋致兔脱去。

后据参将何定江禀报:该犯李发枝率领盗船三只盗伙一百五十三名亲赴该参将处投首,察看李发枝畏罪来首,实出真诚,当将盗船三只押进烽火门内港,枪炮器械先行收缴,督率弁兵妥为看守等语。并据福宁镇总兵刘景昌知府元克中驰赴烽火门会同查验,除被掳之舵水徐成发等二十三名,均系浙江瑞安平阳等县人民,恩即就近释回原籍外,将李发枝并各船盗伙共一百三十一名分起解送至省,并将船只炮械押运前来。臣即委令署臬司庆保点验盗船三只,大炮二门,九节炮八门,火药三箱,铅子四桶,刀枪器械共一百七十七件,又大刀一把,手镖一盒,藤牌十九面,火礶火号三十九件,大小旗帜二十三面分别交营配用贮库候拨。俟缉捕事竣,汇册咨部,外复率同在省司道亲提李发枝等首伙一百三十一名,逐一查讯。据李发枝供称:年三十三岁,原籍浙江平阳县人,本生父母早故,并无兄弟,自幼过继与福建福鼎民人李世彩为子,平日捕鱼为业。自乾隆五十八年间出洋为匪,在闽浙各洋面行劫,不记次数。并据供认行劫琉球国货船、浙省官米,并随同安南盗匪在闽省东冲定海二汛抢劫炮位不讳,后因官兵查拿严紧,于六十年十二月逃往安南县躲避,并缴出得受安南盗首大头目所给执照一张,木戳一个,又执照五张呈验,本年五月间带同来首之李喜五、林阿六,并被官兵拿获之陈阿包、张仁板等,甫自安南窜回内地沿途掳掠伙伴劫占船只,同帮共有十二船在白犬洋面,被官兵击沉一只,拿获七只,仅存三只,乘风逃窜至烽火门洋面。见有官兵在彼截拿,小的自思原是良民,实因一时糊涂,听从为盗,以致身犯重罪,在洋苟延时日,终难漏网。今蒙皇上恩典,凡有投首人等均获免罪。是以带领同伙船只赴官投首,小的实是真心悔过畏罪,只求免死,情愿跟随官兵出力以图报效等供。并据小盗首林阿六、曾姜机李喜五及各盗伙供称:或因贫无生业流入为匪,或被诱骗入伙逼胁服役,或原随李发枝同往安南,或甫经掳掠上盗,因闻自首,可邀免罪,皆起实心改悔,随同来投各等情。

臣查上年钦奉谕旨:林发枝系海洋有名盗首,必当严饬巡洋镇将等实力缉捕速获,即使该犯自行投出,虽应免其一死,但究系为首狡黠之徒,当妥行安抚,酌赏顶戴,派员送京,量加安插等因。钦此。①

今该犯经官兵四面围捕,穷蹙无归,始行率伙来投,虽较之始终怙恶不悛者尚有一线可原,但究系罪恶贯盈之犯,又不及早投出,应否仍遵前旨派员送京,抑或作何办理之处,臣实未敢擅便。现在仍照庄麟张表等初到之时,不露声色,当堂赏给李发枝银牌衣帽并赏给外委顶戴以示不疑,并安众心,暂时留于闽省,伏候谕旨遵行。

其余盗伙一百三十名亦照旧各赏银牌内小盗首三名加赏衣帽等件,一面挑出老弱及讯系服役等犯七十七名开明年貌清册分别递回广东浙江福建各原籍交地方官取保管束,如再犯法滋事,即行加倍治罪,尚有小盗首暨伙盗共五十三名。臣现安顿数处,派员看管,查该犯等均各年力强壮,并非安分之徒,恐递回沿海各原籍,日久复萌故智,臣酌拨发往不近海洋省份,或拨入营伍约束,或酌量安插,似为妥善。②

这是嘉庆二年七月初七日的奏折,魁伦通过军事威力逼迫李发枝投首。魁伦认为,盗首李发枝业经率伙投出,是内地各洋已除一巨恶,不特往来商贩船只可免观望裹足,且安南盗匪已无勾引,即或窜至闽浙洋面,海道沙线未能熟悉,经官兵会合围捕,定难漏网。惟查土盗内尚有蔡牵一帮不甚著名,现在窜匿浙洋,踪迹无定。臣已严饬浙省镇将设法侦擒,并派闽省副将庄锡舍带领兵船过浙协捕,务获解究名,以尽根株,再刻下南风仍属盛发,诚恐粤洋未获盗犯并安南匪船乘风窜入境内,防范应宜严密,除檄饬在洋各镇将仍一体实力巡缉,不可稍存疏懈外,合并附片奏闻。

此折显示,在闽浙沿海,有若干支盗匪力量,在嘉庆初,蔡牵力量尚属弱小,堪称大的就是李发枝,其次是张表等。海域内的盗匪时常因风而移动,广东海域的盗匪可能随风移至福建,因此,相互间的配合是非常重要的。

---

① 《清代宫中档奏折及军机处档折件》,编号 404002851。
② 《清代宫中档奏折及军机处档折件》,编号 404002851。

嘉庆七年九月十九日,浙江巡抚阮元陈述了洋盗投首的情况:

闽浙洋盗凤尾帮本有六七十船水澳帮,亦有六七十船,其凤尾帮于五年遇飓飘没,水澳帮被黄岩镇兵船击散,卖油等尚聚数船为一小帮,往来玉环一带伺劫,恐日久渐多,复为商渔之害。玉环同知姚鸣庭于上年洋匪张阿恺投诚案内收抚妥协,海盗皆有风闻,是以该匪卖油近当穷蹙,欲向该处乞命投首,该同知一面移报温州镇臣胡振声带领兵船加紧追拿,一面雇备乡勇船只妥为办理。兹据该同知禀称:八月二十八日该闽匪卖油即杨课因被剿紧急,匪伙逃散,带同伙犯一百十五名送出关禁,难民二十七名缴出铁炮六十二门,抢刀等械一百六十余件,自赴该同知衙门投到恳求转报等情,该同知当将难民省释,将该匪等具禀押解来省,臣率同在省司道亲加讯问,据供实因被剿情急悔罪求生,匍匐碰头,自称万死,察其情词剀切,出于诚伏,查上年七月间有洋盗张阿恺等九十名剿急投到,经臣奏奉谕旨,此等盗匪既知悔罪投诚,自应法外施仁,予以自新之路,其有情愿入伍效力及自行谋生者,该抚分别妥为办理,钦此钦遵在案,所有此次投到之杨课等一百十五名可否仰恳圣主如天之仁,一体予以自新,容臣分别交营入伍递籍谋生之处,伏候命下遵行。谨会同总督臣玉德提督臣李长庚合词恭折具奏,伏乞皇上睿鉴,谨奏。①

同一日,阮元上奏:

洋匪抢炮肆劫拘捕及接赃服役各犯分别正法,定拟恭折具奏。定海镇兵船于八月初十日在普陀洋面追剿蔡牵帮盗船,打沉一只,在船在岸共生擒盗犯獭窟舵等八十五名斩获首级十颗,搜获大小铁炮四十五门,火药三百四十余觔,枪刀等械多件,并究出獭窟舵随同蔡牵抢劫闽省厦门炮位情由。经臣恭折具奏,一面饬提各犯解省申办去后,旋据会稽县禀报丁马居一犯在途病故,余俱押解到省,经臬司阿礼布会同藩司刘式督同委员王彝象黄秉哲等申明定拟招解前来。臣率同在省司道提犯到案,亲加研鞫,缘獭窟舵即林壮系闽人,嘉庆四年八月投入候齐添,盗船嗣候齐添,被蔡牵杀死,该犯即入蔡牵帮为伙,蔡牵拨

---

① 《清代宫中档奏折及军机处档折件》,编号 404002851。

给船……福建湄洲洋面行劫,海澄商船拉掠舵工水手九人,又于五七等月在桅头等洋行劫糖鱼等船,并拉人勒赎,蔡牵于五月初一日抢劫厦门炮位,该犯随同抢劫。八月初十日,在普陀洋被兵船追及,该犯喝令伙盗放炮抵拒,弁兵奋勇剿杀,该犯凫水逃脱上岸,经定海县知县宋如林饬派役勇拿获,又黄房系獭窟舵船上伙盗,过船行劫三次,亦在厦门,随同枪炮并听从拒敌官兵,又陈牙即拐司,系蔡牵帮另船小盗首,蔡牵拨令随同獭窟舵并船行驶,又林益系蔡牵帮另船伙盗,因船损附入獭窟舵船上,均在洋行劫二三次不等,并拉人勒赎。又林定高、陈扶、庄开化、洪奠、林发升、吴兴监、林宣、叶任、陈常香、吴添赐、俞超、曾建俱系獭窟舵船上伙盗,又林全、程珠、林富、刘治、杨积亦系蔡牵帮另船伙盗,或自投入伙,或被劫上船,均在洋行劫。……役为盗任作拉蓬起锭炊饟洗衣等事内,彭士豪被盗掳劫,乘间逃岸,自行投首,又王罗等十四犯均被盗逼胁鸡奸,其余李梓等十六名俱系被劫关禁,难民并无接赃服役情事,均经臣讯据供认不讳,至斩获之首级十颗,据獭窟舵指认系伙盗阿才亚板曝切矮八白面,台湾臭新来臭阿添许观黄冈之首级,又诘以厦门抢炮之时,何人伤毙官员,据供那时上岸人多,守炮官员不知何人砍死,加以刑讯,矢供不移,似无遁饰,查律载江洋大盗立斩枭示,又钦奉上谕:盗犯林诰胆敢拒捕,核其情罪,竟当问拟凌迟等因。又例载洋盗案内接赃瞭望,仅止一次者,发伊犁为奴。又洋盗案内如有被胁在船上为盗匪服役及被胁鸡奸,并未随行上盗,自行投首,照律免罪,如被拿获者杖一百,徒三年,年未及岁者照律收赎各等语,此案獭窟舵在洋肆劫多次,复敢随同抢炮,今又主使拒敌官兵,以致伤毙兵丁五人,黄房过船行劫三次,复又随同抢炮,听从拒捕,均属罪大恶极,獭窟舵黄房二犯应照林诰之例凌迟处死,陈牙即拐司林益、林定高、陈扶、庄开化、洪奠、林发升、吴兴监、林宣、叶任、陈常香、吴添赐、俞超、曾建、林全、程珠、林富、刘治、杨积等过船行劫一二三次不等,均合依江洋大盗例斩决枭示。以上二十一犯情罪重大,未便稽诛,臣于审明后即恭请王命饬委按察使阿礼布抚标中军参将蔡廷梁将该犯等绑赴市曹分别凌迟处斩,同斩获伙盗阿才等首级分发海口,悬杆示众。曾海、李张、林沙、黄洗、涂山、倪排、陈渺、林迁、苏溪、林恩、陈所、谢均、黄狮、曾朗摇、张钟、欧竹、曾贵、蔡逢、吕滚等十九犯,均在本船接赃一次,应发伊犁为奴,照例刺字。陈銮、张曾、林瑠、蔡文照、余廷三、褚兆法、傅应魁、黄近、李思行、彭士豪、王派、翁奎、王寅、许欧等十四犯被胁服役,王罗、王尾尾、钟司、林良、张兆远、林名秀、阮性聪、陈亚二、江合、王行、王添、张成、吴姜、蔡协等十四犯被胁鸡奸,均照例杖一百,徒三年。王尾尾、钟司、林良、张兆远、林名秀、阮性聪、陈亚二、张成、吴姜年未及岁,照律收赎,彭士豪系自行投回,照例免罪,李梓等十六名均系被劫难民,饬交道府就近讯明省释,起获船械火药交营配用,其盗船讯系劫占,并无成造济匪之人,各犯父兄牌甲饬拘发落,仍查有无盗产变价充公,攻盗伤毙兵丁已于前奏请恤出力弁兵。臣已分别奖赏拿获,獭窟舵之定海县知县宋如林及首先过船获盗之把总许廷元外委李增阶相应声明,听候部议疏防职名查取另奏,丁马居中途病故,解役讯无凌虐情弊,应毋庸议。蔡牵盗船于初十日穷蹙逃窜,追探无踪,嗣经查知逸入江苏地界,经臣飞咨定海镇赴北追捕,该匪旋于八月底驶回浙洋,由普陀石塘玉环一带超越南窜,九月初四日至南几山,将盗船轮番潭洗,适温镇兵船由三盘咨温镇,紧蹑追捕,如该匪窜入闽洋,亦即穷追入闽会合,闽师力剿,务期歼获,除全案供招咨送刑部外,所有审明分别正法定拟缘由,臣谨会同总督臣玉德、提督臣李长庚合词恭折,由驿具奏伏乞皇上睿鉴饬部核复施行谨奏。①

此奏折中列举了一长串的名字,表明有数支海盗力量活动于海上,也有数支海盗力量表示了投首的愿望。针对这些投首者,清政府均有相应的处置办法,倾向是给予主动投首者免罪的处置,给予罪重者本应处流放、枭首的亦给予从轻发落,这在一定程度上有利于缩小敌对面,最大限度地孤立敌人。

直到光绪十七年二月十八日,浙江巡抚崧骏奏折说,咸丰三年三月间上谕:"如有土匪啸聚成群,肆行抢劫,地方官于捕获讯明后,即行就地正法,以昭炯戒。""伏查浙省濒海临江盗匪本易储出没,且温台土匪时虞蠢动,防捕不容稍懈。奴才随时严饬所属文武及水陆防军会同,实力搜捕,凡遇获到抢劫情重匪犯,即照章批饬该管道府讯明,立予就地严惩,以昭炯

---

① 《清代宫中档奏折及军机处档折件》,编号 404009265。

戒。兹据臬司龚照瑗将光绪十六年份正法匪犯董小二等三十一名摘录案由,详请奏报前来。奴才复查无异,除仍分饬严加巡缉,务期遇匪必获,不任稍涉疏懈外,谨汇开清单,恭呈御览。"①显示这时清朝官方海防力量有所加强,对待海盗势力有了更强的驾驭能力。

第二节 多元的投首动因

嘉庆年间,活跃于中国东南沿海的海盗除本国盗匪外,还有来自安南的夷匪,且彼此合作,互为表里。"土盗倚夷艇为声势,而夷艇恃土盗为向导。三省洋面各数千里,我北则彼南,我南则彼北,我当艇则土盗肆其劫,我当土盗则艇为之援。"②嘉庆五年(1800年),"神风荡寇事件"后,安南夷匪退出中国东南海域,中国洋盗、土盗成为闽、浙、粤海域的主角。面对海盗的肆虐,清政府开始了艰辛的剿匪历程,但由于水师长期以来的分布散乱、营务废弛和剿捕策略的失当,成效不甚显著。然而,在海盗猖獗的嘉庆元年至十五年(1795—1810年)间,不少海盗帮伙反而纷纷选择投诚于清政府,其现象令人深思。

自嘉庆初年,一些海盗首领便开始率领盗伙,呈缴船只、炮械向清政府投诚,至嘉庆十五年(1810年),投首规模达到高潮。1795—1810年的十五年间,有数据可考的投首人数达三万多人,呈缴炮械两千余门、船数百艘,大大减轻了清政府的剿捕任务,加速了剿灭海盗的进程。从表1的统计来看,几乎所有盗首在投首时都率领众多盗伙一同投出,且呈缴大量船只、炮械。虽说这是清政府判定海盗投首是否出于至诚的重要标准,但亦足以说明他们的投首并非实力穷蹙之时走投无路的被迫选择,而是由其他因素所致。

---

① 《清代宫中档奏折及军机处档折件》,编号408013420。
② [清]魏源撰,韩锡铎、孙文良点校:《圣武记》卷八,《嘉庆东南靖海记》,北京:中华书局,1984年,第354页。

表 8-1　嘉庆年间闽、浙、粤海盗投首一览表

帮名	盗首	投首时间	投首规模
张表帮	张表	1795 年	伙众 473 名,船只、炮械不详
林发枝帮	林发枝	1796 年	伙众 150 余名,船 12 只
纪培帮	纪培	1796 年	伙众 200 余名,船只、炮械不详
沈振元帮	沈振元	1797 年	不详
不详	陈添保	1801 年	携眷内投,并缴出安南印敕
小猫帮	张阿恺	1801 年	伙众 90 余名,船只、炮械不详
卖油帮	杨课	1802 年	伙众 115 名,船只、炮械不详
黄葵帮	陈黄葵	1805 年	伙众 500 余名,船 10 只
小肥饼帮	小肥饼	1805 年	人数不详,船 30～40 只
窍嘴帮	张(阿)治	1808 年	伙众 500 名,炮 80 余门
小臭帮	张然	1809 年	不详
朱渍帮	朱渥	1809 年	伙众 3300 余名,船 42 只,铜铁炮 800 余门
黑旗帮	郭婆带	1810 年	伙众 5000 余名,船 90 余只,炮 400 余门,擒献匪伙 300 余人
黄旗帮	东海霸	1810 年	伙众 3400 余名
红旗帮	张保(仔)	1810 年	伙众 15000 余名,船 270 余只,炮 1000 余门
蔡牵帮	小仁、文福	1810 年	伙众 1300 余名,船 6 只,炮 50 余门,鸟枪、器械 400 余件

注:[清]王先谦:《东华续录(嘉庆朝)》嘉庆一、嘉庆四、嘉庆十二;[清]李元度:《国朝先正事略》卷二二,《李忠毅公事略》;[清]焦循:《雕菰集》卷一九,《神风荡寇后记》;[清]张鉴:《雷塘庵主弟子记》卷二;[清]魏源:《圣武记》卷八,《嘉庆东南靖海记》;[清]赵翼:《檐曝杂记》卷五,《海盗来降》;《清宫宫中档奏折台湾史料》,嘉庆十四年七月二十五日闽浙总督阿林保奏稿;《嘉庆道光两朝上谕档》,嘉庆十四年六月十三日奉、嘉庆十四年十一月二十八日奉、嘉庆十四年十二月二十八日奉、嘉庆十五年二月二十五日奉、嘉庆十五年三月二十三日奉、嘉庆十五年七月十一日奉。

不同时期、不同盗帮在实力尚存时纷纷选择投首,其原因是多元的。既有盗首被歼后群龙无首的缴枪给械,又有为保全家属的悔罪投诚,还有剿抚政策打击兼诱惑下的权衡之举。此外,海盗职业的高风险性及众多海盗兼具受害者的双重身份亦使他们极易选择投首之路。

一、盗首被剿灭

从海盗各帮内部组织结构来看,"各帮帮主身系一帮之存亡"①。一旦帮主遭遇不测,帮内次一级的首领很难在短时间内迅速凝聚本帮力量,帮派解散、独立新帮或投效官府的情况时有发生。嘉庆十三年(1808年)十二月二十七日,"朱濆本身坐船在广东长尾洋面被兵船动拢攻打,有伊第三兄弟朱渥的妻子被炮打成两截,其朱濆本身眼并咽喉等处均被枪炮打伤,用药敷治不效,本年(即嘉庆十四年)正月初十日饭后毙命"②。在朱濆伤毙不足三月,即已传出朱渥欲率众投首的消息。据阿林保奏:"现在朱渥于深扈外洋遇见蔡逆围劫内渡道员清华船只,立时赶散,并恳该道转禀,准令投首。"③经历几番波折,朱渥于该年十月"率众三千三百余人全行投出,并呈缴海船四十二只,铜铁炮八百门"④。从朱濆去世至朱渥投诚于清政府,前后不足十个月时间,闽洋第二大帮就此自行瓦解,即使其亲生兄弟亦难

---

① 张中训:《清嘉庆年间闽浙海盗组织研究》,载中国海洋发展史论文集编辑委员会主编:《中国海洋发展史论文集》(第2辑),台北:"中央研究院"三民主义研究所,1986年,第169页。
② 洪安全主编:《清宫宫中档奏折台湾史料》(第11册),嘉庆十四年二月初十日阿林保、张师诚奏报,台北:故宫博物院,2001年,第730～731页。
③ 中国第一历史档案馆编:《嘉庆道光两朝上谕档》(第14册),嘉庆十四年五月十一日奉,桂林:广西师范大学出版社,2000年,第275页。
④ 《嘉庆道光两朝上谕档》(第14册),嘉庆十四年十一月二十八日奉,第710页。

以担负起重振盗帮的重任,足见盗首在一帮中的核心作用。① 作为闽洋第一大帮的蔡牵帮亦难逃此命运,蔡牵被清军水师剿灭后,其手下的小股盗帮亦纷纷投首,义子小仁、文福也最终投首于清政府。据方维甸、张师诚奏:"闽洋自蔡牵殪毙之后余党离散,今其伙犯陈赞等带同蔡牵义子小仁、文福率众投诚,又伙犯吴淡、曲蹄幅二人亦相率乞投,各将船只炮械全行交出,共计首伙一千三百余名,船六只,大小炮五十余门,并鸟枪器械等四十余件。"② 蔡牵死后,所剩盗伙四处离散,实力大为削弱,投效于清政府、乞

---

① 另一种观点认为,朱渥投效于清政府是继承其兄朱濆的遗志。闽浙总督阿林保曾奏报,"盗首朱濆与伊弟朱渥前因捕获蔡逆伙党许凛等一百六十四名,闻金门镇许松年等兵船驶至,正欲解赴投到,讵官兵一见贼船,即放炮将朱濆轰毙"。〔参见《嘉庆道光两朝上谕档》(第14册),嘉庆十四年五月十一日奉,第275页。笔者对这份奏报的真实性存在质疑:其一,朱濆当时的发展并未遇到大的困难或其他外在因素的刺激,其投首动机难以成立;其二,奏报本身存在错误,朱濆并非被清军水师立时轰毙,而是受伤一段时间后不治身亡的;其三,朱渥在投首后的供词中并未提到其兄朱濆有投效于清政府的意愿。且当时的上谕对此奏报亦有"核其情节真伪,尚难遽信"的批示。因此,笔者认为阿林保这份奏报的真实性有待商榷,朱渥投效于清政府是继承其兄朱濆遗志的观点亦难以成立。
② 《嘉庆道光两朝上谕档》(第15册),嘉庆十五年七月十一日奉,第319页;〔清〕王先谦:《东华续录(嘉庆朝)》,清光绪十年长沙王氏刻本。方维甸、张师诚的奏折中提到小仁是因得知其父母是被蔡牵杀害后,与陈赞等人商量乞投的。"据供小仁本系陈姓之子,伊父母居住海边,捕鱼为业。嘉庆十四年四月,被蔡牵抢掳上船,逼勒入伙,伊父母不从,当被杀害,其时小仁年甫九岁,蔡牵收为义子,交林兜船另船抚养。是年,蔡牵窜赴台湾时留林兜船等四船在泉州一带,未经同往台湾。十三年,林兜船身故,跟在陈赞船上,并未与蔡牵同船,是以未被官兵歼毙。上年蔡牵死后,余剩匪船因小仁年幼,俱系陈赞管事,陈赞始向小仁告知伊亲生父母被蔡牵杀害之事。小仁日夜啼哭,与陈赞等商量投出。吴三池、翁吟亦畏罪悔惧,劝令小仁前来投首。"见《清季内阁档案全辑》(4),刑部"为闽浙总督方维甸等"移会,北京:学苑出版社,1997年,第1113~1114页。该供词的真实性值得怀疑。首先,从所供内容来看,小仁之所以极力撇清与蔡牵的关系,是为求得清政府的宽免。其次,小仁称自被蔡牵收为义子后,并未与其有过接触,与难民纪总等的供词有所出入。据难民纪总等供称:"伊等于逆船沉溺之时,先行凫水扒上兵船,眼见蔡逆浪卷淹毙。其时该逆帮伙匪各船早经剿散去,仅有该逆义子小仁与逆伙矮牛两船,亦相离甚远,见兵船势盛,不敢前来捞救。"见洪安全:《清宫宫中档奏折台湾史料》(第11册),第801页。从纪总的供词可见,小仁在蔡牵处于危险时曾想前往搭救,但迫于清军的压力,未能实现。可见,小仁与蔡牵有着较为深厚的感情,其未有过接触之说不能成立。因此,小仁等的供词极有可能是为博得清政府的同情和谅解,而联合捏造的。即使其所供内容为实情,蔡牵是其杀父仇人的秘密是在蔡牵被清政府剿灭后揭开的,蔡牵的被灭也是导致小仁等投出的导火索。

求宽宥成为不少余伙的选择。此外,盗首与官兵作战中被擒获被杀后,盗伙集体倒戈,投诚于清政府的情况亦有发生。如乌石二在与清军对阵中被生擒,"其伙众三千二十余名临阵投出"①。可见,盗首的被剿灭或生擒是余伙选择投首于清政府的重要原因之一。

二、避免牵连亲族

中国传统社会,聚众为匪者一旦被查实,通常是"一人犯法,牵连全家"。长期以来,对中国东南沿海地区海洋社会权力构成巨大威胁的海盗更是被清政府所痛恨,而海上缉捕又具有极大的困难性,设法抓住盗首的家属,通常是迫使盗帮屈服投首的有效方法。肆虐闽浙洋面近十年的窈嘴帮盗首张阿治即是因此而向清政府投诚的。嘉庆十三年(1808年)秋,浙江巡抚阮元收到密函,得知"张阿治系闽省惠安县人,原籍尚有母弟在家,并未下海",便"嘱饬地方官查拿当经",并"密饬惠安县吴裕仁不动声色,将张阿治之母陈氏、弟张伊一并访获监禁"。②"张阿治在洋闻知母弟被系","乃率余盗四百七十余名,难民九十八名,炮八十六门,赴闽投诚"。张阿治在其后的供词中也强调,"只求转奏皇上免治小的之罪,释放小的母弟就沾恩了"③。由此可见,张阿治向清政府悔罪投诚的最主要原因是为了保全其家人免受牵连。小臭帮盗首张然亦是"因家属拿获到官,与伙党等畏罪改悔,率领盗众并呈缴船只、炮械到官投首"④。面对在短时期内难以剿灭的海盗大帮,清政府也时常通过为其亲属提供合法、稳定的生活作为引诱盗首投诚的条件。例如,清廷曾两次颁布上谕强调若朱渥真心悔罪,则会妥善安置其眷属,且后一次的条件比前一次更为优厚。嘉庆十四年(1809年)五月十一日上谕:"如果尔等真心投首,唯当立功赎罪……如能将蔡逆生擒缚献,不特伊兄弟朱渥罪免戮尸,准令埋葬,伊嫂等亦准登岸居住。"⑤时隔六月,朱渥投首,为鼓励其跟随清军水师出洋全力捕盗,清政府在兑现

---

① 《清仁宗实录》卷二三一,嘉庆十五年六月壬子。
② [清]张鉴:《雷塘庵主弟子记》卷三,清光绪间仪征阮氏刻本。
③ [清]张鉴:《雷塘庵主弟子记》卷三,清光绪间仪征阮氏刻本。
④ 《清仁宗实录》卷二一三,嘉庆十四年六月壬寅。
⑤ 《嘉庆道光两朝上谕档》(第14册),嘉庆十四年五月十一日奉,第275页。

先前承诺的基础上,进一步加大恩赏。上谕曰:"(朱渥)如能实在出力捕获盗犯,并可加恩奖拔赏给官职。其朱渥原籍既无可归,准其率同眷属在省城居住,并准于船只实价项下赏给养赡银两。如伊缉捕出力,再行奏请施恩,伊兄朱渍、伊妻林氏尸棺并准给领,就近掩埋。"①面对清政府的宽宥和恩赏,朱渥不仅选择了投首,且出洋卖力缉捕曾经的同伙,不可否认为其亲眷创造安稳的生活条件是其做出这一选择的重要原动力。

三、剿抚政策的影响

嘉庆年间,面对东南沿海猖獗的海盗,清政府不断变换剿捕政策,以求早日剿灭海盗,以靖洋氛。嘉庆九年(1804年)六月,广东提督孙玉庭在《粤东防剿洋匪情形折》中首次提出以招抚之策剿灭海盗。② 次年,那彦成发布《剿抚洋盗》告示,鼓励海盗上岸投首,消息发布不久,"各路投首盗匪达三百七十名口"③。此外,从表1亦可见,自1804年招抚政策首次提出后,海盗的投首数量和规模日渐增大。那彦成等人推行的招抚政策(不可否认此政策存在诸多弊端,但并非本书讨论的重点,兹不赘述),虽然深受广大海盗欢迎,却被嘉庆皇帝所反对,那彦成被免官,招抚政策随之搁浅。百龄到任后,一改往日单纯的"剿"或"抚",将"剿"、"抚"合二为一,既不放松对海盗的严加追剿,同时对其投首又表示接纳和欢迎。面对压力和诱惑的双重来袭,不少海盗选择投效于清政府,其中规模最大的尚属黑旗帮郭婆带和红旗帮张保仔。据百龄奏:"今郭婆带因内地防堵严密,水米火药不能接济,观张保仔匪股屡次攻扑口岸,皆经痛剿奔逃,心存畏惧,蓄意投诚,张逆屡次邀令帮助,俱不赴援……竟将张逆伙党杀毙不计其数,擒获三百余名,夺获张逆匪船十一只,又抢回张逆前劫左翼镇官兵米艇四只,率其伙众五千余人,大小船七十余只,大小炮四百余位,一并收入平海内港,赴官

---

① 《嘉庆道光两朝上谕档》(第14册),嘉庆十四年十一月二十八日奉,第711页。
② 《粤海关志》卷二〇,《兵卫》,清道光广东刻本。
③ [清]那彦成:《那文毅公奏议》之《两广总督奏议》卷一三,《剿抚洋盗》,清道光十四年(1834年)刻本。

呈献投诚。"①面对清军的严密堵剿,郭婆带放弃了曾经的联盟张保的邀约,义无反顾地投效于清政府,并击杀了红旗帮的大量海盗,以示忠诚。郭婆带的投首犹如多米诺骨牌效应,冯用发、林阿目、陈阿聪、陈胜、东海霸等盗帮随即投诚。时隔不足四月,张保亦率领"帮船二百七十八号,伙党一万五六千人,全赴香山县之芙蓉沙海口听候收验投诚"②。从郭婆带和张保的投首规模来看,他们所统帅的盗帮依然具有相当的实力,其选择投首的原因并非实力穷蹙,而是在剿抚政策双重影响下的最终抉择。

四、海盗职业的高风险性

"所谓海盗,是指那些脱离或半脱离生产活动(尤其是渔业生产),缺乏明确的政治目标,以正义或非正义的暴力行动反抗社会,以抢劫勒赎收取保险费为主要活动内容的海上武装集团。"③从这一定义可见,海盗多是"滨海民众生理无路,兼以饥馑荐臻"④,而被迫入海,啸聚亡命的贫民,他们多半脱离了原来了生产活动,基本依靠"抢劫勒赎"和"收取保险费"为生。这一生存方式虽然获利丰厚,却极不稳定,且带有极大的风险性。一方面,出海行劫并非每次都能遇到合适的劫掠对象,即使遇到也未必能够成功;另一方面,海盗作为非法性职业,时刻要警惕清政府的追剿。同时,"海洋生存境界的流动性、不确定性"是海盗面临的最大危险之一。"海洋生存空间的特点是流动的,决定了海洋活动群体的生产活动的移动性。"⑤波涛汹涌的大海随时都会风起云涌,海盗们常常"诡伺于风涛之间"⑥,随时面临被大海吞没的危险。因此说,海盗职业面临极高的风险性和极大的不确定性,海盗们一旦能够有机会获得其他合法的生存方式,他们大多会抛弃海盗身份,选择新的职业,投效于官府通常成为他们获得合法生存空

---

① 《嘉庆道光两朝上谕档》(第 14 册),嘉庆十四年十二月二十八日奉,第 793~794 页。
② 《嘉庆道光两朝上谕档》(第 14 册),嘉庆十五年三月二十三日奉,第 131 页。
③ 刘平:《清中叶广东海盗问题探索》,《清史研究》1998 年第 1 期。
④ [清]孙承泽:《春明梦余录》卷四二,《兵部一·闽省海贼》,清文渊阁四库全书本。
⑤ 杨国桢:《瀛海方程:中国海洋发展理论和历史文化》,北京:海洋出版社,2008 年,第 60 页。
⑥ [明]章潢:《图书编》卷三八,《浙海事宜》,清文渊阁四库全书本。

五、海盗身份的双重性

从海盗的来源来看,其中很大一部分人是被胁迫入伙的。安乐博曾对1795—1810年广东海盗刑案涉案人口进行过调查,其中被掳受害者的比例达68%,"多数牵涉海盗刑案的人,并不是真正的海盗"①。而且,这一现象并非粤省所独有,闽浙盗帮亦存在这一现象,被胁迫入伙者的比例甚至有过之而无不及。例如,据浙江巡抚蒋攸铦奏报,嘉庆十四年(1809年),黄岩镇总兵童镇升等带领兵船在追捕蔡牵盗船的过程中,"追获盗船一只,生擒盗犯王鸟即王摇等二百十四名,内除郭草、何时春、林汉三名先后在监病故,又蔡成等一百名讯系被劫难民。……缘王鸟即王摇先后在洋行劫多次;又陈佐、姜药、陈可在洋过船行劫二次;又林碗等三十二犯各被胁在船,接赃一次;又郑清等六十五犯均系被盗拉劫上船,任作拉蓬起椗、饮宴洗衣等务;又李角等十犯系被盗拉劫上船,逼胁鸡奸"②。除难民和病故的3人外,所剩的111名海盗中,被胁迫和拉劫上船者高达107人,而真正的海盗仅4人,具有罪犯和受害者双重身份的海盗比例高达96%。蒋攸铦虽强调,各犯均经其逐一研讯,"研诘不移,似无遁饰"③,但仍不能排除有些罪犯为了能够减轻处罚,谎称自己是被胁迫才变成海盗的可能。即便存在不实的口供,被胁迫者的比例会有所降低,但众多海盗具有罪犯和受害者双重身份的事实不容否定。除普通海盗外,"多数的核心海盗,最初也是受害

---

① [美]安乐博:《罪犯或受害者:试析1795年至1810年广东省海盗集团之成因及其成员之社会背景》,载汤熙勇:《中国海洋发展史论文集》(第7辑),第448页。海盗被捕后,为了获得宽免他们通常会声称自己是被胁迫上船的,表明自己亦是受害者的身份,以求减轻自己的罪行。通常审判官员也会选择相信他们的这一说法。因此,安乐博的统计可能存在一定程度的偏差,被胁迫为盗者的比例或许低于68%,但是不少海盗最初亦是受害者的事实是不容置疑的。
② 《清季内阁档案全辑》(4),内阁抄出浙江巡抚蒋奏折,第1102页。
③ 《清季内阁档案全辑》(4),内阁抄出浙江巡抚蒋奏折,第1102页。

者而非主动者"①。如大海盗张保"本系蜑户幼嗣"②,却被掳到郑一船上,后被郑一收为义子,其盗首之路才由此开启。因此,当遇到能够摆脱海盗身份的机会时,众多曾是受害者的海盗都会渴望回归起初的生活状态,盗首亦难以避免,而投首则是最有效的途径,一旦盗首有了投首意愿,便极易获得盗众的支持。

综上可见,嘉庆时期海盗投首的原因极为多元,并非某一原因能够概括,且一个盗帮的投首可能是多种因素共同作用的结果。同时,每一种因素又具有其自身特色。盗首的被剿灭通常使一个大的盗帮瞬间走向解体,家属的被拿获常常能够促使盗首迅速投效于清政府,官方剿抚政策的变化经常是盗帮决定投首与否的重要参考,而海盗职业的高风险性和成员身份的双重性虽不能对海盗的投首产生立即的功效,可一旦遇到前三种因素中任何一种或几种的催化,其作用便会突显。

第三节 政府处理海盗投首的方式

嘉庆年间,广大海盗纷纷投首,这对清政府来说无疑是接纳和欢迎的。一方面,海盗的投首不仅节省了大量军费开支,而且又能获得不战而胜的效果,政府的威信得以彰显;另一方面,投首相较于战争大大降低了人员伤亡,且能够引导部分海盗重新走上正途,将原本的社会危害者转化为贡献者。因此,一旦海盗真心投首,负责剿捕的官员基本都会表示欢迎,并积极向中央上报。而中央政府在接到这样的奏报后,通常都会询问其投首之心是否出于至诚,一旦确定是真心悔罪,便会给予宽免,甚至是恩赏。

总体来看,无论是剿捕官员,还是中央政府,对于海盗的投首皆会积极回应,且给予宽宥。然而,根据投首时间的早晚、投首规模的大小,宽免的程度存在一定的差异。同时,地方官员和中央政府的意见亦会有某些差

---

① [美]安乐博:《罪犯或受害者:试析1795年至1810年广东省海盗集团之成因及其成员之社会背景》,载汤熙勇主编:《中国海洋发展史论文集》(第7辑),第448页。
② 林则徐:《林文忠公政书》之《两广奏稿》卷三,《追夺张石氏诰封折》,北京:中国书店,1991年,第186页。

别。下文对这些差别进行探讨。

一、从时间上看,早宽迟严

嘉庆年间,投首的海盗基本都会受到清政府的宽宥,但依据其投首时间的迟早,获得宽免的程度有所不同。通常投出时间较早的盗首不仅能够获得合法的新身份,如愿意随军出洋缉捕,还能得到上升为国家官吏的机会,而投首较晚的海盗则仅能保住性命,甚至有时还会受到相应的刑罚。嘉庆元年(1795年)"海洋盗首獭窟舵即张表带领首伙各犯四百七十三名自行投首,并呈缴船只炮械等物",张表投首后,不仅其罪行得到宽免,还被"赏给守备职衔,并赏戴蓝翎,并赏大段二匹"。① 嘉庆二年(1796年),林发枝率众投首,接到奏报后嘉庆帝对其做了如下处理:"林发枝非寻常盗匪可比,如果真心投顺,固当贷其前罪,但不可仍留闽省,恐有勾结情事,将来投首后当照张表之例来京安置。"② 十四年(1809年)九月初六日,上谕对方维甸、张师诚奏报洋盗悔罪投诚一折批示道:"此次盗匪王凉率同伙匪将所用船只、炮械一并呈缴,其投诚之意较为真切,并非朱渥等之诡词伪託可比,自应准其投首。所有王凉等一起人犯均加恩免治其罪。其随同出洋缉捕之精壮盗伙同王凉三十名,如果捕盗出力,另行酌量鼓励。若有玩违,即行严办。"③ 同年十一月十九日,对于陈成等人的投首,上谕曰:"乌石二帮内之陈成及香山二帮内之江亚尾等犯率众来投,并呈缴器械、船只,且有自行杀死贼伙者,其投首自出至诚,可以免其治罪。惟百龄于陈成等犯已交原籍管束,而于江亚尾等犯一起内尚有二十六人欲令充伍缉捕,是则不可。此等狼子野心岂能深信,惟当一并饬交原籍地方官管束。如有滋事,即行查拿办理,切勿疏于防范。"④ 十五年(1810年)五月,对张弗等人投首的处理,相较以前严格很多,"张弗一犯徒三年,黄注一犯杖一百,李景明、王暹二犯杖八十"⑤。从上述五例来看,嘉庆初年投首的海盗,清政府不仅赦免

---

① [清]王先谦:《东华续录(嘉庆朝)》,嘉庆一。
② [清]王先谦:《东华续录(嘉庆朝)》,嘉庆四。
③ 《嘉庆道光两朝上谕档》(第14册),嘉庆十四年九月初六日奉,第533页。
④ 《嘉庆道光两朝上谕档》(第14册),嘉庆十四年十一月十九日奉,第693页。
⑤ 《嘉庆道光两朝上谕档》(第15册),嘉庆十五年五月初六日奉,第190页。

了他们的罪行,还适当地给予官职加以优抚。至十四年九月六日,王凉等人的投首依然受到了较大程度的宽免,虽未像嘉庆初年一样被授予官职,却也得到了出洋缉捕的机会,如若缉捕出力,同样能够获得升迁。而两个月后投首的陈成等人,即使杀死盗伙以示投首之诚意,只是勉强的未被治罪,且被拒绝了充伍缉捕的请求。翌年四月投首的张弗等人,虽然免其一死,却受到了一定的刑罚。王凉与张表、林发枝等人的投首虽相隔数十年,但清政府对他们的投首皆表现出了宽宏大量,其先后态度并未有太大差别。而陈诚等人的投首与王凉仅相隔两月,清政府对其处理结果却相差较大,而蔡牵的被剿灭(嘉庆帝于十四年九月十二日得知蔡牵被灭的消息)是造成这一差异的主要因素。清军水师剿灭蔡牵的消息,令清廷上下为之振奋,武力剿捕海盗的信心大增,而对于招抚的依赖和兴趣则随之降低。因此,清政府对王凉、陈成两帮投首的处理存在较大差别也就不难理解。张弗等人虽投首于清政府,却依然受到了相应的惩罚。主要原因有二:一是张弗等人是在清廷即将荡平海氛之际投首的,其投首在清政府看来是走投无路的被迫选择,而非真心悔罪,其诚意度不够高。二则在此之前大海盗朱渥、郭婆带、张保等皆已投首,清军水师具备剿除余盗的足够能力,张弗等人即使没有投首,清军亦能通过武力轻松剿灭。

二、从规模上看,大宽小严

在剿抚政策没有大变动的情况下,清政府对大帮海盗的投首条件较之于小股盗伙更为宽松,有时剿捕大员甚至愿意与大帮盗首进行谈判。例如,朱渥帮的投首虽在杨作兴、陈成等人之后,但所受到的待遇相对于后者更为优厚。自嘉庆十四年(1809年)五月开始,清廷上下皆已收到朱渥意欲投首的消息,随后即颁布上谕,"准予投首免罪,并量加恩赏"[①],但此后

---

① 《嘉庆道光两朝上谕档》(第14册),嘉庆十四年五月十一日奉,第275页。

屡有消息称朱渥依然在洋面游弋,对抗官兵,肆劫商船。① 黄飞鹏曾禀报:"现在朱渥帮船有数十余只,又有夹板夷船甚属高大,共计五十余只,于五月二十一日在莱芜洋面分别犄角据险放炮。舟师进攻之时,该匪仗其船高,不避炮火,迎头拒敌。师船损坏二十余只,弁兵亦多伤毙。"② 诸如此类的奏报达五次之多,嘉庆帝对此十分恼火,数次强调朱渥的"投降之语,全不可信"。当五个月之后,朱渥真的带领伙众投首时,清政府依然予以接纳,不仅赦免其全部罪行,而且妥善安置了其家属,并允许所带领的伙众随同缉捕,令方维甸"挑出精壮一百五十人,并头目四十余人","着准其分派兵舡随同出洋,即令在前敌缉捕,如能实在出力捕获盗犯,并可加恩奖拔赏给官职"。③ 相较于朱渥,对于杨作兴、黄亚泰等小股盗匪的投首清中央政府却要求对其进行严格调查,令所办官员"先讯明其是否本系难民,抑原系盗首曾经拒捕伤人,再行分别办理",如若本系盗犯,"此时即悔悟来投,只可贯其一死"。④ 此外,对陈成等人的投首亦同样严格,前文已有介绍,兹不赘述。嘉庆帝之所以给予朱渥如此宽大的投首条件,一方面是由于朱渥具有强大的实力,若武力剿捕实属不易,需要耗费大量兵力物力;另一方面,朱渥帮在洋行劫数十年,熟悉海盗的特性及海洋风涛的变化,可借其力量剿捕余盗,且所呈缴的大量船只、炮械亦可充作官用,可谓一箭双雕。再如,郭婆带、张保等粤洋海盗虽投首时间较晚,但因两帮具有较大实力,清政府给予了特殊优待。郭婆带投首后,"加恩赏给把总,令其随同捕盗"⑤。

---

① 《嘉庆道光两朝上谕档》(第14册),嘉庆十四年七月十一日奉,第420页;《嘉庆道光两朝上谕档》(第14册),嘉庆十四年八月初十日奉,第487页;《嘉庆道光两朝上谕档》(第14册),嘉庆十四年八月二十四日奉,第515页;《嘉庆道光两朝上谕档》(第14册),嘉庆十四年九月十二日奉,第542页;《嘉庆道光两朝上谕档》(第14册),嘉庆十四年十月二十八日奉,第652页。

② 《嘉庆道光两朝上谕档》(第14册),嘉庆十四年七月十一日奉,第420页。

③ 《嘉庆道光两朝上谕档》(第14册),嘉庆十四年十一月二十八日奉,第711页。

④ 《嘉庆道光两朝上谕档》(第14册),嘉庆十四年正月初九日奉,第16~17页。

⑤ 《嘉庆道光两朝上谕档》(第14册),嘉庆十四年十二月二十八日奉,第794页。郭婆带在投首之后即被授予把总职衔,有以下两方面的原因:一是由于郭在投首时不仅率同伙众五千余人,呈缴了大量船只、炮械,且拒绝了张保共同对抗清政府的邀约,并擒获红旗帮盗匪三百余名,表现出了足够的投首诚意;二是由于郭婆带所率领的黑旗帮具有较大实力,其投首大大减轻了清军的剿捕任务。

此外,张保不仅在投首之前获得了同两广总督百龄面对面谈判的机会,而且被允许投首后"留船二三十号下洋缉捕"。① 对于张保的投首,嘉庆帝虽深知其并非真心悔罪,只是权衡利弊之后的选择,但依然给予了特殊的宽宥。其最主要原因是张保所拥有的巨大实力,如果武力追剿,清军水师定会元气大伤,允许其率众投首不失为明智之举。

三、从官方态度上看,上宽下严

对于投首的海盗,地方剿捕大员的处理意见往往比中央政府严格。以下两个案例,则明显体现出了这一特征。

(1)张弗等投首案。据张弗等供称,本欲"赴护总兵陈琴、护游击周应元处乞降",正在等候沈带同投时,"适遇兵船,即驾小杉板船迎投禀诉"。② 对于张弗的投首,福建巡抚张师诚认为其有观望迁延之嫌,拟对该犯进行发遣。而中央政府认为张师诚的处罚有些过当,并对该犯等做了重新处理。上谕曰:"该犯如果意存观望,一见官兵方逃窜之不暇,岂有转驾小船上前迎诉之理。该抚于张弗一犯,拟以发遣黑龙江披甲为奴,黄注等三犯各减一等办理,未为平允。所有张弗一犯着改为徒三年,黄注一犯着改为杖一百,李景明、王暹二犯着改为杖八十。"③

(2)小仁、文福等投首案。对于蔡牵义子小仁、文福及海盗吴三池、翁昤等投首者的处理,方维甸、张师诚在奏折中向嘉庆皇帝这样汇报道:"臣等查小仁虽属年幼,从前蔡牵窜赴台湾滋扰,该犯并未随往,且蔡牵将伊父母杀害,掳伊为子,亦非抱养义子,惟该犯曾呼蔡牵为父,相依有年,未便因其畏惧投诚,遂免其缘坐之罪,应仍照逆犯缘坐,子孙年十五岁以下牢固监禁,俟成丁时发往伊犁、乌鲁木齐等处安插。文福亦系蔡牵义子,年在十岁以下,应例交值年旗酌给有力之满洲蒙古汉军大臣文职三品以上、武职二品以上官员为奴。……该犯吴三池叛逆已行,未便以自首稍为轻减,仍请照谋反大逆律凌迟处死,恭候谕旨遵行。翁昤并非股头,蔡牵逼令打仗,中

---

① 《嘉庆道光两朝上谕档》(第15册),嘉庆十五年三月初一日奉,第102页;《嘉庆道光两朝上谕档》(第15册),嘉庆十五年三月二十三日奉,第131页。

② 《嘉庆道光两朝上谕档》(第15册),嘉庆十五年五月初六日奉,第189页。

③ 《嘉庆道光两朝上谕档》(第15册),嘉庆十五年五月初六日奉,第189~190页。

途逃回几被杀害,虽与吴三池有间,但既被逼胁从贼,亦未便因自首准予宽免。翁昑应于谋叛斩决律上量减一等,发往黑龙江给披甲人为奴。"①接到奏报后,嘉庆帝对小仁等投首者的安置进行了重新处理,小仁、文福"免罪释放,妥为安插","吴三池着发往黑龙江,翁昑着发往伊犁"。②

从上述两例可见,中央政府对投首海盗的处理比地方剿捕大员更为宽容。造成这一差异的主要原因是大清律例的法律规范作用。负责剿捕的官员虽在情理上对部分亦是受害者的盗犯表示同情,但介于法律规定,他们只能按律办事,方维甸、张师诚在上报皇帝的奏折中屡屡提到的"仍照例"、"应例"等词则明显体现了这一点。而作为大清王朝统率者的嘉庆皇帝,对投首海盗的宽大处理不仅不会受到法律的约束,反而体现了他宽大的胸襟。

通过上述分析可见,以上三点主要体现的是清政府对于投出盗首或头目处理方式的差异,而对跟随盗首一同投出的普通盗众,无论其投出时间的早晚,投首规模的大小,中央和地方政府对他们的处理皆十分宽大,且处理方式基本一致。投首的盗众免罪后,除极少一部分随军出洋缉捕外,大部分被遣回内陆分别安插。清政府允许一部分投首的海盗参与缉捕余匪,以盗治盗,实属明智。但从总体上看,绝大部分人被遣送至内陆地区,而这些人中很多都是常年生活在海上、熟悉海洋特性的专业人才。他们被遣散安插,无疑使清政府错失了向海洋发展的良好机遇。

随着大海盗朱濆、蔡牵等人的相继剿灭,朱渥、郭婆带、张保等人的纷纷投首,肆虐中国东南沿海长达数十年之久的海盗最终得以荡平。从表面上看,大批海盗的被剿灭及纷纷投首,无疑是官方争夺海洋社会权力的胜利,但清政府并未能够抓住这一向海洋发展的良机,依然继续执行"严防其出"的内收性海洋政策,将掌控海洋社会权力的胜利果实丢弃。

清政府虽然取得了捕盗的胜利,最终却未能成功接管海盗的地盘,继承其向海洋进军的勇气和魄力。最根本的原因是长期以来受陆地思维的影响。这一点在处理海盗投首问题中体现得尤为明显。对于海盗的投首,清政府虽表现出了相当的宽容和大度,但在对投首海盗的安置上却出现了

---

① 《清季内阁档案全辑》(4),刑部"为闽浙总督方维甸等"移会,第1114~1115页。
② 《嘉庆道光两朝上谕档》(第15册),嘉庆十五年七月十一日,第320页。

极大失误,绝大部分的海洋专业人才被强行遣散至内地,并令地方官严加管束,永远扼杀了他们再次涉足海洋的机会。不仅如此,清政府也丧失了一批本来能够拥有的向海洋发展的精兵强将。同时,民间海洋力量的发展亦受到了一定程度的遏制。

第九章 结 论

活跃于内河水域和海洋区域的江湖河海盗贼是影响明清地方社会稳定的重要因素,乘舟出行的商人、士大夫和一般民众的生命财产安全因此受到威胁,地方官府对本地的控制威权也受到挑战。因而,明清时期,对内河和海洋水域社会秩序的管控也往往是地方官员必须认真加以对待的问题,这种情况在南方水乡和东南沿海地区尤其突出。学界在江河湖海盗贼活动对明清社会的影响程度方面的关注显然不够,迄今为止,相关研究为数寥寥。本书立足于历史学的本位,分别考察了商人、士大夫在内河行舟遭遇盗贼时的不同反应,对江湖河海盗贼的人员构成及影响盗贼劫掠活动的因素进行分析,以求从社会史的角度考察和揭示明代中期以后发生在内河水域中的商民、盗贼和官府三者之间相互博弈的关系。

一、本书研究所得出的几点认识

(一)内河和海洋区域盗贼劫掠的活跃,往往受多种因素影响,明清商业类书提供的指导作用是有限的

明代中期以后,国内商品经济日益发展,商业贸易也日渐兴盛。同时,内河船运业以其运输便捷、价格低廉而受到商人的青睐,商人为了节省运费和脚程,往往雇佣船只外出经商,因而在明清时代,发生在内河水域针对过往商船的盗贼劫掠活动也更为猖獗。商业类书的大量出版,适应了商品经济发展的需要,为商人经商活动提供了有益的参考,其中就包括对商人们如何在内河行舟时规避盗贼的劫掠提出规诫和指导。但是,用文字记录下来的商书内容部分得自于作者的亲身经历,部分得自口耳相传的经商故事,往往受到时间和地域的限制,未免流于僵化,失之片面和简略。

本书的研究表明,江湖盗贼劫掠商财的方式和手段是多种多样的,诸如堵塞河道、使用迷药、勾结汛兵与牙行经纪、假扮客商等等,使商人往往

防不胜防。而影响劫案发生的因素又受到地域经济发展状况、灾荒、地理环境、驻防汛兵尽责程度等地理与社会状况的影响。因而,面对如此情况复杂而又社会图景多变的内河劫掠,明清商书又难掩其绍述商人行舟遇险和对商人提出规诫时的内容贫乏。因而,可以判断,明清商业类书对商人行舟时规避盗贼的实践指导意义极为有限,这也是清代以后出版的商书中很少再涉及此方面内容的重要原因。

(二)江河湖海盗贼的活动往往对环中国海、各河流湖泊地区的地域社会生态产生重要影响

水面之外,河流或湖泊流经的沿岸地区的州县村镇也是江湖河海盗贼活动的主要场域。一方面,江湖河海盗贼的一部分来源于河流湖泊沿岸村镇的普通百姓。在晚明至清初的太湖地区和浙江钱塘江流域,当地的势家大族充当了江湖盗贼的"窝主",他们与江湖盗贼互相勾结,组织人员劫掠过往商民财物,负责销赃,为犯案的盗贼提供托庇之所,势力足以与官府相颉颃。另一方面,环河流湖泊地区的商民是盗贼劫掠的主要受害者。中国南方地区河流湖泊密布,舟船是当地百姓出行首选的交通工具,发生在河流湖泊海上的劫案,有相当一部分是针对进城赶集的普通百姓的。在明清鼎革之际的乱世,各地烽烟并起,江河湖泊沿岸地区受到盗贼侵扰的情形更为多见,尤以太湖盗贼最为猖獗。他们建立水寨,攻掠市镇,杀戮民众,抢夺财物,使环太湖地区的社会经济发展遭到严重破坏。

同时,通过本课题的研究也可以看出,明代中期以后,内陆江河湖泊(包括长江中下游在内)盗贼的作案手段一般都是以暴力抢夺为主。这种作案手段对过往商民和沿河镇市居民的危害极大。

总起来看,内河和海洋盗贼的活动对河流湖泊沿岸地域社会的影响主要表现在,它使河流湖泊沿岸州县村落的居民人身财产安全受到威胁,经济发展受到破坏。江湖河海盗贼一般都是以获取财物为主要目的,他们通过窃骗、劫抢、绑架甚至明火执仗地抢夺等手法,肆意焚劫杀戮民人。即使在社会秩序相对安定的时期,这种情况也时有发生。盗贼的活动使地方百姓处于惶惶之中,无论是居家还是出行都要谆谆地进行防盗的告诫,村镇百姓的日常生活往往因此受到较为严重影响。

(三)政急及其深层制度因素是官府治理内河水域空间难有成

效的主要原因

明清社会在面临治理江湖河海盗贼劫掠的问题时,也努力地通过颁布法令、制定措施的途径力图使控制方式具有稳态性,从而提高社会治理的效率。但是,这些弭盗措施却在执行过程中难以被认真地贯彻,往往出现日久懈怠甚而生弊的问题。本书认为,这种现象出现的主要原因在于,地方施政过分依赖于官员的贤能与否,衙吏汛兵的徇私舞弊等缺点又抵消了弭盗举措的效力,滋生出各种弊端。在人治与法治的博弈中,人治占据了优势地位。而人治因素占据优势地位主要是由于已有制度对地方各级施政者(包括衙吏汛兵)缺乏有效的监管,制定政策时对其可能出现的负面影响缺乏充分的估计等方面。同时,像衙役汛兵这样的处于弭盗一线的群体,他们对弭盗措施的有效执行起着关键的作用,但是,他们的经济和社会地位又极其低下,这使得他们经常性地利用职责的便利渎职枉法。总之,对于人治因素对传统施政的影响应从其发生的环境做出具体的分析,不可笼统言之。

二、未来研究努力的方向

盗贼问题是我们研究传统社会的结构与变迁时经常面对的社会问题之一。本书以学术界较少涉及的活动在江河湖海水域的盗贼为研究对象,对江湖河海盗贼活动的一些基本情况,其活动对社会其他阶层的影响,以及明清官府治理江湖河海盗贼的举措等问题进行了初步地探讨。限于学识,这些研究都还是比较肤浅的,也不能反映明清江河湖海水域盗贼活动的全貌。在以后的研究中,拟从以下方面进一步完善。

(一)区域性个案研究有待深入

江湖河海盗贼的活动既受到复杂的河流湖泊地形的影响,又与一个地方经济社会发展状况有着密切的联系。因而,把江湖河海盗贼的活动放在区域社会整体史中进行综合考察就显得很有必要。本书虽然选取太湖流域为个案进行了一些研究,但是,太湖地区在明清社会经济体中一直占据着重要的地位,明末清初的太湖地区又是残明势力与清朝新政权斗争最为激烈的地区,它在晚明至清初的经济与政治的这种突出地位使它成为研究江湖盗贼活动的一个典型区域。吴智和、太田出、刘平、冯贤亮等学者都有对该地区研究的相关成果问世,本书虽然使用了一些他们很少涉及的材料,对他们的一些观点也做了补充,但总体而言并没有大的突破。太湖之外,晚明时期的长江中下游地区,明清的洞庭湖流域,浙江、福建、广东三省的山海交汇地带,都有江湖盗贼活动的踪迹,它们往往与某一时期的社会问题发生联系。区域性个案的纵向深入和横向比较研究,将有助于拓展和加深我们对该问题的认识。

(二)与明清地区开发史研究的关联

明清时期,地区开发进入逐渐加深的阶段,江河湖海的开发也进入一个更新的阶段,有关明清海洋开发史的研究历来受到学界的重视,相关研究成果也极为丰硕。本研究尝试将明清时期的海盗问题和江湖盗贼问题联系起来进行比较研究,特别是在江苏、浙江、福建、广东等山海地区,江湖盗贼活动在山海之间,山寇、海盗都有一定的联系,即所谓的"山海交讧"的局面,这些都对一时一地的区域社会发展造成重要的影响。如何以整体史和比较史的视野,对此问题进行研究,也将是今后我们进一步用力的方向。

陆地、水域在传统社会往往扮演着不同的角色,或许受"普天之下,莫非王土,率土之滨,莫非王臣"观念的影响,水域长期以来被忽视,不仅在开发水域资源方面一向被忽略,实施社会治理时,水域往往也是一个薄弱环节。大的反政府力量往往在水域生成乃至发展壮大到威胁王朝的境地,明清统治者被动地进行着水域地区的治理,面对若干大大小小的对抗力量,明清水域的社会治理或许有了一些成绩,但不足之处还是很多的。我们力图将陆与水结合起来加以考虑,但所做的工作还处在初步阶段。我们也深感自己理论素养的不足,在对相关问题进行理论探讨和提升方面存在欠缺,这都是今后需要努力改进和提高的地方。

附　录　明代海防建设与倭寇、海贼的炽盛

明朝建立后,为了防范逃至海上的张士诚、陈友谅及倭寇等的侵扰,朱元璋加强了海防的建设,局部维持了沿海地区的安定。但随着社会经济的积累,商品经济的日益繁荣,西方资本主义势力的东来,沿海的防备越来越显出漏洞。海防设施内徙了,海上官兵逃亡了,沿海官员与盗贼相互多有勾结,商盗结合、商人武装化等现象都令明政府不断致力于加强海防,不断致力于加强对沿海官员的配备和调换。但倭寇、海贼等力量却越来越炽,官方或者借助客兵兴剿,或者竭力招抚,都没有肃清海氛,最后只能和成长壮大起来的郑氏势力联合,才形成了东南海上的安宁。

一、明初至明中叶海防建设及效果

明代初期,为了消除方国珍、陈友谅等海上残余势力,也为了消除倭寇的侵扰,朱元璋立意于加强海防、设置卫所等设施。但由于朱元璋政权缺乏治理海洋的经验,又由于北方的侵扰仍没有消除,无法投入更多的经费和人力,于是沿海的防卫实际上处于点的状态。

当时,自北方到南方沿海,倭寇是主要威胁。洪武初年,"倭奴数掠海上,寇山东、直隶、浙东、福建沿海郡邑"①。在山东沿海,"倭兵数寇海滨,生离人妻子,损伤物命"②。"倭无三四岁不犯登莱者。"③"诸贼强豪者……

---

① 《明史》卷三〇,北京:中华书局,1974年,第507页。
② 《明太祖实录》卷三九,"洪武二年二月辛未"条,台北:"中央研究院",1985年校勘本。
③ 佚名:《即墨县志》卷一〇,《艺文》,乾隆二十五年(1760年)刊本。

纠岛倭入寇。"①明政府在沿海重要海口筑城列寨,建立海防工事。在莱州府,至明洪武二十六年(1393年),建立了"三卫、八所、七巡检、十六寨、一百四十七墩堡"的防海总汛②,并于其中制定"海哨"之制,以为防倭之法。"卫所既设官兵,又制有数百料大船,把橹哨船,若风尖快船,高把哨船,十桨飞船儿五等,以三四五月出哨,谓之大汛;七八九月出哨,谓之小汛。盖倭船之来视风所向,清明后风自南来,重阳后风自北,皆不利于行故也。"③倭寇作乱的时间和地点受制于风向的变化,不同季节的防御任务也有所不同。

洪武二十年(1387年),江夏侯周德兴经略沿海地方,设立富宁、福州左、福州右、福州中、镇东、兴化、平海、泉州、永宁、漳州、镇海一十一卫;大金、定海、梅化、万安、蒲禧、宗武、富泉、金门、中左、高浦、陆鳌、铜山、元钟一十三所;大筼筜、清湾、高罗延、白石、东洋、麻岭、北茭、五虎门、闽安镇、石梁、焦山、小祉、松下、泽郎、牛头门、壁头、迎仙、冲沁、青山、崚头、吉了、峰尾、黄崎小岞、獭窟、祥芝、深沪、乌浔、围头、官澳、田浦、峰上、陈坑、烈屿、塔头、高浦、濠门、海门、岛尾、井尾、青山、后葛、吉雷、金石、洪淡四十五巡司。永乐年间复设烽火、南日、浯屿三水寨。正统初年,侍郎焦宏以其孤悬海中,乃徙烽火于松山,南日于吉了,浯屿于嘉禾,各仍其旧称。又设小垂、铜山二水寨。至景泰二年(1451年),尚书薛希琏又将井尾官军移迁于铜山西门澳,后又以铜山水寨南哨改为元钟澳,仍属寨辖焉。而安边馆则始自嘉靖七年(1528年),都御史胡琏选委各府佐理其事。都御史王纾又于流江、官井洋、松下、闽安镇、连盘、湄洲、泥沪、獭窟、围头、料罗、元钟各设游兵船。明政府的海防设施渐次建成,覆盖范围逐渐扩大。

卫所设有指挥千百户,巡司有巡检,水寨有把总。正统间,巡抚侍郎焦宏都指挥和五员把总,又奏选都指挥一员张翥提督浙、福、广东海道,正统五年御史成规革三省海道,除都指挥、佥事王胜提督福建备倭。景泰四年(1453年),巡抚尚书孙原贞奏革各水寨把总、都指挥。只委指挥五员,把总一年一更,其把总、指挥五年一代。这是根据依太监邓原弘治十三年

---

① [明]张瀚:《松窗梦语》,北京:中华书局,1989年,第57页。
② 佚名:《即墨县志》卷四,《武备·营汛》,乾隆二十五年(1760年)刊本。
③ 佚名:《即墨县志》卷四,《武备·营汛》,乾隆二十五年(1760年)刊本。

(1500年)的奏请而设置的。若元钟澳之守备,亦以指挥充之,而各要害游兵官,则指挥、千百户杂用。嘉靖三十一年(1552年)七月,兵部又奏请参将一员,领敕握符,分守福、兴、泉、漳地方。福、兴、漳、泉成为海防的重点区域,与这一地区海氛的纷乱密切相关。

应该说明政府曾反复修改海防部署,以求适应当时形势的需要。当时每卫下辖五所,每所统兵一千人。但军士们却多有逃亡现象,如福州左、中、福宁共拨军四千六十八人,今逃亡者三千人。小垂则福州右镇东、梅花、万安、定海共拨军四千四百二人,今逃亡者二千三百八十三人。南日则泉州、兴化、平海共拨军四千七百人,今逃亡者二千五百五十七人。浯屿则永宁、福泉、金门、崇武共拨军三千四百二十九人,今逃亡者一千四百六十八人。铜山则镇海、陆鳌、元钟共拨军一千八百二十二人,今逃亡者一千一百九十二人。元钟则漳州、镇海、铜山共拨军一千一百三十三人,今逃亡者四百七十八人。成化间都御史张瑄欲军得以休息,分作三班。上班今年二月上明年二月下,下班替之,中班今年八月上,明年八月下,上班替之,下班明年二月上,后年二月下,中班替之,参差轮转,大约一年有半年休息,休息者月办料银以修战舸。后又于出海者中选退老弱,每人扣行粮四斗,月粮三斗,以待募兵之用。① 士兵的逃亡使这些设置化为乌有,无疑大大地削弱了战斗力。尽管有轮番休息的举措,仍不能挽留欲逃亡的士兵。

宣德年间,甚至朝廷命官也私贩番国,假公济私,当时有些官员军民不知遵守法令,往往私造海舟,假朝廷干办之名,擅自下番,从而可以获得高额利润。而"漳之诏安有梅岭,龙溪有海沧、月港,泉州有安海,福宁有铜山,广东有南澳、香山,浙江有双屿、烈港、舟山"等都发展成私商、水手出洋之地,"各海澳僻,贼之窝响,船主、喇哈、火头、舵公皆出焉"②。武弁、官宦也参与走私贸易,沿海武官逻卒"阳托捕盗之名,而阴资煮海之利,奸弊相通,禁防尽废"③。广东市舶太监韦眷"招集无赖驵侩数百十人,分布郡邑,

---

① 王琳乾等:《明代倭寇祸潮与潮汕军民抗倭资料》,引[明]卜大同:《中国野史集成》(24),成都:巴蜀书社,1993年。

② [明]茅元仪:《武备志》,小方壶斋舆地丛钞本。

③ 《明经世文编》卷二〇五,袁衮:《袁永之集》,北京:中华书局,1985年影印本。

专渔盐之利,又私与海外诸番贸易"①。从正德至嘉靖初年,尽管海禁条例依然严厉,但地方官员、武弁甚至宦官的越禁,却使私人海外贸易取得了巨大的发展。

身在沿海卫所的正直军将们纷纷上奏要求增加设置,提高士兵的待遇和战斗力。如《申枢密院乞修沿海军政》中说:

> 战船南通,未尽就擒,风涛瞬息,往来无时,某昨守本州。自捕贼首赵希却之后,具申朝廷,蒙发度堞一十五道,应副本州修整战船,创立围头、宝盖,及修葺法石、永宁二寨,添屯水军,增置石湖、小兜水军名额,以至储蓄军粮,葺理器甲,色色具备。每岁举行水教及立诸寨,巡海界分。今再至,见逐项事多废弛。军船坏烂而不修,军额死亡而不补,营房颓坠,器甲损失。自统制齐敏到,官方稍善治,尚未能就绪。及至贼船侵轶郡境,仓卒和雇民船应付大郡之用,故料罗之战,虽有勇将精卒,竟以船小不能成全功。及晋江、同安民船稍集,而贼徒急遁,事已无及。今贼徒深入广南,正当舶回之时,必有遭其剽劫者,岂不亏失国课。又福、泉、兴化三郡,全仰广米以赡郡民,贼船在海,米船不至,军民便已乏食,粜价翔贵,公私病之,其为利害固已不细,况其在海,每劫客船,小则焚之,大则取而为己之船,其人或与斗,敌则杀之,懦弱不堪用,则纵放之,或沉之水中,而掳其强壮能使船者,为己之用,稍忤其意,辄加杀害,故被掳之人,只得为出死力。其始出海不过三两船,俄即添至二三十只,始不过三五十人,俄即添为数百以至千人。今诸贼在海人船已多,若不及早殄除,则日增月益,其害未有穷已。某见与统制齐敏商议,整促水军及添创大船。葺理诸塞,务为先备,使贼不敢犯,但本州目今府库赤立,官俸军粮尚且不给,而本军见管典库息钱亦自不多,俟旦夕见得合支用钱数,或有久阙,未免控告朝廷,乞赐量行应付,所有福州延祥荻芦寨,广州摧锋军及漳潮州兴化军,应有水军去处,欲望指挥行下各处,急速措置。修创船只,阅习事艺向去,南风贼船必回向北洋,若自广至福所过五六州,军处处有备,会合剿捕,庶

---

① 《明史》卷三〇四,《梁芳传》,北京:中华书局,1974年,第7781页。

几可以殄灭,免为海道无穷之害,乞赐指挥施行。①

沿海社会秩序遭受倭寇、海贼破坏,米粮运输面对海盗的严重威胁,而海防能否产生效果往往因官因地方财政等因素而异。有的官员在任期间成效显著,有的官员则无所作为,甚至局面更糟。

成化九年(1473年),兵部试图添设管粮官员,可此时地方官员们正在议论裁革多余官员,并已将福建巡海右参政李隅裁减别用。尽管该镇守福建冯让等题称要照旧添设参政副使等官,却没能得到允准,只是要求福建会同总督备倭官员,专一巡视海道。其后,福建左布政姚龙等奏称,福建海洋广阔,沿海永宁等仓,积弊尤甚。布政司虽有额设布政参政、参议共七员,除本司掌引管事,其余公占数多,委实缺官,提督海道总理边储乞照旧添除参政或参议一员,前来管理。兵部鉴于福建地方确实海洋广阔,海寇不时出没,担心因循误事,建议吏部派参政一员前去巡视海道兼理仓粮等,后派来右参政陆昶奉敕巡视海道,兼理仓粮官员。但福建沿海局面复杂,虽不断有人建议增大治理的强度,但实际上经常会出现官员设置越多,盗贼越加猖炽的现象,即所谓的"御盗生盗"现象。

弘治时,福建"海道法度废弛,贼寇猖獗",官府需要加大官吏设置的力度和整治的力度。把总官必须是"公廉有为,颇晓戎务,指挥专一"者,他们必须切实承担起"操习官军,整备战船,禁革奸弊,防御倭寇,缉捕盗贼"以及兴利除弊等事。对官员们要建立起明确的赏罚机制,对"才守俱优,克修职业者,具奏旌奖,以励人心"。对于"贪财害军,废弛武备者,就便黜退,以警不职"。② 这其中,有些有作为的得以升格,也有些无所作为甚至为虎作伥者被黜除。在沿海海防官员的变动中,不难看出这其中的巨大风险和巨大利益之所在,有的在利益前失足了,从而使政府的海禁政策打了折扣。

二、明中后期海防建设与倭寇、海贼猖炽的关系

进入明中后期,海防建设更总是与倭寇、海贼的猖炽相伴随。

---

① 王琳乾等:《明代倭寇祸潮与潮汕军民抗倭资料》,引[明]卜大同:《中国野史集成》(24),成都:巴蜀书社,1993年。

② 王琳乾等:《明代倭寇祸潮与潮汕军民抗倭资料》,引[明]卜大同:《中国野史集成》(24),成都:巴蜀书社,1993年。

首先是海防设施屡建而屡废,嗜利者犯禁纷涌入海,形成巨大的力量。"今海门靖海二所,备倭名存实废,而漳、泉、温、台与土著亡命之徒往往逃遁海岛,勾引倭奴深入为患。"有人探讨说这种倭患"始于通番,继于小民之接济,而成于巡哨官军之首鼠伏匿不敢战,岂非玩偈既久,奸弊易生,武备弛而不振之故耶,然则修复旧制,饬内治,以防外患,要在执事者图之而已"①。诏安梅岭林、田、傅三大姓富足皆由"通番接济为盗行劫"而来,他们"在浙直为倭,还梅岭则民也"。② 这些沿海区域居民假借倭寇名义"赍粮漏师,肆行无忌,结党效尤"③。他们或为奸豪射利之徒,或为勇悍无职之众,汇合成一支巨大的力量,到嘉靖四十一年(1562年),"倭贼土寇,北自福建福宁沿海,南至漳泉,千里萧条,尽为贼窟,附近居民,反为贼间,始虽畏威而胁从,终则贪利而引导,弥漫盘踞"④。屠仲律说:"夫海贼作乱,起于负海奸民通番互市,夷人十一,流人十二,宁绍十五,漳、泉、福人十九,虽既称倭夷,其实多编户之齐民也。"⑤巨大的贸易利润吸引这批沿海居民加入"为倭"、"为盗"的行列。⑥ 巨姓大族或以武器装备船只,或为下海者提供庇护,或与官府勾结,从而形成东南沿海倭寇、海贼的猖炽。

其后,有人请求设立海防参将,设置沿海水寨。通过提高参将的级别,改变过去"官卑权轻,号令不肃,以致兵无忌惮,得恣猖獗"的局面。东莞南头地方战略地位重要,"内为省城门屏之巨防,外为海舶襟喉之要隘,当此镇而设诸郡之声援,近可以杜里海小艇劫夺之奸,远可以防澳中番夷跳梁之渐,诚计安之要术,而善后之良图也"。在这里设置三千水陆精兵,"增置哨马二十只,把桨船二十只,分拨三千人乘驾,选谋勇指挥二员分管,仍请乞特设参将一员总领,以威望素著,熟于水战者充之,名曰督理广州、惠潮等处海防参将,照例请给敕书旗牌,令其居常驻扎南头地方,教演水战,有

---

① [明]黄一龙、林大春:《潮阳县志》卷二,《县事志》,隆庆六年(1572年)刊本。
② [清]沈定钧:《漳州府志》卷四九,《纪遗中》,光绪三年(1877年)芝山书院刊本。
③ 《明经世文编》卷二百一十七,郑晓:《郑端简公文集》,北京:中华书局,1985年影印本。
④ 《明经世文编》卷三四七,戚继光:《戚少保文集》,北京:中华书局,1985年影印本。
⑤ 《明经世文编》卷二八二,屠仲律:《屠侍御奏疏》,北京:中华书局,1985年影印本。
⑥ 郑瑾:《明清时期的海盗与地方基层社会》,载陈支平:《第九届明史国际学术讨论会暨傅衣凌教授诞辰九十周年纪念论文集》,厦门:厦门大学出版社,2003年,第150页。

警督兵出海剿捕海倭贼盗,仍专一往来省城波罗庙东洲官窑上下,缉捕里水行劫贼船,及弹压香事计议而行,合用各兵钱粮,责成海道观察将东莞番南三县乌艚及新会、顺德、横江等船照,依所载斤数,不分纲纪法度、字号,俱起税银,与惠、潮、广三府旧额三哨供兵饷银相兼,按月支给,遇有船只损坏应小修大修及打造等项,亦于各船税银内支用,一切衙字供应,亦听海道官会同守巡官斟酌议呈举行"①。

沿海防务官员都觉得应该增加防务设置,提高防务级别,希望以政府的力量来达到目的。

有的官员提出设置水寨亦非常重要。如提督两广军务右都御史吴桂芳说,在广东一省十府中,只有南雄、韶州居枕山谷,惠、潮、广、肇、高、雷、廉、琼八府地方,皆滨临大海,自东狙西,相距数千余里,内通闽境,外接诸番。倭夷、海寇窃发靡常,出没非一,然向因牵于山寇,素无海捕官兵。

近甲子秋始,该臣会议题请添设海防参将一员,领兵三千,驻扎南头,以固省城东路之防,近又会请添设守备一员,领兵一千二百名,驻扎潮州、柘林,以严东界门屏之守,其于海邦防御之计,少有赖矣。但南头之去柘林,道里尚属辽远,一旦有警,策应为难,其南头迤西,由广省极邱琼崖,交南范洋二三千里之间,备御向疏,兵防失讲,以故海上行劫,偷珠巨盗,往往呼朋引类,向彼潜屯久住,略无忌惮,至于东路海贼,每遇官兵追剿,亦即扬帆西向,以为遁逃之所,如近日海贼吴平之奔越,是可鉴也。曾窃考之广中,素无水寨之兵,遇有警急,方才招募兵船,委官截捕。夫贼起然后募兵。非素练,安可必其决胜,贼灭而兵即散,则不旋踵而贼复入矣。即今平贼,虽报败没,然传闻不一,未敢信凭,而其残徒曾三老辈,又复回潮州,劫掠我村落,烧毁闽兵船,又该掣等再督新任参将邵应魁,留任副总兵汤克宽前去剿荡,然臣窃以为目下二将之出,足为一时应变之权,然必须早定水寨之筹,始可以永弭海洋之警。何者,沿海皆兵,楼船相望,一寨报警,诸寨趋之,虽有十曾三老辈,不足虑也。况今海上曾三老之外,惟林道乾一二辈仅存乎?若沿海无备,所在空虚,特恃今出二将之威,以为数千里海防之重,则

---

① [明]郭自章:《潮中杂记》卷五,香港:潮州商会,1993年影印本。

今虽尽殄曾三老、林道乾辈,而海上之为曾三老、林道乾者,兵罢而复起矣。夫七年之病,而求三年之艾,似属为迂,然及今畜之,尚为未晚,事若缓而实急切,似迟而实大。今日海防要计,似不出此。除将一切责成,分布会哨,会操事宜,臣等所可自专者,听各道会同参将官径行议拟呈报举行,合用兵夫工食,于近议改抽民壮弓兵银内支给,修船造船银两,于沿海卫所军三民七船料银内追缴外,谨将应合请旨事件定立条款开坐,上请,如蒙敕下该部再加酌议,早赐附允,题覆施行,臣等幸甚,海邦幸甚。①

进言者希望强化海上防御力量,建立长效机制,切实地发挥其应有作用。因为海盗、海贼势力不断滋生,屡构祸患。嘉靖三十五年(1556年)后,海寇相继为乱,不仅"顽民乘机构逆,结巢盘踞,殆同化外",而且"近年以二十四将之徒、二十八宿之党,蔓延接踵,充斥于闽广之交,而福建罹毒最甚。十年之内破卫者一,破所者二,破府者一,破县者六,破城堡者不下二十余处。屠城则百里无烟,焚舍而穷年烽火,人号鬼哭,星月无光,草野呻吟,生民涂炭"。② 官方苦心经营的军事设施竟不堪沿海盗贼之一击。

其次,盗贼在商业利润的驱使下更加壮大,官府实无法毕其功于一役,短暂取胜之后往往是更大规模盗贼的泛滥,这给剿灭盗贼增添了难度。巡抚福建右御史臣刘尧诲认为在闽粤边区海疆,管理好南澳是个关键。他在《请设南澳副总兵疏》中说:

> 海贼林凤开遁外洋,不知向往,追之则势不可穷,纵之则势将复燃。聚兵以拒之,则师老而财匮,且各贼乘虚则入,避实而去,以此劳敝两省有足虑者。窃思漳、潮之间,以海为限,其海洋之南澳地险而沃,百谷所生,百货所聚,惟以地非分土,事非两邻,故往往为贼逋逃薮,而修船制器,市药裹粮,百无所忌,至于抚民林奇材、魏朝义徒众,则皆出入于贼中,居者专积蓄,行者工掳掠,今欲为两省久安计,必先治南澳,欲治南澳,必先统事权,今宜得一总兵领水兵三千人,专守南澳,而兼领漳、潮二府兵事,如贼从海外来,将复寻旧巢也,方其楼泊未之,我兵起而薄之,此所谓掩其不备,可以得志,且南澳中有石城,乃近

---

① [明]郭自章:《潮中杂记》卷五,香港:潮州商会,1993年影印本。
② [清]陈瑛:《海澄县志》卷二一,《艺文志》,乾隆二十七年(1762年)刊本。

时贼人许朝光所造,雉堞濠堑,屹然雄镇,可以处。澳中田地不下千顷,盘错溪山,土膏水暖,可以屯。商民贸迁,类多奇货,凡闽船入广,广船入闽,皆不能外。南澳,即令该总批验,仍委文职一员兼同抽掣,以供该镇兵费,一应奸民伪游,与贼为市者,其弊不待禁而自绝,乃以抚定群贼,即籍之以为民,其酋首即用之以为长,仍令随兵调用。该兵部覆议得,南澳孤悬海中,在漳之诏安县西去七八十里,潮之澄海县南去三四十里,各止隔□,水中有四山,高耸可避风汛,周遭水面约三百里,沿山腴田数千顷,颇擅山海之利,历代居民殷富,宋避元兵,驻此数月,殊不窘乏。国初,该信国公汤和奉命经略海上,谓其巢倭,遂徙其民,而墟其地,其田粮则派诸海阳各县,至今街衢遗址尚存,渔猎往来其间,称为水国。以其界在两省之交,鞠为盗区,弃而不守,后海寇许朝光、吴平、曾一本辈窃据其间,势甚猖獗,竟合二省全功,仅一扑灭之,若就此开镇,与陆兵对峙,如今议设副总兵一员,统领舟师三千,及建立城池,驻扎于此,诚得善后安攘之计,且旧中有田可耕,有水可渔,有商舶可税,不出数年,化为乐土,号称雄镇,不惟海寇驻足无地,抑且逋贼出没不便,虽从此以为久安可也。……万历三年九月初四日,太子少保兵部尚书臣谭纶等具题。初六日奉圣旨,南澳地方,据漳、潮要害,依拟设官建镇,以便防守,但创建之初,事须审虑,其中应拟事宜。着两广总督会同福建巡抚一一计处停当,务令经久可行,副总兵推练习海上事务,有才勇的去做。①

地方官员希望通过在海防要地设置机构和官员或提高行政级别来加强地方海防建设的力度,并竭力强调可以利用原有条件,节约政府开支。理由确实很充分,但其实在盗贼昌炽时期,要害之地实在太多。

在东南沿海的漫长海岸线上,封建政府很难有效地开展防卫。海上走船与陆上走车还不一样,任何一个缺口都可成为盗匪利用的条件。万历年间,闽中剧盗与倭夷勾结,再次给沿海造成了巨大的威胁。此时惠潮兵备副使任可容采取了坚壁清野的策略,一方面不让贼寇获得沿海深水泉,另一方面不让沿海居民给其接济。此时刚好遇到商船经过,被贼盗追赶,他

---

① [明]郭自章:《潮中杂记》卷五,香港:潮州商会,1993年影印本。

们投靠官兵,而官兵抓获了他们中的五十五人,误以为盗。商船船主大号冤屈,可容为他们平了反,但已有五人遭毙命的命运。在此情况下,任可容采用了勇士陈聪的建议,以渔船为诱饵,设伏兵歼灭敌人的办法,确实收到了好的效果。一次战役"生擒真倭四,真贼首三,通事一,被掳四,斩获真倭首级十有五,夺回倭器赃仗无算"①。这里表明,在沿海的军事行动中,冤假错案时常可能发生,而且也可能永远无法得到澄清。

在明后期,真倭来得很少,倒是"闽粤人与温绍人亡命者,率窜入海,遂肆猖獗,为沿海诸郡患"②。政府虽然不断地增加官兵数量,但效果总是不好,官兵逃亡现象是一种原因,但官兵逃亡的原因又在何处,当时人就总结道:"其故有三,一曰窝藏,谓滨海势要之家为其渊薮,事觉辄多方蔽护,以计脱免。一曰接济,谓黠民窥其乡导,载鱼米互相贸易,以赡彼日用。一曰通番,谓闽粤滨海诸郡人,驾双桅挟私货,百十为群,往来东西洋,售诸番奇货,因而不靖,肆劫掠。此三患者,闽粤大略相等。为今不合并两省之力以夹攻,不除此大患,即兵船岁增月益,势不可息。昔人谓以守为战,在执事者图之。"③论者的意见是切实的,也表明了平"倭"的难度。利益的诱惑不断地把当地的各个阶层卷入官方的对立面,贪利的官兵被吸引了过去,忠于职守的官兵也只能以逃亡来躲避失职的罪责。

嘉靖三十七年(1558年),"倭"自漳州寇饶平黄冈镇,占据其城,佥事经彦采等攻之,大败贼众,俘斩一百四十六名。由于彦采剿敌有方,倭寇的气焰得到压抑。但是,由于海上活动空间巨大,这里加严,倭寇就会寻找那边,因而打击倭寇的任务仍然繁重。有人说:倭寇本来"炽于江南,类多徽、浙、闽、广下海之徒,勾引一二真倭为酋首"。他们附从为贼,自北向南"破苏湖,据舟山,徜徉漳、泉,一旦突至揭阳,遂陷大井、篷州等处"。潮阳等地采用严密的防守策略,使倭寇无利可图,后来不得不烧船登岸,实施抢劫,遇到潮阳地方的打击时,他们就遁入福建平和,一有机会,又越境犯粤。粤

---

① 王琳乾等:《明代倭寇祸潮与潮汕军民抗倭资料》,引[明]陈天资:《东里志》,万历二年(1574年)修撰。

② [清]刘忭:《饶平县志》卷一八,郭春霖:《备倭小论》,康熙二十六年(1687年)刻本。

③ [清]刘忭:《饶平县志》卷一八,郭春霖:《备倭小论》,康熙二十六年(1687年)刻本。

人组织多次打击,挫败了倭寇,取得了一定范围的胜利。嘉靖四十三年(1564年),倭寇潮州,提督侍郎吴桂芳、总兵恭顺侯吴继爵讨平之。自嘉靖壬子(1552年)以来,倭奴犯浙直诸郡及闽广潮海之间,岁被其患,然尚倏至倏去,至嘉靖癸亥(1563年),则屯住潮、揭海滨,不复开洋,众号一万。甲子(1564年)春,新倭万余继至,与旧合伙,屠戮焚掠之惨,远近震骇。桂芳新简来镇,莅苍梧甫二旬,即躬董师东向,前后动调狼土劲兵四万五千,福兵一万五千,以伸威营兵官俞大猷帅之,副总兵汤克宽、参将王诏、门崇文副之,佥事徐甫宰监之,相持两月,贼被围困,不得野掠,乃复分伙思遁,我兵乘势击之。经过三战,贼逃遁遇飓风覆溺俱尽。① 尽管官军能取得暂时的胜利,但反复或加剧的现象时常出现。

嘉靖以来东南地区的倭寇骚扰还包括海兵的叛变滋扰。有时海兵以缺饷为名,发动叛乱,这无疑更增加了沿海地区的乱源。吴桂芳与俞大猷协力平定了潮州沿海的官兵叛乱,继续清剿了吴平的主要势力。曾一本残部依然在沿海骚扰数年。隆庆元年(1567年),广东澄海县大家井民陈世业、余乾仁,连思恭等作乱,总督两广侍郎谭纶,行巡抚广东都御史李佑讨平之。他们借着倭警倡乱,冒充倭寇,讨平之后,他们就转而为民,在原土安插复业。经过官府的全力协作,曾一本亦终于伏诛。② 不能说官军完全没有作为,但这种效果总是被再度的造乱所遮盖。

对于沿海地区而言,山寇、海寇和倭寇都严重地威胁着沿海地区的安全,山寇、倭寇、海寇的联合更增加了地方官吏治理的难度。当时有人著文总结性地指出:

> 山寇剽急,其为祸速;倭寇惨烈为患显;海寇则缠绵固护,浸淫乎郡国之间,其为祸迟而隐也,是三者不可不审察也。夫是三者势相倚,而祸相因者也。彼倭寇之从海上来也,实海寇为之接引也,其屯聚而野掠也,山寇实向导之,夫山寇非他也,盖多村里恶少与夫愚蠢编氓,非有奇谋异能,特见间而起,又其所居多负险,易以伏匿,急之,则啸聚岩谷间,州郡亡命闻命而争奔走焉。倭寇者非果尽有日本之众,而雕题椎髻之族也,大抵多漳、台等处流贼,挟残倭以为首首,而彼遂因有

---

① [明]郭自章:《潮中杂记》卷五,香港:潮州商会,1993年影印本。
② [明]郭自章:《潮中杂记》卷一一,香港:潮州商会,1993年影印本。

其名号，以鼓舞其徒众，所至破乡下寨，尽收其少壮者，而被削之，久之与倭无间矣。至如海寇之祸，其来已久，闽越之间若与之相终始焉者也。是故山寇以村里急也，其贼以千数；倭寇以岁时计也，其贼以万数；至于海寇，则不可限，以乡井也，不可画以日月也。其贼固不可以数计矣。今之论者，乃不深惟其故，而姑为一切苟且之说，欲与倭人和抚，至取其首而用之，一听其荼毒，而莫敢谁何，乡兵有获贼者，辄解其缚而谢之，诘之，则以阴散为解。此尤失计之大者。诚如愚计，莫若只以杀贼为事，其欲去倭贼也，莫若只以杀贼为事，其欲去倭贼也，莫若先绝海寇也。或曰，海寇固未易绝也，彼其延蔓既久，枝干日繁，一邑九乡，半为贼薮，是沿海之乡，无一而非海寇之人也，党与既众，分布日广，自州郡以至监司，一有举动，必先知之，是州郡监司之左右胥役无一而非海寇之人也。舟楫往来皆经给票，商旅货物尽为抽分，是沿海之舟楫商旅无一而非海寇之人也。夺人之粮，剽吏之金，辄以赈给贫民，贫民莫不乐而争赴之，是沿海贫民无一而非海寇之人也，又集四方亡命，徽无赖生儒，稍习文义，以治其部伍，修其辞约，而彼乃深居大舶。行王者之事，公然出入城郭，列羽卫以要陪官之宴，此其目中已无岭南久矣。若何而急图之也。又曰，所为未绝海寇者，以倭寇未平也。今若缓其速而急其迟，无乃不可乎。曰海寇未绝，山倭之寇终未有已也。夫倭寇非果至自海外也，或由浙至，或自闽入，何者，其道路通也。若果不绝海寇，则沿海之兵无敢捕贼者，其势必听其往来，恣其剽取，而无取意也，明有主也，其劫掠既饱，所获辎重未及移徙，而海贼先已舣船候之郊矣，此皆乡人所习闻而亲见之者也。非徒如此也，山寇亦将借以为声势也，海寇又幸山寇为之驱也，是其意且合而一之，而归山海之利也，是尤有可虑者，所谓急之则反速而祸小，缓之则反迟而祸大者也，故曰不可不审察也。曰奈何？曰莫若先绝两省海贼往来之路，而重严漳人入潮之禁，专一责成海道衙门，俾与海寇从事，彼海寇者，其势既不敢之外国，又不敢以入故乡，必成擒矣。曰何以不敢之外国也？曰海寇之首故杀其酋首而自立，而故酋之子因奔外国为名王，必欲得此贼而甘心焉，故愚以为吾既绝之，责彼归吾所矣。曰欲绝其路也，于何而取兵也？曰乌船之兵，海道掌之也，诚得尽发以当其冲，而又益调民间素习水战海船，所谓白艚船者，使之并力杀贼，所得辎重悉以与之,如此责海寇之路绝,海寇之路绝,则山寇可以次第平矣。闻之故老,往时有某指挥者守海,贼人不敢东,而渔于河者数岁,此明验也。今诚得如若人者任之,即海滨无事矣。又海贼,故良家之子,亦有不愿从贼,而祸为所胁从者,诚得开诚延访,令其密赴军前计事,许以破格之赏,如征山贼故事,亦将有袭执渠魁而来者。曰然则山倭二寇将置之乎,曰何可置也？夫今岭南之倭,残房也,山寇乌合也,野掠已尽,处处城守,亦既困矣,所为徜徉未散且去者,以有海贼在也。是故道路讹言,不曰新倭又来矣,则曰闽倭至也,此皆海贼之计也。何以验之,倭之攻潮阳也,逾月不下,内外相传皆曰贼中又有人去接新倭矣,既而果有伪倭数十人从海口上,谍之,盖故巢贼也,此可以见海贼之计也。曰或谓客兵不宜于地方何也？曰兵之所聚,荆棘生焉,自古然者。又况彼自远来,其于道里之险,夷贼中之虚实,尚不能知,而欲望其临敌制胜,奋不顾死亦难矣。故不如不调之便也。曰然则兵将何取也？曰各处乡兵,自足以供各地方之用,患鼓舞无其人耳。且如近者潮阳之围,未曾借兵于异处也,以负海数百之兵,犹足以固守一隅,屡战而屡却之。使当时当事者有能虚心一意,以保安士类,奖进忠义,则斯贼之破也,无难也。惜乎其不能也,而使贼得汗漫去,遂至四野丘墟,丰芜邻垫,亦可叹也。今如责令州县正官,听其便宜选募,当道不得沮折之；或令各处地方,各推境内笃行忠信,无问士民,但义能倡率父兄豪杰者,得自为守战。果然责募兵养兵之费,将何如处也？曰以其所需于客兵者,而移之以选募乡兵,宜无不足矣。又各道团操及各县民壮、新夫、打手、公食,遂费不下数千金,倘可议革剂量以为兵费,亦或一助也,是在当事者加之意而已。[①]

该文作者显然是对沿海区域有了一定的了解,也揭示了海防屡屡失利的部分原因。他认为海寇是乱源,海寇活动借用倭寇之名,甚至伪装成倭寇,是为了渲染海患的严重程度。海寇分割部分利益给山寇则很容易调动山寇的积极性,甚至形成当地全社会为寇的现象,即当时所说的盗区。有时有较严厉的官员莅政,推行严厉打击政策,结果多只能取得暂时的胜利,

---

① [明]林大春:《井丹先生文集》卷八,香港:潮州会馆,1997年。

很快便会故态复萌,甚至变本加厉。朝廷调来客兵,因为不熟悉地方情况,虽花费甚多,却也只能收效甚微。或许解决问题的关键还是加强对当地情况的了解,利用当地一切可分化利用的力量,团结大多数,孤立极少数,才能取得积极的效果。

事实确实是如此,林道乾、曾一本、吴平都属于乘倭而起的小势力,倭寇成为他们依靠的虎伥。倭寇入犯的道路被堵塞后,他们变得势力更弱。吴平被官军打得逃亡海外,林道乾、曾一本则扩大自己的势力,相互为雄长,为患于沿海。到任官吏或"待百姓如仇雠,视寇盗如赤子,厚赍以养其锐,温言以强其悦",或"待百姓为敌国,以寇盗为腹心,奖励以益其骄,卑词以启其玩"。① 官盗的相互勾结使明政府治倭的政策无法取得成效。

许多守边政策因此往往亦无法实施,如边法本来规定:"五里为墩,五十里为堡,以受边民而严守望,无事则散处于边,以时屯牧射猎。虏至,传举烽责收牛羊仓廪入,坚壁清野以待之,虏入往往野掠无所得而去。迩来,余邑有倭夷之患,余尝欲仿其法,令邑外诸乡里,颇置城堡,如边陲,便颇鲜有行之者,以故环海之滨,无高城深堑之艰险,贼遂乘胜长驱,如同履无人之境。而豪山一乡,因始置堡为守御计,若有合于余之策焉者,意其中必有协力任事之人,而吾未之见也,乃今得闻陈氏尚昭、以宦二君者,岂余所谓其人欤。初君既以行谊,为乡所推,闻于郡县,以从事于筑堡之役。其后堡成,寇至不敢窥兵,乡人于是赖之。"② 乡贤设置城堡,保证了举乡人的安全。乡人也非常爱戴这些为全乡人谋福利的人,乃至立碑记颂。

从《明实录》中,我们不难找到诸多添设官员、黜革官员和调换官员的例子。仅以万历年间漳潮地区为例,如"升广东海防参将晏继芳为协守潮、漳副总兵"③,"升广西永宁参将于嵩充副总兵,协宁漳潮等处地方,专驻南

---

① [明]林大春:《井丹先生文集》卷一五,香港:潮州会馆,1997年。
② [明]林大春:《井丹先生文集》卷一二,香港:潮州会馆,1997年。
③ 《明万历实录》卷五〇,"万历四年五月癸丑"条,台北:"中央研究院",1986年校勘本。

澳"①,"升潮漳副总兵于嵩为中军都督府都督佥事"②,"升协宁潮漳等处副总兵刘大勋为镇守福建福兴、泉漳、延建、邵武地方总兵官"③,"升福建南路参将解节为潮漳副总兵"④,"升浙江参将周于德为潮漳副总兵"⑤,"升直隶刘家河游击孙懋功为广东潮州参将"⑥,"孟京寻补广东潮州参将"⑦。到天启年间这类升迁依然不断,这表明明政府一直致力于海防建设和海防官员的配置。

但总体上看,明朝政府曾在海防上做了大量积极的努力,但取得的成效是很有限的。"古有边防而无海防,海之有防自明始也。明洪武中,日本侵犯,诏信国公汤和筑沿海五十九城,同知花茂奏添沿海二十四卫,沿海每卫各造大青及风尖八桨等船一百余只,出海指挥,统率官军更番出洋,哨守海上诸岛,皆有烽墩可以停泊。凡一切舟师皆统于各卫之指挥,谓之卫总。卫所之外无别兵,千百户指挥之外无别将。嘉靖四十二年,抚臣谭纶、总兵戚继光题复旧制,每寨设福哨,乌桨号船四十余只,屯大洋贼船必经之处,其余各寨附近紧要港澳,则分哨以防内侵。万历二十四年,抚臣金学曾复请添设喻山、海坛、湄州、浯屿、铜山、悬钟、霜山、台山、澎湖诸游,于一寨之中以一游翼之。错综迭出,虽支洋穷澳无不搜焉,因时救弊非不足以壮国威,而杆牧圉然,而邓茂七、张琏、许朝光、吴平东倭蹂于中叶,刘香、郑芝龙、周三老、李芝奇讧于末年。终明之世,漳潮无宁宇,寇乱较唐、宋、元为

---

① 《明万历实录》卷一一〇,"万历九年三月乙亥"条,台北:"中央研究院",1986年校勘本。

② 《明万历实录》卷一四七,"万历十二年三月庚辰"条,台北:"中央研究院",1986年校勘本。

③ 《明万历实录》卷一七六,"万历十四年七月壬戌"条,台北:"中央研究院",1986年校勘本。

④ 《明万历实录》卷二〇九,"万历十七年三月辛未"条,台北:"中央研究院",1986年校勘本。

⑤ 《明万历实录》卷二七〇,"万历二十二年二月庚申"条,台北:"中央研究院",1986年校勘本。

⑥ 《明万历实录》卷四一〇,"万历三十三年六月丁巳"条,台北:"中央研究院",1986年校勘本。

⑦ 《明万历实录》卷四一三,"万历三十三年九月壬申"条,台北:"中央研究院",1986年校勘本。

尤烈。"① 这可以说是对明代海防所做的贴切总结。政治的腐败、官盗的勾结,往往成为滋生盗贼的温床,产生"御盗生盗"的尴尬局面,因而随着明王朝对东南沿海海防建设的强化,倭寇或海贼的力量也在潜滋暗长。在这支被视为海贼的队伍中,有些是由商转变为盗,有些是无以为生的贫民附盗,有些是官方海防力量转化而来的盗。它的力量在与政府政策的对抗中不断壮大,使明政府越来越感到力不从心,以致最后不得不招抚郑芝龙集团,形成官盗的联合,才最终实现了海氛的平静。

---

① [清]齐翀:《南澳志》卷八,乾隆四十年(1775年)刊本。

参考文献

一、明代以前文献

1. [春秋]左丘明撰,[西晋]杜预集解:《春秋经传集解》,上海:上海古籍出版社,1997年。

2. [东汉]班固撰撰,陈焕良、曾宪礼标点:《汉书》,长沙:岳麓书社,2008年。

3. [南朝宋]刘义庆著,蒋凡等评注:《世说新语》,北京:人民文学出版社,2009年。

4. [宋]范成大著,孔凡礼辑:《范成大佚著辑存》,北京:中华书局,1983年。

5. [宋]李焘:《续资治通鉴长编》,北京:中华书局,1979年。

6. [宋]苏轼:《东坡志林》,载舒大刚、曾枣庄:《三苏全书》,北京:语文出版社,2001年。

7. [元]脱脱等:《宋史》,北京:中华书局,1977年。

8. [元]王逢:《梧溪集》,北京:中华书局,1985年。

二、明清文集

（一）明代

1. [明]蔡道宪撰,[清]邓显鹤辑:《蔡忠烈公遗集》,载《四库未收书辑刊》(第5辑第26册)。

2. [明]蔡献臣:《清白堂稿》,载《四库未收书辑刊》(第6辑第22册)。

3. [明]陈建:《皇明通纪法传全录》,载《续修四库全书》(第357册)。

4. [明]程敏政:《新安文献志》,合肥:黄山书社,2004年。

5. [明]陈全之著,顾静标校:《蓬窗日录》,上海:上海书店出版社,

2009年。

6.[明]陈仁锡:《无梦园初集》,载《续修四库全书》(第1382册)。

7.[明]陈献章:《白沙子》,《四部丛刊》三编景明嘉靖刻本,上海:上海书店出版社,1985年。

8.[明]陈子龙:《明经世文编》,北京:中华书局,1962年。

9.[明]程文德:《程文恭公遗稿》,载《四库全书存目丛书》(第4辑第90册)。

10.[明]邓元锡:《皇明书》,载《续修四库全书》(第315册)。

11.[明]都穆撰,陆采编次:《都公谈纂》,北京:中华书局,1985年。

12.[明]杜骐徵:《几社壬申合稿》,载王钟翰:《四库禁毁书丛刊·集部》(第35册),北京:北京出版社,1998年。

13.[明]东鲁古狂生编,秋谷标校:《醉醒石》,上海:上海古籍出版社,1992年。

14.[明]范景文:《南枢志》,台北:成文出版社,1983年。

15.[明]费元禄:《甲秀园集》,载王钟翰:《四库禁毁书丛刊·集部》(第62册),北京:北京出版社1998年。

16.[明]冯梦龙:《喻世明言》,长沙:岳麓书社,1989年。

17.[明]高汝栻:《皇明续纪三朝法传全录》,载《四库禁毁书丛刊补编》,北京:北京出版社,2005年。

18.[明]高汝栻:《皇明法传录嘉隆纪》,载《续修四库全书》(第357册)。

19.[明]耿定向:《耿天台先生文集》,载《明人文集丛刊》(20),台北:文海出版社,1970年。

20.[明]顾梦圭:《疣赘录》,载《四库全书存目丛书》(第4辑第83册)。

21.[明]顾起元:《客座赘语》,《明代笔记小说大观》,上海:上海古籍出版社,2005年。

22.[明]郭正域:《合并黄离草》,载王钟翰《四库禁毁书丛刊》(第4辑第13册),北京:北京出版社,1998年。

23.[明]过庭训:《本朝分省人物考》,载《续修四库全书》(第534册)。

24.[明]黄汴撰,杨正泰整理:《一统路程图记》,上海:上海古籍出版社,1994年。

25. [明]焦竑:《献征录》,上海:上海书店,1987年。

26. [明]金声:《燕诒阁集》,载王钟翰:《四库禁毁书丛刊·集部》(第85册),北京:北京出版社,1998年。

27. [明]景星杓:《山斋客谭》,载《续修四库全书》(第1268册),上海:上海古籍出版社,2001年。

28. [明]李晋德:《商贾一览醒迷》,太原:山西人民出版社,1992年。

29. [明]李开先著,卜键笺校:《李开先全集》,北京:文化艺术出版社,2004年。

30. [明]李濂:《嵩渚文集》,载《四库全书存目丛书》(第4辑第71册)。

31. [明]李梦阳:《空同集》,上海:上海古籍出版社,1991年。

32. [明]刘效祖:《四镇三关志》,载王钟翰:《四库禁毁书丛刊·史部》(第10册),北京:北京出版社,1998年。

33. [明]茅元仪:《武备志》,台北:华世出版社,1984年。

34. [明]潘季驯:《河防一览》,载纪昀等:《文渊阁四库全书》(第576册)。

35. [明]戚元佐:《檇李往哲列传》,载《四库全书存目丛书补编》(第93册)。

36. [明]钱士升:《赐余堂集》,载王钟翰:《四库禁毁书丛刊·集部》(第10册),北京:北京出版社,1998年。

37. [明]瞿九思:《足本万历武功录》,台北:艺文印书馆,1980年。

38. [明]沈国元:《两朝从信录》,载王钟翰:《四库禁毁书丛刊·史部》(第30册),北京:北京出版社,1998年。

39. [明]施耐庵:《水浒传》,北京:人民文学出版社,1975年。

40. [明]施沛:《南京都察院志》,载《四库全书存目丛书补编》(第73册),济南:齐鲁社,2001年。

41. [明]申时行:《纶扉奏稿》,载王钟翰:《四库禁毁书丛刊·集部》(第161册),北京:北京出版社,1998年。

42. [明]孙旬:《皇明疏钞》,载《续修四库全书·史部》(第463册)。

43. [明]孙永祚:《雪屋集》,载王钟翰:《四库禁毁书丛刊》(第4辑第110册),北京:北京出版社,1998年。

44. [明]宋濂等:《元史》,北京:中华书局,1976年。

45.［明］宋应星撰,钟广言注释：《天工开物》,广州：广东人民出版社,1976年。

46.［明］万国钦：《万二愚先生遗集》,载王钟翰：《四库禁毁书丛刊·集部》(第78册),北京：北京出版社,1998年。

47.［明］王仕性：《广志绎》,载《四库全书存目丛书》(第2辑第251册),济南：齐鲁书社,1996年。

48.［明］王世贞：《弇州史料》,载王钟翰：《四库禁毁书丛刊·史部》(第49册),北京：北京出版社,1998年。

49.［明］王同轨：《耳谈类增》,载《续修四库全书》(第1268册)。

50.［明］王锡爵：《王文肃公文集》,载王钟翰：《四库禁毁书丛刊·集部》(第7册),北京：北京出版社,1998年。

51.［明］王应魁：《柳南随笔》,载《清代笔记小说大观》(第3册),上海：上海古籍出版社,2007年。

52.［明］王僎撰：《思轩文集》,载《续修四库全书》(第1329册)。

53.［明］魏大中：《藏密斋集》,载《续修四库全书》(第1374册)。

54.［明］吴国伦：《甔甀洞稿》,台北：伟文图书出版公司,1976年。

55.［明］吴节：《吴竹坡先生诗集》,载《四库全书存目丛书》(第4辑第33册)。

56.［明］吴应箕：《楼山堂集》,载《丛书集成初编》(第2168册),上海：商务印书馆,1935年。

57.［明］项笃寿：《小司马奏草》,载《四库全书存目丛书》(第2辑第62册)。

58.［明］熊明遇：《文直行书诗文》,载王钟翰：《四库禁毁书丛刊》(第4辑第106册),北京：北京出版社,1998年。

59.［明］徐弘祖著,褚绍唐、吴应寿整理：《徐霞客游记》,上海：上海古籍出版社,1982年。

60.［明］姚旅：《露书》,载顾廷龙：《续修四库全书》(第1132册),上海：上海古籍出版社,1995年。

61.［明］姚希孟：《棘门集》,载王钟翰：《四库禁毁书丛刊》(集部第179册),北京：北京出版社,1998年。

62.［明］叶廷秀：《诗谭》,台北：广文书局,1973年。

63.[明]余继登:《淡然轩集》,载《文渊阁四库全书·集部》(第1291册)。

64.[明]袁中道:《珂雪斋近集》,台北:伟文图书出版公司,1976年。

65.[明]袁中道撰,步问影校注:《游居柿录》,上海:上海远东出版社,1996年。

66.[明]张岱:《石匮书》,上海:上海古籍出版社,2008年。

67.[明]张时彻:《芝园定集》,载《四库全书存目丛书》(第4辑第81册)。

68.[明]张萱:《西园见闻录》,载《续修四库全书》(第1168册)。

69.[明]张应俞:《杜骗新书》,载《古本小说集成》(第340册),上海:上海古籍出版社,1992年。

70.[明]赵维寰:《雪庐焚余稿》,载王钟翰:《四库禁毁书丛刊》(第4辑第88册),北京:北京出版社,1998年。

71.[明]郑若曾撰,李致忠点校:《筹海图编》,北京:中华书局,2007年。

72.[明]郑若曾:《江南经略》,载《文渊阁四库全书》(第728册)。

73.[明]郑晓:《郑端简公奏议》,载《续修四库全书·集部》(第477册)。

74.[明]朱国桢:《涌幢小品》,载《明代笔记小说大观》,上海:上海古籍出版社,2005年。

(二)清代

1.[清]陈忱:《水浒后传》,上海:上海古籍出版社,1987年。

2.[清]陈澹然:《权制》,光绪二十八年(1902年)本,1923年影印本。

3.[清]陈确:《陈确集》,北京:中华书局,1979年。

4.[清]陈田:《明诗纪事》,上海:上海古籍出版社,1993年。

5.[清]陈廷敬:《午亭文编》,载《文渊阁四库全书·集部》(第1316册)。

6.[清]陈维崧:《湖海楼诗集》,载《四部丛刊初编·集部》(第281册),上海:上海书店,1989年。

7.[清]陈梓:《删后文集》,载《四库未收书辑刊》(第9辑第28册)。

8.[清]程恩泽:《程侍郎遗集》,载王云五:《丛书集成初编》(第2213

册),上海:商务印书馆,1935年。

9.[清]程光榟:《李文襄公年谱》,载《续修四库全书·史部》(第554册)。

10.[清]法若真:《黄山诗留》,载《四库全书存目丛书·集部》(第212册)。

11.[清]方中发:《白鹿山房诗集》,载王钟翰:《四库禁毁书丛刊·集部》(第17册),北京:北京出版社,1998年。

12.[清]福趾:《户部漕运全书》,光绪刻本。

13.[清]傅恒:《御批历代通鉴辑览》,载《文渊阁四库全书·史部》(第338册)。

14.[清]傅泽洪:《行水金鉴》,载纪昀等:《文渊阁四库全书》(第580册)。

15.[清]谷应泰:《明史纪事本末》,北京:中华书局,1977年。

16.[清]顾公燮:《丹午笔记》,南京:江苏古籍出版社,1985年。

17.[清]顾景星:《白茅堂集》,载《四库全书存目丛书》(第4辑第205册)。

18.[清]顾九锡:《经济类考约编》,载《四库未收书辑刊》(第5辑第15册)。

19.[清]顾祖禹:《读史方舆纪要》,上海:中华书局,1955年。

20.[清]桂超万:《养浩斋诗稿》,载顾廷龙:《续修四库全书》(第1510册),上海:上海古籍出版社,1995年。

21.[清]郭琇:《华野疏稿》,载《文渊阁四库全书》(史部第430册)。

22.[清]韩世琦:《抚吴疏草》,载《四库未收书辑刊》(第6册),北京:北京出版社,2008年。

23.[清]贺孙贻:《水田居文集》,载《四库全书存目丛书》(第4辑第208册)。

24.[清]金友理:《太湖备考》,南京:江苏古籍出版社,1998年。

25.[清]蓝鼎元:《鹿洲公案》,北京:群众出版社,1985年。

26.[清]李元度:《天岳山馆文钞》,载沈云龙:《近代中国史料丛刊》(41),台北:文海出版社,1968年。

27.[清]李之芳:《李文襄公别录》,载《四库全书存目丛书》(第4辑第

216册)。

28. [清]马齐、朱轼:《清圣祖仁皇帝实录》,北京:中华书局,1985年。

29. [清]毛奇龄:《西河集》,载纪昀等:《文渊阁四库全书》(第1320～1321册)。

30. [清]盘峤野人:《居官寡过录》,载刘俊文:《官箴书集成》(五)合肥:黄山书社,1997年。

31. [清]彭鹏:《古愚心言》,载《四库全书存目丛书》(第4辑第232册),济南:齐鲁书社,1997年。

32. [清]平汉英:《国朝名世宏文》,载《四库未收书辑刊》(第1辑第22册)。

33. [清]蒲松龄撰,张友鹤辑校:《聊斋志异》,上海:上海古籍出版社,1962年。

34. [清]齐召南:《宝纶堂诗文钞》,台北:文海出版社,1969年。

35. [清]沈之奇撰,李俊、怀效锋点校:《大清律辑注》,北京:法律出版社,2000年。

36. [清]宋起凤:《大茂山房合稿》,载《四库未收书辑刊》(第7辑第19册)。

37. [清]汤斌著,范志亭、范哲辑校:《汤斌集》,郑州:中州古籍出版社,2003年。

38. [清]汤来贺:《内省斋文集》,载北京图书馆古籍出版编辑组:《北京图书馆古籍珍本丛刊》(第113册),北京:书目文献出版社,1998年。

39. [清]桃花馆主人:《七剑十三侠》,载《古本小说集成》(第81辑),上海:上海古籍出版社,1990年。

40. [清]陶骏等:《大清律例增修通纂集成》,光绪二十六年(1900年)刊本。

41. [清]陶澍:《陶文毅公全集》,载顾廷龙:《续修四库全书》(第1502册),上海:上海古籍出版社,2001年。

42. [清]田文镜撰,张民服校点:《抚豫宣化录》,郑州:中州古籍出版社,1995年。

43. [清]屠述廉:《腾越州志》(乾隆),光绪二十三年(1887年)重刊本。

44. [清]万斯同:《明史》,上海:上海古籍出版社,2008年。

45.［清］汪琬:《尧峰文钞》,载《四部丛刊初编·集部》,上海:上海书店,1989年。

46.［清］王柏心:《百柱堂全集》,载《续修四库全书》（集部第1528册）。

47.［清］王椷:《秋灯丛话》,载《续修四库全书》（第1269册）,上海:上海古籍出版社,2001年。

48.［清］王培荀:《听雨楼随笔》,成都:巴蜀书社,1987年。

49.［清］王士祯:《古夫于亭杂录》,北京:中华书局,1988年。

50.［清］王韬:《淞滨琐话》,济南:齐鲁书社,2004年。

51.［清］王廷抡:《临汀考言》,载《四库未收书辑刊》（第8辑第21册）。

52.［清］魏禧著,胡守仁等校点:《魏叔子文集外编》,北京:中华书局,2003年。

53.［清］吴任臣撰,徐敏霞、周莹点校:《十国春秋》,北京:中华书局,1983年。

54.［清］吴庄:《豹留集》,载《四库未收书辑刊》（第8辑第28册）,北京:北京出版社,2000年。

55.［清］夏燮编撰,王日根等校点:《明通鉴》,长沙:岳麓书社,1999年。

56.［清］谢启昆:《树经堂文集》,载《续修四库全书》（第1458册）。

57.［清］徐开任:《明名臣言行录》,载《续修四库全书·史部》（第521册）。

58.［清］徐旭旦:《世经堂初集》,载《四库未收书辑刊》（第7辑第29册）。

59.［清］许仲元著,范义臣标点:《三异笔谈》,重庆:重庆出版社,1996年。

60.［清］宣鼎撰,项纯文校点:《夜雨秋灯录》,合肥:黄山书社,1999年。

61.［清］杨凤苞:《秋室集》,载《续修四库全书·集部》（第1476册）,上海:上海古籍出版社,1995年。

62.［清］慵讷居士:《咫闻录》,《续修四库全书》（第1270册）。

63.［清］于成龙:《于清端政书》,载《文渊阁四库全书·集部》（第257册）,台北:商务印书馆,1986年。

64. [清]袁枚:《袁枚全集》,南京:江苏古籍出版社,1993年。

65. [清]袁枚著,周本淳点校:《小仓山房诗文集》,上海:上海古籍出版社,1988年。

66. [清]允禄等:《雍正上谕内阁》,载《文渊阁四库全书》(第414~415册)。

67. [清]张应昌:《国朝诗铎》,载顾廷龙:《续修四库全书》(第1627册),上海:上海古籍出版社,2001年。

68. [清]曾王孙:《清风堂文集》,载《四库未收书辑刊》(第5辑第29册),北京:北京出版社,2000年。

69. [清]曾燠:《江西诗征》,载《续修四库全书》(第1690册)。

70. [清]张云璈:《简松草堂诗文集》,载《续修四库全书》(第1471册)。

71. [清]张云章:《朴村文集》,载《四库禁毁书丛刊·集部》(第167册),北京:北京出版社,1998年。

72. [清]赵怀玉:《亦有生斋文集》,载《续修四库全书·集部》(第1469册)。

73. [清]赵绍祖:《安徽金石略》,载《续修四库全书》(第912册)。

74. [清]郑世元:《耕余居士诗集》,载《四库未收书辑刊》(第9辑第26册)。

75. [清]朱筠:《笥河文集》,载王云五:《丛书集成初编》(第2507册),上海:商务印书馆,1936年。

76. [清]褚人穫:《坚瓠集》,杭州:浙江人民出版社,1986年。

77. 中国第一历史档案馆:《康熙起居注》,北京:中华书局,1984年。

78. 中国第一历史档案馆:《雍正朝汉文朱批奏折汇编》,南京:江苏古籍出版社,1991年。

79. [清]佚名:《施公案》,银川:宁夏人民出版社,1993年。

80. [清]佚名著,文岂几标点:《绿牡丹》,上海:上海古籍出版社,1993年。

三、地方志

1. [清]陈和志修,倪师孟等纂:《震泽县志》,乾隆年间修,光绪十九年(1893年)刻本。

2. [明]陈洪谟：《常德府志》，《天一阁明代方志选刊》，上海：上海古籍出版社，1981年。

3. [清]陈其元等修，熊其英等纂：《青浦县志》，光绪五年（1879年）刊本。

4. [清]陈栻等：《上元县志》，道光四年（1824年）刊本，台北：成文出版社，1983年。

5. [清]陈廷恩修、李兆洛等纂：《江阴县志》，道光二十年（1840年）刊本。

6. [清]鄂尔泰等：（雍正）《八旗通志》，长春：东北师范大学出版社，1985年。

7. [清]斐大中等修，秦缃等纂：《无锡金匮县志》，光绪七年（1881年）刻本。

8. [清]顾炎武撰，谭其骧等点校：《肇域志》，上海：上海古籍出版社，2004年。

9. [明]黄仲昭：（弘治）《八闽通志》，福州：福建人民出版社，2006年。

10. [清]李铭皖等修，冯桂芬等纂：《苏州府志》，光绪九年（1883年）刊本。

11. [清]李炘辑，沈云骏补纂：《归州志》，台北：成文出版社，1976年。

12. [明]莫尚简修，张岳纂：（嘉靖）《惠安县志》，《天一阁明代方志选刊》，上海：上海书店出版社，1990年。

13. [清]阮升基等修，宁楷等纂：《宜兴县志》，嘉庆二年（1797年）刊本。

14. [清]沈葆桢等修，何绍基、汤沂孙撰：（光绪）《重修安徽通志》，《续修四库全书》（第654册）。

15. [清]孙炳煜等修，张钊等纂：《华容县志》，台北：成文出版社1975年。

16. [清]陶煦：《周庄镇志》，光绪八年（1882年）刊本。

17. [清]徐傅编，王镛补辑：《光福志》，光绪二十六年（1900年）修。

18. 张壬士：《木渎小志》，民国十年（1921年）排印，台北：成文出版社，1983年。

19. [清]周玑：《杞县志》，乾隆五十三年（1788年）刻本，台北：成文出版社,1976年。

20.[明](隆庆)《岳州府志》,《天一阁藏明代方志选刊》,上海:上海古籍书店,1963年。

四、论著

1.[美]安乐博:《海上风云》,北京:中国社会科学出版社,2013年。

2.曹家齐:《宋代交通管理制度研究》,开封:河南大学出版社,2002年。

3.常建华:《清代的国家与社会研究》,北京:人民出版社,2006年。

4.陈宝良:《中国流氓史》,上海:上海人民出版社,2008年。

5.陈建勤:《明清旅游活动研究——以长江三角洲为中心》,北京:中国社会科学出版社,2008年。

6.陈学文:《明清时期商业书及商人书之研究》,台北:洪叶文化事业有限公司,1997年。

7.方行、经君健、魏金玉:《中国经济通史》(清),北京:经济日报出版社,2007年。

8.冯贤亮:《明清江南地区的环境变动与社会控制》,上海:上海人民出版社,2002年。

9.何西亚:《中国盗匪问题之研究》,上海:泰东图书局,1925年。

10.黄彰健:《明代律例汇编》,台北:"中央研究院"历史语言研究所,1994年。

11.黄志繁:《"贼""民"之间:12—18世纪赣南地域社会》,北京:三联书店,2006年。

12.李剑国:《唐宋传奇品读辞典》,北京:新世界出版社,2007年。

13.李治安、杜家骥:《中国古代官僚政治——古代行政管理及官僚病剖析》,北京:书目文献出版社,1993年。

14.林济:《长江流域的宗族与宗族生活》,武汉:湖北教育出版社,2004年。

15.刘平:《民国时期的土匪》,北京:中国人民大学出版社,1993年。

16.刘平:《文化与叛乱——以清代秘密社会为视角》,北京:商务印书馆,2002年。

17. 罗尔纲:《绿营兵制》,北京:中华书局,1984年。

18. [美]牟复礼等:《剑桥中国明代史》,北京:中国社会科学出版社,1992年。

19. [美]穆黛安著,刘平译:《华南海盗1790—1810》,北京:中国社会科学出版社,1998年。

20. 南炳文:《南明史》,天津:南开大学出版社,1992年。

21. 欧阳恩良:《中国秘密社会》第4卷,福州:福建人民出版社,2002年。

22. [韩]朴元熇:《崔溥〈漂海录〉分析研究》,上海:上海书店出版社,2014年。

23. 瞿同祖著,范忠信、晏峰译:《清代地方政府》,北京:法律出版社,2003年。

24. 冉绵惠:《民国时期保甲制度研究》,成都:四川大学出版社,2005年。

25. [美]司徒琳著,李荣庆等译:《南明史:1644—1662》,上海:上海书店,2007年。

26. [日]松浦章:《中国的海贼》,北京:商务印书馆,2011年。

27. [日]松浦章:《遐迩贯珍的研究》,吹田:关西大学出版部,2004年。

28. 唐立宗:《在"盗区"与政区"之间:明代闽粤赣湘交界的秩序变动与地方行政演化》,台北:台湾大学出版委员会,2002年。

29. 唐文基:《明代服役制度史》,北京:中国社会科学出版社,1991年。

30. 王曾瑜:《宋朝兵制初探》,北京:中华书局,1983年。

31. 王振忠:《千山夕阳——王振忠论明清社会与文化》,桂林:广西师范大学出版社,2009年。

32. 吴建华:《明清江南人口社会史研究》,北京:群言出版社,2005年。

33. 吴量恺等:《中国经济通史》(明代卷),湖南人民出版社,2002年。

34. 徐勇:《非均衡的中国政治:城市与乡村比较》,北京:中国广播电视出版社,1992年。

35. 杨国安:《明清两湖地区基层组织与乡村社会研究》,武汉:武汉大学出版社,2004年。

36. 杨鹏程等:《湖南灾荒史》,长沙:湖南人民出版社,2008年。

37. 张海英:《明清江南商品流通与市场体系》,上海:华东师范大学出版社,2002年。
38. 张火庆:《〈说岳全传〉研究》,台北:花木兰文化出版社,2007年。
39. 赵秀玲:《中国乡里制度》,北京:社会科学文献出版社,1998年。
40. 郑广南:《中国海盗史》,上海:华东理工大学出版社,1998年。
41. "中央研究院"历史语言研究所等:《俗文学丛刊》(第1辑第3册),台北:新文丰出版有限公司,2001年。

五、论文

1. 柏桦:《论清代律例规定的官民治安防范体系》,《贵州社会科学》2008年第10期。
2. 卞利:《论明中叶至清前期乡里基层组织的变迁》,《天津师范大学学报》2003年第1期。
3. 潮龙起:《从清代保甲的社会控制看会党的滋长动因》,《云南社会科学》2006年第3期。
4. 潮龙起:《从清代宗族的社会控制看会党的发展动因》,《江苏社会科学》2006年第3期。
5. 陈峰:《清代漕运水手的结帮活动及其对社会的危害》,《社会科学战线》1996年第2期。
6. 陈柯云:《明清徽州宗族对乡村统治的加强》,《中国史研究》1995年第3期。
7. 陈学文:《明清时期江南的商品流通与水运业的发展——从日用类书中商业书有关记载来研究明清江南的商品经济》,《浙江学刊》1995年第1期。
8. 陈学文:《明代一部商贾之教程、行旅之指南——陶成庆〈新刻京本华夷风物商程一览〉评述》,《中国社会经济史研究》1996年第1期。
9. 陈学文:《明清时期商业文化的代表作〈商贾便览〉》,《杭州师范学院学报》1996年第2期。
10. 陈学文:《明清徽学发展新趋势的一个例证——评黄汴与〈一统路程图记〉》,《黄山高等专科学校学报》2001年第2期。
11. 邓亦兵:《清代前期的民商》,《中国经济史研究》1997年第4期。

12. 冯贤亮:《明末清初江南的地方防护》,《云南社会科学》2001年第3期。

13. 傅衣凌:《〈王阳明集〉中的江西九姓渔户——附论江西九姓渔户与宸濠之乱的关系》,《厦门大学学报》1963年第1期。

14. 郭东旭:《论北宋"盗贼重法"》,《河北大学学报》2000年第5期。

15. 何文平:《清末广东的盗匪问题与政府清乡——从社会治理看清朝统治的末势》,《中山大学学报》2008年第1期。

16. 华立:《清代保甲制度简论》,载《清史研究集》(第六辑),北京:光明日报出版社,1988年。

17. 黄宽重:《从中央与地方关系互动看宋代基层社会演变》,《历史研究》2005年第4期。

18. 黄志繁:《乡约与保甲:以明代赣南为中心的分析》,《中国社会经济史研究》2002年第2期。

19. 李文治:《明代宗族制的体现形式及其基层政权作用》,《中国经济史研究》1988年第1期。

20. 李映发:《清代州县下社会基层组织考察》,《四川大学学报》1997年第2期。

21. 廖斌、蒋铁初:《清代州县刑事案件受理的制度与实践——以巴县司法档案为对象的考察》,《西南民族大学学报》2008年第5期。

22. 刘平:《清末民初的太湖匪民》,《近代史研究》1992年第1期。

23. 刘琴丽:《五代巡检研究》,《史学月刊》2003年第6期。

24. 申万里:《元代学官选注巡检考》,《中央民族大学学报》2005年第5期。

25. [日]松浦章:《清代江南内河的水运》,《清史研究》2001年第1期。

26. 宋惠昌:《论儒家的人治主义》,《齐鲁学刊》2002年第6期。

27. 孙海泉:《论清代从里甲到保甲的演变》,《中国史研究》1994年第2期。

28. [日]太田出:《清代绿营的管辖区域与区域社会——以江南三角洲为中心》,《清史研究》1997年第2期。

29. 王春瑜:《论清官——读史札记》,《中国社会科学院研究生院学报》2006年第4期。

30. 王伟凯:《试论明代的巡检司》,《史学月刊》2006年第3期。

31. 王曾瑜:《"清官"考辨》,《河北学刊》2008年第2期。

32. 王晓琳、吴吉远:《清代保甲制度探论》,《社会科学辑刊》2000年第3期。

33. 王毅:《明代通俗小说中的清官故事的兴盛及其文化意义》,《文学遗产》2000年第5期。

34. 王振忠:《新安江上的徽商武装巡船》,《寻根》2003年第2期。

35. 吴智和:《明代的江湖盗》,《明史研究专刊》第1辑,台北:大立出版社,1982年。

36. 徐晓望:《试论明清时期官府和宗族的相互关系》,《厦门大学学报》1985年第3期。

37. 姚立建、倪峻:《中国人治文化的道德悖论》,《南京师大学报》2008年第4期。

38. 尹玲玲:《明代鄱阳地区的渔业经济》,《中国经济史研究》2000年第2期。

39. 尹玲玲:《明清时期湖北地区的渔业经济》,《中国历史地理论丛》2000年第2期。

40. 余嘉锡:《〈水浒传〉宋江平方腊考》,《清华周刊》1932年第9~10期。

41. 张金俊:《清代江南宗族在乡村社会控制中的作用》,《安徽师范大学学报》2006年第5期。

42. 左云鹏:《祠堂族长族权的形成及其作用试说》,《历史研究》1964年第5期。

43. 中国第一历史档案馆:《乾隆年间运河官眷船只遭劫案》,《历史档案》2002年第2期。

后 记

本书是2012年度国家社科基金"明清河海盗的生成及其治理研究"（12BZS084）的结题成果，主要由王日根、曹斌二人完成。黄友泉、涂丹、苏惠苹、张宗魁等参与了课题的部分工作，因此本书可以说是一个集体合作的成果。

明清海洋经济、社会的研究是我们近期的主攻领域，明清河海盗的研究是其中的一个部分。由于结题期已到，我们只是将一个阶段性的成果呈现出来，或许今后还会有与此相关的深化研究成果。

本书忝列厦门大学南强丛书，是给予我们的巨大荣誉。厦门大学出版社社长蒋东明、总编宋文艳、评审委员会各位专家及责任编辑都为本书的审校、提升和出版等做了大量耐心细致的努力。谨此一并致以衷心的感谢！

王日根
2016年3月